Kunst-Reiseführer in der Reihe DuMont Dokumente

Zur schnellen Orientierung – die wichtigsten Orte und Sehenswürdigkeiten des Sauerlandes auf einen Blick:

(Auszug aus dem ausführlichen Ortsregister S. 401–407)

Affeln	69	Iserlohn	19
Altena	32	Kallenhardt	269
Arnsberg	272	Lüdenscheid	37
Assinghausen	202	Marsberg	220
Attendorn	89	Meinerzhagen	43
Bad Laasphe	367	Menden	82
Bad Berleburg	356	Meschede	236
Balve	77	Netphen	345
Berghausen	150	Oelinghausen (Kloster)	284
Brilon	207	Olpe	98
Drolshagen	102	Plettenberg	44
Elspe	131	Scharfenberg	214
Fredeburg	147	Schmallenberg	140
Freudenberg	332	Siegen	323
Hagen	377	Thülen	218
Hallenberg	193	Wenden	104
Hemer	71	Winterberg	155
Herdringen	286	Wormbach	152

In der vorderen Umschlagklappe: Übersichtskarte des Sauerlandes

In der hinteren Umschlagklappe: Karte des Herzogtums Westfalen von J. Gigas (ersch. 1620)

Detlev Arens

Sauerland

mit Siegerland und Wittgensteiner Land

Kultur und Landschaft im gebirgigen Süden Westfalens

DuMont Buchverlag Köln

Umschlagvorderseite: Schloß Junkernhees bei Kreuztal (Foto: P. Klaes, Radevormwald)

Umschlagklappe vorn: Neuenrade-Affeln, Schnitzaltar der Pfarrkirche (Foto: P. Klaes, Radevormwald)

Umschlagrückseite: Bruchhausen (Foto: P. Klaes, Radevormwald)

Frontispiz S. 2: Hönnetal mit Burg Klusenstein, nach einem Kupferstich von F. Schütze nach einer Vorlage von Wilhelm Strack, 1801 (Museum der Grafschaft Mark, Burg Altena)

CIP-Kurztitelaufnahme der Deutschen Bibliothek

Arens, Detlev:
Sauerland mit Siegerland und Wittgensteiner
Land : Kultur u. Landschaft im gebirgigen
Süden Westfalens / Detlev Arens. – Köln :
DuMont, 1985.
  (Kunst-Reiseführer in der Reihe DuMont-
  Dokumente)
  ISBN 3-7701-1534-1

© 1985 DuMont Buchverlag, Köln
Alle Rechte vorbehalten
Satz und Druck: Rasch, Bramsche
Buchbinderische Verarbeitung: Bramscher Buchbinder Betriebe

Printed in Germany   ISBN 3-7701-1534-1

Inhalt

Zur Geschichte des Sauerlandes im Raum Westfalen 8

Der Märkische Kreis 17

Das märkische Sauerland als Wirtschaftsraum 17
Stadt Iserlohn 19
Gemeinde Nachrodt-Wiblingwerde und Stadt Altena 31
Stadt Lüdenscheid 37
Gemeinde Schalksmühle, Stadt Halver, Stadt Kierspe 39
Stadt Meinerzhagen 43
Gemeinde Herscheid und Stadt Plettenberg 44
Stadt Werdohl und Stadt Neuenrade 67
Stadt Hemer 71
Stadt Balve 77
Stadt Menden 82

Das Kölnische Sauerland 87

Der Kreis Olpe 87
Barock im Kölnischen Sauerland 87
Das Olper Land 88
Stadt Attendorn 89
Stadt Olpe 98
Stadt Drolshagen 102
Gemeinde Wenden 104
Gemeinde Kirchhundem 108
Stadt Lennestadt 130
Gemeinde Finnentrop 136

Der Hochsauerlandkreis und angrenzende Gebiete 139
Stadt Schmallenberg 140
Stadt Winterberg 155

5

Stadt Hallenberg 193
Stadt Medebach 196
Stadt Olsberg 199
Stadt Brilon 207
Stadt Marsberg 220
Stadt Bestwig 233
Stadt Meschede 236
Jenseits der Kreisgrenze: Stadt Warstein und Kallenhardt 262
Stadt Arnsberg 272
Stadt Sundern 290
Gemeinde Eslohe 295

Das Siegerland 300
Die Metropole Siegen 323
Stadt Freudenberg 332
Stadt Kreuztal 335
Stadt Hilchenbach 338
Das Johannland und Wilnsdorf 345
Der Freie und der Hickengrund 350

Das Wittgensteiner Land 352
Der hohe Norden 354
In und um Bad Berleburg 356
In und um Bad Laasphe 366

Glossar 371
Benutzte Literatur (Auswahl) 374

Praktische Reisehinweise 377
Das ›Tor zum Sauerland‹: Hagen 377
Adressen 388
Anfahrt 389
Feste 389
Freilichtbühnen 389
Wandern 390
Wintersport 390
Naturparke 391
Museen 392
Höhlen 395

Abbildungsnachweis 396
Register 397

Meinen Eltern

Zur Geschichte des Sauerlands im Raum Westfalen

Der Name Westfalen taucht zum ersten Mal 775 in den fränkischen Reichsannalen auf. Er bezeichnet die westlichste und jüngste der drei sächsischen ›Heerschaften‹ südwestlich der Elbe (neben Engern und Ostfalen); sie leistet unter Widukind den Kriegern Karls des Großen bis 785 hartnäckigen Widerstand. Am Sauerland haben die Westfalen nur verhältnismäßig geringen Anteil, den größeren besitzen die Engern, wenngleich der Grenzverlauf nicht eindeutig auszumachen ist. Doch hat zumindest das obere Sauerland bis in die Gegend von Arnsberg zum engrischen Bereich gehört.

Nach der endgültigen ›Befriedung‹ Sachsens und seiner Eingliederung ins fränkische Reich lockert sich die Bindung des westfälischen, aber teilweise auch des engrischen Stammesteils zum sächsischen Herzogtum. So kann im 10. Jahrhundert eine neue Macht, das Werler Grafenhaus, den sächsischen Westen unter seine Kontrolle bringen. Diese Großgrafschaft reicht von der Nordsee bis tief hinein ins Sauerland, umfaßt mithin auch engrisches Gebiet. Doch geht der gesamte Norden des riesigen Territoriums schon 1060 wieder verloren, desgleichen müssen die Grafen weite Teile des Münsterlandes sowie Terrain am Hellweg aufgeben. Nur im oberen Sauerland können sie ihren Hoheitsbereich erweitern, und um 1060 verlegen sie ihren Hauptsitz nach Arnsberg. Der Werler gescheiterter Versuch, den Nordosten zurückzugewinnen, und weitere Gebietsverluste andernorts rufen den Erzbischof von Köln auf den Plan; Friedrich I. erscheint 1102 mit einem Heer vor Arnsberg. Der geistliche Fürst erzwingt eine hälftige Teilung des gräflichen Besitzes, bei der nicht einfach eine Grenzlinie festgelegt, sondern das Arnsberger Territorium völlig mit erzstiftischem durchsetzt wird. Nun ist Westfalen eines eigenen Machtzentrums endgültig beraubt, wenn auch dem streitbaren Friedrich von Arnsberg noch einmal Landgewinne glücken. Als sein Schwiegersohn Gottfried von Cappenberg seinen Besitz trotz aller Vorhaltungen selbst der eigenen Ministerialen aufgibt und Prämonstratenser wird, haben sich die Pläne des Arnsbergers zur Errichtung einer auch im Reichsgefüge starken westfälischen Grafschaft zerschlagen. Nach Friedrichs plötzlichem Tod 1124 steht das Land zur Gänze den Interessen Gewaltigerer offen, vor allem der sächsischen Herzöge im Norden wie des Kölner Erzbischofs im Süden. Der Sturz und die Ächtung Heinrichs des Löwen 1180 entscheidet diesen Machtkampf zugunsten Kölns.

Im nun folgenden Jahrhundert bestimmen die Kölner Erzbischöfe die Geschichte des Landes. Schon Philipp von Heinsberg will sich nicht allein mit dem Titel eines Herzogs von

Als Herzog von Westfalen nimmt der Kölner Erzbischof in weltlicher Tracht die Huldigung von durch einen Hofbeamten vorgestellten Dienstleuten entgegen. Miniatur aus dem von 1315 bis 1421 geführten Soester Nequambuch

Westfalen begnügen, der Heinrich ab- und ihm zuerkannt worden war. Um ihm entsprechende politische Geltung zu verschaffen, sichert er sich durch Kauf die Lehnshoheit über viele westfälische Adelige. Daß sich darauf keine Herrschaft gründen ließ, stellte sich indessen noch während der Amtszeit Philipps heraus; beim fortschreitenden Verfall des Lehnswesens gerieten seine so teuer erworbenen Rechte rasch in Vergessenheit.

Erzbischof Engelbert von Berg (1216–1225) ging dagegen auf handfestere Sicherheiten aus. Hatten unter den Vorgängern nur wenige Anstalten gemacht, als Herzöge Macht und Einfluß zu gewinnen, so verfolgte Engelbert dieses Ziel mit äußerster Entschlossenheit. Er isolierte zunächst das mächtige Bistum Paderborn, wobei dem benachbarten Sauerland ein besonderes Gewicht zukam. In Grenznähe gründete er kraft seiner Herzogsgewalt Städte und Burgen, auf gleiche Weise sicherte er die strategisch wichtige ›Heidenstraße‹, die durch das südliche Sauerland führte.

Engelberts rücksichtsloses Vorgehen rief indessen erbitterten Widerstand des westfälischen Adels hervor, dessen Vertreter Friedrich von Isenburg ihn 1225 in einem Hohlweg bei Gevelsberg überfiel und tötete. Die Geschichtsforschung stritt lange darüber, ob hier ein kaltblütiger und von langer Hand geplanter Mord vorgelegen hat oder ob nur eine Gefangennahme des Erzbischofs beabsichtigt war, ein damals nicht allzu ungewöhnliches Mittel zur Durchsetzung politischer Interessen. Vieles spricht für die letztere Annahme, doch wie auch immer, den jungen, auch im westlichen Sauerland begüterten Isenburger kostete seine Tat sowohl den Besitz als auch das Leben.

ZUR GESCHICHTE DES SAUERLANDS IM RAUM WESTFALEN

Zumindest veranlaßte der Tod Engelberts den erzbischöflichen Stuhl während der folgenden Jahre zur Vorsicht. Erst Konrad von Hochstaden (1238–61) griff die Absichten seines Vorgängers wieder auf, und wieder maß er dabei dem Sauerland große Bedeutung zu. Konrad gründete die Städte Schmallenberg, Winterberg und Hallenberg, erwarb Güter bei Drolshagen und Meinerzhagen. Doch war inzwischen ein anderes westfälisches Geschlecht auf den Plan getreten, das immer deutlicher zum Gegenspieler der Kölner wurde. Die Grafen von Altena, einer Nebenlinie derer von Berg, erscheinen erstmals 1161 in Kölner Urkunden. Ihnen ist der Ostteil des Bergischen Territoriums mit der Stammburg Altena zugefallen, also das westliche Sauerland. Diese Grafschaft zerfällt jedoch schon 1175 in eine altenaische und eine isenburgische. Das Verbrechen Friedrichs von Isenburg gefährdet natürlich auch seinen engen Verwandten Adolf von Altena, doch weiß der nicht nur alle Verdächtigungen abzuwehren, sondern darüber hinaus einen großen Teil des isenburgischen Erbes an sich zu bringen, indem er bedingungslos für die Kölner Politik Partei nimmt.

Derselbe Adolf nennt sich nach dem Erwerb der Burg Mark bei Hamm von der Mark; diese Umbenennung signalisiert, daß die Grafen den Schwerpunkt ihres Herrschaftsbereichs aus dem Sauerland heraus verlagern. Auch die Isenburger Linie legt bald ihren anrüchigen Namen ab und heißt seit 1246 von Limburg (nach der Burg Hohenlimburg). Ihr Territorium bleibt trotz aller gegenteiligen Anstrengungen auf den Winkel zwischen Lenne und Ruhr beschränkt (s. S. 384 f.), während Mark seine Gebiete im Vertrag von 1243 ohne wesentliche Abstriche behaupten kann.

In dieser Zeit aber hat Köln im Märker schon einen mächtigen Gegner. Zwar kann sich Siegfried von Westerburg vor allem in der wichtigen Frage des Befestigungsrechts gegen die Grafen noch einmal durchsetzen, doch hat er sich unter den rheinischen und westfälischen Adeligen so viele Feinde geschaffen, daß seine Position immer mehr geschwächt wird. Die Schlacht bei Worringen (1288) endet mit einer vernichtenden Niederlage des geistlichen Regenten. Der Märker ist nun der kölnischen Lehnsherrschaft ledig, wie ihm überhaupt der Sieg seiner Partei – soweit es die westfälischen Verbündeten angeht – die weitaus größten Vorteile bringt. Köln aber büßt seine dominierende Rolle in Westfalen ein, desgleichen sind alle seine Versuche gescheitert, ein vom Erzbischof abhängiges, gesamtwestfälisches Territorium zu schaffen. Fortan ist die Geschichte Westfalens die seiner Länder.

Diese Länder hatten seit Mitte des 12. Saeculums immer deutlicher Gestalt angenommen, ein Prozeß, der sich über zwei Jahrhunderte kontinuierlich fortsetzt. Die Landesherren bemühen sich um die Abrundung, die Geschlossenheit ihres Territoriums und um eine direkte, von keinerlei anderen Rechten eingeschränkte Hoheit über dieses Gebiet. Wie allerorten gab es natürlich auch unter den Regenten in Westfalen mehr oder weniger mächtige; eine Grenze zwischen den beiden mächtigsten lief durch das Sauerland, ihm kommt also noch im 14. Jahrhundert einige Bedeutung zu. Wiewohl das Kölner Erzstift nie mehr eine Position erlangen kann, die der vor Worringen gleichkäme, ein ernstzunehmender Gegner bleibt es für den Märker trotzdem. So gibt Köln erst 1392 seine Ansprüche in der Grafschaft endgültig auf, nachdem es während der voraufgegangenen Jahrzehnte etliche Besitzungen, darunter die ausgedehnte Freigrafschaft Volmarstein, an Mark verloren hatte.

Bilstein, Ansicht des 19. Jahrhunderts

Bei der Ausdehnung und Behauptung ihrer Machtsphäre gehen die Grafen von der Mark keineswegs behutsam vor. Die Grafschaft Arnsberg, seit der Abspaltung Rietbergs durch die Kölner Erzbischöfe völlig abgeschnürt, sieht sich schon 1306 gezwungen, mit ebendiesen geistlichen Herren ein Bündnis einzugehen, weil man sich des Märkers anders nicht erwehren kann. Solche Politik wird allerdings sinnlos, als 1363 mit Adolf II. ein Graf von der Mark den Kölner Stuhl gewinnt, dem schon 1364 Engelbert III. aus demselben Haus folgt. Zwei Jahre später verwüsten märkische Truppen Arnsberg, 1367 zwingt Mark dem Grafen Gottfried IV. einen Friedensschluß auf, der die ganze Ohnmacht des Arnsbergers dokumentiert. Fast mit dem Tag, da kein Angehöriger dieser Linie mehr dem Erzbistum vorsteht, tritt der kinderlose Gottfried seinen Besitz dem Erzstift ab, freilich unter der Bedingung, daß auch nicht der kleinste Teil davon je der Nachbargrafschaft überlassen wird. Für den Kölner ›Herzog von Westfalen‹ (so heißt es erstmals 1367) bedeutet das den größten und wichtigsten Landgewinn jener Periode; mit dem ›centrum in circulo‹ (dem Mittelpunkt im Kreis) weist das Herzogtum jene Geschlossenheit vor, auf die ein Territorialherr bauen muß. Nicht zufällig ist die einzige Grabstätte eines weltlichen Würdenträgers im Kölner Dom die des Grafen Gottfried von Arnsberg.

Der gleichfalls nachfolgeberechtigte Märker schweigt zu diesem Vermächtnis, er will die Übernahme Kleves (seit 1417 Herzogtum) durch sein Haus, die den Verlust Arnsbergs leicht verschmerzen läßt, nicht gefährden. Nachdem das niederrheinische Territorium 1398 endgültig mit Mark vereinigt ist, hat der westfälische Landbesitz für die Dynastie nur noch

ZUR GESCHICHTE DES SAUERLANDS IM RAUM WESTFALEN

mindere Bedeutung. Im Zuge dieser Entwicklung gerät das Sauerland an den Rand der machtpolitischen Auseinandersetzung. Der gescheiterte Versuch Dietrichs von Moers (1414–63), noch einmal ganz Westfalen seine Vorherrschaft aufzuzwingen, bringt Köln immerhin – bei erheblichen Verlusten andernorts – den Gewinn der sauerländischen Herrschaften Fredeburg und Bilstein, er trägt zur Abrundung wie zur Konsolidierung des Herzogtums Westfalen nicht unwesentlich bei. Die dauernden Fehden Dietrichs aber lassen seine Länder verarmen, woraufhin sich auch im kölnischen Westfalen die Stände zu einer ›Erblandesvereinigung‹ zusammenschließen (1463), die künftig solchem Machtmißbrauch Einhalt gebieten will. Die Stände können ihre Position bald ausbauen und haben während der folgenden Jahrhunderte in Regierungsangelegenheiten stets ein gewichtiges Wort mitzureden gehabt.

Während der folgenden anderthalb Jahrhunderte ist die Entwicklung der politischen Verhältnisse – jedenfalls im zentraleuropäischen Raum – eng mit dem Machtanspruch der Konfessionen verknüpft. 1521 kann Kleve-Mark sein Territorium um Jülich-Berg und Ravensburg nochmals erweitern; schon diese Vereinigung vollzieht sich im Schatten der Glaubenskämpfe, die den Beginn der Neuzeit markieren. Ins märkische Sauerland dringt

Historische Karte der Grafschaft Mark von Franz Johann Joseph Reilly aus dem Atlas ›Schauplatz der 5 Teile der Welt‹, Wien 1789–1791

unter Herzog Wilhelm (1539–92) das Luthertum ein, ohne hier jedoch großen Anhang zu finden. Als der junge Regent auch noch die Inbesitznahme Gelderns anstrebt, ruft dieses Unternehmen Kaiser Karl V. selbst auf den Plan, gegen dessen militärische Überlegenheit Wilhelm nichts ausrichten kann, zumal ihm die – angeforderte – Hilfe der protestantischen Fürsten versagt bleibt. Vor allem ihretwegen hatte er sich 1542 zur neuen Lehre bekannt, der er nun auf Verlangen des Kaisers wieder abschwören muß. Die erzwungene Rückkehr des Herzogs in den Schoß der alten Kirche hat unter anderem zur Folge, daß sich der Katholizismus in der Grafschaft Mark weiterhin behauptet.

Diese Intervention Karls V. entscheidet gleichfalls über die religiöse Zugehörigkeit des kölnischen Sauerlandes und macht vollends deutlich, wie weit entfernt von dieser Landschaft alle für sie wichtigen Entscheidungen jetzt getroffen werden. Auch der Kölner Erzbischof Hermann von Wied, trotz seines Amtes ein Anhänger des Luthertums, muß sich den Truppen des obersten Reichsherrn beugen; mit Hermanns Absetzung 1547 ist dem Protestantismus in seinen Ländern der Boden entzogen.

Das geringe Interesse, welches die Mächtigen dem Mittelgebirgsland entgegenbringen, bewahrt es jedoch keineswegs vor der Teilhabe an den verheerenden Kriegen der Zeit. Die Auseinandersetzung zwischen Holländern und Spaniern wirken sich bis hierhin aus, so erpressen die Geusen 26 000 Taler vom Herzogtum Westfalen. Als unmittelbare Folge dieser Kämpfe kann der Protestantismus in Mark wie in ganz Westfalen wieder Terrain zurückerobern; sogar das Erzstift Köln droht nach Jahren der unumstrittenen katholischen Herrschaft wieder der neuen Lehre anheimzufallen, als der Erzbischof Gebhard Truchseß zu Waldburg 1582 seinen Übertritt bekanntgibt. Wohl zwingen die Truppen seines Nachfolgers, des Herzogs Ernst von Bayern, ihn sehr schnell zum Rückzug aus dem Rheinland, doch setzt Gebhard sich im kölnischen Westfalen fest, ehe er 1584 auch von dort vertrieben wird.

Um dieses Datum gewinnt das hergebrachte Bekenntnis an Boden, Ernst von Bayern – sein Haus ist Führer der altkirchlichen Partei – vereint drei Bistümer (Köln, Lüttich und Münster) in einer Hand. Sein Neffe Ferdinand, der ihm 1612 folgt, gewinnt sechs Jahre später noch ein viertes, das Bistum Paderborn, hinzu. Er treibt die Rekatholisierung des Herzogtums Westfalen, wo sich die Protestanten immer noch gewisser Sympathien beim Adel und bei den Städten erfreuen, zügig voran. Dagegen entzweien sich die Erben des geisteskranken Johann Wilhelm von Jülich-Kleve-Berg; während der eine, Wolfgang Wilhelm von Pfalz-Neuburg, katholisch wird, weil er Unterstützung der Liga erhalten will, tritt der andere, Kurfürst Johann Sigismund von Brandenburg, der reformierten Kirche bei, weil er auf die Hilfe der niederländischen Generalstaaten rechnet. Im Zuge der Erbteilung kommt Mark 1614 an Brandenburg; die märkischen Landstände äußern darüber Genugtuung, glauben sie doch ihre Privilegien um so ungefährdeter, je weiter entfernt ein Landesherr residiert. Daß gerade Brandenburg-Preußen eine Vorreiterstellung bei der straffen Organisation des Staatswesens einnehmen wird, ahnen sie zu diesem Zeitpunkt nicht.

Der Dreißigjährige Krieg betrifft das Sauerland vor allem während der letzten fünfzehn Jahre, in denen das religiöse Motiv kaum mehr eine Rolle spielt. Da weder das Herzogtum

ZUR GESCHICHTE DES SAUERLANDS IM RAUM WESTFALEN

Altena, Mitte des 19. Jh., Stahlstich

Westfalen noch die Grafschaft Mark eigene Verbände zu ihrem Schutz aufbieten können, ist das Land den durchziehenden Heeren preisgegeben. Das Herzogtum halten die Hessen besetzt, sie sind die Hauptverbündeten des Schwedenkönigs, ohne dessen Eingreifen sich der Protestantismus – jedenfalls im westfälischen Raum – schwerlich behauptet hätte. Aber die Hoffnungen des hessischen Landgrafen, seinen Besitz nach Nordwesten hin zu erweitern, werden beim Friedensschluß 1648 nicht erfüllt, wie überhaupt die territorialen Veränderungen in Anbetracht der eingesetzten Mittel und des angerichteten Schadens kaum ins Gewicht fallen, und obgleich Westfalen den Kampfhandlungen weniger ausgesetzt war als andere Gebiete – das märkische Sauerland profitierte zeitweise sogar von einer verstärkten Waffenproduktion –, sollte es ein Menschenalter und länger dauern, bis sich das Land von den Kriegsfolgen erholt hatte.

Mit dem Erbvergleich zu Kleve 1666 teilen Kurbrandenburg und Pfalz-Neuburg die jülisch-klevischen Länder endgültig unter sich auf. Das Datum signalisiert auch für Westfalen die Herankunft des absolutistischen Zeitalters, dem hier namentlich Preußen seinen Stempel aufprägt; als erster Herrscher setzt der Große Kurfürst diese Regierungsform durch. Die Grenze zwischen der brandenburgisch-preußischen Mark und dem Herzogtum wird dadurch noch schärfer gezogen. Beide trennen jetzt nicht allein die Glaubensfragen und eine sehr verschiedene wirtschaftliche Situation, sondern auch zwei gegensätzliche Staatsauffassungen.

Bei einer solchen Konstellation kann es nicht wundernehmen, daß die regionale Geschichtsschreibung immer wieder diskutiert hat, wer mit seinen Herren wohl besser gefahren sei, die Märkischen oder die Kurkölnischen. Diese Frage – soviel vorweg – ist nicht eindeutig zu beantworten, zu schwer wiegen auf beiden Seiten die Nachteile, welche den Vorzügen gegenübergestellt werden müssen. Zweifellos garantiert Preußen Mark den wirtschaftlichen Aufschwung; Berlin hält sogar die ökonomischen Belange für derart vorrangig, daß 1748 das märkische Sauerland von der Rekrutenaushebung befreit wird. Dagegen beschneidet man die Macht der Stände wie die der Organe der Selbstverwaltung rücksichtslos, schon 1661 muß Mark die Hoheitsgewalt des Landesherrn anerkennen und geht jeden Rechts der Mitsprache bei militärischen Gesetzgebungsplänen verlustig.

Andererseits gilt die – später oft wiederholte – Parole, unter dem Krummstab sei gut leben, keineswegs unumschränkt. Freilich bleiben das Arbeitsethos preußisch(-calvinistisch)er Provenienz und ein straff organisierter, in jedem Winkel des Daseins gegenwärtiger Staatsapparat den Kurkölnischen erspart, doch müssen sie für die größere Behaglichkeit den hohen Preis wirtschaftlichen Rückschritts zahlen. Zudem gewährleistet die ständische Verfassung nicht von vornherein einen vernünftigen Interessenausgleich zwischen dem Herrscher und den gesellschaftlichen Gruppen, die im Landtag vertreten waren. Dort saßen ohnehin nur die Repräsentanten der Städte und des Adels, wobei letztere über die erdrückende Mehrheit der Stimmen verfügten. Die Ritterschaft aber sah oft genug nur auf den eigenen Vorteil und scherte sich wenig um das Wohl des Landes.

Den Kurfürsten galt das Herzogtum bis gegen Ende des 19. Jahrhunderts weithin nur als Manövriermasse für ihre hochfliegenden Pläne. Die Rechnung jedenfalls, sich der starken Hand einer katholischen Dynastie durch die Wahl eines Angehörigen dieser Herrscherhäuser zu versichern, ging immer dann nicht auf, wenn die Herren weltpolitischen Ehrgeiz entwickelten. Der Wittelsbacher Clemens August etwa brachte fünf geistliche Fürstentümer (Köln, Münster, Paderborn, Osnabrück und Hildesheim) in seine Hand, ein beachtliches Kapital also, mit dem sich auf dem Markt der Macht trefflich wuchern ließ. Denn welche Partei immer den ›Monsieur de cinq églises‹ bei der Stange halten wollte, mußte ihm gewaltige Hilfsgelder zahlen. Ohne diese Einnahmen, nur angewiesen auf die gewiß nicht geringen Summen, die er aus seinen eigenen Ländern herauszuziehen wußte, hätte er den Aufwand nicht treiben können, von dem heute noch die Schlösser Augustusburg und Falkenlust in Brühl wie Clemenswerth im Hümmling eine Vorstellung geben.

Unter seinem letzten bischöflichen Landesherrn, Maximilian Franz von Österreich, faßt die Aufklärung auch im Herzogtum zögernd Fuß. Aber seine Reformbemühungen überschattet eine neue politische Konstellation, die staatlichen Gebilden wie den Fürstbistümern keine Zukunft mehr läßt. 1794 muß der Sohn Maria Theresias das linke Rheinufer aufgeben und mit seiner Verwaltung vor den französischen Revolutionsarmeen im Westfälischen Schutz suchen; nach dem Frieden von Basel (1795) verläuft die Demarkationslinie zwischen Preußen und Frankreich mitten durch das kurkölnische Territorium. Beim Tode Maximilians 1801 ist die Säkularisierung der geistlichen Länder schon beschlossene Sache, der Reichsdeputationshauptschluß regelt zwei Jahre später lediglich die Durchführung. Das

ZUR GESCHICHTE DES SAUERLANDS IM RAUM WESTFALEN

Herzogtum Westfalen hatte bereits 1802 dem Landgrafen von Hessen-Kassel neben anderen Gebieten als Ersatz für seine linksrheinischen Besitzungen dienen müssen.

Die Jahre des Umbruchs zwischen 1802 und 1816 bringen auch dem Sauerland unruhige Zeiten. Hatte noch der Reichsdeputationshauptschluß Preußen zu Landgewinnen und damit der führenden Stellung in Westfalen verholfen, so fällt nach dessen Kriegseintritt und den Niederlagen bei Jena und Auerstedt gegen Napoleon die ganze Region Frankreich oder seinen deutschen Verbündeten zu. Das 1807/08 gegründete Königreich Westphalen schließt allerdings das Sauerland nicht ein, sein märkischer Teil geht an das Großherzogtum Berg, während sein ehemals kurkölnischer bei Hessen-Darmstadt verbleibt. Schon 1815 geben die siegreichen Verbündeten auf dem Wiener Kongreß Preußen den westfälischen Besitz zurück, außerdem erhält es – neben anderen Gebieten – das Herzogtum Westfalen, dessen Anschluß 1816 vollzogen wird.

Das Sauerland ist nun ganz in der preußischen Provinz Westfalen aufgegangen, wobei sein märkischer Teil zu den ökonomischen Aktivposten dieses neuen politischen Gebildes zählt. Um die Jahrhundertmitte weist er sogar die höchste Bevölkerungsdichte der Provinz auf, ein untrügliches Zeichen für die Prosperität der Gewerbe, die hier immer noch Menschen ernähren können, während anderwärts die wirtschaftliche Situation zur Abwanderung zwingt. Jetzt setzt auch die Umgestaltung des Raums von einer Gewerbe- zur Industrielandschaft ein. Dieser Strukturwandel wird durch den 1861 abgeschlossenen Bau der Eisenbahnlinie Hagen – Betzdorf (über Iserlohn – Finnentrop – Siegen) gefördert; sie schafft eine wesentlich bessere Verbindung der hier ansässigen, eisenverarbeitenden Betriebe mit ihren Rohstofflieferanten im Siegerland.

Dagegen ist – nimmt man den Kreis Olpe aus – das kurkölnische Sauerland nach dem Bericht des ersten Oberpräsidenten der Provinz, des Freiherrn von Vincke, wirtschaftlich eine ›terra incognita‹; seine Einwohner betrachten die neuen Herren mit einigem Mißtrauen, das lange rege bleibt und während der Tage des Kulturkampfes noch einmal Nahrung findet. Arnsberg jedoch erfüllt weiterhin zentrale Aufgaben; es bekommt ein Hofgericht, vor allem aber sitzt hier die Regierung eines Bezirks, der tief ins Ruhrgebiet hineinreicht und in der Folge entsprechend große Anstrengungen der Verwaltung fordern wird. Das ehemalige Herzogtum selbst versucht man durch sogenannte Bezirksstraßen zu erschließen, welche freilich die Ungunst der natürlichen Gegebenheiten nicht ausgleichen können. Das ›Kölnische‹ bleibt eine agrarisch geprägte Landschaft, deren Wald- und Wasserreichtum eine Reserve für die umliegenden Industriebezirke bildet.

Heute sind die beiden historischen Einheiten des Sauerlands nicht mehr derart scharf voneinander geschieden, grundsätzlich aber bleibt der Unterschied ihrer wirtschaftlichen Struktur erhalten. So spielt im Kreis Olpe und im Hochsauerlandkreis, den jüngsten historischen Nachfolgern des gebirgigen Herzogtums Westfalen, der Fremdenverkehr eine bedeutende Rolle – er hätte ohne die ›agrarische‹ Vorgeschichte des Raums keine solch stürmische Entwicklung nehmen können. Das Märkische Sauerland prägt dagegen auch noch heute die Vielzahl der mittelständischen Industrieunternehmen, wenn man inzwischen auch hier mit dem Pfund ›Natur und Landschaft‹ zu wuchern gesonnen ist.

Der Märkische Kreis

Das märkische Sauerland als Wirtschaftsraum

Das märkische Sauerland hat heute noch einen Namen als Wirtschaftsregion und kann – das sei immerhin angemerkt – auf eine ganz andere Tradition zurückblicken als das Ruhrgebiet. Die ersten Zeugnisse des Eisenabbaus und der -verarbeitung stammen aus dem 8. Jahrhundert, die durch solche Funde nachgewiesene Produktion fällt also zeitlich mit der eigentlichen Erschließung des Gebirges während der Karolingerzeit zusammen. Sie ist, wie im Bergischen und im Siegerland, an das Vorhandensein von Holz und Erz gebunden, mit denen die sogenannten Rennöfen beschickt wurden, die man hoch am Hang anlegte, um die aufsteigenden Talwinde für das Anfachen des Feuers zu nutzen. Nun steckt im Begriff Rennofen zwar unser heutiges Wort ›rinnen‹, doch haben diese Öfen niemals flüssiges Eisen geliefert, sondern nur eine Masse von teigig-zäher, allerdings schmiedbarer Konsistenz.

Die archäologischen Funde belegen einen deutlichen Aufschwung der Eisenproduktion seit dem 11. (bis ins 13.) Jahrhundert, 1700 Erzeugungs- und Verarbeitungsplätze konnten die Archäologen im märkischen Sauerland ausfindig machen. Ein derartiger Schub verweist sicher auf den allgemeinen Strukturwandel der europäischen Gesellschaft, vor allem auf die Herausbildung des Feudaladels zu jener Zeit, wenn sich auch ein detaillierter Nachweis dieses Zusammenhangs nur schwer erbringen läßt.

Einen großen Fortschritt bedeutete der Übergang vom Rennfeuer zu den Massenöfen, der in die Phase der landesherrlichen Städtegründungen fällt. Diese Schmelzen können wesentlich größere Mengen Erz aufnehmen, sie beanspruchen zudem nicht mehr den Wind, sondern das Wasser als Energieträger. Wasser treibt etwa seit 1300 auch die Hämmer an und erschließt neue Möglichkeiten der Verarbeitung. Es leuchtet ein, daß sich durch den Umzug der Produktionsstätten von den Höhen in die Täler auch das Siedlungsbild bedeutend verändert. Besonders stark wird natürlich die Landschaft durch die immer größere Zahl von Betrieben an Bach- und Flußläufen geprägt, und 1804 schreibt der preußische ›Fabriquen-Kommissar‹ Friedrich August Alexander Eversmann: Hier »liegen die Wasserwerkstätten der Fabriken so häufig und so übereinander gereiht, daß in verschiedenen Gegenden, ungeachtet des starken Falls der Gewässer, dennoch kaum ein ungenutztes Gefälle mehr vorhanden ist, und über einige Zoll Wasserhöhe zudem bedeutende Prozesse entstehen«.

Als Eversmann dies niederschrieb, war das märkische Sauerland jedoch schon längst Teil eines Wirtschaftsraums, der – über die Territorialgrenzen hinweg – noch das Bergische Land

DER MÄRKISCHE KREIS

Zeitgenössisches Bild eines Hammerwerkes. Mit einem Aufwurf- oder Schwanzhammer wurden die Eisenstangen für die Drahtziehereien geschmiedet.

und – mit gewissen Abstrichen – sogar den westlichsten Teil des kölnischen Sauerlands umfaßte. In diesem Gebiet hatten zwölf Städte bzw. Freiheiten den Markt unter sich aufgeteilt, jede besaß einen eigenen Produktionsschwerpunkt. So lieferte etwa Olpe die Pfannen, Solingen die Klingen, und das Drahtgewerbe der märkischen Gemeinwesen führte seine Produkte nach allen Teilen der damals bekannten Welt aus. Auf dem Metallsektor findet sich im vorindustriellen Europa eine derart klar strukturierte Wirtschaftslandschaft kein zweites Mal, doch hat bis heute niemand dieses einmalige Phänomen überzeugend zu erklären vermocht. Sicher scheint, daß es nicht auf Verfügung der diversen Landesherren zurückging, sondern auf Anstrengungen der Bürgerschaften in den Städten, und daß Monopolabkommen mit Kölner Kaufleuten die Konzentration der Angebotspalette begünstigten.

Als Ende des Mittelalters im Märkischen die lokalen Erzvorräte zur Neige gingen, zog das keineswegs eine Krise der Produktion nach sich, man bezog sein Eisen dann eben von außerhalb, etwa aus dem Siegerland (s. S. 300ff.). Ungleich stärker setzten dem Gewerbe die Zwistigkeiten um die märkisch-klevische Erbfolge wie der Dreißigjährige Krieg zu. Erst das verstärkte Bemühen des preußischen Landesherrn etwa seit 1670 führte dann wieder zum Erstarken der märkisch-sauerländischen Wirtschaft, sie erlangt nun allmählich (wieder) Weltgeltung, die ihr etliche Industriehistoriker auch noch für das Ende des 18. Jahrhunderts bestätigen.

Jedenfalls ging der Raum seiner ökonomischen Kraft auch dann nicht auf Dauer verlustig, als ihm der nördliche Teil der Mark, das Ruhrgebiet, den Rang als bedeutendstes Industrierevier Westfalens ablief. Auch im westlichen Sauerland steht der Einsatz des Hochofens für den radikalen Wandel der Produktionsbedingungen, auch hier mußten die Verantwortlichen bald einsehen, daß sich dieser Ofen nur auf Koksbasis rationell betreiben ließ. Die Steinkohle verdrängte als Energieträger Holzkohle und Wasser, wenngleich letzteres noch lange Zeit gefragt blieb. Wenig Änderungen erfuhr indessen die Unternehmensstruktur des Raums, selbst heute überwiegen bei weitem Klein- und Mittelbetriebe, die in einer wirtschaftlich kritischen Situation wie der gegenwärtigen immer am stärksten unter Druck geraten. Im Falle des Märkischen Kreises kommt hinzu, daß sich mit wachsendem Umweltbewußtsein der Zielkonflikt zwischen Industrieregion und Erholungsgebiet bzw. Trinkwasserreservoir verschärfte.

Stadt Iserlohn

Der historische Kern Iserlohns liegt in einer Kalkmulde auf etwa 240 Meter Höhe, das heutige Stadtgebiet erstreckt sich jedoch auch nach Süden ins märkische Oberland und nach Norden über die Niedersauerländischen Höhen, welche weitschwingend zur Ruhr hin abfallen. Im Bereich der Kalkmulde mit ihren günstigeren klimatischen und Bodenbedingungen enden viele Ortsnamen auf -ig, -athe und -hofen, sie zeugen von einer recht frühen (vorkarolingischen) Besiedlung, während der Wortteil -lohn nur in die Phase der hochmittelalterlichen Erschließung des Gebirges zurückweist.

Auf die zwischen 1033 und 1050 beurkundeten »monetae Loonensis« erheben auch noch andere Orte Anspruch; als zweifelsfreier Beleg für die Existenz Iserlohns kann daher erst ein Schriftstück von 1124 gelten, worin Papst Calixtus II. dem Kloster Rastede (nahe Oldenburg) eine Schenkung des Adligen Huno bestätigt: dieser habe ihm Güter auch in ›Yserloh‹ überlassen. Damit wird noch jenes Dorf angesprochen, dessen Mittelpunkt die Pankratiuskirche im Tal bildete und das damals etwa zwei Hektar groß gewesen sein dürfte. Hier lag auch ein Wirtschaftshof der Grafen von der Mark, und einer ihrer Ministerialen bezeugt 1214 eine Urkunde als ›Godescalus de Lon‹.

Den Anstoß zur Siedlungsgründung auf dem Kalksteinplateau hoch über dem alten Ort gab wohl die Konfrontation der Märker mit dem übermächtigen Kölner Erzbischof Engelbert von Berg. In die Anfänge dieses Iserlohn fällt denn auch die Ermordung Engelberts durch Friedrich von Isenburg, der ein Vetter des getöteten geistlichen Würdenträgers wie der Adolfs von der Mark war (s. S. 9). Dessen kluge Politik führte zu einem erheblichen territorialen Zugewinn seines Hauses auf Kosten der Isenburger; gegen das Zentrum ihrer Restgrafschaft, der Feste Hohenlimburg, bewehrte er etwa 1235 den Bilstein mit einer Burg. Die erste stadtähnliche Anlage entstand hier vielleicht noch vor 1262, sie wurde unter der Regentschaft Eberhards von der Mark (1277–1308) zum ersten Mal erweitert. Graf Eberhard nennt – in einer Urkunde des Jahres 1279 – die Bewohner Iserlohns ›opidani‹ und bestätigt

DER MÄRKISCHE KREIS

Iserlohn, um 1850

DER MÄRKISCHE KREIS

den Bürgern »ihr altes Recht, das ihnen seit Jahr und Tag gewohnheitsmäßig zukommt«. Danach kam der Siedlung schon geraume Zeit der Rang einer civitas zu.

Mit der nochmaligen (und bedeutenderen) Erweiterung des Gemeinwesens etwa 1300 geht die Vermehrung der Burgmannensitze einher, es nennt nun auch eine steinerne Mauer sein eigen, die eine Fläche von sechs Hektar umschließt. 1314 dringt der Kölner Erzbischof als Herzog von Westfalen noch einmal darauf, den Bering niederzulegen, doch kann er diese Forderung gegen das gestärkte Haus Mark nicht durchsetzen. Innerhalb der stets weiter verstärkten Befestigung zeugen viele städtebauliche Aktivitäten vom wachsenden Wohlstand der Bürger, die während des 14. Jahrhunderts – zu einer Zeit mithin, als viele Gemeinwesen in ihren Freiheiten eingeschränkt wurden – immer mehr Rechte des gräflichen Landesherrn an sich bringen konnten. Damals blüht gleichfalls das Gewerbe der Ketten-›Panzerer‹ auf, deren Erzeugnisse den Namen Iserlohns über die ganze Welt verbreiten. Ihre Gilde steht denn auch wenig hinter dem Patriziat der Fernhandelskaufleute zurück. Wie sechs andere (Schmiede, Krämer, Tuch- und Wandmacher, Schuster, Bäcker und Fleischhauer) konnte sie von 1396 an über kommunale Belange mitentscheiden.

Die schweren Brandkatastrophen seit 1510 treffen die Stadt hart, 1653 und 1677 vernichten die Flammen fast die gesamten Wohnstätten, 1712 verschonen sie gerade sechzig Häuser. Damals aber hatte die Wirtschaft Iserlohns schon wieder einen erstaunlichen Aufschwung genommen, der den Bau dreier Vorstädte zwischen 1704 und 1743 nach sich zog; zwei weitere entstehen zu Anfang des 19. Jahrhunderts. Frühindustrielle Züge zeigt die Gewerbestruktur schon 1722, damals spricht eine preußische Erhebung über die Berufszugehörigkeit vom ›Tuchmanufacturier‹ und vom ›Manufacturier der Nähenadel Fabrique‹, außerdem werden eine ›Draht-‹, eine ›Spangenmanufaktur‹ sowie eine ›Panzer- und Krämpenfabrik mit 26 Arbeitern‹ erwähnt. Ab 1816 Kreisstadt, wird die Eisenbahnlinie Hagen – Frankfurt dennoch an Iserlohn vorbeigeführt, diesen Standortnachteil gleicht erst der Bau eines Nebenanschlusses 1864 in etwa aus. Vorher zwang das Fehlen der Schiene, aber auch der Mangel an geeigneten Grundstücken etliche Iserlohner Unternehmer, ihre hochfliegenden Pläne andernorts zu verwirklichen.

Dem damals kreisfreien Iserlohn wurden 1975 die Stadt Letmathe und einige Gemeinden des Umlands zugeschlagen, gleichzeitig ging es – übrigens als dessen größtes Gemeinwesen – im Märkischen Kreis auf.

Was sein Stadtbild angeht, so scheint sich Iserlohn immer noch inmitten einer Gründerzeit zu befinden. Nun, eines nicht allzu fernen Tages werden auch die hohen Holzstege östlich der ehemaligen Marienkirche verschwunden sein, die Fußgängern noch immer einen eindrucksvollen Blick auf die ruinöse historische Bausubstanz unter ihnen gestatten, auch sind ja die Ergebnisse der jüngeren und jüngsten Stadtsanierung sonst allenthalben gegenwärtig. Die Photographen aber fasziniert am stärksten das eine, unmittelbar benachbarte Motiv, eben die *Oberste Stadtkirche* am steilen Abbruch des Bilstein (Abb. 2). Sie steigen die Treppe vom ›Südengraben‹ hinab auf das Niveau des alten Pfarrdorfs und richten das Objektiv gegen den nur hier erhaltenen Teil der gewaltigen Stadtmauer, aus der – perspektivisch verkürzt –

22

Iserlohn

1 Oberste Stadtkirche (ehem. Marienkirche)
2 Bauernkirche (ehem. St. Pankratius)
3 Haus der Heimat (Heimatmuseum)
4 Haus Rampelmann (Stadtarchiv)
5 Pfarrkirche St. Aloysius
6 Reformierte Kirche
7 Altes Rathaus (Stadtbibliothek)

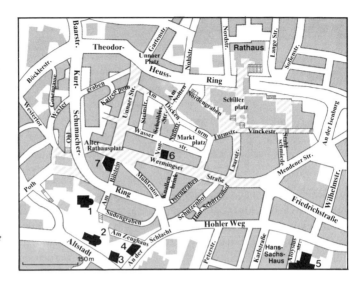

die wuchtige Baumasse des Gotteshauses aufsteigt. Dennoch will es nicht so ohne weiteres gelingen, ein mittelalterliches Iserlohn vorzutäuschen, entweder ragt eines der Geräte des Kinderspielplatzes oder eine nostalgische Laterne der Anlage ins Bild und entlarvt den Verdrängungskünstler hinter der Kamera. Für einen genügsameren Beobachter bleibt der Ausschnitt Stadtmauer/Andachtsstätte auch eingedenk seiner Umgebung imponierend genug; falls er auch noch an Architektur interessiert ist, wird er dem uneinheitlichen Erscheinungsbild der Kirche ohnehin bald seine ganze Aufmerksamkeit schenken.

Die zweischiffige, um 1350 errichtete Halle besitzt noch ein Querhaus, das allerdings nur im Süden vor das Langhaus tritt, darauf folgt der einjochige Chor mit seinem fünfseitigen Abschluß. Etwa 1400 fügte man dem einen Arm des Querhauses westlich eine Kapelle an, hier sollte die hl. Anna, Mutter der Kirchenpatronin, verehrt werden. Der massige, durch eine Wand längsgeteilte Turm – ihn krönt der charakteristische Doppelhelm – stammt von einem Vorgänger, ebenso wohl das südlich anschließende Joch. Der Eindruck des Unregelmäßigen läßt sich aber nicht nur auf die zu verschiedener Zeit entstandenen Bauteile zurückführen, er wird etwa auch dadurch verstärkt, daß Strebepfeiler nur an Chor und Nordseite zu finden sind. An der Nordseite befindet sich nächst dem Turm noch ein qualitätvolles romanisches Portal, sein Maßwerktympanon hat allerdings ein Meister der Gotik geschaffen, die Figuren der Kapitelle (Pastor und Küster) sind jüngeren Datums. Etliche gotisierende Details der Nordwand – Giebelrosette des Querhauses, zweites Portal ebendort – verdankt das Gotteshaus einer Renovierung gegen Ende des vorigen Jahrhunderts.

Nur wenig homogener wirkt das Innere. Das südliche Schiff ist knapp doppelt so breit wie das nördliche, welches eher einer Abseite gleicht. So liegt der Verdacht nahe, hier sei ursprünglich ein dreischiffiger Bau intendiert gewesen, für die sichere Gründung einer

23

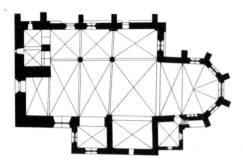

Oberste Stadtkirche, Grundriß

südlichen Abseite habe sich dann jedoch der verbliebene Streifen Felsplateau als zu schmal erwiesen. Doch selbst die vielleicht fehlende Symmetrie einmal abgerechnet, zeigt der Grundriß einige Unregelmäßigkeiten, und auch die Krypta unter dem Chor besitzt keine ausgewogenen Raumverhältnisse. Entsprechend schlicht ist die Architektur; polygonale Pfeiler tragen die Kreuzrippengewölbe, im Chorjoch werden die Rippen des Gewölbes durch Konsolen aufgefangen, die als Fratze und nackte Halbfigur ausgebildet sind. In die Wand der Chorsüdseite eingelassen wurden ein maßwerkverzierter, dreigeteilter Sitz und eine gleichfalls gotische Sakramentsnische.

Höchstes Interesse aber verdient die Ausstattung des Gotteshauses. Da ist zunächst die überlebensgroße, um 1490 geschaffene Holzskulptur eines Ritters, der das märkisch-klevische Wappen in seinem Schild führt. Viele haben ihn deshalb als Engelbert III. von Altena-Mark identifiziert, doch sprechen vor allem die Ähnlichkeit mit der Reinoldiplastik aus der gleichnamigen Dortmunder Kirche und das erhobene Schwert in der Rechten unserer Figur dafür, daß es sich bei ihr um eine Darstellung des Iserlohner Stadtpatrons St. Pankratius handelt. Pankratius wachte auch über die Unantastbarkeit der Eide und wird hier als Wahrer des städtischen Rechts überhaupt und damit städtischer Freiheit in Anspruch genommen worden sein.

Doch nun zum Prunkstück der Kirche, dem wohl flandrischen, um 1400 entstandenen Schnitzaltar (Abb. 3). Sein Sockel trägt ein dreigeteiltes Retabel, es zeigt geöffnet zu seiten einer zentralen Kreuzigungsgruppe je neun in Nischen eingestellte Apostel- und Heiligenfiguren (von links: Markus, Johannes, Matthäus, Lukas, Petrus, Andreas, Judas – Sohn des Jakob, Paulus, Katharina, Barbara, Jakobus minor, Johannes der Täufer, Bartholomäus, Jakobus maior, Thomas, Simon, Stephanus und Philippus). Die Rückseiten der Flügel schmückten früher acht Bilder mit Motiven des Marienlebens, es sind bedeutende Zeugnisse der westfälischen Tafelmalerei in der ausklingenden Gotik (Abb. 4, 5). Heute zieren die etwa Mitte des 15. Jahrhunderts geschaffenen Werke das Dorsale des Chorgestühls, wo sie eingehender betrachtet werden können als an ihrem ursprünglichen Standort. Die Gemälde ähneln den Schöpfungen des berühmten Johannes Körbecke. Daß ihnen auch – sicher vielfach vermittelt – die italienische Renaissance Impulse gegeben hat, zeigen die deutlichen Ansätze zur perspektivischen Darstellung und – damit eng verknüpft – die Auffassung des

Raums. Das Geschehen selbst wird ungewöhnlich lebhaft erzählt, doch scheint solche Vitalität durch die gedeckten Farben zurückgenommen.

Das Chorgestühl ist durchweg jüngeren Datums, doch weisen Seitenwangen und Sitze noch die originalen Schnitzereien der Zeit um 1500 vor. Hier werden auch die hll. Cosmas und Damian abgebildet, mit einem Salbengefäß der eine, mit einem Uringlas der andere. Unter dem Patrozinium dieser beiden Ärzte stand die Kirche, bevor es auf Maria überging. – Das Gotteshaus bleibt meist geschlossen, Interessenten wenden sich an das Kreiskirchenamt, Piepenstockstr. 21.

Zwischen Stadt- und *Bauernkirche* liegen nur 50 Meter Luftlinie, aber eben auch der Absturz des Bilstein. Wie die zugehörige Siedlung im Vergleich zur Stadt, hat auch das ehemalige St. Pankratius-Gotteshaus ein höheres Alter als die Oberste Stadtkirche. Ähnlich der Andachtsstätte über ihr kann sie auf eine weitgehend ungeklärte, zweifellos aber recht bewegte Baugeschichte zurückblicken, die auch hier in einer äußerst inhomogenen Architektur ihren Niederschlag gefunden hat. Heute noch ließe sich allerdings aus ihrem Grundriß die ursprüngliche romanische Pfeilerbasilika rekonstruieren, wenngleich das südliche Seitenschiff etwa 1840 abgerissen wurde und das nördliche ebenfalls nicht mehr seinen originalen Zustand zeigt. An den Südarm des markanten Querhauses fügte man westlich eine Kapelle an, so daß die Kirche nun einen imposanten Doppelgiebel vorwies. Den Platz des romanischen Chors nimmt seit Mitte des 14. Jahrhunderts ein spätgotischer mit einem $5/8$-Schluß ein, dieser Erneuerungsphase verdankt das Gotteshaus auch die südliche Sakristei. Gleichfalls während der Gotik paßte ein unbekannter Baumeister das Erscheinungsbild des Obergadens dem Zeitgeschmack an, noch wesentlich jüngeren Datum ist die Flachdecke des Langhauses.

Zur Ausstattung der Kirche (Abb. 1) gehört ein spätgotischer geschnitzter Altarschrein, dessen Zentrum eine vielfigurige Kreuzigung bildet, im Vordergrund streiten sich die Schergen um den Rock Christi. Diese Darstellung flankieren je zwei Szenen aus der Leidensgeschichte, ihnen ist bei aller Handwerklichkeit der Gestaltung eine gewisse Dramatik nicht abzusprechen. Daneben verdient die in einer Schwerter Werkstatt geschnitzte Barockkanzel von 1749 Beachtung, die Nischen ihres Korbs bergen die vier Evangelisten, den Schalldeckel krönt ein Pelikan als Symbol für den Opfertod Christi. – Wer das Gotteshaus, das übrigens bis zur Einführung der Reformation 1526 Pfarrkirche auch der Stadt war und wie Iserlohn selbst unter dem Patrozinium des hl. Pankratius stand, besichtigen möchte, muß ebenfalls beim Kreiskirchenamt, Piepenstockstr. 21, vorsprechen.

Nur wenig östlich der Bauernkirche steht das *Haus der Heimat*, ein stattlicher Barockbau des Jahres 1763, dessen ursprüngliches Mansarddach allerdings um die Jahrhundertwende vereinfacht wurde. Ein Risalit faßt die drei mittleren der sieben Fensterachsen zusammen, sein schön geschwungener Giebel ragt in die Dachzone hinein. Die zweiarmige Freitreppe mit ihren elegant-verspielten Eisengittern betont das Zentralmotiv zusätzlich. So gibt das Gebäude zweifellos einen würdigen Rahmen für die Exponate des – zur Zeit geschlossenen – Heimatmuseums. Es präsentiert aber nicht nur Zeugnisse der Stadtgeschichte, sondern stand 1849 selbst in deren Mittelpunkt. Damals diente das Gebäude als Zeughaus, und

DER MÄRKISCHE KREIS

›Iserlohner Barrikadenbauer‹ stürmten es, um sich mit den dort gelagerten Waffen zu versorgen. Schon im 48er Jahr mußte der Magistrat erster Unruhen Herr werden, die hier allerdings weniger heftig als andernorts das Establishment erschütterten. Spürbar erleichtert lobt die Stadtverwaltung am 25. 3. 1848 die Aufbegehrenden: »Augenzeugen der musterhaften Haltung, in welcher Sie eben, brave Fabrikarbeiter! werte Mitbürger! den gesetzlichen Weg zur Abhilfe Ihrer Beschwerden betreten haben, sprechen wir Ihnen im Drange unseres Herzens unsere vollste Anerkennung für Ihre so schön bethätigte Liebe zur Ordnung und Gesetzmäßigkeit aus!« Und wirklich mußte die Langmut der ›braven Fabrikarbeiter‹ erstaunen, hatte sie und ihre Familien doch die Industrialisierung des märkischen Gewerbes vor allem getroffen. Als jedoch ein Jahr später Landwehrleute aus Iserlohn den badischen Aufstand niederschlagen helfen sollten, verweigerten sie der preußischen Regierung unter Ministerpräsident Graf Brandenburg nicht nur die Gefolgschaft, sondern verfügten auch kurzerhand ihre Absetzung. Der Widerstand war jedoch kaum organisiert, und so stießen die Truppen Preußens beim Einnehmen der Stadt auf keine Gegenwehr. Dennoch fielen – blutige Ironie der Geschichte – am Himmelfahrtstag 1849 mehr als hundert Bürger – meist Arbeiter – den Gewehren und Bajonetten der Soldaten zum Opfer. Auch solche Erinnerungen knüpfen sich an das Haus der Heimat, und sie verdienen bewahrt zu werden wie die Kettenpanzer im Museum.

An der Schlacht 14 – der Straßenname rührt von jener Wasserkunst her, die hier ehemals zur Versorgung der Fabriken installiert war – lautet die Adresse des *Hauses Rampelmann,* es ist dem Haus der Heimat fast unmittelbar benachbart. Das vollständig renovierte Gebäude, jetzt Stadtarchiv, wurde 1748 errichtet (diese Zahl bilden jedenfalls die Maueranker), hat aber während der folgenden Zeit etliche Veränderungen erfahren, so besitzt seine Rückseite – heute – sieben Fensterachsen, seine Vorderseite – heute – aber nur deren sechs, wobei man noch die südlichste anstelle einer Tordurchfahrt dem Haus hinzufügte. Außerdem sollte sich der Betrachter vergegenwärtigen, daß es vordem einer Häuserflucht eingegliedert war, heute aber isoliert steht.

Daß Iserlohn im 17. und 18. Jahrhundert zum Neuaufbau und zur Konsolidierung seiner Industrie rheinische Fachkräfte dringend brauchte, daran erinnert auf ihre Weise die *Pfarrkirche St. Aloysius.* Die Arbeiter kamen aus dem Aachener Raum, doch auch aus Köln, Kleve, Trier und waren vor allem in der Nähnadel- und Messingindustrie (s. S. 28) beschäftigt. Meist katholischen Bekenntnisses, verlangten sie nach einem eigenen Gotteshaus, das ihnen Friedrich der Große 1745 zugestand. Zehn Jahre später entstand die erste Andachtsstätte außerhalb der Stadt, sie mußte 1831 durch eine größere an anderer Stelle ersetzt werden. Der Galmeiabbau unter dem Gelände führte 1872 zu schweren Bergschäden, »die Kirche ist gleich Münchhausens Pferde mitten durchgeschnitten«, berichtete eine Zeitschrift jener Tage ihren Lesern.

Ihr Nachfolger, das heutige Gotteshaus, wurde zwischen 1891 und 1894 am Hohlen Weg errichtet. Er ist ein Bau von imponierenden Ausmaßen, der drittgrößte des Erzbistums Paderborn. Seine Architektur mit der mächtigen Doppelturmfassade orientiert sich deutlich an der rheinischen Romanik und hält so die Abkunft sehr vieler Gemeindemitglieder gegenwärtig, übrigens damals nicht zur Freude des Paderborner Generalvikariats, das einen der westfälischen Tradition verpflichteten Entwurf favorisiert hatte. Die Kirche nennt einige recht bemerkenswerte Plastiken ihr eigen, so eine Anna selbdritt mit erhaltener alter Fassung (um 1470), eine Madonna mit Kind (etwa 1500) und einen hl. Andreas (16. Jh.), ferner das Vesperbild der Totengedächtniskapelle, ebenfalls aus dem 16. Jahrhundert. Der Nürnberger Kruzifixus, der Überlieferung nach eine Arbeit Erasmus Grassers, wird bald seinen Platz in einem neugestalteten Kreuzaltar finden.

An der Wermingser, der Hauptstraße des alten Iserlohn, liegt Ecke Von-Scheibler-Straße, jedoch aus der Häuserflucht nicht herausgerückt, die *Reformierte Kirche.* Der Stadtbrand 1712 hat eine raschere Fertigstellung der Andachtsstätte verhindert, in der erstmals 1718 ein Gottesdienst abgehalten wurde. Calvinistischer Geist durchwaltet den Bau, er wirkt äußerst nüchtern, und nur das Zentralmotiv der Südseite bleibt von solcher architektonischen Strenge ausgenommen. Es ist bis unter das Dach hochgezogen, im gesprengten Giebel des Portals präsentieren zwei sogenannte (pommersche) Wilde-Mann-Figuren das große brandenburgisch-preußische Staatswappen, ein deutlicher Hinweis darauf, wie sehr sich die Gemeinde dem Herrscherhaus gleichen Bekenntnisses verpflichtet fühlte. Das Staatswappen trägt eine Krone, die von einem zweiten Giebel überfangen wird, ihm folgt ein Paar langgestreckter, rechteckiger Fenster, und ein dritter (Dreiecks-)Giebel schließt endlich den ganzen Aufbau ab.

Als Prunkstück der gründerzeitlichen Bauten Iserlohns darf zweifellos das *Alte Rathaus* (heute Stadtbibliothek) im Stil der Neurenaissance gelten. Die Renaissance erstand damals keineswegs im Iserlohner Rathaus allein wieder auf, sah doch das prosperierende Bürgertum jener Jahre in ihr die Epoche, mit der sein Zeitalter eigentlich begonnen und der es durch hervorragende kulturelle und wissenschaftliche Leistungen seinen Stempel aufgedrückt hatte. Freilich bestimmte jetzt die Praxis bürgerlichen Handelns nicht so sehr das Leitbild des *uomo universale,* sondern des kühnen Eroberers neuer Märkte, und so mag die Gestaltung des preußischen Adlers auf den Eckpfosten des Dachzauns auch die imperialistische Aggressivität der Gründergeneration widerspiegeln.

Über die Baarstraße führt der Weg in nördlicher Richtung nach **Barendorf.** Direkt unterhalb der Trasse liegt am Bach ein Fachwerk-Ensemble, das genaugenommen eine eigenständige *Fabriksiedlung* ist (Abb. 7). Das Herzstück und gleichzeitig den ältesten Teil dieses seit 1838 entstandenen Gemeinschaftsbetriebs stellt die zu Fabrikationshäusern umgebaute ehemalige Dominial-Bannmühle dar, ein Doppelgebäude, zwischen dessen beiden Teilen sich früher ein oberschlächtiges Wasserrad drehte. Hier unterzog man die Werk- und Gelbgußstücke einer ersten Bearbeitung, in der Fachwerkzeile gegenüber diente das mittlere Haus als Gelbgießerei. An der Zufahrt befinden sich Scheune, Stall und Kutscherwohnung, an der Stirnseite des Platzes Kontor und (Fabrikanten-)Wohnhaus.

Die Barendorfer Gelbgießerei der Firma Duncker und Maste fertigte Messingwaren aller Art und führte sie vor allem nach Holland, Belgien, Frankreich wie nach Rußland aus. Das Unternehmen stand damit in einer namhaften Tradition, existierte doch seit etwa 1720 ein

Iserlohner Messinggewerbe. Es konnte sich bald auf die beachtlichen Galmeivorkommen der Umgebung stützen, welche 1487 erstmals erwähnt werden. Damals allerdings schürfte man hier für Kölner Verarbeitungsstätten, später ging dieses Mineral auch in den Aachener Raum (Stolberg), woher Iserlohner Betriebe dann ihr Messing bezogen. Übrigens hielt die Wissenschaft zu jener Zeit und bis weit ins 17. Jahrhundert hinein Messing noch für eine Legierung aus Kupfer und Galmei, erst im 19. Jahrhundert gelang es, Zink rein darzustellen.

Über den Kriegen des 17. Jahrhunderts geriet die Galmeiförderung schließlich in Vergessenheit, und erst 1751 gründete sich die ›Messing-Compagnie‹, sie erwarb das Recht zum

Kupferstich von Johann Heinrich Giese, Iserlohn, um 1750

Abbau von Zinkkarbonat um Iserlohn. Wie der preußische Finanzrat Johann Rembert Roden zu berichten weiß, hatte die Gesellschaft auch bald »ihre Schmelz Hütten (...) angeleget und das Werk durch auswärtige Leute, so die Sozietät ins Land gezogen, mit force angegriffen«. Die ›auswärtige(n) Leute‹ kamen aus ebenjenen Stolberger Betrieben, die bislang das Messing nach Iserlohn geliefert hatten. Sie verhalfen dem Gewerbe zu einem Aufschwung, der sich zwar keineswegs nur den hier gefertigten Tabaksdosen verdankte, von dem diese Produkte aber doch das reizvollste Zeugnis ablegen.

Die typische, längliche Form der Dosen rührt daher, daß sie neben dem ›indischen Kraut‹ auch die Tonpfeife aufnehmen mußten, die meist diagonal im Tabak eingebettet lag. Beide, Pfeife und Dose, waren die unentbehrlichen Utensilien der Raucher. »Die Küch' ist meine Pfeif', die Dos' mein Hausgerät,/Die trag' ich stets bei mir, wohin der Wind mich weht«, dichtete Johann Friedrich Riederer (1678–1734) zu einer Zeit, da in Deutschland das Pfeifenrauchen populär wurde. Während sich die bessere Gesellschaft aber bald dem Schnupftabak zuwandte, blieb der gemeine Mann beim Rohr, und dem Bedarf der unteren Schichten kam die Iserlohner Produktion nach. Noch preiswerter konnten die einheimischen Dosenmacher liefern, als sie vom Gravieren zum Prägen der Motive übergegangen waren, die Deckel, Boden und Ränder zieren. Dieser ornamentale und gegenständliche Schmuck macht den besonderen Reiz der Dosen aus, von deren Herstellern sechs namentlich bekannt sind. Als rührigster unter ihnen muß wohl Johann Heinrich Giese gelten, er schuf um 1750 auch einen Kupferstich Iserlohns. Die ›geliebte Vaterstadt‹ prangt jedoch auf keiner seiner Dosen, denn ein solches Sujet hätte die Kundschaft gleichgültig gelassen. Ihr Sinn stand nach Religiös- oder auch nur Aufklärerisch-Erbaulichem, nach den aktuellen Sensationen und Schlachten- darstellungen, hier vor allem nach denen aus dem Siebenjährigen Krieg. Weitaus am häufig- sten abgebildet aber findet sich jener Monarch, der diesen Krieg erfolgreich durchstand, Friedrich II. von Preußen, auch Landesvater der Märker. Ihm werden Titel beigegeben wie ›Heros S(a)eculi‹ (Held des Jahrhunderts), ›Defensor Germaniae‹ (Verteidiger Deutsch- lands) und ›Protector Patriae et Religionis‹ (Hüter des Vaterlands und der Religion), kurz: auch die Tabakdosen propagierten – und sicher nicht wenig wirksam – die Sache des Königs, dessen widerrechtlicher Einfall in Sachsen den Auftakt zu den (kontinentaleuropäischen) Kampfhandlungen gebildet hatte. So könnte nicht nur die Änderung des Publikumsge- schmacks, sondern auch die enge Verbindung der Dosen mit dem Siebenjährigen Krieg dazu beigetragen haben, daß die Produktion nach dessen Ende stark zurückging und schließlich um 1780 ganz zum Erliegen kam.

Die B 233 braucht erst kurz vor der Ortseinfahrt zu verlassen, wer von Barendorf nach **Hennen** will. An seiner jüngst restaurierten evangelischen *Pfarrkirche* kommt nun wieder der warme Ton des grünen Anröchter Sandsteins voll zur Geltung, der mit den Jahren doch sehr gelitten hatte. Der kleine, aber sehr markante Saalbau mit weit ausgreifendem Quer- schiff, außen polygonal geschlossenem Chor und (jüngerem) Westturm entstand etwa 1200. Der gleichen Zeitstufe gehören auch die beiden Portale auf der Kirchensüdseite an, wovon das Tympanon des vermauerten zwischen zwei anbetenden Engeln das kreuztragende Lamm Gottes zeigt. Es liegt nahe, darin einen Hinweis auf den früheren Kirchenpatron Johannes Baptist zu sehen, der im Neuen Testament dieses Bild für Christus eingeführt hat.

Im Innern fällt als erstes die Ausmalung des Gotteshauses ins Auge. Die Gewölbe schmücken Wandmalereien, welche motivisch wie stilistisch denen der Soester Hohnekirche gleichen und dem frühen 13. Jahrhundert zuzurechnen sind. Die Kuppel der hier halbrun- den Apsis besitzt ein farbenprächtiges Fresko, dessen Mittelpunkt ein Christus Pantokrator in der Mandorla bildet. Die Mandelglorie wird von den Evangelistensymbolen umgeben und nördlich von einer Darstellung Marias (sie steht hier für die Kirche des Neuen Bundes) und südlich des Johannes' (er vertritt die Kirche des Alten Bundes) flankiert. Dieses gängige spätromanische Sujet wurde 1875 einer ›Wieder‹herstellung unterzogen, sie vermittelt denn auch eher eine historische Idee der romanischen Wandmalerei, als daß sie sich um eine möglichst getreue Annäherung ans Original bemühte.

Die Kirche birgt gleichfalls drei Renaissance-Epitaphe; das stattlichste zeigt ein Relief des 1580 verstorbenen Heinrich von Westhove, er kniet in Ritterrüstung, aber mit abgelegtem Helm vor einem Kruzifix. Das Grabmal hat seinen Platz im nördlichen Arm des Querschiffs

DER MÄRKISCHE KREIS

gefunden, der seit altersher das Ohl'sche Eck heißt, weil er den Besitzern des heute noch (wenn auch verändert) erhaltenen Hauses Ohle (Ohler Weg 41) vorbehalten war. Ein weiteres Epitaph hält das Andenken an Goddert Kettler aus Haus Gerkendahl wach, laut Inschrift kam er 1588 bei Kampfhandlungen vierzehn Meilen von Paris ums Leben. Das dritte schließlich erinnert an die »tugendsame Sophia Nagel Wittib«, sie ist 1581 »in Got salich entslapen«. Auf dem Trägerbalken der üppig geschmückten Rahmenarchitektur sind nun die Verse des Psalmisten eingegraben, welche mit den zuversichtlichen Worten schließen »und (ich) werde in meinem Fleische Got sehen«. Darunter steht in ungelenkerer Schrift zu lesen »und nich einen anderen«, ein maliziöser Kommentar, der die Tugendhaftigkeit der Witwe noch heute bezweifelt.

An der B 7 von Iserlohn nach Letmathe erheben sich zwei Felsformationen, die zum Massenkalkzug des Sauerlands gehören. In der östlicheren entdeckte man 1868 beim Bau der Eisenbahnlinie zwischen den genannten Orten die *Dechenhöhle*, so genannt zu Ehren ihres ersten Erforschers, des Geologen Heinrich von Dechen. Neben einer hier besonders farbigen Welt der Tropfsteine stießen die Wissenschaftler in den Einfüllschichten auf Knochen von Höhlenbär und -löwen, Wollhaarigem Nashorn und Mammut, einige dieser Funde zeigt das der Höhle angegliederte Museum.

Frei und jedermann ohne Eintrittsgeld zugänglich liegt die andere Naturschönheit am Wege, die beiden lotrecht vom Talgrund aufsteigenden Felsen *Pater und Nonne*. Ihre markante Form hat zweifellos die Phantasie der Menschen immer schon beflügelt, und folgerichtig hat auch – die Namen deuten es an – die Volkssage von ihnen Besitz ergriffen. Sie rankt sich um zwei ehemalige, nun aber dem Verbrechen und Laster ergebene Klosterinsassen, die ihr ruchloses Treiben auch dann nicht aufgeben wollten, als ein Bischof den beiden darob Vorhaltungen machte. In ihrer Abneigung gegen einen christlichen Lebenswandel ließen sie es keineswegs beim rüden Verspotten des geistlichen Würdenträgers bewenden, sondern überantworteten ihn den Fluten der Lenne. Ehe der Priester ertrank, hatte er gerade noch Zeit, den Verstockten ein baldiges Ende vorauszusagen: Zu Stein erstarrt würden sie jedem Sünder bedeuten, welches Schicksal auch ihm drohen könnte. Und ein wie kleiner Schritt es von der Verstocktheit zur Versteinerung ist, erwies sich nur allzubald, ein fürchterliches Gewitter brach los, ein Blitz traf die Mörder sowohl tödlich wie er sie auch in Massenkalk verwandelte.

Nicht lange konnte **Letmathe** den Titel ›Stadt‹ führen, erst 1935 erhielt es ihn zugesprochen und verlor ihn 1975 mit der Eingemeindung nach Iserlohn wieder. Das auffälligste Bauwerk des Ortes ist die neugotische *Pfarrkirche St. Kilian*, die nach den Plänen des vielgefragten Aachener Dombaumeisters Josef Buchkremer zwischen 1914 und 1917 errichtet wurde (Farbt. 9). Der Architektur läßt sich eklektizistisches Raffinement nicht absprechen, die Vielzahl ihrer Elemente führt keineswegs zur Formlosigkeit oder Disproportionalität im Ganzen, und selbst der mächtige, 73 Meter hohe Turm bleibt in die gesamte Komposition eingebunden, er bildet den triumphalen Abschluß einer bei aller Vertracktheit rhythmisch gegliederten Dachlandschaft.

Die weite Halle des Innern bewahrt einige Ausstattungsstücke und den barocken Turmportalrahmen der Vorgängerkirche, durch letzteren verläßt der Besucher heute die Marienkapelle. Unter seinem gekröpften Giebel halten zwei Löwen das Wappen des Hildesheimer Fürstbischofs Jobst Edmund von Brabeck, der auf Haus Letmathe geboren wurde und die Kirche damals errichten ließ, eine Inschrift vermerkt deren Weihedatum 1693. Im Vorraum hängt über den Windfangtüren des Eingangs ein romanisches hölzernes Vortragekreuz aus dem 12. Jahrhundert, es zeigt einen gewandeten und gekrönten Christus, dem von seinem Todeskampf nichts anzumerken ist. Vielmehr steht er aufrecht in beinahe majestätischer Haltung, die Hände wie segnend ausgebreitet. Eine ganz andere Sprache spricht der um 1370 entstandene gotische Kruzifixus über dem Altar, seine Leidensgestik will den Betrachter anrühren, indem sie ihm die ganze Furchtbarkeit des Opfertodes vor Augen stellt.

Der Kirche etwa schräg gegenüber (Hagener Str. 62–64) liegt *Haus Letmathe*, von dessen Existenz an dieser Stelle wir seit 1387 gesicherte Kenntnis haben. Johann von Brabeck errichtete dann das 1605 vollendete Herrenhaus, heute der Südtrakt einer unregelmäßigen Vierflügelanlage und Standort des Heimatmuseums wie der Bücherei. Die übrigen Gebäudeteile um den heute verglasten Lichthof sind deutlich jüngeren Datums, ebenso der in neuromanischen Formen aufgeführte Torturm. Etwas später, wohl zwischen 1855 und 1860, entstand der Torbogen, er trägt den Kranich mit dem Stein als Symbol der Wachsamkeit. Vielleicht verdankt sich auch die doppelarmige Freitreppe der gleichen Bauphase.

Gemeinde Nachrodt-Wiblingwerde und Stadt Altena

Hinter dem Doppelnamen **Nachrodt-Wiblingwerde** verbergen sich zwei Orte, wie sie unterschiedlicher kaum sein könnten. Allein fast 350 Meter Höhenunterschied liegen zwischen Nachrodt am Flußboden und der Siedlung Wiblingwerde auf den Lennebergen, Industrieanlagen prägen das Bild Nachrodts, bäuerliche Betriebe und Einrichtungen des Fremdenverkehrs das Wiblingwerdes. Die traditionsreichere Geschichte hat das Höhendorf, wenn es auch recht spät erstmals genannt wird (um 1308 im Liber valoris). 1317 spricht eine Urkunde König Ludwigs des Baiern von einer ›curtis‹ Wiblingwerde, die ursprünglich wohl im gerade eroberten Hinterland die Versorgung der fränkischen Kampfverbände gegen die Sachsen, später die des karolingischen Hofstaats sicherzustellen hatte.

Daß auf diesem Hof schon eine Eigenkirche des Herrschers gestanden hat, läßt sich nur vermuten, sie wäre dann ein Vorgängerbau des um 1250 errichteten Gotteshauses, der heutigen evangelischen *Pfarrkirche* (Abb. 6). Obwohl recht gedrungen, bildet die dreischiffige, zweijochige Halle doch unbestritten das Zentrum des Ortes, die behutsame Erweiterung 1914 (damals verlängerte man die Seitenschiffe nach Westen) tut ihren ausgewogenen Proportionen kaum Abbruch. Im Innern zeigt sich das Gotteshaus als typische sauerländische Hallenkirche des Übergangsstils zwischen Romanik und Gotik. Alle Schiffe erreichen die gleiche Höhe, so daß die Andachtsstätte nur noch durch die Seitenfenster ihr Licht empfängt. Die Gewölbe ruhen auf massiven Rundpfeilern und sind in den Abseiten nur

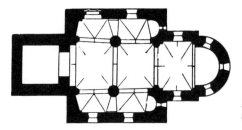

Nachrodt-Wiblingwerde, ev. Pfarrkirche, Grundriß ohne die neueren Ergänzungen

einhüftig über trapezförmigem Grundriß ausgebildet, im Mittelschiff setzen sie mit Graten an, runden sich dann aber zur Kuppel. Die Seitenschiffe schließen östlich durch Apsiden ab, die etwas schräg ins Mauerwerk gesetzt wurden, der Chor besitzt die für diesen Typus ebenfalls charakteristische halbrunde Apsis.

Die Apsisfresken weisen ins 14. Jahrhundert, während man die Kuppelmalerei (Christus in der Mandelglorie, umgeben von den vier Evangelistensymbolen) schon 1914 aufdeckte und ergänzte, legten die Restauratoren die Fensterarkatur erst 1968 frei. Hier erheben sich über den zwei Bögen der Mittelfelder laut Inschrift die Mauern und Türme Roms (nördlich) wie Konstantinopels (südlich), der beiden Zentren der Christenheit. Dagegen sind die beiden außen dargestellten Stätten nicht identifiziert, es könnten aber Jerusalem und Bethlehem sein. Übrigens dokumentiert die Teilfassung des südlichen Fensterbogens, daß die nun sichtbare Farbschicht eine noch ältere deckt.

Ein schöner Fußweg führt von Wiblingwerde ins Tal der Nahmer und dort flußaufwärts zu den beiden *Brenscheider Mühlen*, die allerdings vom gleichnamigen Ort aus schneller zu erreichen sind. Die weiter unten am Wasser gelegene Kornmühle findet sich 1593 erstmals erwähnt, birgt aber noch über hundert Jahre älteres Mauerwerk. Heute vereint der langgestreckte Bau unter durchgehendem Satteldach ein Fachwerk- und ein Bruchsteinhaus, wobei der Schmalseite des letzteren ein gemauerter Backofen mit auffällig hohem Kamin vorgelagert ist. Von einem Giebel zum anderen reicht der Kornboden, er kann über Ladetüren betreten werden. Zu ebener Erde (im Bruchsteinteil sogar eingetieft) befinden sich Mahl- und Backstube; bis 1893 eine Dampfmaschine an seine Stelle trat, trieb ein oberschlächtiges Wasserrad das Mahlwerk an. Vierhundert Meter oberhalb installierte 1845 der damalige Besitzer dieser Korn- auch eine Ölmühle. Das später erweiterte Gebäude zeigt noch die vollständige technische Anlage aus jener Zeit, vor allem beeindruckt der Kollergang. Hier drehen sich in einem Bottich mit dem Mahlgut zwei schwere Mühlsteine, die waagrecht gegeneinander an einer vertikalen Achse aufgehängt sind. Der Antrieb geschieht über hölzerne Kammräder, die gesamte Mechanik wurde wiederum durch Wasserkraft in Bewegung gesetzt.

Der Name **Altena** läßt viele zuerst an die *Burg* denken, die sich auf der Wulfsegge erhebt, dem langgestreckten Sporn des Klusenbergs. Seine Grauwackeformation ragt weit in den Mündungswinkel von Lenne und Nette hinein, steil fallen die Hänge zu den beiden Talgründen ab. Allerdings überragen die umliegenden Höhenzüge die Wehranlage noch (Farbt. 25), auch engen sie vor allem die Aue der hier stark mäandrierenden Lenne ein, wie überhaupt die Topographie der Gegend keine günstigen Siedlungsgelegenheiten bietet. So ist auf den ersten Blick nicht ersichtlich, welche Objekte von Wert eine Burg zu schützen hatte, doch wie beteten die Altenaer noch im 17. Jahrhundert: »Segne die löblichen Bergwerker und sprich, daß die Steine dieses Landes Eisen werden, laß uns Erz aus den Bergen hauen und gib Deinen Segen zu allerhand Eisen- und Stahlendraht-Hantierung, damit wir durch dieses Mittel, das Du uns gegeben hast, aus diesen unfruchtbaren Steinklippen unser täglich Brot haben können.« Daß jenes Erz schon während des frühen und hohen Mittelalters um Altena in erheblichen Mengen abgebaut und verarbeitet wurde, belegen die archäologischen Funde: Kein anderes märkisches Gebiet weist eine derart große Zahl nachgewiesener Rennfeuerhütten auf. Und so liegt der Gedanke nahe, die Grafen hätten ihre Burg ausschließlich zum Schutz solcher Stätten anlegen lassen, die für die Produktion von Waffen und Rüstung (und immerhin auch Werkzeugen) von außerordentlicher Bedeutung waren.

Über die Anfänge der Burg liegen keine sicheren Nachrichten vor, und auch ihre weitere Baugeschichte kann lediglich über die Genealogie der Altenaer, später märkischen Grafen vage erschlossen werden. Danach stand die Anlage im Besitz derer von Berg und wurde bei der Teilung ihrer Grafschaft Sitz Eberhards, der sich seit 1161 nur noch von Altena nennt. Er wird – seiner neuen Stellung entsprechend – die Burg erweitert haben; mit einem abermaligen Ausbau ist auch nach Eberhards Tod zu rechnen, da nun zeitweilig zwei Linien hier residierten. Wenn beide getrennt Hof hielten, dann wäre für diese Zeit auch die Errichtung eines zweiten Palas anzusetzen. Als aber der eine Zweig 1199 auf die – namensgebende – Isenburg, der andere 1198 auf die Burg Mark übersiedelt, dürfte Altena an Bedeutung

Schloß und Stadt Altena

DER MÄRKISCHE KREIS

verloren und erst wieder während der Streitigkeiten zwischen beiden Linien im Mittelpunkt des Interesses gestanden haben. In dieser Zeit (1235–1243) wurde sie vielleicht durch einen Zwinger zusätzlich gesichert, um 1250 mag der Alte Palas entstanden sein, und sicher paßten die damaligen Herren Ende des 14. und Mitte des 15. Jahrhunderts die Bauten den gewandelten Wohn- und Repräsentationsbedürfnissen an, man weiß außerdem von einem Brand 1455.

Nach der Übernahme auch des märkischen Territoriums durch Kurbrandenburg diente die Wehranlage als Garnison. Solche Nutzung, aber auch kriegerische Ereignisse, Brände und Naturkatastrophen werden Veränderungen zur Folge gehabt haben. 1696 stellt sich der Anblick der Feste so dar, wie ihn die Zeichnung Abraham Begeyns, des Berliner Hofmalers, zeigt. Ihrem recht trostlosen Zustand suchte man 1835 dann endgültig abzuhelfen, die Pläne des Schinkel-Schülers Friedrich August Ritter schlugen eine neugotische Transskription vor, dieser ganz der Romantik verpflichtete Entwurf wurde jedoch nicht ausgeführt. Erst 1906 – man beging den dreihundertsten Jahrestag des Antritts der brandenburgisch-preußischen Landesherrschaft über die Mark – gab es wieder eine Initiative zur Erhaltung und zum Neuaufbau der Burg, deren Erfolg wesentlich dem tatkräftigen Wirken des damaligen Altenaer Landrats Fritz Thomée zu verdanken ist. Der Architekt Georg Frentzen sollte eine Anlage möglichst nah am historischen Erscheinungsbild planen; daß er sich der gestellten Aufgabe mit erstaunlichem Geschick entledigt hatte, wurde erst klar, als man 1937 die erwähnte Zeichnung Begeyns fand. 1917, im vorletzten Kriegsjahr, konnten die Verantwortlichen ihre neue alte Burg Altena der Öffentlichkeit übergeben.

So tritt denn der Besucher zuerst unter das Friedrichstor, dann die Dorotheenpforte – beides Schöpfungen Frentzens –, geht weiter den schmalen Gang hinauf bis zum Philips- oder Unteren Tor (man beachte die geschlechtsspezifische Zuweisung der Wörter Tor und Pforte), wo er erstmals auf historische Bausubstanz trifft. Vor ihm liegt der innere Zwinger, eigentlich eine großzügig gestaltete Vorburg. Westlich des ursprünglich mit einem Fallgatter gesicherten Einlasses erhebt sich das Torhaus, gegenüber schließt sich die Brustwehr an, auf welcher heute das Gebäude der neuen Jugendherberge ruht. Das mittlere Tor nebst dem Kommandantenhaus – es beherbergt das *Deutsche Drahtmuseum* – versperrte am Ende der unteren Vorburg potentiellen Eroberern noch einmal den Weg. Überwanden sie dieses Hindernis, hatten sie immer noch das obere Tor vor sich, und den Raum dazwischen machte der mächtige Bergfried eng. Der 36 Meter hohe Turm über U-förmigem Grundriß muß als der Kern der ganzen Anlage betrachtet werden, wahrscheinlich birgt er noch Mauerwerk aus dem 12. Jahrhundert.

Hinter dem oberen Tor öffnet sich dann der eigentliche Burghof, den nach Westen Remise und Alter Palas mit dem Pulverturm, nach Norden das Kapellenhaus begrenzen. Östlich erstreckt sich der imposante Neue Palas, in seinem Untergeschoß hat, anstelle des Marstalls, das *Märkische Schmiedemuseum* Platz gefunden. Hier gründete auch 1910 Richard Schirrmann die erste Jugendherberge der Welt, deren Räume heute ebenfalls als Museum hergerichtet sind. Das Interesse der Kunstliebhaber aber gilt vor allem dem *Museum der Grafschaft Mark,* Alter Palas und Kapellenhaus geben für seine Sammlungen einen würdigen

Altenaer Drahtzieherehepaar in Sonntagstracht, um 1850, Aquarell von C. J. Prechtel, 1901

Rahmen ab. Dennoch kann man sich des Eindrucks nicht erwehren, daß einige sakrale Werke in den Kirchen ihrer Herkunftsorte besser aufgehoben wären.

Doch auch wer sich in den vielen Ausstellungen müde gelaufen und satt gesehen hat, sollte zum guten Schluß nicht versäumen, den Bergfried, der seine originale Gestalt noch am wenigsten verändert hat, hinaufzusteigen. Er gewährt vom Söller herab eine schöne Aussicht nach allen Himmelsrichtungen, hier oben aber kann sich der Betrachter auch das beste Bild von der exponierten Lage dieser Burg und den schwierigen Siedlungsbedingungen der Stadt zu ihren Füßen machen.

Historischer Kern der heutigen Stadt ist die Freiheit Altena, ein Titel, den der Ort seit 1367 führen durfte. Etwas unterhalb der Mittleren Lennebrücke erstreckte sich längs des Flusses das Mühlendorf. Den Namen verdankt es einer Kornmühle an der Nettemündung, dort traf dieser Ortsteil mit einem dritten, der Nette, zusammen. Seine Lebensader war der Bach gleichen Namens, dessen Wasser seit alters die berühmten Altenaer Drahtrollen trieben. 1737 konnte Altena 66 solcher Rollen aufweisen, das Drahtgewerbe beschäftigte über 800 Männer bei 3110 Einwohnern insgesamt, da blieb so gut wie keine Arbeitskapazität für andere Sparten. Während die feineren Drahtqualitäten nur in Iserlohn hergestellt wurden, die gröberen allein in Lüdenscheid, lieferte Altena die mittlere und damit die gängigste Ware. Dies alles erklärt, warum die Verantwortlichen der Minderstadt dem Drahtgewerbe immer wieder besondere Aufmerksamkeit schenkten, Stahlordnungen erließen, durch langfristige Verträge mit Händlern schon 1493 den Absatz auf Jahre hinaus zu sichern suchten und im 18. Jahrhundert schließlich auf die Einrichtung eines Drahtstapels hinwirkten. Dessen Ver-

DER MÄRKISCHE KREIS

träge legten sowohl Menge wie Preise der zu erzeugenden Produkte fest, darüber hinaus garantierten sie den Betrieben eine feste Abnahmequote und verhinderten die Niederlassung neuer Drahtrollen. Die Proteste gegen Drahtzieher andernorts sind Legion, besonders energisch griffen die Altenaer ein, wenn eigene Fachkräfte abwandern und ihre Fähigkeiten in den Dienst der auswärtigen Konkurrenz stellen wollten. Solche ›Kartellpolitik‹ ließ sich im Zeitalter der Gewerbefreiheit nicht mehr durchhalten, und zwischen 1810 und 1850 mußte Altena der Industrialisierung einen hohen Tribut zollen. Doch spielen Drahtwerke im Wirtschaftsleben der Stadt noch heute eine wichtige Rolle.

Die wenig ansprechenden Maßverhältnisse der *Lutherkirche* sind oft beklagt worden. 1738 fügte man dem etwa 1315 errichteten Westturm einen Saal an, der bis in seine Dachzone hinaufreicht. So behauptet sich dieser Bauteil nur dank seiner barocken Haube einigermaßen gegen das Langhaus, dessen Inneres später zu einer dreischiffigen Halle umgewandelt wurde. Ihr interessantestes Ausstattungsstück ist der barocke Kanzelorgelprospekt des 18. Jahrhunderts, hier sticht der üppig ornamentierte Schalldeckel mit der krönenden Figur des auferstandenen Christus hervor.

So darf denn als schönstes Gebäude der Stadt das *Haus Holtzbrinck* gelten, wenn auch von der Lenneseite aus die unter seinen Garten gelegte Tiefgarage den Anblick empfindlich stört. Von der Kirchstraße her wird das Auge keiner derartigen Irritation ausgesetzt, dort hindert die freie Sicht auf den vielachsigen, zwei Geschosse hohen Bruchsteinbau eine hohe Mauer, deren Einlaß aber heute für niemanden mehr verschlossen ist. Der dreieckige, kugelbesetzte Giebel dieses Torbogens hat das Wappen derer von Holtzbrinck, einer Familie des brandenburgisch-preußischen Beamtenadels, aufgenommen. Der erste nobilitierte Träger dieses Namens ließ den Haupttrakt um 1675 errichten, 1682 fügte er ihm den südwestlichen Eckturm an, einige Jahre später waren dann auch sein östliches Pendant und der Seitenflügel zwischen beiden fertiggestellt. Wenig jüngeren Datums dürfte der dritte Eckturm sein, während der nördliche, niedrige Anbau zur Mauer hin erst 1937 entstand.

Im Altenaer Stadtteil **Evingsen** liegt direkt an der Springer Quelle ein *Feindrahtzug und Schleifkotten,* der als einziger von den ehemals 14 (!) Wassergewerken dieses kleinen Tals die Zeiten überdauert hat. Erst im 19. Jahrhundert hier errichtet, ist der kleine Betrieb dennoch typisch für die historische Gewerbestruktur des Raums. Wenn man – wie vorgesehen – erst einmal die Ausstattung eines solchen Kottens zusammengetragen und das Wasserrad wieder installiert hat, dann wird Altena sicher über ein aufschlußreiches Industriedenkmal mehr verfügen.

Die *Fuelbecketalsperre* in Altenroggenrahmede ist – neben der gleichzeitig erbauten Heilenbecker – die älteste Talsperre des Sauerlands. Ihr Bau erfolgte zwischen 1894 und 1896 aus anderen Gründen als der späterer Staubecken: Nicht den gleichmäßigen Pegelstand der Ruhr sollten sie vorrangig gewährleisten (s. S. 96 f.), sondern die Energieversorgung der heimischen Wirtschaft. Bereits 1883 hatten die Unternehmer der wassergetriebenen Anlage im Rahmedetal gemeinsam darüber beraten, wie sie die Wasserführung des Baches regulieren könnten, denn bei längerer Trockenheit gingen die Räder nur stundenweise oder standen gar still. Ein Komitee wandte sich bald an den Aachener Professor Intze, der dann den Entwurf zu einem 27 Meter hohen Staudamm lieferte und auch den Bau selbst überwachte. Seine aufwendig gegliederte Bruchsteinmauer zitiert in ihrer Anlage Formen des barocken Festungswesens, die ornamentalen Details sind jedoch eher dem Jugendstil verpflichtet.

Stadt Lüdenscheid

Heute durchziehen das Lüdenscheider Stadtgebiet zwei Bundesstraßen und eine Autobahn (Sauerlandlinie), aber schon vor 900 Jahren spielte ein Verkehrsweg, die ›Königsstraße‹ von Köln nach Arnsberg, eine wichtige Rolle beim Aufstieg der Siedlung: Sie lag genau dort, wo der genannte Weg die Wasserscheide zwischen Lenne und Volme erreichte. Eine allerdings gefälschte Urkunde erwähnt die Kirche Lüdenscheids erstmals 1067, sie wird 1072 dem Kloster Grafschaft unterstellt. Einer sehr unsicheren Überlieferung zufolge soll Kaiser Heinrich V. hier 1114/15 eine befestigte Anlage sowohl gegen die Erzbischöfe von Köln wie gegen die Grafen von Arnsberg errichtet haben. Wie auch immer, die Siedlung befindet sich bald in den Händen der Grafen von Altena, später von der Mark. Engelbert I. schützte sie 1268 mit einer Umwehrung und verlieh ihr Dortmunder Stadtrecht. Elf Jahre später stellt sein Nachfolger Lüdenscheid unter die Lehnsherrschaft des Kölner Erzbischofs, womit er wahrscheinlich das Schleifen der Lüdenscheider Mauern verhindern konnte, die der Graf offensichtlich ohne die rechtlich notwendige Genehmigung des Herzogs von Westfalen hatte ziehen lassen. Daß mit solcher Erlaubnis allerdings niemals zu rechnen gewesen wäre, wußte auch der von der Mark, bedrohte doch seine Gründung vor allem das Territorium des Kölners.

Die Stadt erscheint dann als Mitglied der Hanse, ist Sitz eines bedeutenden Gogerichts, und schon 1287 findet sich die Existenz eines Rats erwähnt. Noch 1372 gehörte Lüdenscheid zu den fünf ›Hauptstätten‹ der Mark, doch konnte es diesen Rang nicht behaupten, seine Entwicklung kam nur schleppend voran. Gerade dieser Tatsache aber verdankt es wohl der heutige Besucher, daß der historische Kern Lüdenscheids so weitgehend erhalten blieb. Noch immer bezeichnet die Kirche genau den Mittelpunkt der kreisförmig um sie herum gelegten Bebauung, bildet die Wilhelmstraße die – etwas nach Süden versetzte – Ost-West-Achse, weist die innerste Häuserzeile nördlich und östlich des ehemaligen Kirchhofs keine Lücken auf (Farbt. 11). Die Gebäude an der Cornelius- und Grabenstraße zeichnen den Verlauf der mittelalterlichen Stadtumwehrung in diesem Bereich nach.

»Die Oßmunder Eisenwerke in der Grafschaft Mark liegen in dem Kirchspiel Lüdenscheid. Hier wird aus dem rohen Eisen, das aus dem Siegischen kommt, Oßmundeisen gemacht, (...) das beste und reinste, was man kennt«, unterrichtet ›D. Johann Krünitz ökonomisch-technologische Encyclopädie‹ 1807. Osemund, das war im 18. Jahrhundert das sprichwörtliche Güterzeugnis der Lüdenscheider Wirtschaft. Um es zu gewinnen, mußte ein Roheisenklumpen im Holzkohlefeuer und unter starker Windzufuhr abge-

37

DER MÄRKISCHE KREIS

Lüdenscheid 1847, Radierung aus der Chronik der Stadt- und Landgemeinde Lüdenscheid

schmolzen und dann sofort ausgeschmiedet werden, »eine sehr anstrengende Arbeit«. Der eingeblasene Wind entzog dem Ausgangsmaterial den Kohlenstoff, die Stahlluppe besaß also eine hohe Elastizität, die wesentliche Voraussetzung für das Ziehen des Drahts, auf dem ja die Wohlfahrt der Region größtenteils beruhte. Auch in und um Lüdenscheid zog man den Draht, jedoch ausschließlich die gröberen Sorten, während die weiter nördlich gelegenen Altena (s. S. 33 ff.) und Iserlohn (s. S. 19 ff.) die feineren Qualitäten produzierten.

Mit den veränderten technischen Bedingungen änderte sich während des 19. Jahrhunderts auch die industrielle Struktur Lüdenscheids. Fortan verarbeitete man überwiegend Buntmetalle; besonders die Knopffabrikation der Stadt genoß einen ausgezeichneten Ruf, wovon die entsprechende Abteilung des *Stadtmuseums* sehr anschaulich Zeugnis gibt. Karl Berg, der die deutsche Aluminiumindustrie begründete, baute in Lüdenscheid und Eveking die ersten lenkbaren starren Luftschiffe.

Seit 1975 ist Lüdenscheid Zentrum des neuen Märkischen Kreises, und nicht zuletzt in den zahlreichen modernen Freiplastiken an Straßen wie auf den Plätzen der Stadt spiegelt sich diese herausgehobene Stellung wider.

Auch heute noch kann, wie schon angemerkt, die evangelische *Erlöserkirche* als Zentrum Lüdenscheids gelten. An ihrer Stelle stand auf dem ebenen Bergsporn, der nach der heutigen Thünen- wie nach der Humboldtstraße zu recht schroff abfällt, seit dem 12. Jahrhundert eine romanische Pfeilerbasilika mit dem seltenen Patrozinium des hl. Medardus; ihr Chor wurde etwa zweihundert Jahre später durch einen neuen im gotischen Stil ersetzt. Dieses Gotteshaus verfiel 1823 dem Abbruch, erhalten blieb nur der romanische, wenngleich oft veränderte Turm. Ihm fügte der Tiroler Zimmerer- und Maurermeister Engelbert Kleinhanz einen klassizistischen Saal an, dessen hölzernes Tonnengewölbe der Innenarchitektur noch ein barockes Element beigibt. Ganz den Geist des preußischen Klassizismus vertritt jedoch der Kanzelaltar: Die Vierteltonne der Kanzelrückwand überragt einen antikisierenden Prospekt, während der Schalldeckel mehr über dem Aufbau schwebt, als daß er ihn abschließt (Abb. 9).

Südlich Lüdenscheids liegt im idyllischen Elspetal *Schloß Neuenhof* (Abb. 11), Stammsitz der von Neuhoff zu Neuenhof, eines häufig urkundlich erwähnten märkischen Adelsgeschlechts. Der Stammbaum dieser Familie besaß viele Zweige, sie nannte nicht nur ausgedehnte Ländereien ihr eigen, sondern hatte auch als Unternehmer am Eisengewerbe des Raums teil.

Bereits um 1430 nennt das Güterverzeichnis des Erzbischofs Dietrich von Köln ein ›castrum‹ (Schloß) Neuenhof, vielleicht den Vorvorgänger des heutigen, nach einem Brand 1693 errichteten Herrenhauses. Als es zwei Jahre später bezogen wurde, standen wohl die massigen Eckpavillons, nicht aber der vorgeblendete, dreiachsige Gebäudeteil, der sie nach Auskunft der Maueranker seit 1746 verbindet. Sein Giebelfeld präsentiert das ebenso reich geschmückte wie farbenprächtige Allianzwappen der Neuhoffs (Kettenglieder) und der Bottlenberger (Zinnenbalken); das holzgeschnitzte, ganz auf Repräsentation angelegte Schaustück ist allerdings eine Kopie, das Original wird auf Burg Altena (s. S. 32 ff.) gezeigt. Den Platz vor dieser Front säumen langgestreckte Ökonomiegebäude des späten 18. und des frühen 20. Jahrhunderts. Nach Westen begrenzt den ›Cour d'honneur‹ eine niedrige Mauer mit einem schönen schmiedeeisernen Gitter, wobei besonders das Tor von der hohen Kunstfertigkeit seines Schöpfers J. J. H. Steinmetzger aus Olpe zeugt.

Ohne Zweifel eines der interessantesten technischen Denkmäler des Märkischen Kreises liegt nahe des Stadtteils **Brüninghausen** an der nach ihm benannten Straße. *Bremecker Walze und Hammer* wurden ausgangs eines Seitentals der Verse errichtet, 1753 erwähnen die Quellen dort bereits eine gleichartige Anlage. In ihrer heutigen Form erstand sie jedoch erst um 1880, sie zeigt Elemente der Neurenaissance, Versatzstücke eines historischen Kostüms also, das man damals gerade auch Industriebauten gerne überwarf. Der hervorragende Zustand der originalen Ausstattung bewog die Stadt Lüdenscheid, hier ein *Schmiedemuseum* einzurichten. Es zeigt außerdem noch eine Handschmiede, einen Schwanzhammer, Fall- und Federhämmer wie eine Feilenhauerei. So ist die technische Entwicklung von der handwerklichen bis zur frühindustriellen Produktionsweise dokumentiert (Abb. 8).

Gemeinde Schalksmühle, Stadt Halver, Stadt Kierspe

Die drei Gemeinwesen bilden den westlichen Rand des Märkischen Kreises und vermitteln zum Bergischen Land hin. Die landschaftlich schönsten Partien bietet wohl **Schalksmühle,** dessen Zentrum an der Volme allerdings lange unter der Kargheit des Bodens wie seiner

DER MÄRKISCHE KREIS

Verkehrsferne litt. 1407 unter dem Namen Schalksmollen erstmals urkundlich genannt, zählte es zu Anfang des 19. Jahrhunderts sage und schreibe drei Häuser, keines mehr oder weniger als um 1600. Lange führten die Verkehrswege über die Höhenzüge weitab der Siedlung, das änderte sich erst mit dem Bau einer Straße durchs Volmetal (1845–47) und dem der Eisenbahnstrecke Hagen – Brügge (1873). Sie erschlossen den Ort, der zunächst durch metallverarbeitende Betriebe, dann durch Unternehmen der Elektrobranche einen beachtlichen Aufschwung nahm.

Die historisch bedeutendere Siedlung ist indes das 1969 eingemeindete Hülscheid jenseits der Volme. Es taucht 1308 im Liber valoris des Erzbistums Köln auf, 1483 findet sich eine – wohl erheblich ältere – Freigrafschaft dieses Namens erwähnt. Den Vermutungen der Historiker zufolge entstand sie aus einer Reichsvogtei, deren Inhaber von hier aus den noch für das 14. Jahrhundert bezeugten Reichsbesitz der Umgegend verwaltete. – Das interessanteste Gotteshaus auf Gemeindegebiet dürfte im Ortsteil **Heedfeld** stehen. Die 1719/20 erbaute evangelische *Pfarrkirche*, ein tonnengewölbter Saal mit eingezogenem 5/8-Chor und jüngerem Turm, besitzt einen barocken Kanzelaltar, dessen ursprüngliche Farbfassung wiederhergestellt werden konnte. Zwar verschwand der Abschluß des Aufbaus, eine Christusfigur, doch haben die beiden Plastiken auf dem Sims der Kanzelrückwand die Zeiten überdauert. Sie stellen Moses mit den Gesetzestafeln und den Apostel Paulus dar, obwohl seine Kopfbedeckung eigentlich auf Aaron hindeutet. Dann allerdings müßte der Skulptur das Attribut des Paulus (Schwert) später hinzugefügt worden sein.

Im Gegensatz zu Schalksmühle lag **Halver** seit je außerordentlich verkehrsgünstig, nämlich am Schnittpunkt der zwei recht bedeutenden Straßen Köln – Soest und Hagen – Siegen. Das hat sicher auch zur Prosperität des Ortes beigetragen, zu dessen ökonomischer Vergangenheit das ›Magazin‹ P. F. Weddingens 1792 wohl kaum korrekt anmerkte: »Man nährte sich vom Butterhandel, vom Vogelfang und trieb etwas Fabrik dazu«, während es über die Gegenwart weiß: »Die Handlung erstreckt sich auf Eisenwaren und ist so bedeutend, daß man kein Dorf in der Grafschaft Mark findet, welches Halver gleichkäme«, ein Urteil, das Schriftstücke der Zeit bestätigen.

Dem Ort tut schon die Abschrift des ersten Werdener Registers als Halvara Erwähnung, hier gehört ein Oberhof dem Kloster. Gewisse Berühmtheit erlangte der zu Halver ansässige Freistuhl, Ergebnis der Streitigkeiten zwischen Mark und Limburg. Dieses Gericht – darauf beziehen sich Steintisch und (Fem-)Linde des Stadtwappens – sprach von 1243 bis 1635 Recht; es fällte unter anderen 1430 seinen Spruch in Sachen des Ritters von Törring gegen Herzog Heinrich von Bayern, die der Kaiser selbst an Halver verwiesen hatte. 1635 ging es im märkischen Gericht Breckerfeld auf, ihm unterstanden allerdings nicht die vielen Bergischen des Kirchspiels Halver, wie sie auch steuerlich gesondert behandelt wurden.

Während des 15. Jahrhunderts baute man um Halver auch Eisenerz ab, der Versuch, die Förderung im 19. Jahrhundert wiederaufzunehmen, scheiterte. Statt dessen wurde der 1969 zur Stadt erhobene Ort Mittelpunkt der Gesenkschmiedeindustrie, die hier auch heute noch stark vertreten ist. Doch prägen die Fabrikanlagen das Bild Halvers keineswegs durchgängig, für ein abwechslungsreiches Landschaftsbild stehen schon die drei Talsperren (Glör-, Ennepe- und Kerspe-) ein, deren Wasserflächen bis ins Stadtgebiet ausgreifen.

Doch wieder zu Halver selbst, genauer seiner evangelischen *Pfarrkirche*. Erhöht über dem Ortskern gelegen, läßt sich noch heute ihre ehemalige Bedeutung als Kristallisationspunkt des Dorfes nachvollziehen. Um sie herum legten sich die ersten Wohnstätten an, jüngere entstanden längs der beiden historischen Straßen. Ein Gotteshaus erwähnen die Urkunden bereits um 1130, es stand vor der Reformation unter dem Patrozinium des hl. Nikolaus. Dies verdient insofern Aufmerksamkeit, als St. Nikolaus der Beschützer aller Kaufleute war, sein Patronat könnte also ein Hinweis auf Halver als Handelsplatz sein. In jene Zeiten reicht allerdings der jetzige Kirchenbau nicht zurück, er wurde erst 1783 errichtet. Seinen bescheidenen Saal überwölbt eine flache, hölzerne Tonne. Auch hier finden sich wieder Kanzel und Altar zusammengefaßt, diesmal noch überragt durch den Prospekt der Orgel. Von den vier kantigen Säulen mit vergoldeten Kapitellen springen die beiden äußeren weit vor, um die Orgelempore zu tragen, während die beiden inneren vor allem die Aufgabe haben, das Zentrum des Aufbaus bis unter den Schalldeckel zu rahmen. 1840 geschaffen, zeigt der Kanzelorgelaltar im Detail klassizistische Formen, bleibt aber in der Konzeption noch dem Barock verpflichtet.

Von großer Schönheit ist das Naturschutzgebiet ›In der Bommert‹, nur einen Kilometer vor der Grenze zum Oberbergischen Kreis gelegen. Hier entspringt ein Nebenflüßchen der jungen Wupper, die Hönnige, sie führt noch kristallklares, sauberes Wasser. Unterhalb haben sich an den Ufern zunächst kleine Erlenbruchsäume gebildet; Weidengebüsche und Schnabelseggenried werden dann zur Quelle hin von Wollgrasposten und Torfmoosflächen abgelöst. Den faszinierendsten Aspekt aber bieten die Pfeifengrasbestände mit ihren zuweilen vierzig Zentimeter hohen Horsten. Gegen den Herbst färben sie sich rostrot, ein Ton, zu dem das dunkle Grün der hohen, teilweise allerdings recht mitgenommenen Wacholder in starkem Kontrast steht. Belebt wird dieses stimmungsvolle Bild noch durch die hellrosa Blüten der Glockenheide (Farbtafel 36) und das satte Blau des Lungenenzians (Farbtafel 38).

Der Kerspe, die nahe dem Orte entspringt, verdankt **Kierspe** seinen Namen. Auch das 1147 erstmals als ›Kirsupa‹ erwähnte Kirchdorf wird mit einem Freistuhl in Verbindung gebracht, er hat wohl unter der ›Thingslinde‹ bei Hohenholten gestanden. Die Siedlung selbst gehörte der Abtei Deutz, und St. Margareta, die heutige evangelische *Pfarrkirche*, gilt ebenfalls als deren Gründung. Das Gotteshaus, ursprünglich eine dreischiffige gotische Halle, verwandelte man 1816–19 in einen Saal mit einer Spiegeldecke. Da die Andachtsstätte gleichzeitig nach Westen erweitert wurde, blieb auch der alte Turm nicht erhalten, der jetzige trägt dennoch eine barocke Zwiebelhaube. Im Innern schmücken die Kirche Emporen aus der Erbauungszeit und ein formal recht eigenwilliger Kanzelaltar. Zu der gleichfalls klassizistischen Orgel (1828) existiert ein Entwurf von Schinkel. Der spätromanische, sechseckige Taufstein entstand Anfang des 13. Jahrhunderts, seine Basis wie die Säulchen mußten jedoch später erneuert werden.

DER MÄRKISCHE KREIS

Nur wenig nördlich Kierspes liegt zwischen Volme und Oberbrügge unterhalb der B 54 *Haus Rhade.* Ein – nicht am gleichen Platz gelegener – ›curtis Rothe‹ dürfte schon zur Karolingerzeit bestanden haben, 991 ist er Allod eines Adligen namens Benno, der ihn in diesem Jahr dem Kölner Erzbischof Heribert verkauft. Heribert überläßt diesen Besitz 1003 seiner Klostergründung Deutz, als Vögte über den recht weitgestreuten Besitz fungieren seit Ende des 14. Jahrhunderts die Grafen von der Mark.

Wann genau das Haus Rhade ›auf die Volme‹ verlegt wurde, entzieht sich unserer Kenntnis. Der Fluß speiste die Gräften um diese Wasserburg, und noch heute geben ihr die ausgedehnten Fischteiche den Charakter einer Wasseranlage, deren Haupt- und Vorburg stets auf einer Insel Platz fanden. Der Komplex insgesamt bietet jetzt ein einigermaßen verwirrendes Bild, und seine Baugeschichte ist nur in Umrissen faßbar. Als ältester Teil lassen sich der Eckturm des Herrenhauses und jener Seitentrakt ausmachen, der hier nach Norden anschließt. Bei einer Renovierung 1667 – sie wird durch eine Inschrift bezeugt – war wohl auch der Mittelteil bereits vorhanden, sein jetziges Aussehen aber verdankt Haus Rhade wesentlich der durchgreifenden Erneuerung des Düsseldorfer Regierungsbaumeisters Ernst Stahl 1920.

Rönsahl ist neben Kierspe das zweite Zentrum des Gemeinwesens, und seine evangelische *Pfarrkirche* besitzt noch den romanischen Westturm jenes Gotteshauses, das einst unter der Schutzherrschaft des hl. Servatius viele Pilger anzog. Der anschließende dreiachsige Rechteckbau entstand wohl zwischen 1766 und 1768, sein Kanzelorgelaltar überrascht durch die beinahe schwelgerische Ornamentik des bergischen Rokoko an der Kanzel. Vielleicht etwas später wurde ihr die in den Formen zurückhaltendere Orgel übergebaut, die allerdings wegen ihres heutigen Brauntons keine authentische Vorstellung vom originalen Prospekt mehr vermitteln kann, der rein weiß gehalten war (Abb. 10). (Schlüssel zur Kirche im Elektrogeschäft Turck, Hauptstr. 37, und bei Frau Ruhnow, Am Wernscheid 39.)

An der Hauptstraße Rönsahls fallen die *Industriellenhäuser* des späten Klassizismus ins Auge, etwa die Nr. 31. Das inmitten eines Gartens gelegene, zwei Stockwerke hohe Gebäude mit seinen fünf Fensterachsen, dem zentralen, eigens übergiebelten Risalit und dem Krüppelwalmdach zeigt eine Synthese bergischer und preußischer Architekturelemente, wie sie für die Häuser typisch ist, deren Entwürfe alle von der preußischen Oberbaudeputation genehmigt werden mußten. Sie hatte damals die Aufgabe, das einheitliche – nicht einförmige – Erscheinungsbild der neuen Epoche Westfalens als preußischer Provinz durchzusetzen, gegebenenfalls durch Abänderung der vorgelegten Pläne (s. S. 279). Ein Vertreter dieses Typus ist auch das – 1870 allerdings teilweise veränderte – Fabrikantenhaus (Hauptstr. 25), in dem die Besitzer der 1853 erbauten *Brennerei (Nr. 23)* residierten. Die Fabrik stellt mit ihrer reichgegliederten, vom Rundbogen beherrschten Außenansicht ein bemerkenswertes Beispiel für das Bemühen um eine selbständige Industriearchitektur dar. Aus solchem Rahmen fällt der achtseitige, über einem quadratischen bruchsteinernen Sockel errichtete Backsteinkamin. Bei diesem Bauteil offenbar unvermeidlich, stellte sich auch hier die Assoziation zum Bergfried ein, das zeigt vor allem der Abschluß.

Stadt Meinerzhagen

Lange Zeit machten sich im Gebiet der heutigen Stadt Meinerzhagen Kölner Erzbischöfe und märkische Grafen die Landeshoheit streitig. Große Teile dieses Raums gehörten wie die Siedlung selbst ehemals zur Herrschaft Waldenburg, deren gleichnamige Wehranlage noch heute als Turmruine über dem nahen Biggesee steht (s. S. 93). In deren Bereich gewann 1248 Konrad von Hochstaden die vollständige Herrschaftsgewalt, doch konnten die benachbarten weltlichen Herren wenigstens um Meinerzhagen den Kölner Konkurrenten immer stärker zurück- und letztlich verdrängen. Die kölnische Vergangenheit Meinerzhagens aber ›beherrscht‹ auch heute noch das Stadtbild, denn die Formen der evangelischen *Jesus-Christus-Kirche* zeigen unübersehbar den Einfluß rheinischer Emporenbasiliken auf das westfälische, um 1220 errichtete Gotteshaus, es ist der einzige Vertreter dieses Typs im Märkischen Kreis.

Rheinischer Provenienz sind auch die baukünstlerischen Details des vielfältig gegliederten Langhausäußeren. Vor den Dreipaßfenstern des Obergadens liegen rundbogige Wandblenden, unterseits der Seitenschifftraufen läuft ein Rundbogenfries, den Lisenen in vier Abschnitte teilen, deren Mitte jeweils ein Okulus betont. Das zur Stadt hin gelegene, spitzbogige Nordportal zeigt eingestellte Säulen mit gut gearbeiteten Blattkapitellen, der plasti-

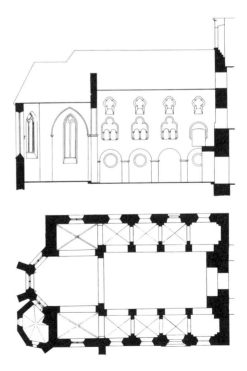

Meinerzhagen, Jesus-Christus-Kirche, Ansicht und Grundriß

DER MÄRKISCHE KREIS

sche Schmuck des Tympanons stammt allerdings aus jüngerer Zeit. Wesentlich nüchterner sind das Querschiff und der Chor gehalten, sie wurden 1474 dem Langhaus angefügt und ersetzten den – teilweise rekonstruierbaren – romanischen Ostabschluß. Der heutige West-turm kam erst 1816 hinzu.

Dem reichen Außendekor des Langhauses entspricht die Gestaltung seines Inneren. Ein gedrungener Bogengang trennt hier die Seitenschiffe vom Mittelschiff, über seinen vier Arkaden setzen die vier Kleeblattblenden der Empore den nachdrücklichsten Akzent. Inmitten solcher durch farbig abgesetzte Wülste zusätzlich betonten Wandblenden geben kleine Doppelarkaden den Blick zum Altar frei. Säulchenpaare, von denen aber nur eines noch den originalen Bestand repräsentiert, tragen diese Doppelarkaden. Den Abschluß der Wandgliederung bildet dann die Zeile der Dreipaßfenster im Obergaden. Im übrigen hat das Mittelschiff des Langhauses nun wieder eine flache Holzdecke, die Kreuzrippengewölbe des gotischen Teils sind bis auf die der Querarme nicht ursprünglich.

Aus romanischer Zeit besitzt die Kirche noch einen achtseitigen Taufstein mit allerdings ersetzten Säulchen, auch er zeigt rheinische Formen. Das gußeiserne Doppelepitaph für Engelbert und Anna Margaretha von Neuhoff, hat im Vorraum zur südlichen Empore Platz gefunden.

Von den einst zahlreichen Herrensitzen der Umgebung verdienen heute noch Badingha-gen und Listringhausen Erwähnung. *Badinghagen* liegt schon dicht an der Grenze zum Bergischen Land, es macht mit seinem schönen Baumbestand und den von der Agger gespei-sten Gräften einen stattlichen Eindruck, wenngleich ihm ein Hauch von Butzenscheibenro-mantik anhaftet (Abb. 12). Ihre heutige Form verdankt die Anlage einem durchgreifenden Umbau des Jahres 1902, ein Jahr später wurde auch das benachbarte *Listringhausen* reno-viert. Hier hat vor allem noch das ehemalige Torhaus (etwa 1750) seinen barocken Charakter bewahrt, während das Herren- und das Nebenhaus doch auch deutlich durch Elemente zeitgenössischen Bauens geprägt sind.

Gemeinde Herscheid und Stadt Plettenberg

Auf dem Gemeindegebiet Herscheids liegt die *Nordhelle*, mit 663 Metern die höchste Erhe-bung des Ebbegebirges, das sich zwischen Meinerzhagen und dem Lennetal erstreckt. Selbstverständlich krönt auch die Nordhelle ein Turm – er trägt den Namen des verdienten SGV-Mitglieds Robert Kolb –, denn von hier oben hat der Wanderer – klare Sicht immer vorausgesetzt – einen guten Blick über weite Teile des Sauerlands, zuweilen sogar bis hin zum Siebengebirge. Überhaupt wurde für den Wanderer die Umgebung der Nordhelle sehr gut erschlossen, neben einem entsprechenden Parkplatz mit anschließenden Rundwegen steht dem Interessierten der aufschlußreiche ›Lehrwander- und Naturlehrpfad Ebbegebirgs-kamm‹ zur Verfügung. Und selbst während der kalten Jahreszeit liegt der Höhenzug kaum verlassen, seit man dort ein Wintersportzentrum einrichtete.

Am Abfall der Nordhelle gegen Valbert zu liegen drei Hangmoore, das höchstgelegene, der östlichere ›Wolfsbruch‹, wird von der Hauptwanderstrecke 6 des Sauerländischen Gebirgsvereins beinahe berührt, ist aber gegen sie gut abgeschirmt. Zur etwas tiefer gelegenen ›Wilden Wiese‹ führt ein Stichweg, der etwa 400 Meter hinter dem Wanderparkplatz abzweigt. Hier erläutern Schautafeln Entstehungsbedingungen und Kennzeichen eines Moores. Schon nahe des Hangfußes erstrecken sich die Birkenbruch- und Heidepartien des gleichfalls als Naturschutzgebiet ausgewiesenen ›Piwitt‹, auch diese beinahe zwanzig Hektar große Fläche schließt ein Moor ein. Dort überziehen die Ranken der Moosbeere die Sphagnen wie ein feines Gespinst, wächst die Glockenheide (Farbt. 36) und blüht im Juli gelb die seltene Moorlilie (Farbt. 37). Weitgehend unberührt, bietet das vielgestaltige Terrain einen Rückzugsraum für manche, andernorts schon bedrohte Vogelart.

Der Ort **Herscheid** selbst findet sich 904 als Schenkung König Ludwigs des Kinds an die Abtei Kaiserswerth erstmals erwähnt (›Herisceithe‹), 1072 gelangt die Kirche in den Besitz des Klosters Grafschaft. Später wußten die Herscheider aus dem Anspruch zweier Territorialherren auf ihr Gebiet Kapital zu schlagen: Die Parteinahme für den Märker und gegen den Erzbischof von Köln vergalt ihnen der Graf mit zahlreichen Privilegien. Die heutige evangelische *Apostelkirche* auf einer Anhöhe über der Siedlung zeigt im westlichen Teil die Merkmale einer zweijochigen sauerländischen Halle, die im Gegensatz zum Siegerländer Typ Rundpfeiler besitzt und meist noch ein Querschiff andeutet. Sie wurde zu Beginn des 13. Jahrhunderts erbaut, ihren Chor konnten die Archäologen 1970/71 ergraben. An seiner Statt entstand etwa zwischen 1280 und 1320 ein zweites Querschiff mit Kapellenanbau am Nordarm sowie der fünfseitig abschließende Chor. Nach einem Brand 1686 mußte das Gotteshaus verändert werden, weitere Renovierungen folgten 1795 und 1894.

Obwohl der spätgotische Flügelaltar dieser Kirche nun die Kapelle des Museums Burg Altena schmückt, sind im Gotteshaus noch beachtliche Ausstattungsstücke verblieben. Dazu gehören die barocke Kanzel und der hübsche Orgelprospekt, beide Schöpfungen des späten 17. Jahrhunderts. Letztere erweisen die Initialen im Wappenschild am Rundturm als Stiftung Leopolds von Neuhoff zu Neuenhof (1641–1701). Etwa der gleichen Zeitstufe gehören die drei Apostelplastiken an, Überbleibsel vom 1701 geschaffenen Altar, der beim Beschuß des Gotteshauses 1945 zerstört wurde. Das wertvollste Kunstwerk aber ist zweifellos das doppelreihige Gestühl an der Nordwand des Chorjochs. 1548, also vier Jahre vor Einführung der Reformation in Herscheid, hat es hier seinen Platz gefunden. Die Flachschnitzerei zeigt Formen deutscher Renaissance, besonders aufwendig gearbeitet sind die beiden Dorsale (Abb. 17). Über dem Gestühl haben sich Reste eines spätgotischen Apostelfreskos erhalten, neun namentlich bezeichnete Jünger Jesu lassen sich auch durch die beigegebenen Marterwerkzeuge identifizieren.

Das nordöstliche Gebäude der Kirchplatzrandbebauung erinnert als einziges noch an den Umring, der vorzeiten wie manches andere märkische Gotteshaus auch das Herscheider eingeschlossen hat. Der ehemalige Spieker besitzt Bausubstanz noch aus dem 17. Jahrhundert, die beiden Fachwerkgeschosse des älteren Vorderhauses ruhen auf einem massiven

DER MÄRKISCHE KREIS

Sockel, zweifellos Teil der ehemaligen Umringmauer. Am Gebäude fallen weiterhin die rechtsseitige Toreinfahrt und die kleinteiligen Gefache des Giebelfelds auf.

Die Erzgewinnung am Silberg dokumentiert der Bergbaulehrpfad bei der *Herscheider Mühle*. Hier wurde seit dem 16. Jahrhundert nach Blei- und Kupfererzen geschürft, die einen relativ hohen Silbergehalt aufwiesen. Im 19. Jahrhundert ging man die Förderung noch einmal an, um sie nach dem Ersten Weltkrieg wegen zu geringer Ergiebigkeit der Lagerstätten endgültig einzustellen. Stollen und Stollenmundlöcher können heute wieder besichtigt werden. Obertägig gewannen Bergleute die Buntmetalle bei Herscheid-Reblin, wie die Pingenzüge dort belegen.

Das interessanteste Zeugnis der Eisenindustrie auf dem heutigen Gemeindegebiet ist der *Schwarze-Ahe-Hammer* (Abb. 15). Die nur eingeschossige Anlage liegt direkt am Fuß des Hammerteichstaudamms, sie duckt sich flach unter das weit herabgezogene Satteldach. Das Gebäude besteht außer einem Fachwerk-Giebelschild ganz aus Bruchstein, sein jetziges Aussehen geht auf einen Umbau der Jahre 1883/84 zurück. Bis 1945 trieb hier ein Wasserrad die beiden noch voll funktionstüchtigen Hämmer an, ein weiteres sorgte für die Windzufuhr an den zwei Schmiedefeuern. So erzeugte man hier das Osemundeisen, die Basis der märkischen Drahtproduktion (s. S. 17ff.). Die Inneneinrichtung des Hammers kann nach Rücksprache mit dem Eigentümer, der Firma Krupp Brüninghaus, Werdohl (✆ 02392/565512), besichtigt werden.

Im Plettenberger Raum kämpften während des 14. Jahrhunderts drei Regenten um die Vorherrschaft, der Märker, der Arnsberger Graf und der Kölner Erzbischof. Nutznießer ihres Streits war das Adelsgeschlecht der Plettenberger, das hier beinahe unumschränkte Rechte besaß. Wenn diese auch zwischen 1340 und 1370 großenteils verlorengingen, konnte doch der Eintritt Gerts von Plettenberg in märkische Dienste als untrügliches Indiz dafür gelten, daß sich die Waage der Macht dem Haus Mark zuneigte – immerhin hatte der Großvater des Plettenbergers noch das Amt eines kölnischen Marschalls innegehabt. Schon 1301 war hoch über der Lenne die märkische Burg Schwarzenberg (s. S. 48f.) errichtet worden, 1352 legten märkische Verbände das Burghaus der Arnsberger auf demselben Bergrücken nieder und zerstörten damit auch die Hoffnungen seiner Besitzer, die Territorialgewalt über diesen Teil des Lennegebiets zu erringen.

Daß die 1064 erstmals genannte Siedlung **Plettenberg** 1397 endgültig zur Stadt erhoben wird, verdankt sie allerdings nicht der Konsolidierung märkischer Landesherrschaft hierorts. Eberhard von Limburg hielt damals die Burg Schwarzenberg besetzt, und so mußte der Märker Plettenberg ausbauen, um diesem Gegner Paroli bieten zu können. Er stieß dabei jedoch auf den entschiedenen Widerstand des Kölner Erzbischofs, der als Herzog von Westfalen nicht nur allein das Befestigungsrecht innehatte, sondern als direkt benachbarter Territorialherr auch kein Interesse an einer solchen Stärkung des Konkurrenten haben durfte. Der Kölner Einspruch ist wohl für die schleppende Entwicklung des Ortes im 15. Jahrhundert verantwortlich zu machen, erst mit seiner Expansion nach Westen (um 1500) erhielt er eine Stadtmauer. Plettenberg wurde Mitglied der Hanse, wobei es sich auf ein recht bedeutendes Metallgewerbe stützen konnte.

Um 1560 faßte hier die Reformation Fuß, später kam es zu Kontroversen zwischen Lutheranern und den Anhängern der calvinschen Lehre, die 1651 erst durch das Eingreifen des Großen Kurfürsten beigelegt wurden. Nach dem Dreißigjährigen Krieg verzeichnete besonders die Tuchmacherei einen stürmischen Aufschwung, im Gegensatz zur Kleineisenindustrie überdauerte sie jedoch das 19. Jahrhundert nicht. Die letzten Reste der frühneuzeitlichen Stadtbefestigung fielen 1725, nachdem ein Brand sämtliche Häuser des dichtbebauten Gemeinwesens vernichtet hatte.

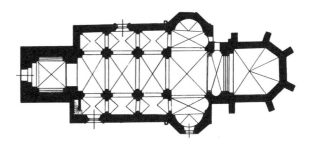

Plettenberg, Christuskirche, Grundriß

Die evangelische *Christuskirche* liegt im mittelalterlichen Kern der Stadt. Das dreijochige, um 1240 erbaute Gotteshaus hat seit je das besondere Interesse der Kunstwissenschaft gefunden, weil sich hier das ›westfälische‹ Prinzip der Halle mit dem Dreikonchenschema der Kölner Basiliken augenfällig verbindet. Zwar mußte der ursprüngliche Chor 1381 einem gotischen Ostabschluß weichen, doch bleibt in den Nischenwölbungen, die an die schmalen Joche südlich und nördlich der Vierung anschließen, diese eigentümliche Kölner Bauform (St. Maria im Kapitol, Groß St. Martin, St. Aposteln) gegenwärtig. Allerdings sind die Konchen in Plettenberg nur innen gerundet, außen schließen sie dreiseitig ab.
 Kölnischen Einfluß verraten auch die Flankentürme zwischen Chor und Vierungszone (Abb. 14). Dem vierseitigen Unterbau folgen zwei kleine, gegeneinander um 90 Grad versetzte Geschosse, wobei zierliche Säulchen die beiden jeweils frei stehenden Ecken verbinden. Die zwei letzten Geschosse erheben sich über einem runden Grundriß, ein Wulst setzt sie voneinander ab. Das obere zieren Rundbogenöffnungen und Bogenfries, den Abschluß bildet ein Pyramidenhelm. Zwischen diesen beiden ragte früher noch der Vierungsturm, er wurde jedoch nach dem Stadtbrand 1725 entfernt und nicht wieder aufgemauert. Übrigens verschwanden damals auch die Ecktürmchen um den Helm des gewaltigen Westturms, wahrscheinlich des ältesten Kirchenteils. Da sein Mauerwerk und das des Langhauses nicht ineinandergreifen, ist sogar die Annahme berechtigt, daß er von dem Vorgängerbau stammen könnte.
 Aufmerksamkeit verdienen auch die Portale des Gotteshauses, vor allem das westliche an seiner Südseite (Abb. 13). Hier zeigt das Tympanon aus Grünsandstein die Geburt Christi – die Gestalt der Maria zerstörte eine Granate –, den Kreuzestod und die Frauen am Grabe. Die Darstellung besitzt, obwohl ihre künstlerischen Mittel nicht gerade raffiniert zu nennen sind, große Eindringlichkeit, sie gleicht stilistisch und vom Bildgehalt her der des Affelner

DER MÄRKISCHE KREIS

Tympanons (s. S. 69). Während die westlichen Kapitelle an diesem Portal – gleichfalls nach Granatenbeschuß – erneuert werden mußten, gehören die östlichen noch zum originalen Bestand. Unter ihnen fällt die ›terra mater‹ ins Auge, eine weibliche (Halb-)Figur, die an ihren Brüsten zwei Schlangen säugt und dergestalt die Sünde versinnbildlicht.

Das Innere des Gotteshauses zeigt weitgehend die vertraute Architektur einer südwestfälischen Hallenkirche des Übergangsstils. Dagegen steht die gotische Raumauffassung im Chorbereich, dessen Apsisgewölbe recht ungewöhnliche Fresken zeigt. Um den Schlußstein mit dem Wappen des Papstes Pius II. gruppieren sich die heraldischen Symbole von zehn Kardinälen, das Ganze ist durchwirkt von einem äußerst filigranen Rankenwerk. Den Ernennungs- und Sterbedaten dieser geistlichen Würdenträger zufolge muß die Malerei zwischen 1460 und 1463 entstanden sein, Auftraggeber war Heinrich Steinhoff, Plettenberger Pfarrer und zugleich Kammerherr beim genannten Oberhaupt der katholischen Kirche. Er ließ außerdem in der Gewölbekappe über dem mittleren Fenster Christus als Weltenrichter abbilden. Die hocherhobenen Arme des Pantokrators durchstoßen die Mandorla, in seiner Rechten hält er die Lilie der Unsterblichkeit, in seiner Linken das Schwert der ewigen Verdammnis. Zu seiten dieser Gestalt beugen Maria und Johannes fürbittend das Knie (Abb. 16).

Die Ausmalung des Gewölbes ist wohl eine Kölner Arbeit ebenso wie der zeitgleiche ›Plettenberger Altar‹, der heute im Museum der Grafschaft Mark auf Burg Altena steht.

Südlich des Stadtzentrums steht am Böhler Weg die gleichnamige *Kapelle*. Sie allein blieb aus dem Kranz der vielen kleinen Andachtsstätten übrig, die vorzeiten der Plettenberger Pfarrkirche zugeordnet waren. Einen ersten Bau an dieser Stelle stiftete der Kölner Erzbischof Friedrich II. (1156–58), den heutigen 1422 Gerhard Mummert. Der schlichte, barock erweiterte Saal besitzt einen Chor über trapezförmigem Grundriß mit dreiseitigem Schluß, der nördlich angefügte Turm stammt aus dem Jahr 1907.

»Auf der hohen Wand ragt, halb in Trümmern, halb zu einer Försterwohnung restauriert, mit verwitterten Mauern und Türmen das alte Schwarzenberg empor und lockt zum Erklimmen des steilen Pfades bergauf, obwohl es im Innern auch nichts zu zeigen hat als die altertümliche kirchengroße Küche mit den hohen Bogenfenstern, dem gewaltigen Kamin, der altromanischen Wendelstiege in der Ecke«, und damit ist etwa jener Baubestand umrissen, den Schücking und Freiligrath antrafen, als sie ihr Buch ›Das malerische und romantische Westphalen‹ (erstmals erschienen 1841) vorbereiteten. Die Anlage ist – ungeachtet großer restauratorischer Anstrengungen in jüngster Zeit – seit Schückings Tagen noch weiter verfallen, dafür aber mit dem Auto erreichbar. Immerhin erweisen noch die Trümmer ihre einstige Größe und Wehrhaftigkeit. Kern und ältester Teil der *Burg* war der Bergfried über quadratischem Grundriß, mit dreizehn Metern Kantenlänge einer der gewaltigsten Westfalens. Als sein Baudatum nennt Levold von Northoff in seiner Chronik der märkischen Dynastie das Jahr 1301, nach demselben Gewährsmann wurde die Schwarzenberg 1353 – damals wohl schon ein recht großer Gebäudekomplex mit Grafen- und Drostenhaus, Kapelle wie den Wohngelegenheiten der Burgmannschaft – »gebettert und gestercket«. Später erhält sie dann einen Zwinger, und während der Renaissance wird sie noch einmal

1 ISERLOHN Bauernkirche

2 ISERLOHN Oberste Stadtkirche

3 ISERLOHN Oberste Stadtkirche, Schnitzaltar

4, 5 ISERLOHN Oberste
      Stadtkirche, Marientafeln

7 BARENDORF bei Iserlohn, ehem. Gelbgießerei
◁ 6 NACHRODT-WIBLINGWERDE   Ev. Pfarrkirche
8 BRÜNINGHAUSEN bei Lüdenscheid, Bremecker Hammer

10 RÖNSAHL Ev. Pfarrkirche mit Kanzelorgelprospekt

11 Schloß Neuenhof bei Lüdenscheid

◁ 9 LÜDENSCHEID Ev. Erlöserkirche mit klassizistischem Kanzelaltar

12 Schloß Badinghagen bei Meinerzhagen

13, 14 PLETTENBERG   Ev. Christuskirche, romanisches Portal und Flankentürme

15 HERSCHEID   Schwarze-Ahe-Hammer

16 PLETTENBERG   Ev. Christuskirche, Fresko im Chorgewölbe (2. Hälfte 15. Jh.)

17 HERSCHEID Ev. Apostelkirche   18 HEMER St. Peter und Paul, barocke Kanzel

20 AFFELN St. Lambertus
◁ 19 AFFELN St. Lambertus, gotischer Schnitzaltar (Ausschnitt)
21 SUNDWIG bei Hemer Fabrikantenhaus von der Becke

22 DEILINGHOFEN Pfarrkirche, spätgotischer Altar (Ausschnitt)
23 BALVE St. Blasius, romanisches Portal
24 Schloß Klusenstein
25 BALVE Fachwerkhäuser am Kirchplatz

26 BALVE   St. Blasius, spätromanischer Freskenrest

27 MENDEN   St. Vinzenz, gotische Madonna

28 ATTENDORN   St. Johannes Baptist, Pietà (um 1400)

29 ATTENDORN   St. Johannes Baptist ▷

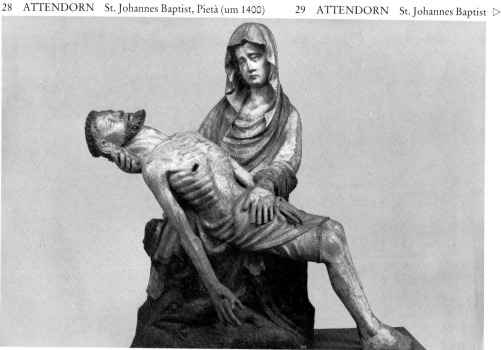

30 WOCKLUM Luisenhütte

31 OBERRÖDINGHAUSEN bei Menden, Oberrödinghauser Hammer

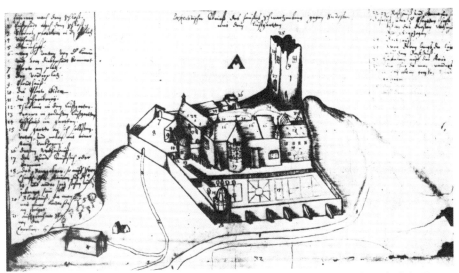

Plettenberg-Pasel, Burg Schwarzenberg, Zustandsansicht von 1661, ›Perspectivischer Abriß des Hauses Schwartzenberg gegen Südosten mit dem Lustgarten‹

erweitert. Den bereits ziemlich desolaten Zustand der Burg geben zwei Zeichnungen wieder, die anläßlich der Übergabe an Christoph von Plettenberg 1661 entstanden; nachfolgende Besitzer haben zwar immer wieder bauliche Maßnahmen eingeleitet, den Verfall aber letztlich nicht aufhalten können. Die Ansichten des 19. Jahrhunderts präsentieren jedenfalls ein trostloses Erscheinungsbild der Wehranlage, und erstmals 1912 unternimmt man den Versuch, wenigstens die vorhandene Mauersubstanz zu sichern. Aber erst in unserer Zeit scheint – dank der Arbeit des ›Plettenberger Heimatkreises‹ – der Bestand gesichert.

Unterhalb der Ruine macht die mittlere Lenne eine ihrer spektakulären Schleifen, die allerdings vor geraumer Zeit durch Begradigung des Flußlaufs in einen Altarm umgewandelt wurde. So entstand hier eine Insel, und die prächtige Entwicklung ihrer Flora, vor allem der Baumarten, ist sicher nicht nur dem nährstoffreichen Untergrund, sondern gleichfalls der Tatsache zu verdanken, daß Menschen dieses Naturschutzgebiet nur selten betreten. Sie haben jedoch von der B 236 – diese Straße führt um das Terrain herum – einen sehr guten Blick auf die Bestände des Eichen-Hainbuchen- wie des Eichen-Birkenwalds, und auch die grundwassernäheren Standorte des Erlenbruchs lassen sich gut ausmachen. Zwischen den beiden erstgenannten Waldarten und dem Bruch vermitteln ab und an Zonen mit Esche und Bergahorn, hier gedeiht der im Sauerland äußerst seltene Straußfarn. Darüber hinaus besitzt das Naturschutzgebiet ›Auf dem Pütte‹ eine reiche Vogelwelt, so bietet das Röhricht Stockente und Grünfüßigem Teichhuhn einen Lebensraum.

Gleichfalls im Lennetal liegt der Plettenberger Stadtteil **Ohle** mit seiner bemerkenswerten evangelischen *Pfarrkirche*. Das 1912–16 nach Westen erweiterte Gotteshaus ist der einzige

Vertreter des Chorturmkirchentyps, der erst weiter südlich häufiger auftritt. Hier in Ohle bildet also der – ursprünglich niedrigere – Turm einmal nicht den Westabschluß der Andachtsstätte, sondern erhebt sich über dem Chorrechteck dieser bescheidenen, fast quadratischen Halle von lediglich zwei Jochen. Im Innern fallen die halbrunden Vorlagen der gleichseitigen Pfeiler auf, sie sind eigentlich Merkmale der siegerländisch-wittgensteinischen Variante des Hallenschemas. Die Apsismalerei hat leider unter einer Restaurierung zu Anfang des Jahrhunderts gelitten, denn auch eine getreuere Fassung der sechziger Jahre konnte die stilistischen Freizügigkeiten der voraufgegangenen nicht völlig zurücknehmen.

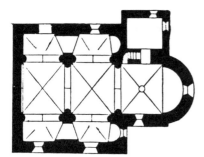

Plettenberg-Ohle, Pfarrkirche, Grundriß ohne Anbauten

Das Kuppelfresko zeigt eine spätromanische Majestas Domini, umgeben von den vier Evangelistensymbolen, die Heiligengestalten darunter datieren ins 15. Jahrhundert, wobei unklar bleibt, ob sie damals hinzugefügt oder ob lediglich ältere Darstellungen erneuert wurden. Die Langhausgewölbe sind mit Lebensbaum- und Tierornamenten nach dem Vorbild der Soester Hohnekirche geschmückt, indessen nur als Kopie des originalen (romanischen) Bestands erhalten.

Die Kirche besitzt etliche interessante Ausstattungsstücke, so die mittelalterliche Altarmensa, deren Antependium wahrscheinlich während des 14. Jahrhunderts mit dem (gemalten) Rautenmuster versehen wurde. Den barocken Aufsatz mit dem Abendmahlsrelief schuf ein unbekannter Künstler 1720, das krönende Kruzifix stammt aus der späten Gotik, der gleichen Zeitstufe läßt sich der geschnitzte Rahmen des Sakramentshäuschens zurechnen. Um 1500 entstand die Plastik des ehemaligen Kirchenpatrons St. Martin, die reichverzierte Taufe, Orgelprospekt und Empore sind wieder Schöpfungen des Barock.

In und um Ohle gab es etliche Wehranlagen, auf einer unmittelbar neben der Kirche saß das Geschlecht von Ohle. Die älteste aber ist sicher die *Wallburg ›Auf dem Sundern‹*, hier fanden die Ausgräber Scherben einer im 9. Jahrhundert gebrannten Tonware. Die schroffen Abhänge des Berges, der sich in den Mündungswinkel von Jentmeckebach und Lenne vorschiebt, schützten diese bis ins Hochmittelalter besetzte Burg. – Unterhalb Plettenbergs an der Lenne liegt auch *Schloß Brüninghausen*, sein Kern, ein noch heute an unterschiedlichen Wandstärken und dem Dachstuhl erkennbares Turmhaus, datiert ins Mittelalter. – Ebenfalls ein Turmhaus aus jener Epoche läßt sich am Mauerverband von *Haus Grimming-*

hausen ablesen, einer nun an die schmale Straße Plettenberg – Kleinhammer gerückten ehemaligen Wasseranlage. Nach einer Fahrt über die Lenneberge mit der entsprechend eindrucksvollen Fernsicht liegt der beinahe trutzige Bau des Herrensitzes am Weg, den teilweise abgewalmten Giebel dem Betrachter zugewendet. 1671 nach Südosten erweitert und 1800 gründlich überholt, besitzt das Gebäude noch einen Keller, dessen flache Gewölbe im Vorderteil auf einem zentralen schweren Rundpfeiler ruhen.

Stadt Werdohl und Stadt Neuenrade

In eine Lenneschleife schmiegt sich der alte Siedlungskern Werdohls, und die Lenne war für den 1102 erstmals genannten Ort immer von großer Bedeutung. Hier führte die bedeutende Heer- oder Königsstraße über den Fluß, nachdem sie einen Abzweig der noch wichtigeren Heidenstraße (Köln – Kassel) etwa dort gekreuzt hatte, wo sich heute die Bundesstraßen 229 und 236 treffen. 1556 ließ der Landesherr zu Werdohl eine Steinbrücke errichten, für deren Finanzierung auch die Städte Breckerfeld (14 Taler »zu steuer der Werdolischen bruggen«), Neuenrade und Lüdenscheid beitrugen, sicher ein Hinweis auf ihre überregionale Bedeutung. Diese Lage verbesserte sich noch einmal mit dem Bau der Eisenbahnlinie Hagen – Siegen 1861, der Werdohls Eisenindustrie einen starken Auftrieb gab. Die historische Substanz des 1936 zur Stadt erhobenen Gemeinwesens hat unter der raschen Entwicklung allerdings sehr gelitten, so verschwand 1874 die spätromanische Halle der alten Kilianskirche, jahrhundertelang der Mittelpunkt Werdohls.

Auf dem heutigen Stadtgebiet liegt die in einem Gasthof einigermaßen bizarr verbaute *Ruine Pungelscheid*, als Herrenhaus Überbleibsel einer Burg, durch die Mark seine Grenze gegen das kölnische Herzogtum Westfalen sicherte. Die Wehranlage kam Anfang des 15. Jahrhunderts an das Geschlecht der von Neuhoff zu Neuenhof; Hermann von Neuhoff, 1481 als Droste des Amts Neuenrade erwähnt, begründet den nach Pungelscheid benannten Zweig, eine von zahlreichen Seitenlinien dieser Familie. Ihr entstammte jener Theodor von Neuhoff (1692?–1756), der im Jahre 1736 den Thron Korsikas bestieg, König der Insel aber nur ganze sieben Monate blieb. Dann mußte er der genuesischen Übermacht weichen, und auch mehrere Versuche der Rückgewinnung Korsikas blieben erfolglos. Nicht nur seine, sondern auch die Mittel des Pungelscheider Onkels erschöpften diese Kriegshandlungen völlig. Während dessen Besitz an der Lenne 1750 unter den Hammer kam, machte der Neffe sogar mit dem Londoner Schuldgefängnis Bekanntschaft, aus dem er erst durch die Intervention Hugh Walpoles freikam. Dem erfolgreichen Verfasser historischer Romane mit reißerischen Effekten muß ein Theodor von Neuhoff wie eine Gestalt aus den eigenen Werken erschienen sein.

Die Stadt **Neuenrade** gründete Gert von Plettenberg am Oberlauf der Hönne. Obwohl hier schon eine kleine Ortschaft namens Rode lag, wurden Burg und Gemeinwesen 1353 offenbar auf unbesiedeltem Terrain angelegt, anders jedenfalls ist der eigentümliche Grundriß

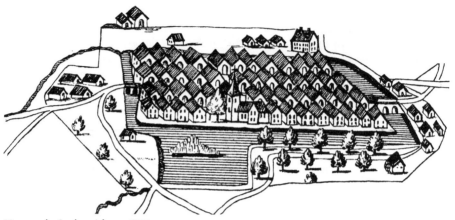

Neuenrade, Stadtansicht um 1770

nicht zu erklären. Damals befand sich der Landesherr Engelbert III. noch auf einem Kreuzzug gegen die heidnischen Preußen, und auch nach seiner Rückkehr hatte der streitbare Märker zunächst wenig Muße, sich um den östlichen Grenzraum seines Territoriums zu kümmern. Erst nach dem Ende der Geldrischen Fehde 1355 konnte er dort dem Grafen von Arnsberg mit der gewohnten Entschiedenheit Paroli bieten, praktischerweise gleich mit den Truppen, die er für den eben beigelegten Konflikt ausgehoben hatte. Daß ihm dabei das befestigte Neuenrade sehr zustatten kam, liegt auf der Hand. So erstaunt die Vergabe umfangreicher städtischer Privilegien noch im gleichen Jahr 1355 nicht, 1364 räumte der Märker den Neuenrader Bürgern weitere Rechte ein.

Deutlich verrät selbst nach elf schweren Bränden der heutige Kern Neuenrades die planmäßige Anlage der Stadt, die noch klarer auf den Ansichten des 18. Jahrhunderts hervortritt. Das abgemessene Rechteck der Gebäude wird durch drei Straßen unterteilt, wobei die sogenannte Vorderste die Hauptverkehrsachse bildet. Sie verband die Oberste Pforte im Osten und die Unterste im Westen, beide sind schon für 1363 belegt. Genau die Mitte zwischen beiden Toren bezeichnete hier die Kirche, ihr Hof rainte südlich unmittelbar an die Stadtmauer an. Parallel zur Vordersten zogen sich weiter nördlich die Mittelste und die Hinterste Straße durch das Stadtgeviert, dessen nordwestliche Ecke als der neue Burgbereich durch einen Wassergraben getrennt von den Häuserzeilen lag. Überhaupt umgaben Neuenrade große, oft teichartig erweiterte Gräften, die im Süden eine besonders große Fläche einnahmen, weil hier das Verteidigungssystem der Alten Burg einbezogen wurde. Über diese Wehranlage weiß man wenig, vielleicht hatte man sie zur Zeit der Stadtgründung schon aufgegeben.

Der Westturm der evangelischen *Pfarrkirche* dürfte noch Mauerwerk aus jenen Tagen enthalten, als er – am südlichen Rand der neuen Gründung gelegen – auch zu Wehrzwecken diente. Das Langhaus entstand dagegen 1786/87 als einfacher Rechteckbau, dessen Spiegeldecke Stukkaturrippen schmücken. Während der Kanzelorgelprospekt bis auf die jüngere Verkleidung des Instruments in die Erbauungszeit des Langhauses datiert, wurden die drei üppig ornamentierten vorderen Seiten der Kanzel während des 16. Jahrhunderts geschnitzt.

Nahe der Stadt Neuenrade liegt Gut Berentrop dort, wo sich einst die Gebäude des Prämonstratenserkonventikels Marienwald befanden. 1146 gegründet und ursprünglich reich ausgestattet, verlor die einzige Niederlassung von Ordensgeistlichen im Märkischen Sauerland ihre Eigenständigkeit, nachdem sie durch Abgabe großer Ländereien schon um die wirtschaftliche Basis gekommen war. Heute zeugt nichts mehr vom einstigen Klosterleben, aber in direkter Nachbarschaft des Gutes wurde ein *Rennofen* restauriert, der eine Fahrt hier hinaus doch lohnt. Mit einer Schutzhütte im ödesten Ferienhausstil nicht gerade glücklich überbaut, ist er das bisher einzige restaurierte Zeugnis der frühen Eisenverhüttung im Märkischen Sauerland. Schautafeln sollen einmal seine Funktionsweise erläutern.

Zum Kölnischen Sauerland gehören eigentlich die Neuenrader Stadtteile Affeln und Altenaffeln, die denn auch erst 1975 Neuenrade und damit dem Märkischen Kreis zugeschlagen wurden. Der kann sich nun mindestens einer kunsthistorischen Sehenswürdigkeit mehr rühmen, denn die katholische *Pfarrkirche St. Lambertus* in der ehemaligen kölnischen Freiheit **Affeln** zählt unter die interessantesten Gotteshäuser dieser Mittelgebirgslandschaft

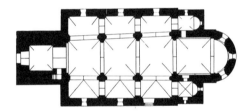

Affeln, Pfarrkirche St. Lambertus, Grundriß

(Abb. 20). Archäologen haben Reste zweier Vorgängerbauten ausgemacht, die heutige Andachtsstätte ist eine dreischiffige Halle des Übergangsstils. Ihr 1903 restauriertes Südportal präsentiert im Tympanon Geburt, Kreuzigung und Auferstehung Christi, sie sind den Darstellungen des Plettenberger Südportals eng verwandt (s. S. 47f.) und etwa 1250 entstanden.

Das Innere zeigt alle Eigentümlichkeiten einer sauerländischen Hallenkirche, allerdings fällt die Erweiterung des Mittelschiffs gegen den Chor hin ins Auge. Die Malerei wurde größtenteils während der späten Romanik aufgetragen, die Gewölbe der Abseiten wie der beiden östlichen Mittelschiffjoche beherrscht die Lebensbaumornamentik, die wieder auf originale Größe gebrachten Fenster werden von bogentragenden Säulchen eingefaßt, unter deren Basen ein Schmuckfries verläuft, welcher jeweils das ganze Wandsegment quert. Die stark beeinträchtigten Fresken am Ostabschluß des nördlichen Seitenschiffs (Anbetung der Hl. Drei Könige) und an den Chorwänden (Apostelfolge) sind Schöpfungen des 14. Jahrhunderts. Der Christus als Weltenrichter in der Apsishalbkugel gehört wiederum der Spätromanik zu.

DER MÄRKISCHE KREIS

Berühmtheit aber hat St. Lambertus wegen seines spätgotischen, mit einer Strahlenkranzmadonna bekrönten Flügelaltars erlangt (Umschlagklappe vorn; Abb. 19). Brandzeichen weisen ihn als Werk der Antwerpener Lukasgilde aus, das wohl zwischen 1520 und 1530 geschnitzt und gemalt worden ist. Seinen Mittelteil nehmen eine Kreuztragung Christi und eine figurenreiche, jedoch genau durchkomponierte Kreuzigung ein, in den seitlichen Nischen flankieren sie eine Madonnenplastik wie eine des hl. Lambertus. Neben diesem großen Bildkomplex gibt es Szenen von derartiger Kleinheit und filigraner Struktur, daß der flüchtige Blick sie meist der Ornamentik zurechnet. Das gilt schon für die Krönung Mariens im Wimpergenbaldachin über dem gekreuzigten Christus, mehr aber noch für die Figurationen entlang der Rahmenleisten. Deutlicher kann der Betrachter die Huldigung eines unbekannten Stifterpaars an den hl. Diakon Vincentius wahrnehmen, die den Vordergrund des querrechteckigen Schreins unter der Gestalt des Kirchenpatrons ausfüllt, doch schon die Miniatur der Geißelung aus der Vincentiuslegende läßt sich bestenfalls erahnen. Den entsprechenden Raum zu Füßen der Gottesmutter nimmt die Versuchung des hl. Antonius Abt ein, auch ihren Detailreichtum kann das bloße Auge selbst bei gutem Licht nicht erfassen.

Das Zentrum der Predella dominiert der Schmerzensmann, dem zwei Engel Oblate und (Wein-)Becher, Symbole der Eucharistie, darreichen. Zwei neutestamentliche Begebenheiten mit dem unmittelbaren Verweis auf sie rahmen diese Darstellungen ein: die Abendmahls- und die Emmausszene. Auch die bemalte Innenseite des (vom Betrachter aus) linken Predellaflügels nimmt auf die Eucharistie Bezug, sie stellt das Opfer des Melchisedech und den Mannaregen dar. Rechts zeigen die Bilder Christus am Ölberg wie seine Gefangennahme.

Die zwei obersten Seitenladen und die jeweils vier Gemälde der beiden großen Flügel sind den geschnitzten Figuren der Maria und des Lambertus zugeordnet, sie illustrieren Szenen ihres Lebens bzw. ihrer Legende. Gegenüber den geschnitzten Teilen wird hier die Bildervielfalt zwar zurückgenommen, doch keineswegs unter Verzicht auf Dramatik und reiches Personal. Statuarisch und nur auf wenige Figuren beschränkt präsentieren sich indessen die Flügelaußenseiten. Ihr Programm läßt einige Fragen offen: So gibt die nördliche Tafel König Olaf II., den Nationalheiligen Norwegens, und über dem Lambertus erscheint das Wappen der norwegischen Stadt Bergen. Das hat manche Forscher vermuten lassen, der Altar sei ursprünglich für eine norwegische Kirche in Auftrag gegeben, dann aber wegen der dort einsetzenden Reformation nicht mehr abgeholt worden. Das kostbare Stück habe nun zu einem wesentlich geringeren Preis losgeschlagen werden müssen, eine Chance, die der Affelner Stifter zu nutzen wußte. Wie auch immer, heute steht der Altar in der Affelner Pfarrkirche, die damit ein Werk von überregionaler kunsthistorischer Bedeutung ihr eigen nennen kann.

Im benachbarten **Altenaffeln** liegt die *St.-Lucia-Kapelle*, ein halbrund geschlossener Saal, der 1947 nach Westen erweitert wurde. Wohl schon während des 13. Jahrhunderts erbaut, läßt sich die Andachtsstätte erst für das 15. sicher fassen, aus diesem Saeculum stammen auch die 1925 aufgedeckten Chorfresken. Die dargestellten dreizehn Apostel (Paulus wurde hinzugenommen) bilden einen Fries, der die Kreuzigungsgruppe mit Maria und Johannes zum Mittelpunkt hat. Daß der Restaurator 1926 fünf Jünger Jesu neu gemalt hat, bezeugen deren kräftigere Farben. Von allem Beiwerk der späten Aufbesserung befreit wurde das ›Martyrium der Zehntausend‹ an der Nordwand: Hier werden die Bekenner des christlichen Glaubens samt ihrem Protagonisten Achatius – herausgehoben durch die Bischofsmitra – gerade gepfählt, während sich die römischen Hofschranzen wie der Kaiser selbst (der Legende nach Hadrian oder Antonius) an diesem Anblick weiden.

Stadt Hemer

Bisher hat sich der Beweis noch nicht erbringen lassen, ob die um 650 angelegten Frankengräber im Stadtkern von Hemer den Anfang einer fortdauernden Besiedlung markieren, der Ort taucht jedenfalls erst vier Jahrhunderte (1072) später in den Urkunden als ›hademare‹ auf. Seit dem 13. Jahrhundert hatte das Dorf dann für die märkische Territorialpolitik stets einige Bedeutung, denn es lag an der sehr gefährdeten Grenze zum kölnischen Herzogtum Westfalen. Dennoch umgaben Hemer nie Wall und Graben, vielleicht weil es nie ein Zentrum ausbildete, das sich für eine Befestigung anbot. Doch war der gesamte Raum durch zahlreiche Burgen und starke Landwehren gut gesichert, wovon auch diese Siedlung profitierte. Längs des Sundwiger und des Hemerbachs aber wuchs Hemer immer mehr den umliegenden Orten entgegen, und 1925 sanktionierte man solche Entwicklung durch den kommunalen Zusammenschluß mit Sundwig, Westig und Landhausen. 1936 wurde Hemer dann endgültig zur Stadt erhoben, die durch die Gebietsreform 1975 eine beachtliche Ausdehnung erreichte.

Die kunsthistorisch interessantesten Denkmäler liegen außerhalb des modernen Stadtkerns in der Gleitbecke. Die *Pfarrkirche St. Peter und Paul* hat jenen Hildesheimer Fürstbischof Jobst Edmund von Brabeck zum Bauherrn, auf dessen Wirken wir schon in Iserlohn-Letmathe gestoßen sind. Der dreijochige Saal stammt aus den Jahren 1697–1700 und zitiert den Formenkanon der Gotik, den auch die Erweiterung des Gotteshauses 1898/99 – Querschiff und Chor mit geradem Abschluß – noch einmal aufgreift. Innen im älteren Westteil haben Denkmalpfleger die barocke Ornamentik um die Fenster wieder freigelegt und restauriert, ebenfalls die Farbfassung der Kreuzrippen wie die Gewölbedekoration.

So unterstreicht die Malerei die Präsentation der einheitlichen, zeitgleichen Ausstattung. Sie wäre die einzig vollständig erhaltene des Attendorners Johann Sasse (s. S. 92), wenn man den Hochaltar nicht im Zuge der Erweiterung abgebrochen hätte. Aus Sasses Hand stammt auch der herrliche Orgelprospekt, das Werk fertigte Andreas Schweim(b) aus Einbeck, dessen Arbeit allerdings sein Geselle Johann Jakob John zu Ende führen mußte. Unter den Evangelisten des Kanzelkorbs ist der Lukas eine Nachschöpfung, die ursprüngliche Figur wurde entwendet (Abb. 18). Die Pracht des ehemaligen Hochaltars läßt immerhin noch sein Tabernakel ahnen, es blieb neben den heutigen Sakristeitüren und den Bildwerken der beiden Kirchenpatrone von seinem Aufbau übrig. – Daß man nach dem Kunstraub die Kirche nicht mehr offenhalten wollte, ist verständlich. Den Schlüssel verwahrt das Pfarrhaus Gleitbecke 10 (links der Kirche).

DER MÄRKISCHE KREIS

Hemer, Ebberg-Kirche, nicht ausgeführter Entwurf von Karl Friedrich Schinkel, 1818

Haus Hemer unmittelbar neben der Kirche wird zur Zeit einer gründlichen Renovierung unterzogen und soll später der katholischen Gemeinde als Zentrum wie als Kindergarten dienen. Es liegt auf dem Areal eines der für 1072 bezeugten Oberhöfe Hemers, das jetzige Herrenhaus mit dem charakteristischen südwestlichen Eckturm über quadratischem Grundriß ließ der märkische Drost Dietrich Ovelacker etwa 1614 errichten. Auch die Geschichte dieses Herrensitzes ist mit dem Namen Edmund Jost von Brabecks verbunden, der das benachbarte Gotteshaus stiftete, als ein Zweig seiner Familie nach Hemer heiratete.

Nach dem 1812 gefertigten Entwurf des Landbaumeisters Wilhelm Tappe ließen seine Besitzer an Haus Hemer, damals noch eine Wasseranlage, etliche Veränderungen vornehmen. Tappes Pläne liegen auch der schönen Innentreppe zugrunde, sie führt dreifach gebrochen zum Obergeschoß und schwingt dann ins Dachgeschoß hinauf. Die originale Aufteilung der Räume ist im Laufe der Zeit des öfteren neuen Wohnbedürfnissen angepaßt worden, doch soll die Neugestaltung wieder auf sie Bedacht nehmen.

Im Garten des Hauses Hemer wurden 1954 Fundamentreste der längst verschwundenen *St.-Vitus-Kirche* freigelegt, die Umrisse einer etwa 1125 zur Dreikonchenanlage veränderten Andachtsstätte zeigten. Die Ausgräber fanden auch einen, obgleich beschädigten beinernen Kruzifixus; das sehr interessante Stück zählt zweifellos zu den ältesten westfälischen Darstellungen des Gekreuzigten.

Und wenn schon von einem nicht mehr existenten Gotteshaus die Rede ist, dann soll auch eines Erwähnung finden, das gar nicht erst gebaut wurde, nämlich die *Ebberg-Kirche* Karl

Friedrich Schinkels. Daß der preußische Geheime Oberbaurat auch um die effektvolle Präsentation seiner flach gedeckten, romanisierenden Basilika besorgt war, verrät die abschließende Bemerkung zu seinen Entwürfen: »Sollte es die Lage der Kirche (. . .) mit sich bringen, so wäre zu wünschen, daß man von der bei Hemer vorbeiführenden Chaussee, an einem Hauptpunkt, die in der perspektivischen Darstellung gegebene Ansicht gewönne, in welcher die verschiedenen Teile der Kirche am mannigfaltigsten hervortreten.« Der Plan mit den spektakulären, durch eine Galerie zusätzlich verbundenen beiden Türmen zu seiten des Chors »war herrlich, köstlich, allein die Mittel zur Ausführung fehlten, denn es wurde zu 50 000 Thlr. geschätzt, und wir mußten uns begnügen lassen«, so der verantwortliche Pastor Friedrich Wilhelm Wulfert. Zur Ausführung kam 1820 eine sehr viel bescheidenere und damit weniger kostenaufwendige Lösung (Ecke Kirchstraße/Wulfertweg), die bis heute überdies mehrere Umbauten erfahren hat. Der kelchförmige, reich ornamentierte Taufstein (etwa 1200) stand ehemals in der St.-Vitus-Kirche.

Nördlich der L 682 (Hönnetalstraße) wartet der Stadtteil **Sundwig** gleich mit zwei Touristenattraktionen auf, der *Heinrichshöhle* und dem *Felsenmeer* (Farbt. 34). Beide liegen im Massenkalk einer Senke westlich des Hemerbachs, und der guten Wasserlöslichkeit des Kalks verdankt auch die Heinrichshöhle ihre Entstehung. Zu ihr, die 1812 Heinrich von der Becke entdeckte, führt von der Felsenmeerstraße ein kleiner Pfad am Hang entlang. Den Besucher faszinieren die bizarren Tropfstein- wie die vielfarbigen Sintergebilde der Grotten und Klüfte, das Interesse der Wissenschaft hat die Heinrichshöhle vor allem wegen der zahlreichen paläontologischen Knochenfunde erweckt. Aus den hier aufgefundenen Gebeinen konnten die Skelette etlicher frühzeitlicher Tiere zusammengesetzt werden, so auch das des Höhlenbären, das im westlichen Gang Aufstellung gefunden hat.

»Plötzlich hebt sich wie eine Springflut, die im Weiterrauschen versteinert ist, aus dichtem Gebüsch die Wogenbrandung des Felsenmeeres uns entgegen; eine tiefe Einsenkung des Bodens mitten in der Feldfläche umfaßt (. . .) wirre wilde Massen von dunkelgrauen Felsen, die wie Löwen sich übereinandergeworfen haben und ruhen oder schroff wandsteil emporstehen. (. . .) Ich wüßte nicht, was in unserem Lande an Wüstheit dem Felsenmeer an die Seite zu stellen wäre.« Soweit Levin Schücking und seine schwärmerisch-begeisterten Bilder (in: ›Das malerische und romantische Westphalen‹) über ein Naturphänomen, das auch nüchterneren Betrachtern immer wieder Eindruck macht. Und selbst der geologisch Uninteressierte wird sich hier die Frage stellen: Wie entstand diese wildzerklüftete Szenerie aus Kalkstein? Die Sage hat darauf manche Antwort, die bekannteste ist wohl die vom Zwergenvolk, welches hier unter der Erde seine Schätze hütete, dann aber den habgierigen Riesen Wuppert derart verhöhnte, daß der ihm fürchterliche Rache schwor. Er gewann den König der Riesen für eine Strafexpedition gegen die übermütigen Wichtel, und so brach eine Truppe der gewaltigen Männer zum Felsenmeer auf. Ihr dröhnender Schritt kündete den Kleinen schon bald ihr Nahen, es blieb ihnen genug Zeit, sich selbst und ihre Preziosen noch tiefer im Innern des Felsens zu bergen. Die Riesen fanden nur die leeren oberen Hallen vor und zertrümmerten blind vor Wut und Goldgier die kunstvollen Behausungen – ein Frevel,

Hemer-Sundwig, Heinrichshöhle, Mitte 19. Jh., Stahlstich

dem der Zwergenkönig Alberich mit einem starken Zauberspruch begegnete. Blitze zuckten und Donner dröhnte, der Felsen stürzte zusammen, seine Trümmer begruben die Riesen, deren Gebeine wohl noch heute unter den mächtigen Blöcken zu finden sind.

Nun, einen Hinweis zum wirklichen Entstehen des Felsenmeeres oder wenigstens zu seinem heutigen Aussehen gibt diese Geschichte sicherlich, den auf den Erzbergbau. Fast immer bewahren die von Zwergen gehüteten Kostbarkeiten bildhaft die Erinnerung an vorzeiten ausgebeutete Bodenschätze, und wirklich setzte die Suche nach Eisen im Felsenmeer sehr früh ein. Die Stollen und Schächte durchziehen vor allem den nordwestlichen (›Großes Felsenmeer‹) wie den östlichen Teil (›Paradies‹), Erzhalden und Bohrlochfolgen an den Felsen sind weitere deutliche Hinterlassenschaften des Abbaus, der erst 1865 endgültig eingestellt wurde. Der Eisenstein aus dem Felsenmeer ging an die Sundwiger Hütte, hat aber wohl schon weit früher den Waldschmieden auf den umliegenden Höhen als Rohstoff gedient.

So trug der Bergbau wesentlich zum Erscheinungsbild des Felsenmeers bei. Geologisch geht es auf Höhleneinstürze zurück, wobei das Wirken des Wassers allenthalben an Rinnen und Karren im Gestein sichtbar ist. Diese Strukturelemente prägen besonders den Mittelteil, meist das ›Kleine Felsenmeer‹ genannt, die einheitliche Nord-Südrichtung seiner vielen Spalten und Klüfte hebt es von der nordwestlich anschließenden Senke, dem ›Großen Felsenmeer‹, ab. Das grandioseste Bild aber zeigt die östliche Erweiterung des Gebiets, das sogenannte ›Paradies‹. Insgesamt erstrecken sich die Dolinen über beinahe 800 Meter von Westen nach Osten, ihre Breite schwankt zwischen etwa hundert und zweihundert Metern. Überschattet werden sie von einem allerdings verarmten hohen Schluchtwald, in dem neben Buchen auch noch die Bergulme gedeiht. Als Kennart seiner Krautschicht findet sich an einigen Stellen noch die Hirschzunge.

Der Stadtteil Sundwig besitzt mit dem *Fabrikantenhaus Stephanopeler Str. 40* (von der Becke) auch eines der schönsten märkischen Bürgerhäuser (Abb. 21). Das traufenständige, Ende des 18. Jahrhunderts errichtete Gebäude hat mit dem umgebenden Hausteich und seinem Mansarddach manches von einem Herrensitz, doch überwiegen alles in allem die Elemente standesgemäßer Repräsentation. Eine schlichte klassizistische Formgebung bestimmt die Fassade des gut proportionierten Baukörpers, sie wird gegliedert durch die weiß abgesetzten Fenstergestelle und die Türfassung, sie alle sind aus Werkstein. Bodenständig wirkt das typisch märkische, steinfleckige Mauerwerk, Ausweis einer anspruchsvolleren Architektur ist wiederum die Betonung der zentralen Achse durch die zweiläufige Freitreppe und den Okulus im Dreiecksgiebel – hier ersetzt der Schriftzug der Fabrikantenfamilie von der Becke zweifellos das Wappen eines Adelsgeschlechts.

Die evangelische *Pfarrkirche* in **Deilinghofen** ist ein (vielleicht erst später) flachgedeckter Saal des 14. Jahrhunderts mit einem verhältnismäßig großen, geraden abschließenden Chor. Er trägt ein Kreuzgewölbe, dessen Rippen tief hinabführen und von kleinen Konsolen abgefangen werden; der Schlußstein zeigt einen Christuskopf auf griechischem Kreuz. Darunter steht der spätgotische Flügelaltar, bei dem allerdings der ganze Rahmen 1859/60 neugeschaffen wurde. An kompositorischer Virtuosität stehen seine Schnitzereien denen in Affeln sicher nach, und auch die einzelnen Figuren sind sehr viel unbeholfener gearbeitet. Dennoch fehlt der zentralen Kalvarienbergszene (Abb. 22) keineswegs die Eindringlichkeit, vor allem die ohnmächtig zusammengesunkene Maria spricht in ihrer Geste namenlosen Leids den Betrachter an. Originell aufgefaßt hat der nicht identifizierte Künstler auch die Gestalt des blinden Longinus unter dem erlösten Schächer: Er, der hier offenbar selbst die Lanze in die Seite Christi stieß, führt nun fassungslos erstaunt die Hand vor Augen, da er, vom Blut des Herrn getroffen, sehend geworden ist. Keine Darstellung biblischer oder legendärer Begebenheiten zeigen die Seitenschreine, sondern nur isolierte plastische Bildwerke. Unter einer reliefierten, maßwerkverzierten Doppelarkade sind nördlich Maria nebst dem Jesuskind und die Mutter Marias, südlich St. Katharina und St. Antonius Abt dargestellt. Das Schwert des Antonius muß später hinzugefügt worden sein, jedenfalls gehört es nicht zu den Attributen dieses Heiligen.

Außerdem besitzt die Kirche noch einen qualitätvollen Kruzifixus aus dem 16. Jahrhundert sowie zwei dreigeteilte Chorstühle, wobei jedoch nur das Dorsale des nördlichen (bezeichnet 1588) den ursprünglichen Zustand gegenwärtig hält. Eine typische Renaissancearchitektur bildet den Rahmen um drei im Relief gegebene biblische Szenen, aber lediglich der Daniel in der Löwengrube und der junge Tobias mit seinem englischen Begleiter sind original, der David über dem Mittelsitz ist eine Zutat des 19. Jahrhunderts, dem der südliche Chorstuhl zur Gänze entstammt.

DER MÄRKISCHE KREIS

Burg Klusenstein, Mitte 19. Jh., Stahlstich

Den am weitesten nach Osten vorgeschobenen Punkt des Stadtgebiets bildet *Burg Klusenstein* hoch über dem Hönnetal, sie sicherte einst die ungleich schärfer gezogene Grenze zwischen Mark und Kurköln. Das erhaltene Burghaus thront auf einem sechzig Meter schroff abfallenden Felsvorsprung (Abb. 24); lediglich nach (dem märkischen) Westen mußte die Anlage eigens gesichert werden, denn hier breitet sich eine nur sanft gewellte Hochfläche, die von ihren natürlichen Voraussetzungen her keinerlei Schutz bot.

»In demselben Jahr, als der Graf übers Meer fuhr, begann Gert von Plettenberg (...) in Abwesenheit des Grafen die Burg Rade und die dabeiliegende Stadt (Neuenrade, D. A.) zu gründen und zu bauen und ebenfalls die Burg Klusenstein«, berichtet Levold von Northoffs ›Chronik der Grafen von der Mark‹, das Jahr 1353 markiert demnach den Beginn der Burggeschichte. Deren weiteres Schicksal läßt sich nicht genau mit Daten belegen und ihr ursprüngliches, im Lauf der Zeit immer wieder verändertes Aussehen nur noch durch die Arbeit der Archäologen oder die berühmten Ansichten aus dem 19. Jahrhundert erschließen. Jedenfalls war die Anlage in Vor- und Hauptburg unterteilt, wobei das erhaltene hohe Gebäude über trapezförmigem Grundriß wohl das Zentrum der letzteren bildete und zum ältesten Baubestand gehört. Allerdings zeigen frühe Abbildungen, daß es vorzeiten weiter auf den Sporn hinausragte. Unter dem niedrigen Fachwerkanbau des frühen 20. Jahrhunderts fanden sich denn auch massive Kellergewölbe, die etwa die Wiedergabe Johann Heinrich Bleuelers bestätigen. Nach Westen ist das Burghaus dagegen um 1850 erweitert worden, so daß es seine vormalige Länge wieder erhielt.

Unterhalb der Klusenstein, doch noch immer sechzehn Meter über der Talsohle führt die *Große Burghöhle* in den Felsen, von ihr führte ein geheimer, später verschlossener Gang zum Felsenkeller des Palas. Von größerer Bedeutung aber dürften die hier entdeckten vorgeschichtlichen Funde sein, welche heute über verschiedene Museen verstreut sind. Aus den Bodenschichten der weiten, etwa zwölf Meter langen und vier Meter hohen Halle barg man Relikte aus den Epochen zwischen 700 v. Chr. und 700 n. Chr., darunter ein hallstattzeitliches Nietnagelentlein aus Bronze (jetzt Museum Hohenlimburg).

Stadt Balve

Mit der Behandlung Balves im Kapitel ›Märkischer Kreis‹ folgt der Autor – widerwillig – den Ergebnissen der Kommunalreform 1975, die Balve nicht dem Hochsauerland-, sondern dem Märkischen Kreis zuschlug. Natürlich ist Balve kein märkischer, sondern ein kölnischer Ort, bis 1368 gehörte er zur Grafschaft Arnsberg und kam mit ihr in den Besitz des Erzstifts, 1430 erhob Dietrich von Moers Balve zur Stadt und verlieh dem Gemeinwesen Arnsberger Recht. Das unregelmäßige Geviert von etwa achtzig Hausstätten umgab nun eine Befestigung aus Mauer, Graben und vier Türmen, die in Nord-Süd-Richtung verlaufende Hauptstraße durchzog Balve als seine Mittelachse, an deren oberem wie unterem Ende jeweils eine Pforte zu passieren war. Sitz eines kurkölnischen Amtes und Gerichts, hatte die Stadt auch für das weitere Umland einige Bedeutung.

Das mittelalterliche Balve vernichtete der Brand von 1789 endgültig, es erstand wie auf dem Reißbrett neu. Schnurgerade Straßen gliederten jetzt das nach Westen erweiterte Stadtareal, die – bereits verfallene – Umwehrung wurde niedergelegt. Noch vor dieser Zeit entstand das *Drostenhaus* (Drostenplatz 8) mit seinen fünf Fensterachsen an der Längs- und zweien an der Breitseite, es steht wohl auf dem Gelände eines älteren Herrensitzes. Das Zentrum des Gebäudes bezeichnet im Osten wie im Westen ein barockes Pilasterportal, zu dem eine Freitreppe emporführt. Die Restauratoren konnten im Innern auch die ursprüngliche Raumdisposition wiedergewinnen und die kölnischen Stuckdecken erhalten.

Das bedeutendste Bauwerk der Stadt aber ist zweifellos die *Pfarrkirche St. Blasius* und dies trotz der dominanten Erweiterung von 1910/11. Sie entwarf der vielgefragte Aachener

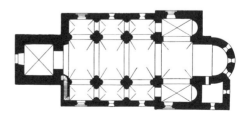

Balve, Pfarrkirche St. Blasius, Grundriß der romanischen Halle

DER MÄRKISCHE KREIS

Balve, Pfarrkirche St. Blasius, zeichnerische Rekonstruktion der Wandmalerei

Dombaumeister Josef Buchkremer in deutlicher Anlehnung an den Kuppelbau der Pfalzkapelle zu Aachen, während der ältere Teil den Typus der spätromanischen südwestfälischen Halle vorbildlich vertritt. Allerdings datieren der Chor und das kaum hervortretende Querschiff noch ins letzte Viertel des 12. Jahrhunderts und bildeten einst den Ostabschluß einer Basilika, die etwa sechzig Jahre später zur Hallenkirche umgewandelt wurde. Ihre Pfeiler schmücken schon die charakteristischen halbrunden Vorlagen, und die Kreuzgewölbe des Hauptschiffs schließen sich kuppelig, in die quergestellten Tonnengewölbe schneiden von den Gurtbögen her Stichkappen ein. St. Blasius zeigt darüber hinaus erstmals jene Quergiebeldächer, welche von nun an westfälische Gotteshäuser dieser Grundform des öfteren prägen werden (etwa auch den Paderborner und den Mindener Dom). Bemerkenswert auch das 1910 an die Westseite des Turms umgesetzte Portal des nördlichen Halleneingangs: Sein Tympanon gibt eine ausdrucksstarke Darstellung des segnenden Christus, auf dessen Schoß das Buch des Lebens liegt. Ihn umgibt eine von zwei knienden Engeln gehaltene Mandorla (Abb. 23). Dem höheren Alter des Querschiffs entspricht die Behandlung des Giebelfelds über dem südlichen Eingang, die Ornamentik eines sehr flachen Reliefs rahmt das Erlösungssymbol des Kreuzes zwischen zwei kleinen (Lebens-)Bäumen.

Die erhaltene Ausschmückung des Innern beginnt chronologisch mit den spätromanischen Fresken (Abb. 26). Die Halbkuppel der Apsis beherrscht ein Christus Pantokrator, den ein mandelförmiger Heiligenschein ganz einfaßt. Wie bei den meisten Darstellungen dieser Art markieren die Evangelistensymbole die Schnittpunkte eines gedachten Vierecks um die Mandorla herum. Christus zunächst stehen nördlich Maria und südlich Johannes der Täufer, außen neben Maria wohl der hl. Nikolaus, neben Johannes der Kirchenpatron. Die Fensterzone einschließlich der Laibungen ist ganz mit Prophetendarstellungen ausgemalt, im südlichen Seitenschiff wird die Nikolauslegende sehr anschaulich erzählt.

Weiterhin verdient der romanische Fußboden unter der Orgelbühne Interesse, der erst bei der jüngsten Renovierung wieder freigelegt wurde. Der Prospekt des Instruments selbst entstand 1786 in den Formen des späten Barock, während das Epitaph des Balver Amtsdrostes Hermann von Hatzfeld aus dem Jahre 1603 (Westwand der südlichen Abseite) die früheste Stilstufe dieser Epoche vertritt. Bedeutende Ausstattungsstücke der alten Kirche haben im Neubau Platz gefunden, allen voran der prächtige Barockaltar. An der Predella gibt die Aufschrift über sein Entstehungsjahr Auskunft: »Anno 1696, 16 novembris – Hoc Altare Erectum et illuminatum sub pastore Joanne Eberardo godden et pictum ab Alexandro Strodtmann«. Der effektvollen Malerei des Arnsbergers Alexander Strodtmann entspricht die originelle Architektur des Aufsatzes. Sein Zentrum bildet ein plastischer, perspektivisch zulaufender Säulengang unter kassettierter Decke, die eine Treppe schützt – offenbar eine Reminiszenz an die vatikanische Scala Regia von Gianlorenzo Bernini, dem überragenden Künstler des römischen Barock. Anstelle der nicht erhaltenen vier Seitenaltäre rahmen den Hochaltar jetzt ein 1615 geschaffener hl. Sebastian und eine spätgotische Skulptur des hl. Blasius. Zu seinen Füßen kniet eine Mutter und hält dem Kirchenpatron ihren Jungen entgegen, den er dann – so berichtet seine Legende – von einer Fischgräte befreite, an der das Kind sonst erstickt wäre. Es versteht sich, daß ihn diese Tat für eine Aufnahme unter die Vierzehn Nothelfer prädestinierte. Abschließend sei nur noch die bemerkenswerte Renaissancekanzel erwähnt. 1545 geschnitzt, zeigt die Mittelnische ihres Kanzelkorpus den segnenden Christus, ihn umgeben die abendländischen Kirchenlehrer. Die Kanzelrückwand stellt wiederum Christus dar, diesmal als Guten Hirten.

Auf dem Kirchplatz (Farbt. 20) befinden sich ein St.-Agatha-Bildstock (bezeichnet 1698) und ein 1704 errichteter Pavillon, das sogenannte *Wocklumer Mausoleum*. Über verputztem, umlaufendem Sockel streben an den vier Ecken massive Säulen empor, die eine Dachkonstruktion mit geschweifter Haube tragen; zwischen den Säulen spannen sich Gitter. Sie umschließen ein Kruzifix des späteren 16. Jahrhunderts und das Grabmal Hennekes von Schüngel. Außerdem säumen den Kirchplatz einige schöne Fachwerkbauten, unter ihnen verdient die *ehemalige Vikarie* vorab genannt zu werden. Von der tiefer gelegenen Straße aus zeigt das Haus noch den Teil der bruchsteinernen Kirchhofsmauer, über der sein Fachwerkteil aufgeschlagen wurde. Farbig abgesetzte Füllhölzer vermitteln zwischen unterem und leicht vorkragendem oberem Stockwerk des um 1650 entstandenen Gebäudes. Erwähnung verdient ferner das *Heimatmuseum*; hier sind viele Funde aus der Balver Höhle (s. u.) ausgestellt, das spektakulärste Exponat dürfte die Nachbildung eines fast viereinhalb Meter langen Mammutstoßzahns sein.

Die Hauptstraße Balves knickt vor der Bahnlinie als Hönnetalstraße nach Osten ab, an ihr liegen noch einige Ackerbürgerhäuser aus der Zeit nach dem Stadtbrand. Nach etwa einem Kilometer Fahrt entlang der Hönne tut sich rechter Hand die gewaltige Öffnung der *Balver Höhle*, der größten Kulturhöhle Deutschlands, auf. 80 Meter lang, elf Meter hoch und bis 20 Meter breit, gabelt sie sich etwa 53 Meter hinter ihrem Portal in den östlichen ›Virchow-‹ und den südlichen ›Dechenarm‹. Der bedeutende Hohlraum im karstigen Gestein, den das Wasser vielleicht schon während des Tertiärs geschaffen hat, war etwa 1815 noch fast ganz von Kalkschutt und Lehm zugesetzt. Unter den Landwirten der Umgebung erfreuten sich die knochenreichen Schichten ziemlicher Beliebtheit, sie galten als hervorragender Dünger.

DER MÄRKISCHE KREIS

Erst Mitte des 19. Jahrhunderts richtete auch die Wissenschaft ihr Augenmerk auf sie, und ihre Forschungen erwiesen die Höhle als einen der ausgedehntesten Wohnplätze eiszeitlicher Menschen in Mitteleuropa. Wohl von keiner anderen deutschen Fundstätte sind derart aufschlußreiche Relikte der Zeit vor etwa 90000 Jahren bekannt. Die Zahl der hier ergrabenen Steingeräte beträgt mehrere tausend, sie bestehen meist aus einheimischem Material. Nur wenige wurden aus Feuerstein hergestellt, die aber müssen von weiter her ins Sauerland gelangt sein.

Als die Neandertalmenschen erstmals in dieser weiten Halle Schutz suchten, herrschte ein arktisches Klima. Der Boden taute auch sommers nur wenige Zentimeter auf und erlaubte lediglich die Ausbildung einer nahezu baumlosen Tundra. Der homo neandertalensis jagte hier mit äußerst primitiven Waffen Höhlenbär, Moschusochse und Wollhaariges Nashorn, ja er erbeutete selbst das gewaltige Mammut, wie der Fund des schon erwähnten Stoßzahns beweist. Doch zwangen die sich verschlechternden Witterungsverhältnisse die Menschen endlich, sich – ihren Nahrungstieren folgend – nach Süden zurückzuziehen. Mit dem abermaligen Zurückweichen des Eises vor etwa 15000–12000 Jahren bevölkerte sich jedoch auch das Sauerland wieder, diesmal war es bereits der homo sapiens, der von Osten her in diese Mittelgebirgsgegend vordrang. Aus seiner Hinterlassenschaft stammt die Ritzzeichnung eines Pferdekopfes aus Tonschiefer, ein wichtiges Zeugnis der erweiterten menschlichen Fähigkeiten – die Echtheit des Stücks immer vorausgesetzt. Und die zeitweise Inanspruchnahme der Höhle endete mit der Jungsteinzeit keineswegs, vielmehr konnte ihre sporadische Besiedlung bis etwa 500 v. Chr. nachgewiesen werden. Heute finden hier nicht nur Volksfeste statt, auch die Jazzmusiker nutzen die sehr gute Akustik der Höhle. Neben dem Jazzfestival, bei dem Künstler von internationalem Rang auftreten, sollen regelmäßig Sinfoniekonzerte stattfinden. Es gibt sogar Überlegungen, die Höhlenfestspiele wiederaufleben zu lassen.

Der Abzweig von der Hönnetalstraße zur *Luisenhütte Wocklum* ist eher unauffällig beschildert, wie sich auch das technische Denkmal selbst ohne Bruch in den Talgrund des Borkebachs einfügt (Abb. 30). Verglichen mit dem heutigen Standard bietet die nach Wenden »älteste vollständig erhaltene Hochofenanlage Deutschlands« einen geradezu idyllischen Anblick, und dieser Eindruck verwischt selbst beim näheren Zusehen nicht. Zwei mächtige, aus Bruchstein aufgemauerte Gebäude mit Krüppelwalmdach und Fachwerkgiebelschilden bestimmen das Erscheinungsbild, aus der rückwärtigen Dachzone des rechten strebt die Hochofenanlage wie ein wuchtiger Turm empor. Auch dekorative Funktion erfüllen die schlichten Rundbogenfenster der Fassade.

Die Luisenhütte präsentiert sich heute in der Gestalt von 1853/54, als eine wahrscheinlich 1758 eingerichtete Eisenverhüttung durch Hochofen und Gießerei ausgebaut wurde. 1732 hatte Franz Kaspar Ferdinand von Landsberg, der Besitzer des Wocklumer Schlosses, Anna Maria Theresia Freiin von der Reck geheiratet; sie stammte aus einem Adelsgeschlecht, das stark im märkischen Metallgewerbe engagiert war. Ihr Sohn gründete das eigentliche Unternehmen, nachdem »durch Ihre der Frauen Mutter besehene sorgfältige Vorkehrung das beym Haus Wocklumb befindliche Eisenbergwerck in gantz gedeylichen Fortgang gera-

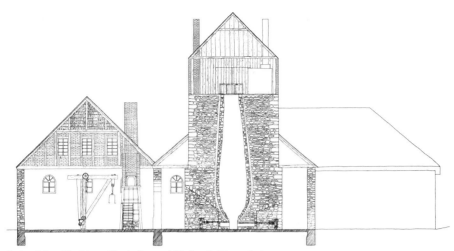

Luisenhütte Wocklum, Hochofen und Gießerei, Längsschnitt

then, und dermahlen auf Ihre Kösten auf den berge Vosloh genandt bereits soviel Eißenstein in Vorrath verschaffet, daß gar gemächlich vier bis fünf volle Jahre davon gehüttet werden mögen«.

Der Innovationsschub knapp hundert Jahre später reichte freilich nur für einen Holzkohlehochofen, dessen Kapazität hinter den mit Koks betriebenen weit zurückbleiben mußte. Denn das einheimische Brennmaterial ließ nur den Bau einer insgesamt zehn Meter hohen Anlage zu, da sonst die unteren Schichten der sehr druckempfindlichen Holzkohle pulverisiert und ausgeblasen worden wären. Erschwert wurde eine auf Dauer rentable Produktion außerdem durch den zwar nahebei geförderten, aber wenig ergiebigen Eisenstein. Endgültig den Garaus machte dieser Hütte der Bau der Bahnstrecke Hagen – Siegen, die weit an Wocklum vorbeiführte und so jede Aussicht auf eine preisgünstige Lieferung hochwertiger Grundstoffe nahm. Der Betrieb wurde 1864 eingestellt, nur ein Dezennium nach der kostenträchtigen Umrüstung. Für den Besucher hat solch plötzlicher Niedergang den Vorteil, daß er hier alle Phasen der damaligen Produktion bis ins – immer stimmige – Detail verfolgen kann. Auch die Nebenanlagen der Hütte sind noch funktionstüchtig, so der Hüttenteich und die beiden Wasserräder, die den Hochofen wie den Hammer mit der nötigen Energie versorgten. Wenn sie sich wegen zu niedrigen Wasserstands einmal nicht drehen wollten, übernahm ihre Aufgabe eine Dampfmaschine. Selbst sie läßt sich heute noch in Betrieb setzen.

Nur ein kurzer Weg ist es von der Luisenhütte zum nordöstlich gelegenen *Schloß Wocklum*, auf dem ihre adligen Betreiber residierten. Der letzte des Namens Wocklum aber erscheint vor 1350 in den Urkunden, schon 1370 nennt eine Quelle Albert von Böckenförde gen. Schüngel, kölnischer Amtsdrost zu Balve, als Besitzer. Auf dem Heiratswege fällt

DER MÄRKISCHE KREIS

Hermann von Hatzfeld (1530–1600) das Schloß zu; diesem Bekenner der alten Lehre verdankt es auch seine Zerstörung durch den zum Protestantismus übergetretenen Landesherrn, Erzbischof Gebhard Truchseß zu Waldburg. An Hermann von Hatzfeld erinnert das Epitaph in St. Blasius (s. S. 79), auch er war Inhaber des Drostenamts zu Balve, das Kurköln auch an alle weiteren Herren über Haus Wocklum vergab. Während des 17. Jahrhunderts entstand dann die heutige Wasseranlage, doch erhielt sie erst im folgenden Saeculum ihr vertrautes Gesicht. Das Herrenhaus ist ein schlichtes, zweiflügeliges Gebäude mit einem etwa (gespiegelten) L-förmigen Grundriß. Am langgezogenen Haupttrakt springen gegen die Wasserseite zwei Ausluchten vor, zwischen denen eine Bogenbrücke über die Gräfte zu einem Gartenparterre führt. Die Hoffassade besitzt – einziges baukünstlerisches Element der Anlage – einen dreiachsigen Risalit unter eigenem Flachgiebel, doch sollte man von solch kargem Äußeren nicht auf ein ähnlich karges Inneres schließen. Das allerdings ist dem Kunstinteressierten verschlossen, und so mag ein pauschaler Hinweis auf Salon und Mittelsaal, vor allem jedoch auf die wunderschön freskierte Galerie wie die qualitätvolle Barockausstattung der Schloßkapelle genügen.

»Es ist eine romantische Wanderschaft; das Thal klemmt sich immer wilder und düsterer endlich zur engen Schlucht zusammen; die schmale Hönne rauscht pfeilschnell unten über kantige Felsbrocken, aufbrodelnd und Streichwellen über den Fußweg schleudernd, bis endlich aus tiefem Kessel uns das Gebrause und Schäumen einer Mühle entgegenstürmen.« So beschreibt ›Das malerische und romantische Westphalen‹ den Teil des Hönnetals zwischen Balve-Volkringhausen und der heutigen Stadtgrenze Mendens, diesmal atmosphärisch genau und ohne allen Metaphernbombast. Und Romantik konnte man der geschilderten Wegstrecke wahrlich nicht absprechen zu einer Zeit, als noch keine Bundesstraße dem Fluß seine Rechte am Talgrund streitig machte. Das fast tropisch üppige Grün des Schluchtwalds längs der steilen Hänge, die wild zerklüfteten Felsenpartien, die vielen Höhlen und eben der ungebärdige Lauf des Wassers selbst – alle Elemente gingen aufs stimmungsvollste zusammen. Und sie tun es – trotz vieler menschlichen Eingriffe – heute noch, wenn der Betrachter nicht nur den Kopf am Volant seines Wagens verdreht oder ihn die ›Urlaubsdias‹ großartigerer Landschaftsszenerien nicht abgestumpft haben.

Stadt Menden

Menden ist eine der Urpfarren des Sauerlands, zu der auch ein Haupthof gehörte. Ihr Sprengel erstreckte sich zwischen Hüsten und Balve, Stockum und Iserlohn. 1238 hatte der Graf von Arnsberg die Vogtei über Kirche und Hof inne, 1272 wurde sie von den Rodenbergern gekauft. Aus ihr entließ der Kölner Erzbischof 1276 dieses Geschlecht, wie er ihm auch seine Burg auf dem ›Hünenköpfchen‹ und das Schultamt am kölnischen Hof nahm, als es mit den Mendener Einwohnern allzu selbstherrlich umsprang. Damals schon mußte der Herzog von Westfalen alles vermeiden, was die Wehrwilligkeit Mendens schwächen konnte, brauchte er doch gerade hier, beinahe in Sichtweite des märkischen Territoriums, die unbedingte Loyalität seiner Untertanen. Die Verleihung der Stadtrechte 1276 war nur folgerichtig, sie geschah zweifellos in der Absicht, die Siedlung zur Grenzfeste auszubauen.

Die neuen Freiheiten aber mußten die nunmehrigen Bürger sehr bald teuer bezahlen. Die Niederlage der erzstiftischen Truppen bei Worringen 1288 schwächte die Kölner Stellung allenthalben, und noch während desselben Jahres überfiel der Märker die Stadt und verwüstete sie. Der Kölner Erzbischof sah sich sogar gezwungen, die Burg an die Grafen von Berg zu verpfänden, welche die Pfandschaft ihrerseits Mark übertrugen. 1299 konnte Köln zwar die Wehranlage erneut in Besitz nehmen, doch schon 1301 leistete der Gegner bei ihrer Zerstörung derart ganze Arbeit, daß nie mehr der Versuch eines Wiederaufbaus unternommen wurde. Und abermals, wohl 1313, nahm der Graf von der Mark die Stadt Menden, legte ihre Befestigung nieder. Walram von Moers restituierte das Gemeinwesen, doch nur, um 1344 zum wiederholten Male seine Verwüstung herauszufordern. Nun endlich wollte der geistliche Territorialherr für wirkliche Sicherheit sorgen: Er ließ die Mauern neu ziehen und mit zwölf (!) Türmen bestücken, ein kurfürstliches Schloß im Westen knapp vor der Stadt gab außerdem Schutz.

Bis zum Dreißigjährigen Krieg blieb Menden nun von einer Inbesitznahme durch feindliches Heer verschont, allerdings erwies sich die starke Wehr bald auch als Hindernis der

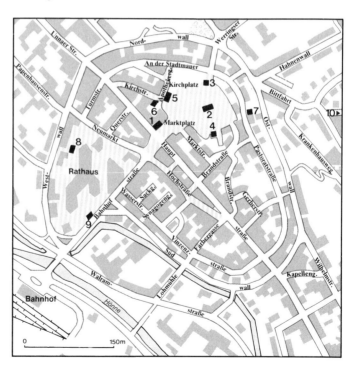

Menden
1 Altes Rathaus
2 Pfarrkirche St. Vinzenz
3 Stadtbücherei
4 Musikschule (ehem. Heilig-Geist-Hospital)
5 Alte Marktapotheke (Museum für Erdgeschichte und Naturkunde)
6 Haus Biggeleben (Städtisches Museum für Stadt- und Kulturgeschichte)
7 Teufelsturm
8 Poenigeturm
9 Rentschreiberturm
10 Antoniuskapelle auf dem Rodenberg

DER MÄRKISCHE KREIS

Stadtentwicklung. Die trieben eher die Brände des 17. Jahrhunderts voran, an dessen Ende die Industrialisierung einsetzte. Und so entschieden man sonst die kölnischen Farben hochhielt, das gewerbliche Leben wurde doch von der protestantischen Mark her deutlich beeinflußt und kann nicht als repräsentativ für das Herzogtum Westfalen gelten. Dieser Wirtschaftsstruktur trug auch Preußen insofern Rechnung, als es 1831 den westlichen Teil des damaligen Amtes Menden dem Kreis Iserlohn eingliederte.

Die Mittelachse des alten Gemeinwesens ist dem neuen Menden als Hauptstraße geblieben, sie wird im historischen Kernbereich gerade zur Fußgängerzone umgestaltet. Auch über den ursprünglichen Grundriß gibt das Kartenbild noch zuverlässige Auskunft, die um das Zentrum führenden Wälle bezeichnen den äußersten Verteidigungsring um die Stadt. Erhalten blieb auch die historische Disposition des Marktplatzes mit einem *Alten Rathaus*, dessen Entwurf freilich erst aus dem Jahr 1912 stammt und neubarocke Elemente wie solche des Reformstils nicht ungeschickt vereint. Originell der nur leicht vor die Fassade gewölbte Mittelturm, auch wenn sein Zug zum Monumentalen oberhalb der Dachtraufe der konventionellen zeitgenössischen Baugesinnung Tribut zollt.

Der Markt öffnet sich östlich zum erhöht gelegenen Kirchplatz mit der *Pfarrkirche St. Vinzenz* inmitten. Ihre dreijochige, breitgelagerte Halle des 14. Jahrhunderts hat man 1868–71 mit Querschiff und Chor, den schweren, kaum gegliederten Turm mit einer ziemlich aufwendigen Bekrönung aus Ecktürmchen, Giebeldreiecken und Wasserspeiern versehen. Das Raumbild im alten Teil des Gotteshauses ist durch die Kreuzrippengewölbe und Rundpfeiler bestimmt, an denen die vier Dienste entlanglaufen, welche die eigens profilierten Wülste der Gurt- und Scheidbögen über gekehlten Kapitellen aufnehmen. Die zwei- bzw. dreibahnigen, spitz zulaufenden Maßwerkfenster wurden teilweise bei der letzten Erneuerung rekonstruiert.

Die imposante Pfeilerflucht der alten Kirche erfaßt der Betrachter am besten von der Vierung aus, und der ehemalige Aufsatz des Barockaltars über dem Durchgang zum Turmjoch dient dann wirklich als Blickfang. Als eines der frühen Zeugnisse dieser Stilstufe zeigt das qualitätvolle Werk noch Anklänge an den Manierismus. Sein zentrales Relief stellt die Verkündigungsszene dar, die von je zwei übereinander angeordneten Nischen mit Apostel- und Heiligenfiguren flankiert wird. Die krönende Giebelnische birgt eine Kreuzigung, während den Sims wiederum Heiligen- und biblische Gestalten reich bestücken. Ein noch höherer künstlerischer Rang aber dürfte – trotz ihrer jungen Fassung – der Muttergottesplastik am südlichen Chorpfeiler zuzuerkennen sein (Abb. 27). Zweifellos stand der unbekannte Meister dieser 1460 entstandenen Schnitzfigur unter dem Eindruck der (steinernen) Darsow-Madonna aus der Lübecker Marienkirche. Da der lübische Prototyp im Zweiten Weltkrieg zerstört wurde, hat das Mendener Bildwerk an Bedeutung noch gewonnen, außerdem belegt es die (hansischen) Verbindungen zwischen Sauerland und norddeutschem Raum. Auffälligstes Kennzeichen dieser Mariendarstellungen ist die eigentümliche Situierung des Christuskindes, beinahe waagrecht ruht der Oberkörper in der Linken seiner Mutter. Ihre Rechte umfaßt den einen Unterschenkel Jesu, dessen freies Bein sich graziös auf ihrem Unterarm abstützt. Seine Hand faßt ein Henkelkörbchen, ihm hat er offenbar den

84

Menden, Pfarrkirche St. Vinzenz, Chorgestühl

Apfel entnommen, den er der Mutter entgegenhält. Sie steht deutlich in der Nachfolge der ›Schönen Madonnen‹; den Kopf anmutig geneigt, schaut sie auf den Sohn nieder, ihre feinen Züge sind bei aller Ernsthaftigkeit des Ausdrucks doch entspannt.

Ungefähr zur gleichen Zeit entstand auch das Triumphkreuz, seine Balken schließen mit Dreipaßenden ab, welche die vier Evangelistensymbole einfassen. Am etwa fünfzig Jahre jüngeren, nur noch als Fragment erhaltenen Chorgestühl gefallen die virtuosen ornamentalen Schnitzereien seiner Rückenwand, die Knäufe sind als Drolerien ausgebildet. Unter den barocken Plastiken ist die des hl. Joseph hervorzuheben, die beinahe lebensgroße Figur steht schon dem Rokoko nahe.

Den Kirchplatz umstehen noch einige bemerkenswerte Gebäude, so die barocke heutige *Stadtbücherei* und die *Musikschule Mendens*, das frühere *Heilig-Geist-Hospital* (Nr. 15). Seine Grundsteinlegung datiert noch ins späte 13. Jahrhundert, und trotz eines Umbaus etwa 1660 läßt sich die ursprüngliche Provenienz des Hauses noch erkennen. Dies ermöglicht vor allem das gotische Fenster der stadtabgewandten Giebelseite, wenn auch sein Maßwerk sehr viel später stark erneuert wurde. 1710 errichtete man das zweigeschossige Bruchsteinhaus Marktplatz 4, die *Alte Marktapotheke*. Es beherbergt heute das *Museum für Erdgeschichte und Naturkunde*, während in den Räumen des vormaligen Hauses Biggeleben jetzt das *Städtische Museum für Stadt- und Kulturgeschichte* untergebracht ist. Das stattliche Bürgerdomizil aus dem Jahr 1730 besitzt ein barockes Pilasterportal mit gesprengtem Giebel und ovalem Oberlicht, auf dem Architrav sind die Worte zu lesen: »Anno /1730 /Johannes Casparus Biggeleben Consul Mendensis in vidua re sua posuit« (Im Jahre 1730 errichtete Johann Caspar Biggeleben, Bürgermeister zu Menden, (dies Haus) während seiner Witwerschaft). – Das Museum nennt unter anderem einen interessanten Bestand sakraler Kunstwerke sein eigen.

Ein Muß für jeden Besucher Mendens ist der von zwei hübschen Fachwerkhäusern eingefaßte *Teufelsturm*, der nur knapp hinter den Kirchplatz, etwas nach Südosten versetzt, aufragt (Farbt. 12). Als weniger pittoreskes Motiv muß der zweite erhaltene Stadtturm, der *Poenigeturm*, gelten; ihm nimmt der Komplex des modernen Rathauses jede Möglichkeit,

DER MÄRKISCHE KREIS

das Erscheinungsbild des Gemeinwesens noch mitzubestimmen. Der dritte Turm Mendens geht nicht auf die Stadtumwehrung, sondern auf das vormalige kurfürstliche Schloß zurück. Dieser *Rentschreiberturm* (Bahnhofstraße), ein wuchtiger Bau über quadratischem Grundriß, hat drei Geschosse (das oberste besteht aus Fachwerk) und schließt mit einem Walmdach ab, die Forschung datiert ihn ins 14. Jahrhundert. Er gehörte nicht zu den Hauptgebäuden der Anlage, aber weil deren letzter Flügel 1979 dem Bagger weichen mußte, ist er neben der früheren Schloßmühle ihr letzter Repräsentant.

Schwerlich läßt sich ein besserer Abschluß des Aufenthalts in Menden denken als der Besuch des *Rodenbergs*. Der Weg zu seiner unter hohen Bäumen gelegenen *Antoniuskapelle* führt den ›Sieben Fußfällen‹ entlang, deren Bildwerke, meist Reliefs, noch barocke Originale oder zumindest Kopien derselben sind. Das Kirchlein selbst wurde 1688 zum ersten Mal geweiht, es umfaßte damals allerdings nur den Chorbereich der heutigen Kapelle. Ihr Erscheinungsbild wird von einer 1711 begonnenen, aber erst 1733 ganz vollendeten Erweiterung bestimmt, 1728 entstand die Freitreppe vor ihrem neuen Westportal. Zur Ausstattung gehört ein ansehnliches Ensemble aus zwei Seitenaltären und einem Hochaltar, letzterer eine Stiftung des Geschlechts von Wrede-Melschede, die beiden anderen tragen das Wappen der Freiherrn von Fürstenberg-Herdringen.

Das Kölnische Sauerland

Der Kreis Olpe

Barock im Kölnischen Sauerland

Gerade diesen kunsthistorischen Aspekt an den Anfang zweier Kapitel vom Kölnischen Sauerland zu rücken mag manchen unbefangenen Leser überraschen. Aber nicht nur läßt sich kein anderer finden, der deutlicher auf die kulturelle Einheit dieses recht großen Gebietes verwiese, keiner bedarf auch mehr einer Wiedergutmachung. Denn bis vor wenigen Jahren wurde die Bedeutung jener Stilepoche für das ehemalige Herzogtum Westfalen kaum wahrgenommen (und noch heute weist die Forschung über sie große Lücken auf), die Werke tat man achselzuckend als bestenfalls zweitrangig ab. Vielen jedoch haben die Restauratoren inzwischen ihre ursprüngliche Fassung und Farbigkeit zurückgegeben – ein wesentlicher Grund dafür, daß die unterschätzte Qualität dieser Schöpfungen auch dort erkannt wird, wo man früher allein ihre erstaunlich große Zahl wohlwollend erwähnte.

Für diesen Reichtum ist vor allem ein historisches Ereignis verantwortlich: der Dreißigjährige Krieg. Er wirkte als wirtschaftliche, aber auch als religiöse Zäsur. Allerdings stabilisierten sich die ökonomischen Verhältnisse nicht von heute auf morgen, vielmehr gestatteten sie es erst gegen Ende des 17. Jahrhunderts wieder, sich auch um den desolaten Zustand der Gotteshäuser zu kümmern. Mit dem Neubau oder doch einer neuen Ausstattung der Kirchen gehorchte man demnach der Not, und niemand durfte hier an eine triumphale künstlerische Verherrlichung des Bekenntnisses denken, wie sie etwa die süddeutschen Barockkirchen darstellen. Doch selbstverständlich legte auch hier der Katholizismus Wert darauf, seine wiedergewonnene Stärke zu demonstrieren. Schließlich war ja ein Erzbischof Landesherr, die Geistlichkeit also in öffentlichen Belangen unmittelbar gegenwärtig.

Den stärksten Ausdruck finden das neue kirchliche Selbstbewußtsein und sein gegenreformatorischer Impuls wohl darin, daß man der Marien- wie der Heiligenverehrung, die protestantischerseits nachdrücklich abgelehnt wurden, wieder große Aufmerksamkeit zuwandte. Besonderen Anteil hatten hieran die Jesuiten, und das häufige Auftauchen der von ihnen namentlich geförderten Franz Xaver und Johannes von Nepomuk auch im Sauerland dürfte kein Zufall sein. Überhaupt fällt die häufige Wiederkehr bestimmter Heiliger ins Auge, so der Patrone des Erzbistums Köln, Petrus und Paulus, der weiblichen Barbara und Agatha. Ihre Figuren finden einen sicheren Platz in vielen Hochaltären, dem Herzstück aller Kirchenausstattungen.

DAS KÖLNISCHE SAUERLAND: DER KREIS OLPE

Die Altäre haben einen festgelegten Aufbau, dessen Grundmuster zwar variiert wird, aber doch immer durchscheint. Über der Mensa mit dem Gehäuse für das Allerheiligste erhebt sich das Retabel, sein Zentrum bildet meist ein arkadenartig gefaßtes Gemälde, seltener eine plastische Darstellung. Eine oder zwei Säulen sowie (zuweilen lebensgroße) Heiligenfiguren flankieren dieses Mittelstück, ein Gebälk schließt diese Zone ab. Sie krönt der Auszug, welcher oft ein kleineres Gemälde und kleinere Figuren aufnimmt; er bezeichnet nach irdischer und Mittler – (also den Bereich der Heiligen- bzw. Mariendarstellungen) die himmlische Sphäre. Insgesamt hat der Altar die Architektur eines Triumphbogens, doch verzichtet der westfälische Barock auf seine Erweiterung zur dramatisch bewegten Szenerie des ›heiligen Theaters‹, auch hierin bleibt er also hinter dem süddeutschen zurück.

Daß eine gerechte Würdigung nicht nur der Altäre, sondern auch der anderen Ausstattungsstücke heute möglich ist, verdanken die wie immer Interessierten – das sei hier noch einmal betont – der Arbeit der Restauratoren. Auch sie konnten allerdings in etlichen Fällen nur eine Annäherung an den originalen Zustand erreichen, geschweige denn die Verunklärung des ikonographischen Zusammenhangs beseitigen. Viele Objekte haben nämlich ein wechselvolles Schicksal hinter sich und sind längst nicht mehr an ihrem ursprünglichen Bestimmungsort aufgestellt. Als Beispiel dafür bietet sich das spätbarocke Inventar des Klosters Ewig bei Attendorn an. Heute ist der nunmehr dreiflügelige, wenig ansehnliche Komplex eine Justizvollzugsanstalt, und einzig seine drei Portale künden noch von vergangener Größe. Vom Kunstsinn der damaligen Klosterinsassen aber legen die beiden im Kreisheimatmuseum ausgestellten Hermenpilaster (1720–30) und der in die Dortmunder Sammlungen gelangte Chronos beredtes Zeugnis ab. Die Gestaltung seiner Flügel erlaubte es, für den Altar aus Wenden-Schönau die gleiche Herkunft anzunehmen. Wie seltsam mag sich dieses prachtvolle, formal schon dem Rokoko nahestehende Stück im Vorgängerbau des heutigen Gotteshauses, einer bescheidenen Kapelle, ausgenommen und wie gering müssen diejenigen seinen Wert geachtet haben, die den Altar vermutlich zur Zeit der Säkularisation an eine derart arme Gemeinde veräußerten.

Dieser Hinweis führt auf das schon zu Beginn angedeutete Dilemma zurück, mit dem sich auch ein kulturhistorischer Reiseführer konfrontiert sieht: Entstehungsbedingungen und Geschichte der Kunstwerke sind hier kaum erforscht, bei manchen Zuschreibungen ist Vorsicht geboten. So bleibt zu hoffen, daß die Aufwertung des sauerländischen Barock auch dessen Umfeld ins helle Licht der Forschung treten läßt. Es bedarf noch des Zusammenfügens vieler Mosaiksteine, bis ein genaues Bild dieser Epoche erstehen wird.

Das Olper Land

Der Kreis Olpe umfaßt den südwestlichen Teil des ehemaligen Herzogtums Westfalen. Als unumschränkter Landesherr aber konnte sich der Kölner Kurfürst hier erst 1449 fühlen, nachdem auch die Herrschaft Bilstein endgültig in seinen Besitz gelangt war. Noch vor 1600 betraute der erzbischöfliche Stuhl die Familie von Fürstenberg mit dem Drostenamt über jenes Gebiet, das Anfang des 19. Jahrhunderts dann auch zur Verwaltungseinheit zunächst unter Hessen-Darmstadt, darauf in Preußen wurde.

Solcher historischen Eigenständigkeit entspricht eine geographische weitgehend. Meist sind es Wasserscheiden, die das Olper Land gegen die umliegenden Einheiten abgrenzen. Die Kämme der Rothaar mit ihrem westlichen Ausläufer, dem ›Kölschen Heck‹ (s. S. 336), der Cobbenroder Höhen, des Homerts und Ebbegebirges bilden natürliche Trennlinien, ohne daß die Landschaft inmitten ein stets gleiches Bild böte. Ganz im Gegenteil weisen die Attendorn-Elsper Kalkmulde, der gebirgige Osten wie das Hügelland um Olpe und Wenden jeweils einen ganz besonderen Charakter auf, und vielleicht ist es gerade diese Vielgestaltigkeit des Kreises, die ihm selbst in jüngster Zeit immer noch wachsende Besucherzahlen eingetragen hat. Sie sind sicher auch den (während der siebziger Jahre fertiggestellten) Autobahnstrecken Köln – Olpe wie der Sauerlandlinie zu verdanken, und die werbekräftige Vorsilbe ›Süd‹ (ergänze: Sauerland) mag ihr übriges getan haben. Ebenfalls wird der Fremdenverkehr durch die Tatsache begünstigt, daß über vier Fünftel des Kreisgebietes im Einzugsgebiet dreier Naturparks (Rothaar, Ebbegebirge, Homert) liegen, mithin von deren touristischer Erschließung profitieren.

Stadt Attendorn

Was sich oft nur gewaltsam zuwege bringen läßt, im Falle der Stadt Attendorn gelingt es ohne Mühe: die Verknüpfung von Gegenwart und Erdhistorie. Das Kettenglied zwischen 360 Millionen Jahren Geschichte ist die *Attahöhle*, eine der schönsten Tropfsteinhöhlen Deutschlands (Farbt. 35). Am östlichen Stadtausgang gelegen, fasziniert der ›Zauberberg des Sauerlands‹ jährlich Tausende von Besuchern, die in seinen bizarren Figurationen Bilder voller Geheimnisse und Romantik entdecken wollen. Als man 1907 bei Sprengarbeiten zufällig auf die Höhle stieß, konnten die Arbeiter binnen zweier Monate eine erste Halle freilegen, zwanzig Jahre aber sollte es dauern, bis die Gänge von insgesamt 1800 Metern Länge vollständig erschlossen waren.

Die Existenz ihrer Höhle verdanken die Attendorner der Wasserlöslichkeit des Kalks, dessen Gesteine hier inmitten geologisch älterer Sättel die sogenannte Attendorn – Elsper Doppelmulde aufbauen. Diese gleich einer flachen Wanne eingetiefte, nur von den Furchen einiger Flußtäler akzentuierte Einheit bot mit ihren wertvolleren Böden und geringeren Niederschlägen bessere Siedlungsmöglichkeiten als die umliegenden Schiefer- und Grauwackebereiche. So heben sich denn auch noch heute die waldbestandenen Höhen scharf von den (Acker-)Fluren um Attendorn ab, dem historischen Zentrum dieser Landschaft. In einer Talweitung, zudem an einer Furt durch die Bigge gelegen, führte hier die ›Heidenstraße‹ vorbei, einer der wichtigsten mittelalterlichen Fernwege. Er verband Köln mit Kassel und war für die Erschließung namentlich des südlichen Sauerlands von außerordentlicher Bedeutung. Ihn kreuzt hier die gleichfalls sehr wichtige Straße von Siegen nach Soest, die später allerdings über Grevenbrück und dort über die Lenne führte.

DAS KÖLNISCHE SAUERLAND: DER KREIS OLPE

Attendorn, Federzeichnung von Renier Roidkin, um 1730

Vielleicht schon um 1100 Marktsiedlung und damals bereits vom Fernhandel profitierend, blüht der Ort unter den Kölner Erzbischöfen auf. 1191 war ja die Herrschaft Waldenburg und mit ihr Attendorn an Kurköln gefallen, das ihm eine gewichtige Rolle beim Aufbau der Landesherrschaft zuwies. 1200 hatte der Ort eine Befestigung, 1222 erhielt er das Soester Stadtrecht. Damit löste sich Attendorn endgültig aus der Abhängigkeit von Kloster Grafschaft (s. S. 142), dem Anno II. die ›ecclesia attandara‹ 1072 angeblich zugeeignet hatte. Im 14. Jahrhundert wird es Mitglied der Hanse, und nun beginnt für hundert Jahre eine Zeit wirtschaftlicher Prosperität. Produkte des heimischen Eisengewerbes, der Weberei und Gerberei werden im Norden und Osten Europas abgesetzt, Attendorner Fernhändler finden wir in England, Danzig, Riga und Stockholm. Eindrucksvolles Zeugnis vom steigenden Wohlstand legen die Neubauten der St.-Johannes-Kirche und des Rathauses ab, doch auch großzügige Stiftungen Attendorner Bürger zeigen, welchen Reichtum der Kaufmann anhäufen konnte. So richtet Heinrich Weke, »mercator Hanze Atentonice«, 1420 den Augustinerkonvent Ewig mitsamt einem Antoniushospital ein, Johann von der Becken 1396 ein Chorkapitel.

Als sich aber die Struktur der hanseschen Handelsverbindungen zu wandeln beginnt und die wichtigsten Fernwege Südwestfalen meiden, kann der wirtschaftliche Abstieg nicht mehr aufgehalten werden. Darüber hinaus zwingt der Kölner Erzbischof Dietrich von Moers die

Stadt nach der Soester Fehde zu hohen Abgaben, der Exodus protestantischer Bürgerfamilien gegen Ende des 16. Jahrhunderts setzt dann nur noch den Schlußpunkt. Der Landesrezeß von 1654 nimmt Attendorn aus, wenn er von den »vier Haupt Stätten« des Herzogtums spricht, »merklich ruiniert und in verderblichen abgang gekommen«, wie es sich den Zeitgenossen darstellt. Um 1800 spielt das einstige Zentrum nur mehr die Rolle eines Ackerbürgerstädtleins, das erst in den neunziger Jahren wieder an Bedeutung gewinnt.

Immer noch gelingt es mit ein wenig Mühe, die Grenzen der alten civitas im gegenwärtigen Stadtbild auszumachen, spärliche Reste ihrer Umwehrung können Interessierte besichtigen. Und damals wie heute bildet die *Pfarrkirche St. Johannes Baptist* den Mittelpunkt Attendorns. Hier lag, das haben die Archäologen bestätigt, schon um 900 ein bescheidenes Gotteshaus, das etwa zweihundert Jahre später wesentlich erweitert wurde. Die Bedeutung als Urpfarre unterstreicht auch die um 1200 errichtete Basilika. Ihr folgt im 14. Jahrhundert der heutige Bau, eine dreischiffige Hallenkirche. Von ihrem Vorgänger ist der mächtige Westturm erhalten geblieben, dessen durch Lisenen, Zacken und Rundbogenfriese schön gegliederten drei unteren Stockwerke in deutlichem Gegensatz zum vierten stehen. Es harmoniert mit dem übrigen Aufbau schon von seinem Maß her wenig und hat zu Vermutungen über eine spätere Aufstockung des Turms (1422?) Anlaß gegeben. Die welsche Haube jedenfalls erhielt der Turm erst nach der Feuersbrunst, die 1783 Attendorn heimsuchte.

Den Neubau hat man wohl mit dem ganz schmucklosen und niedriger abgesetzten Chor begonnen, der weitere Fortgang läßt sich gut an den verschiedenen Maßwerkformen vor allem der Fenster verfolgen. Danach fanden die Arbeiten ihren Abschluß mit dem turmnahen Teil der Hallennordseite, deren Reichtum an Zierat den aller übrigen Bauabschnitte übertrifft. Die aufwendigste Gestaltung aber zeigt das westliche Portal der dem Marktplatz zugewandten Front, sein schön durchgebildetes Gewände gab einst dem Einzug der Prozessionen oder illustrer Gäste einen würdigen Rahmen. Bestimmt wird die Außenansicht des Gotteshauses indessen durch seine Verbreiterung in den beiden östlichen Jochen, die man wohl als Reduktionsform des Querschiffs ansehen muß.

Das Innere der Andachtsstätte mit seinen schmalen Seitenschiffen und dem weiten Mittelschiff vermittelt den typischen Raumeindruck der Hallenkirche (Abb. 29). Die schmalen Rippen des Gewölbes allerdings, welche Langhaus und Chor einheitlich überziehen, stam-

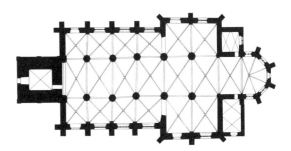

Attendorn, Pfarrkirche St. Johannes Baptist, Grundriß

DAS KÖLNISCHE SAUERLAND: DER KREIS OLPE

men erst aus dem vorigen Jahrhundert. Das schönste baukünstlerische Detail ist die 1923/24 wieder aufgedeckte spätromanische Arkade, die sich im zweiten Turmgeschoß zum Mittelschiff hin öffnet. Besonders die Kapitelle der drei schlanken, offenbar nachträglich eingefügten Doppelsäulen verdienen Aufmerksamkeit, die seitlichen sind mit Blattwerk, das zentrale Kopfstück ist mit feingearbeiteten Greifen geschmückt.

Wenn auch mehrere Brände vieles von der alten Ausstattung vernichtet haben, so sind doch einige Stücke erhalten, die einer Urpfarre würdig sind und den damaligen Reichtum der Attendorner Kaufleute in ein helles Licht rücken. Das älteste dürfte der im Chor aufgestellte, urtümliche Trachyt-Taufstein, vermutlich aus dem 11. Jahrhundert, sein. Ebenfalls der Romanik zugehörig, aber gut ein Saeculum jünger, ist das Vortragekreuz. Es zeigt auf seiner Vorderseite einen in vielen Details stilisierten Kruzifixus mit sterbend zur Seite geneigtem Kopf, auf der Rückseite der beinahe quadratisch verbreiterten Kreuzenden die vier Evangelistensymbole, im Schnittpunkt der Balken das Lamm Gottes. In der Zeit höchster wirtschaftlicher Blüte kam die qualitätvolle, um 1380 geschnitzte gotische Pietà nach Attendorn. Gut getroffen hat der Künstler die leidbewegten Züge der sitzenden Maria. Sie umfängt den Nacken ihres Sohnes, dessen Körper in starrer Gebärde über ihren Schoß gestreckt ist. Während die Darstellung Christi auch expressive Züge besitzt, bleibt die der Gottesmutter noch ganz dem Schönen Stil verpflichtet (Abb. 28).

Aus dem 17. Jahrhundert stammen die beiden Seitenaltäre und die prächtige Kanzel. Ihr Schöpfer ist der einheimische Künstler Johann Sasse (1640–1706), der gesuchteste Meister seines Fachs im südwestfälischen Raum. Er und später sein Sohn Peter (gest. 1755) betrieben hier eine Werkstatt, die immerhin bis zu zwanzig Leute in Lohn und Brot hielt. Ihre Plastiken, Kanzeln und Altäre schmückten viele Kirchen der näheren und weiteren Umgebung. Wie der Agathaaltar im nördlichen und der dem hl. Sebastian geweihte im südlichen Seitenschiff zeigen – der Hochaltar Johann Sasses fiel dem Brand 1783 zum Opfer –, garantierte die Arbeitsorganisation des Sasseschen Betriebs keineswegs immer eine gleichbleibende Qualität der Erzeugnisse, höheren Ansprüchen genügt jedenfalls nur der Sebastiansaltar. Wirklich gelungen ist aber die – leider nicht mehr ganz vollständig erhaltene – Kanzel. Hier hat man an jedes Detail des komplexen und doch sinnfällig strukturierten Ganzen alle Sorgfalt gewandt, auch der umlaufende Figurenschmuck des Kanzelbechers, also die vier Kirchenväter und – in Nischen eingestellt – die vier Evangelisten mit ihren Symbolen, hält kritischer Betrachtung stand. Aller Aufmerksamkeit wert sind auch die vier lebensgroßen Figuren der hll. Georg und Alexander, Anno (als Kirchenstifter) und vermutlich Nikolaus, die in der Turmhalle und im östlichen Langhaus ihren Platz fanden. Sie stammen vom Hochaltar des Klosters Grafschaft, gefertigt hat sie der Paderborner Bürger Johann Theodor Axer, gleichfalls ein namhafter Künstler des späten westfälischen Barock.

Gegenüber der Pfarrkirche liegt der einzige gotische Profanbau Südwestfalens, das *Rathaus*. So ansehnlich allerdings, wie sich dieses Gebäude heute präsentiert, hat es nicht immer ausgesehen. Die schon erwähnten Stadtbrände hatten ihm stark zugesetzt, und lange Zeit konnte das weltliche Zentrum der Stadt geradezu als Symbol für ihren wirtschaftlichen Niedergang gelten. 1959 schließlich begann man damit, ihm seine ursprüngliche Gestalt

nach erhaltenen Dokumenten und dem Baubefund wiederzugeben. Nun trägt das traufenständige Haus wieder seine Stufengiebel, und auch die Kaufhalle im Erdgeschoß, ihre schönen spitzbogigen Arkaden wie die Schmuckformen ihrer Pfeiler, konnte rekonstruiert werden. Darüber befindet sich der je nach Gelegenheit als Gerichts-, Fest- oder Ratssaal
genutzte Raum. In Erscheinungsbild und Aufteilung erinnert das Attendorner Rathaus an
das Lübecker, sie beide sind dem Soester Typus zuzuordnen. Die zwei jüngeren Hansemit-
glieder übernahmen von der Stadt am Hellweg also nicht nur das Recht, sondern auch das
Programm für den Rathausbau. Für seine Werksteinglieder wählte man in Attendorn darüber hinaus den Soester Grünsandstein. – Heute beherbergen die beiden Stockwerke das
Kreisheimatmuseum, das die Kunsthistorie der Region eindrucksvoll dokumentiert, daneben aber auch Ausstellungen zur Wirtschaft, allgemeinen Geschichte und Geologie des
Raums zeigt.

Vor den Toren der Stadt lag die Hospitalsstiftung *St. Barbara*. Ihr noch erhaltenes Gotteshaus aus dem 17. Jahrhundert, eine Saalkirche mit deutlicher Betonung der Längsachse,
wurde 1697 und 1726 vergrößert. 1956/57 verkürzte man den Bau um eine Fensterachse, er
bildet nun eine nach drei Seiten geöffnete Halle. Gleichzeitig erhielt die Kirche eine westliche Empore, und sie erst bringt den kleinen, aber erlesenen barocken Orgelprospekt recht
zur Geltung. Die Motive der ungewöhnlichen, im Chorbereich mehr verzierten Stuckbalkendecke erinnern an die gleiche Behandlung des Fachwerks in den Burgen Schnellenberg
(s. u.) und Ahausen (s. S. 139).

Die Ausstattung der Andachtsstätte – sie wird zur Zeit renoviert – kommt großenteils aus
der Pfarrkirche, was nichts gegen ihre Qualität sagt. So bergen die zwei Nischen an den
Längsseiten des Saals eine gute Pietà von Johann Sasse und den vorzüglichen ›Christus in der
Rast‹, ein im Barock nur selten gewähltes Motiv. Diese Plastik trägt bereits frühklassizisti-
sche Züge, ob sie aber dem Attendorner Johann Bernhard Metz, Schöpfer der gerühmten
Stuckarbeiten in der Bürener Jesuitenkirche, zuzuschreiben ist, muß einstweilen dahingestellt bleiben. Weitere Glanzpunkte sind der Taufbrunnen Johann Sasses und die nun hier
aufgestellten schmiedeeisernen Chorgitter aus Ewig, aber auch der Hochaltar mit der Kopie
des Rubensschen Kalvarienberges (entstanden etwa um 1740) darf ohne Bedenken dem
Sebastiansaltar der Pfarrkirche an die Seite gestellt werden.

Dem Wanderer auf den Höhen um Attendorn wird des öfteren eine Burg ins Auge fallen, die
schon allein wegen ihrer Größenverhältnisse imponiert. Am rechten Biggeufer, auf einem
steil gegen den Fluß abfallenden Felssporn gelegen, ist die *Burg Schnellenberg* ein Baukörper
von beinahe festungsartiger Wucht (Farbt. 24; Abb. 32). 1225 erwähnen die Quellen hier
eine erste Wehranlage; sie steht zweifellos in engem Zusammenhang mit der Stadtwerdung
Attendorns, soll die civitas, aber auch die wichtige ›Heidenstraße‹ schützen und überwa-
chen. Insofern stellt sie zuallererst ein Gegengewicht zur Waldenburg der Grafen von
Ravensburg und später der von Sayn dar, deren kümmerliche Mauerreste noch heute über
dem Biggestausee zu finden sind. Als aber Burg und Herrschaft 1248 durch Kauf an Köln
fallen, hat die Gründung der Erzbischöfe flußabwärts ihre strategische Bedeutung weitge-

DAS KÖLNISCHE SAUERLAND: DER KREIS OLPE

Burg Schnellenberg, Federzeichnung von Renier Roidkin, um 1730

hend verloren. Deren erneute Befestigung ist jedoch schon 1288 angezeigt, denn nach der Schlacht von Worringen muß Köln die Waldenburg seinem Erzfeind, dem Grafen von der Mark, überlassen. Schon zwölf Jahre später gelingt indessen die Auslösung; sie verurteilt folgerichtig die Schnellenberg zu einem Dornröschenschlaf, aus dem sie erst 1594 wieder erwachen soll. Caspar von Fürstenberg, Bruder des Fürstbischofs von Paderborn und Drost der kurkölnischen Ämter Bilstein und Waldenburg, kauft die Anlage mit einem Seitenblick auf die dadurch eröffnete Zugehörigkeit zur Reichsritterschaft, doch vor allem, weil er seine Stellung und die seiner Familie durch ein repräsentatives Anwesen unterstreichen will.

Ein Jahr später beginnt er mit dem Neubau der Burg, er fällt weniger ehrgeizig als zunächst geplant aus. Seine heutige Gestalt erhält der Bau denn auch erst ab 1686, aus dieser Periode stammt unter anderem der massive westliche Pavillonturm der Oberburg. Auch die Vorburg wurde damals errichtet, etwas später (1708) entstand das Vorwerk. Wer die Entwürfe dafür lieferte, hat sich nie sicher nachweisen lassen, doch legen bestimmte stilistische Eigentümlichkeiten die Autorenschaft des Kapuzinerbruders Ambrosius von Oelde (s. S. 112) nahe. Der Aufwand allerdings, den der Bauherr trieb, stand im krassen Gegensatz zur Inanspruchnahme der Burg durch seine Familie. Die Schnellenberg lag das ganze 19. Jahrhundert hindurch verlassen, ein Brand machte sie 1889 zur Ruine. Nach dem Zweiten Weltkrieg wurde die Anlage mit großen Kosten wieder aufgebaut, heute beherbergt sie einen Hotel- und Restaurantbetrieb.

Von der ursprünglichen Ausstattung der Burg hat sich nahezu vollständig nur noch die der Oberburgkapelle erhalten (Abb. 33). Der von seinen Ausmaßen her bescheidene Raum ist ein Kleinod, wie man in unserem Raum nicht leicht ein weiteres findet. Schon der aus weißem Alabaster und schwarzem Marmor gefertigte Altar besitzt hohen künstlerischen Rang. Das Opfer des Melchisedek und die Emmaus-Jünger flankieren das zentrale Bildwerk des Aufsatzes, eine Darstellung des Abendmahls. Darüber kämpft der hl. Georg, Schutzpatron der christlichen Ritterschaft, mit dem Drachen, ein Kruzifix mit elfenbeinernem Corpus schließt das Retabel ab.

Aus Stein sind auch der Bischofsthron mit dem verschwenderisch geschmückten bischöflichen Wappen (roter und schwarzer Marmor) und dessen Betbank (rote Sinterplatten), die weitere, etwas jüngere Einrichtung ist aus verschiedenen Hölzern gearbeitet. Stilistisch der Epoche zwischen Renaissance und Barock zuzuordnen, setzt ihre Erlesenheit auch heute jeden Betrachter in Erstaunen. Von besonderem manieristischen Raffinement erweisen sich dabei das reiche Schnitzwerk des vorderen Chorstuhls, doch mehr noch das rundbogige Mittelfeld seiner Rückenlehne. Die kostbare Einlegearbeit zeigt einen Blumenstrauß, dessen farbliche Abstimmung dem kompositorischen Feingefühl ihres Schöpfers das beste Zeugnis ausstellt (Abb. 34). Üppiges, dennoch schön durchgebildetes Schnitzwerk ziert auch die Tür zum Kapellenzimmer, im Gewölbe öffnet sich der Himmel des Paderborner Malers Augustin Jodefeld. Man blickt hinauf zu den Aposteln (unter denen gleichfalls das Konterfei des Schloßherrn auftaucht), den Herrschern des alten Bundes und den himmlischen Heerscharen.

Es müßte den Rahmen dieses Buchs sprengen, die Räume der Oberburg, allen voran das westliche Saalzimmer mit dem prächtigen Schaukamin, ausführlich zu beschreiben. Hier spricht sich schon ein anderer Zeitgeschmack aus; als Ferdinand von Fürstenberg und Maria Theresia von Westphalen (ihr Allianzwappen ist allgegenwärtig) um 1700 das Gebäude neu ausstatteten, schätzte man die schweren Formen des flämischen Barock, für den die im doppelten Wortsinn großartigen Türgestelle stehen mögen. Auf machtvolle, solide gegründete Repräsentativität hin hat der Baumeister auch die Vorburg angelegt, an den Tischen ihres Rittersaals können heute auch Sterbliche ohne Adelsprädikat tafeln. Gewaltige Marmorsäulen stützen die Kreuzgewölbe der ehemaligen Marställe. Ihr vorderer Teil dient heute als *Museum*, dessen Glanzstück der Aufsatz jenes prunkvollen Wandschranks ist, der einstweilen ohne Abschluß im Rittersaal der Oberburg Aufnahme fand. Im rückwärtigen Raum befindet sich heute eine Kapelle, das Blatt ihres Sasse-Altars malte Johann Georg Rudolphi.

Von der Schnellenberg führt ein sehr schöner Spaziergang nach **Helden**. Durch die hohen Buchen weist der Weg ins Repetal, dessen Wiesen den nur sanft geneigten Hang weit hinaufgreifen. Etwas weiter bachaufwärts liegt am Fuß des Sonnenbergs das Dorf mit seiner *Pfarrkirche St. Hippolytus*. Als ihren Gründer nennt eine Urkunde 1253 den Kölner Erzbischof Anno (1056–1075). Aus seiner Zeit stammt wahrscheinlich noch die kleine Krypta der Kirche, und wenn auch ihre wertvollen Fresken durch Granateneinwirkung größtenteils

DAS KÖLNISCHE SAUERLAND: DER KREIS OLPE

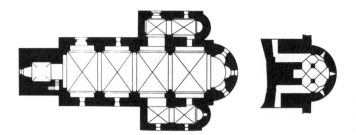

Helden, Pfarrkirche St. Hippolytus mit Krypta, Grundrisse

zerstört wurden, so ist doch ihre Architektur aller Aufmerksamkeit wert. An der Nord- und Südseite stoßen zwei Gänge gegen einen halbrund geschlossenen Raum vor, seine Kreuzgewölbe ruhen auf zwei derben quadratischen Pfeilern, nach Westen hat man im massiven Mauerwerk eine Nische ausgespart.

Die zur Krypta gehörige einschiffige Kirche wurde etwa 1240 einem Umbau unterzogen. Sie erhielt nun ein Gewölbe, und ihren Chorbereich gestaltete der damalige Baumeister ganz nach Art der südwestfälischen Hallenkirchen aus. Solche Reverenz vor dem Zeitgeschmack läßt die Nebenchöre mit ihren Apsiden wie Überbleibsel von Seitenschiffen wirken. Andere Elemente des Gotteshauses, etwa die Halbsäulenvorlagen der sehr stark betonten Wandpfeiler, sind gleichfalls für den Typus kennzeichnend. – Von der Ausstattung der älteren Kirche hat sich eine Statuette erhalten, die der Forschung viele Rätsel aufgab. ›St. Granter‹ nannte der Volksmund die noch vor 1200 entstandene Weichholzfigur, die erst eine Restaurierung 1971 wieder ihrem ursprünglichen Aussehen annäherte. Die Madonna mit Kind gleicht nun einer Plastik des Kölner Schnütgen-Museums aus dem niederrheinischen Raum. In die späte Gotik sind die zwölf Apostelfiguren zu datieren, welche die Apsiswand schmücken, wiederum aus der Sasse-Werkstatt kommt der opulente Kanzelkorb. Er zieht die Blicke jedoch keineswegs allein wegen seines überreichen Zierats auf sich, sondern auch wegen seiner Farbenpracht. Eine weiße Äderung durchzieht das dunkle Rot (caput mortuum) des Gerüsts, mit seinem Ton spielt das ebenfalls geäderte Zinnober des Gesimses sublim zusammen, gedeckter wirkt das marmorierte Rotbraun der Füllungen. Einen lebhaften Kontrast dagegen setzen Früchte und Laubwerk, deren Gold kaum weniger strahlt als ihr glanzüberzogenes Gelb und Grün. Unter den barocken Skulpturen verdient vor allem eine eindringliche Pietà aus dem Anfang des 18. Jahrhunderts Erwähnung.

Nach 1250 wurde auch die 1924 erweiterte *Pfarrkirche St. Martin* in **Dünschede** erbaut. Diese kleine dreijochige Hallenkirche enthält Fragmente einer spätromanischen Ausmalung, über deren Qualität sich jedoch aufgrund des nicht sehr guten Erhaltungszustands kein sicheres Urteil mehr fällen läßt.

Zwischen Attendorn und Olpe erstreckt sich der größte Stausee Westfalens, die *Biggetalsperre* (Abb. 38). Sie gebietet neben der Bigge noch mehreren kleinen Flußläufen Einhalt, deren einstige Täler nun den ›Stauinhalt‹ aufnehmen. Über dem sicher pittoresken Bild dieser zwischen die Höhenzüge gebetteten Wasserflächen kann der Besucher leicht vergessen, daß hier mit einem gewaltigen Aufwand an Technik und Material ganz prosaische Zwecke verfolgt wurden, denn erstens sollen die zurückgehaltenen Mengen des nassen Elements die Wasserführung der Ruhr sichern, und zweitens dient der Damm dem Hochwasserschutz. Zwischen 1957 und 1965 erbaut, trägt sie mehr als andere sauerländische Talsperren dazu bei, den Pegel der Ruhr konstant zu halten, der sonst durch die Entnahmen privater Haushalte, vor allem aber der Industrie des Reviers bald stark absinken würde.

Insgesamt (also mit der älteren, heute als Vorstaubecken genutzten *Listertalsperre*) 172 Millionen Kubikmeter Wasser kann die Biggetalsperre speichern, 876 Hektar beträgt ihre Oberfläche bei gefülltem Becken. Auf weitere technische Daten des Bauwerks selbst soll hier verzichtet und statt dessen wenige Zahlen angeführt werden, die einen Begriff von dem ganzen Ausmaß und den Folgen eines solchen Unternehmens geben. Ungefähr 70 Kilometer Straßen und Wege mußte man anders führen oder neu anlegen, der Bau von acht Brücken war dazu erforderlich. Besonders imposant sind die beiden Doppelstockbrücken, sie leiten unten den Schienen-, oben den Kraftfahrzeugverkehr über das Lister- und das Dumecketal. 2550 Einwohner der untergegangenen Dörfer hatte der Ruhrtalsperrenverband umzusiedeln, viele leben heute in den drei neugegründeten Ortschaften Eichhagen, Sondern, Neu-Listernohl oder im Weiler Stade.

Dient die Talsperre den Menschen und der Industrie des weiter entfernten Ruhrgebietes, so nutzt die Wasserfläche der Bevölkerung am Ort. Als Touristenattraktion ersten Ranges hat man den ›See‹ durch fünf Erholungsanlagen in Ufernähe erschlossen, wobei vor allem die Landzunge bei Sondern großzügig ausgestattet wurde. Auch die Natur darf sich an einigen entlegenen Stellen einer beinahe unreglementierten Freiheit erfreuen, namentlich die Insel im See, der 360 Meter hohe Gilberg, ist ein Reservat für die Tier- und Pflanzenwelt.

Zugleich erinnert er an jene Landschaft, die jetzt das Wasser völlig überdeckt. Immerhin erstreckte sich entlang der Bigge – Namen wie Bruch- und Hardtwalze, Kessenkammer und Niederstenhammer deuten es an – das Zentrum des südsauerländischen Eisengewerbes; von der Gründung einer Hammerhütte berichten die Quellen erstmals 1445. Hier hatten die Fluß- bzw. Bachläufe das nötige Gefälle, um das Wasserrad zu treiben, dessen eiserne Daumen im stets gleichen Takt den schweren Hammer niedersausen ließen. Im Olper Land spezialisierte man sich auf die Herstellung von Halbfabrikaten, also Stabeisen und Blechen. Doch wurden die eigenen Erzeugnisse zum Teil auch am Ort weiterverarbeitet, wovon noch die Rede sein wird (s. S. 100).

Schon dem Bau der Listertalsperre fiel 1912 das Dorf Weuste zum Opfer, der Geburtsort des Domkapitulars Alexander Schnütgen. Er gründete später das nach ihm benannte Kölner Museum, dessen Grundstock Schnütgens eigene Sammlungen mittelalterlicher Kunst bildeten. Der kunstsinnige Geistliche bedachte die Augustinus-Kirche des gleichfalls untergegangenen Listernohl mit einer barocken Ausstattung vorwiegend rheinischer Provenienz. Nach Neu-Listernohl, dem wie auf einem Reißbrett angelegten Dorf über der Biggetalsperre, kamen davon unter anderem der Hochaltar mit seinem Drehtabernakel wie die schon wegen ihrer Größe eindrucksvollen Apostel Petrus und Paulus.

DAS KÖLNISCHE SAUERLAND: DER KREIS OLPE

Stadt Olpe

Die Ausläufer des Biggesees ziehen sich bis in die Kreisstadt Olpe hinein. Die Stadt durchzieht der Fluß, dessen Namen sie trägt und der als Ol-apa, ›Bach im feuchten Wiesengrund‹, gedeutet wird. Er läßt den Schluß zu, daß die Siedlung schon recht lange vor ihrer ersten urkundlichen Erwähnung im Jahre 1220 bestanden haben muß. Weniger verkehrsgünstig gelegen, stand Olpe lange im Schatten Attendorns; das änderte sich zunächst auch nicht, als Erzbischof Heinrich II. von Virneburg ihm 1311 die Stadtrechte verlieh. Das 16. Jahrhundert aber sieht Olpe als lokales Zentrum, während die alte Hansestadt biggeabwärts immer mehr an Bedeutung verliert. 1654 hat die jüngere Rivalin Attendorn endgültig überflügelt; sie ist die wirtschaftskräftigere von beiden, obwohl der Dreißigjährige Krieg auch ihre Einwohnerzahl stark verringert hat. Die Gründe für solche ungebrochene Prosperität liegen im Aufblühen des Bergbaus und des Eisengewerbes, 1694 berichtet Vogt von Elspe, daß hier »viele Schmieden, welche das Eisen sehr künstlich bearbeiten und allerlei Gerätschaften anfertigten, ihren Lebensunterhalt (finden)«.

Als markante Ereignisse verzeichnet die Olper Chronik die drei verheerenden Brände von 1373, 1634 und 1795. Um sich vor solchen Feuerbrünsten zu schützen, hatte die Stadt 1665 das St.-Agatha-Gelübde abgelegt. Es wird bis heute am 5. Februar begangen, und immer noch bildet die abendliche Lichterprozession den Höhepunkt der Feierlichkeiten. Der fromme Brauch konnte allerdings nicht verhindern, daß 1797 eine Feuersbrunst Olpe erneut in Schutt und Asche legte. Immerhin nutzte man den traurigen Anlaß für eine planmäßige Neuanlage der Stadt, die längst über ihren alten Bering hinausgewachsen war. Teile seiner Mauer, der Südturm, Lüttges Pörtgen und der Hexenturm wurden nach dem Zweiten Weltkrieg restauriert, weiterhin kennzeichnen Metallplatten im Bereich des Stadtkerns den Verlauf der früheren Umwehrung.

Von den Flammen ist auch die *Pfarrkirche St. Martin* nicht verschont geblieben. Die Schäden erzwangen schon 1634 und 1795 außerordentlich umfangreiche Baumaßnahmen, schließlich errichtete man – diesmal nach einer Brandstiftung – 1907 das heutige Gotteshaus. Die imponierende neugotische Halle mit Querhaus und aufwendig geschmückter Doppelturmfassade (der Aufbau des südlichen Turms fiel noch 1945 den Bombenangriffen zum Opfer und wurde nicht wiederhergestellt) bewahrt einige Ausstattungsgegenstände ihrer Vorgängerinnen, welche das Interesse des Besuchers verdienen. Die ältesten noch erhaltenen sind die drei eindrucksvollen Plastiken der spätgotischen Kreuzigungsgruppe im Chor, übrigens einer erst nachträglich zusammengestellten Gruppe. Zu seiten des Kruzifixes stehen Johannes und Maria, statuarische, unbewegte Gestalten, denen die feinere Durcharbeitung fehlt. Sie stammen offensichtlich von einer anderen Hand als die qualitätvollere Figur des Christus. Seine Züge zeigen einen verklärten Ausdruck, wie überhaupt die ganze Haltung jede expressive Schmerzgebärde vermissen läßt. Das ehemalige Triumphkreuz zeigt heute wieder die Vierpaßenden mit den Symbolen der Evangelisten.

Den Patron der schon 1524 erwähnten Sebastianus-Schützen und St. Rochus, den Pestheiligen, stellen die barocken Bildwerke im südlichen Querschiff dar, der gleichen Epoche

Olpe-Stachelau, Eisengußtafel mit Mariendarstellung

gehört der St. Josef des südlichen Seitenschiffs zu, als dessen Schöpfer Johann Nikolaus Düringer (s. S. 104) vermutet wird. Auf zwei kleine, bisher kaum beachtete Scheiben der ansonsten modernen Glasmalerei sei noch hingewiesen, die beiden Szenen aus dem Alten Testament tragen das Datum 1585.

Die schönste und homogenste Ausstattung der Olper Gotteshäuser aber besitzt die 1737 erbaute *Heilig-Kreuz-Kapelle*. Ihr bescheidenes Äußeres läßt die Erlesenheit des Rokoko-Ensembles (es hat durch seine Restaurierung, die sich auf eine noch recht gut erhaltene Fassung stützen konnte, sehr gewonnen) im Innern kaum vermuten. Den Mittelpunkt bilden drei prächtige Schnitzaltäre (Abb. 35); am Hauptstück mit der Kreuzigungsgruppe in der oberen Bildzone dominiert das geäderte Blau des Gerüsts, ihm antworten der helle Farbton der Füllungen und das Gold der Ornamente. Diesen Hochaltar hat Johann Theodor Düringer nach 1737 geschaffen, während die – schwächeren – Nebenaltäre vermutlich Werke seines Bruders Johann Nikolaus Düringer sind. Auch farblich unterscheiden sich die Schöpfungen der beiden Künstler: Zwar schlägt auch Johann Nikolaus einen blauen Grundakkord an, doch ihm kontrastiert ein leuchtendes Rot. Der nördliche Seitenaltar faßt ein beinahe lebensgroßes, volkstümliches Vesperbild der späten Gotik ein, das sich bereits im 17. Jahrhundert erstmals erwähnt findet. Insgesamt beeindruckt die architektonische Geschlossenheit der mehrgeschossigen Anordnung, deren Wucht vom Spiel der dekorativen Elemente wie der Bewegtheit der Figuren aufgefangen wird. Weitere Plastiken, darunter ein Christus als Arzt, und ein kleiner, aber feiner Orgelprospekt aus dem Jahr 1756 ergänzen die

DAS KÖLNISCHE SAUERLAND: DER KREIS OLPE

Olpe, Federzeichnung von Renier Roidkin, um 1730

Ausstattung, während jüngere, ovale und rechteckige Gemälde des Olpeners Friedrich Adolf Ruegenberg die Decke schmücken.

Am Friedhof liegt die dem heiligen Rochus geweihte *Kapelle*. Über dem Grundriß eines regelmäßigen Achtecks zwischen 1667 und 1676 errichtet, krönt sie eine Schweifhaube mit Laterne. Diese Kapellenform treffen wir im Gebiet noch einige Male an, doch nicht so häufig, wie man bei den zahlreichen sauerländischen Kirchlein annehmen möchte, erlebte doch die Zentralbauweise während des Barock ihre Blütezeit. Da St. Rochus oft verschlossen ist, können Interessierte nur selten einen Blick auf die barocke Ausstattung werfen, darunter zwei weibliche Heiligenfiguren, wohl von Johann Nikolaus Düringer.

Wenigstens ein kurzes Streiflicht soll noch auf das Wirtschaftsgefüge des historischen Olpe geworfen werden. Seit 1982 findet sich dafür ein aktueller Anlaß, denn seit diesem Jahr ist das Pannenklöpper-Denkmal der neue Mittelpunkt des Marktplatzes. War bislang nur die Rede von den Breitschmieden, wie die Hersteller der Halbfabrikate genannt wurden, so erinnert das Denkmal an die eigentlichen Handwerker, die das angelieferte Material zum Endprodukt verarbeiteten. Eine herausragende Rolle spielten hier die Pfannenschmiede; nicht nur, daß sich ihre Profession des größten Zulaufs erfreute (so zählt die Olper Bürgerliste 1739 53 Pfannenschmiede gegenüber 47 anderen Schmiedehandwerkern), auch die weitgerühmte Qualität ihrer Erzeugnisse ließ sie zu den sprichwörtlichen Vertretern der gewerbereichen Stadt werden, denen sie während dreier Jahrhunderte »Wohlstand und Ansehen verdankte«.

Die Grenze zwischen Olpe und **Rüblinghausen** haben etliche Neubaugebiete verwischt, doch läßt sich der Kern des alten Dorfes um die *Kapelle St. Matthäus und Leonhard* noch recht gut ausmachen. Diese frühere Wallfahrtsstätte hat vielleicht die interessanteste Architektur aller Olper Kapellen. Die Spenden der Pilger ermöglichten 1734 die Errichtung eines Kirchleins, dessen Zentralbau die Form des Ovals zugrunde liegt. Das gestufte Dach trägt einen Dachreiter, im übrigen weist das Äußere der Kapelle keinerlei Schmuck auf. Die Ausstattung ist nicht einheitlich, neben einer schlichten Anna selbdritt aus dem 15. Jahrhundert enthält sie auch zwei weibliche Heiligenfiguren (St. Agatha und St. Barbara) des Barock. Sie werden Johann Nikolaus Düringer zugeschrieben, ein im wörtlichen Sinne naheliegender Gedanke, denn dieser Bruder des zweifellos begabteren Johann Theodor bewohnte hier längere Zeit das Vikariehaus.

Aus einer viel früheren Epoche stammt der Westturm des Gotteshauses zu **Rhode**. Er datiert ins 12. Jahrhundert, und obwohl er einige Veränderungen hat über sich ergehen lassen müssen, ist ihm sein romanisches Erscheinungsbild geblieben. Erst 1829/30 hat man den heute anschließenden großen Saal der *Pfarrkirche St. Cyriakus* erbaut, er besitzt – noch ein Anklang an den Klassizismus – eine flache Decke, schließt aber mit einem gotisierenden ⅝-Chor ab. Das künstlerisch bedeutendste Stück der Ausstattung ist eine Pietà (um 1570), deren gedrungene, beinahe wuchtige Maria den fragilen Körper Christi auf ihren Schoß bettet. Sein Haupt ruht in der Armbeuge der Mutter, die Züge des Gesichts sind von großer Eindringlichkeit; Dehio weist die Skulptur der ›niederländisch-romanisierenden Richtung‹ zu. Gleichfalls dem 16. Jahrhundert, aber dem süddeutschen Kunstkreis gehört die Darstellung des hl. Florian an, während die übrigen Figuren aus dem Barock stammen; die Kanzel wurde in der Sasse-Werkstatt hergestellt.

Eine Landschaft von großem Reiz öffnet sich dem Besucher, der auf kleinen Straßen von Olpe nach **Rhonard** fährt. Das Schlagwort von der herben Schönheit des Sauerlands wird seinen Eindrücken allerdings nicht gerecht werden. Täler und Hügel gleiten hier sanft ineinander, und die Anmut der Wiesengründe hat schon etwas Bukolisches. Und dann erst eine Idylle wie Rhonard. Hier liegt, umgeben von schönen Fachwerkhäusern, unter hohen Bäumen eine Kapelle gleicher Bauart. Da ein trister Zementputz Gerüst und Gefache überzog, schenkte man diesem Schmuckstück lange Zeit kaum Beachtung, doch mit der Restaurierung hat *St. Joseph* seinen Liebreiz wiedergewonnen. Auch im Innern zeigt sich die Hand der Restauratoren, ihre besondere Aufmerksamkeit galt dem barocken Altar, der 1843 aus Attendorn hierhin gelangt war. Er erhielt nicht nur seine ursprüngliche Farbigkeit zurück, sondern wurde darüber hinaus in seinen Größenverhältnissen dem Kirchlein angepaßt; eine Kreuzigungsgruppe bildet sein neues Zentrum. Von der übrigen Ausstattung verdient das kleine, spätgotische Vesperbild Erwähnung.

Wenig weiter nordöstlich vom Dorf liegt die sogenannte Grube Rhonard. Auf ihrem Terrain befanden sich die wohl ältesten und recht bedeutenden Bergwerke des Kreises, wo anfangs nach Kupfer, später auch nach Spateisen geschürft wurde. – Von dort aus ist es nur mehr ein kurzer Weg nach **Neuenkleusheim** mit seiner erst kürzlich restaurierten *Pfarrkirche St. Georg*. Als 1827 das barocke Gotteshaus einem größeren weichen mußte, blieb sein

Turm von 1717 erhalten, heute der zweifellos schönste Bauteil. Sein wuchtiger Unterbau geht mit der Anmut des Helms, der sich über eine zweifache Kuppel verjüngt und sehr schlank ausläuft, spannungsreich zusammen. Von der Einrichtung muß vor allem die 1663 fertiggestellte Orgel gerühmt werden. Sie stand zuerst in der Klosterkirche zu Drolshagen und kam 1804 nach Neuenkleusheim, hier wurde sie zur Erweiterung ihres Klangspektrums vergrößert. Damit verlor der Prospekt seine ursprünglichen Proportionen, die ihm eine 1970 abgeschlossene Restaurierung wiedergab. Nun erst läßt sich die Schöpfung eines unbekannten Meisters, ihr Ineins von klarer sinnfälliger Architektur und barocker Ornamentik, wirklich würdigen.

Stadt Drolshagen

Die jüngste im historischen Bunde südsauerländischer Städte ist Drolshagen. Sie entwickelte sich aus einem Dorf, das in der Nähe des 1803 aufgelösten Zisterzienserklosters Drolshagen entstanden war, und verdankt ihren Aufstieg wohl der florierenden Eisenindustrie des ganzen Olper Landes. Den Ausschlag für die endgültige Verleihung des Stadtrechts 1477 gab dann aber wohl das Interesse des Kölner Kurfürsten Ruprecht von der Pfalz an einer befestigten und bemannten Stellung, als ihn die Truppen des mit ihm entzweiten Domkapitels

Drolshagen, Federzeichnung von Renier Roidkin, um 1730

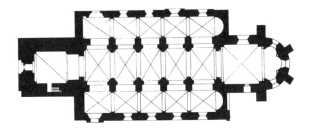

*Drolshagen, Pfarrkirche
St. Clemens, Grundriß*

und einiger Städte bedrohten. Ein urbanes Zentrum freilich ist Drolshagen nie geworden, dazu reichte weder seine wirtschaftliche Kraft noch die Zahl seiner Bürger hin – ganze 454 lebten noch 1817 innerhalb seiner Mauern.

Von den Anlagen des etwa 1235 gegründeten Zisterzienserklosters (vorher existierte hier wohl schon ein freiadeliges Stift) hat sich nur noch ein sorgfältig restaurierter Flügel aus dem 18. Jahrhundert erhalten, der heute das Fremdenverkehrsamt beherbergt. Teilweise in Fachwerk errichtet, besitzt der Bau offenbar ältere, nachträglich eingewölbte Kellerräume, sie stehen heute den Gästen der Stadt offen. Die Ordensfrauen nutzten bis 1722 auch die *Pfarrkirche St. Clemens* mit, das trotz seiner modernen Erweiterung nach Süden beeindruckkendste Gotteshaus des Kreises. Dem Verzicht auf jedes dekorative Element am Außenbau entspricht die herbe, aber sehr konsequente Architektur im Innern (Abb. 40). Der Obergaden dieser fünfjochigen, schon um 1170 errichteten, an rheinischen Vorbildern orientierten Basilika wird nicht von Säulen, sondern von Pfeilern getragen. Das Mittelschiff besaß ursprünglich eine flache Decke, erst 1242 ersetzte man sie durch eine gerundete Konstruktion, zwischen den massiven gedrückten Gurtbögen spannt sich seitdem ein gratiges Kreuzgewölbe.

Damals erfuhr wohl auch die Hauptapsis eine Veränderung: Wie die einiger südwestfälischer Hallenkirchen (Netphen, Krombach) erhielt sie eine Kleeblattform, deren Spitzen vier Wandsäulen akzentuieren. Sie tragen Würfelkapitelle des 12. Jahrhunderts und bestehen aus dem Kalksinter des sogenannten Römerkanals. Diese Leitung führte das von den Römern außerordentlich geschätzte Wasser der nördlichsten Eifeler Kalkmulde über beinahe hundert Kilometer nach Köln, wobei sich der gelöste Kalk auf dem Grund der Sandsteinrinne in feinen Schichten absetzte. Mit der Zeit erreichte dieser Auftrag eine solche Mächtigkeit, daß viele spätere Generationen, die dem großartigen technischen Bauwerk nur Unverständnis entgegenbrachten, den schön gemaserten Sinter›stein‹ für dekorative Zwecke wie hier in Drolshagen verwenden konnten.

Nach ihren rechteckigen Pfeilern und Wandvorlagen zu urteilen, blieben die Seitenschiffe wohl unverändert. Sie schließen nach Osten mit einer flach gerundeten Nische ab, die von der starken Mauer aufgefangen wird, nach außen also nicht in Erscheinung tritt. Diese Nebenapsiden bergen noch Überbleibsel romanischer bzw. spätgotischer Wandmalereien, die älteren der nördlichen Kalotte sind nur mehr schwach erkennbar, während die hinter dem Sebastiansaltar sich deutlicher ausmachen lassen. Das etwa Ende des 15. Jahrhunderts

DAS KÖLNISCHE SAUERLAND: DER KREIS OLPE

aufgetragene Fresko zeigt die Steinigung des hl. Stephan. Wenig früher (um 1460) entstand die knapp einen Meter hohe Pietà aus Lindenholz, sie hat ihre frühere Bemalung leider verloren. Gleichfalls ungefaßt ist die barocke Kreuzigungsgruppe, während der Kanzel des Peter Sasse ihre ursprüngliche Farbenpracht wiedergegeben werden konnte. Das älteste Stück der Ausstattung, ein wohl zur Zeit der Einwölbung gearbeiteter, trachytener Taufstein, belegt noch einmal die Orientierung dieser Kirche an rheinischen Vorbildern. Sechs kleine Säulen mit zierlichen Kapitellen halten das etwa als Halbkugel gestaltete Becken, sie sind bis zum Rand hochgeführt, den ein umlaufender Fries aus vegetativen Ornamenten schmückt.

Gemeinde Wenden

Auch heute noch sollte sich der Reisende in Wenden die Zeit nehmen, einmal nur die Lage der katholischen *Pfarrkirche St. Severin* auf sich wirken zu lassen. Den inselartig erhöhten Platz umstehen hohe Bäume, inmitten das eindrucksvolle, 1750–52 erbaute fünfjochige Gotteshaus. Bald schon war sein unmittelbarer, wenige Jahrzehnte alter Vorgänger zu klein geworden, um ihn herum errichtete man nun die neue Andachtsstätte, deren ausladendes barockes Mansarddach in eigentümlichem Gegensatz zum ganz gotisch aufgefaßten spitzen Turmhelm steht, dessen nicht gegliederter, über quadratischem Grundriß errichteter Unterbau übrigens noch romanisches Mauerwerk birgt. – Im Innern überwiegen die Elemente gotisierender Architektur, bei den Ostwänden der Nebenschiffe fällt ihre leichte Abschrägung auf. Die üppige Ausstattung allerdings zeigt keinerlei Anklänge an frühere Epochen, wenngleich sie nicht einheitlich ist: So übernahm man etwa die Altäre der Sasse-Werkstatt aus der Vorgänger-Kirche. Besonders der reich verzierte Hauptaltar mit den monumentalen Figuren der Apostel Petrus und Paulus und seinem gesprengten Giebel überzeugt. Dagegen tragen die zwölf Apostel und der Erlöser-Christus an der Brüstung der Orgelempore ganz den Charakter einer Werkstattarbeit. Wegen des kaum variierten Falls der Gewänder und der stereotyp gestalteten Züge bleiben die Figuren in der Aussage blaß. Anstelle des Matthäus mischt sich hier unter die Apostel der Pestheilige Rochus, ein deutlicher Hinweis darauf, wie gefürchtet diese Seuche war.

Die künstlerisch bedeutendsten Stücke St. Severins aber hat zweifellos Johann Theodor Düringer geschaffen, von dem sich nur noch ein weiteres Werk auf westfälischem Boden findet. In Hadamar ansässig, arbeitete er dort eng mit seinem Schwager Martin Volck, gleichfalls einem Bildhauer, zusammen; dritter im Bunde war der Maler Jacobus Loewenguth. In Düringers heimischer Werkstatt entstanden übrigens auch die Statuen für Wenden, an ihren Bestimmungsort wurden sie dann mit der Post expediert. Ja, man hat sogar Grund zu der Annahme, daß die Schutzengelgruppe kein eigentliches Auftragswerk ist, sondern aus den Lagerbeständen des Künstlers kam. Jedenfalls läßt sein Brief an den Pfarrer von St. Severin – »ich habe einen schönen Schutzengel verfärtiget, wan nun Ihr Hochwürden liept die Zugabe von 4rthl (...) so belieb sie mir zuschreiben« – kaum einen anderen Schluß zu.

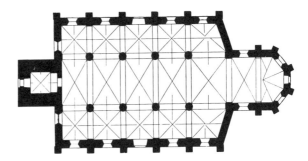

Wenden, Pfarrkirche St. Severin, Grundriß

Und tatsächlich konnte ein derart gefragtes Motiv wie die genannte Gruppe ohne Risiko auf Vorrat geschnitzt werden, wenn die Bestellungen einmal nicht so zahlreich eingingen; Abnehmer – darauf durfte Düringer vertrauen – würden sich schon finden. Schließlich: Welches fromme Herz hätte der Anblick des Knaben Tobias nicht gerührt, der seine schmale Hand so vertrauensvoll in die des Erzengels legt, der keine Augen für den Weg, sondern nur für den himmlischen Gefährten hat. Dessen weit gespreizte Flügel lassen den kleinen Jungen noch schutzbedürftiger erscheinen, und auch der pathetische Faltenwurf seiner Gewänder wie die mit großer Geste nach oben gerichtete Linke stehen in denkbar großem Gegensatz zur schlichten Gestalt des Jungen. Von der Pietà (Abb. 41) wird an anderer Stelle die Rede sein.

Keiner Mode erweist die Strahlenmadonna Johann Theodor Düringers Reverenz. Diese Maria vergegenwärtigt die Worte der Apokalypse, eine wirkliche »mulier amicta sole« (»eine Frau mit der Sonne bekleidet«). In ihrer Bewegtheit und Eleganz zeigt sie den Meister auf der Höhe seines Könnens, die raffinierte Lüsterung Loewenguths tut ihr übriges. Auch die Kanzel mit den vier Evangelisten ist ein Werk Düringers, und es trifft sich glücklich, daß hier noch der Schalldeckel erhalten ist, dessen Ornamentik Züge des Rokoko trägt. Das gilt mehr noch für die Beichtstühle, vor allem aber für das herrliche Gehäuse der Orgel von Bartholomäus Boos (Abb. 43). Ihr Schöpfer allerdings sollte die Einweihung seines Werks nicht mehr erleben, der Koblenzer kam bei der Aufstellung des Instruments ums Leben und fand unter der Orgelbühne seine letzte Ruhestätte. »Qui stat, videat ne cadat« (Wer steht, sehe, daß er nicht falle), schrieb der Pfarrer in die Sterbematrikel.

Es muß auch von Wenden nach **Hünsborn** nicht die kürzeste Strecke sein, auch dann nicht, wenn es nur um eine einzige Plastik geht. Sicher, die Fahrstraße mit Ausblick auf die nur wenig weiter westlich verlaufende A 45 bringt binnen weniger Minuten ans Ziel, aber um welche Eindrücke reicher gelangt der Fußgänger, der seinen Weg über die Dörnschlade nahm, in das Dorf nahe der historischen Grenze zwischen dem katholischen Herzogtum Westfalen und dem protestantischen Siegerland. *Dörnschlade* heißt die sehr alte, unter mächtigen Buchen und Linden ungewöhnlich stimmungsvoll gelegene Wallfahrtsstätte, deren 1862/63 errichtete Kapelle mit dem älteren Gnadenbild auch heute noch zu den Marienfeiertagen das Ziel mancher Prozession ist.

105

DAS KÖLNISCHE SAUERLAND: DER KREIS OLPE

Die inzwischen mehrfach erweiterte Hünsborner *Pfarrkirche St. Kunibert* von 1923 hat ihre letzte, geschmackvolle Neueinrichtung erst kurze Zeit hinter sich. Ihr bemerkenswertes Triumphkreuz gehört der spätesten Gotik an, ja, der großartige Schwung des Lendentuchs weist schon in die Renaissance voraus. Der Schlichtheit des Kreuzes selbst entsprechend, sind die Evangelistensymbole an seinen Balkenenden nur aufgemalt. Das schönste Kunstwerk der Kirche und vielleicht das wertvollste des südwestfälischen Barock überhaupt aber fand an der südlichen Längswand des Gotteshauses Aufstellung: die von der Junkernhees (s. S. 337f.) hierhin gelangte Pietà (Abb. 42). Wer das Vesperbild der Wendener Pfarrkirche (Abb. 41) noch vor Augen hat, wird sofort die außerordentliche Ähnlichkeit beider Plastiken bemerken. So heißt es denn auch im Katalog ›Alte Kunst im Kurkölnischen Sauerland‹ (1972): »Für beide kommt nur der Meister der Wendener (...) Doppelmadonna in Frage, Johann Theodor Düringer.« Diese Einschätzung wurde hinfällig, als feststand, daß die Hünsborner Madonna hundert Jahre älter als ihr Wendener Gegenstück ist. Zweifel an der bisherigen Zuschreibung aber hätte auch ein stilistischer Vergleich wecken müssen: Bei aller motivischen Kongruenz zeigen sich doch deutliche Unterschiede in der Auffassung, der Hünsborner Meister hat das Sujet ungleich kühner behandelt. Zwar hält das rechte Knie Marias hier wie dort den Oberkörper Christi unter dessen Achselhöhle halb aufrecht, und ihr Blick ist auf den Kopf des toten Sohnes gerichtet. Aber während die Züge der Wendener Gottesmutter ihren Schmerz auf eine eher konventionelle Weise ausdrücken, bricht die Hünsborner Darstellung mit der ästhetischen Norm des bei aller Trauer immer jugendlich-schönen Gesichts. Die Maria ist während der Zeit ihres Leidens gealtert, abgehärmt, und nicht ohne Bitterkeit sieht sie auf den Körper Christi nieder. Doch erst die männliche Figur selbst: Wieviel entschiedener hält sie in Hünsborn die starre Diagonale des Körpers durch, ihr Haupt ruht nicht auf der Schulter, und das lange Haar windet sich in der Luft. Ihre expressive Gestik fehlt dem Wendener Christus (man vergleiche auch die Haltung des linken Arms!), seine Gestalt nimmt mehr Bedacht auf anatomische Wahrscheinlichkeit. Darüber hinaus ist die Wendener Pietà kantiger geschnitzt, eine ungewöhnliche Technik, die der ungewöhnlichen Aussage völlig entspricht. Schade, daß die Erforschung des hiesigen Barock so im argen liegt, sonst ließe sich vielleicht mit Sicherheit sagen, was die Analyse beider Werke nur nahelegen kann: Falls die Wendener Pietà von der Hand Johann Theodor Düringers stammt, hat ihm die heutige Hünsborner als Vorbild gedient.

Eine Sehenswürdigkeit ganz anderer Art erwartet den Besucher in **Wendenerhütte.** Dicht an der L 512 Olpe – Freudenberg liegt die »älteste noch erhaltene Holzkohle-Hochofenanlage in der Bundesrepublik Deutschland«. Am 5. Juni 1728 erteilte der Landesherr das Privileg zum Bau einer Eisenschmelzhütte »ahn dem Orthe, alwohn vorhin ein Eisenhammer gestanden«. Von dieser Anlage haben sich in der Substanz so viele Bauwerke und Einrichtungen erhalten, daß die Restauratoren nicht nur den neun Meter hohen Hochofen mit der Gießhalle vor dem Verfall retten, sondern auch das Hammerwerk, die Lagerhalle für die Rohstoffe, Stall-, Verwaltungs- und Wohngebäude sichern konnten. Desgleichen wird die Wasserkunst der Hütte wiedererstehen.

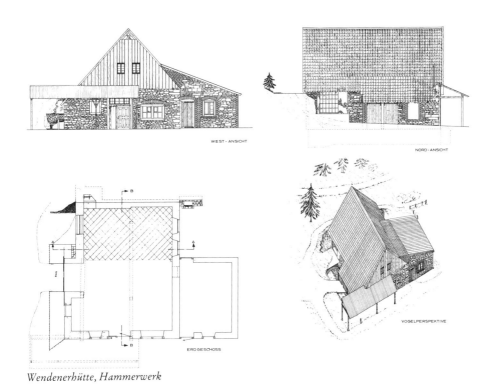

Wendenerhütte, Hammerwerk

Wenn sich ein technisches Baudenkmal nach 250 Jahren so gut erhalten präsentiert, hat das seinen Grund meist darin, daß die wirtschaftliche Entwicklung über seinen Standort hinwegging: Im Grunde war das Schicksal der Wendener Hütte mit der Einrichtung der Eisenbahnlinie Hagen – Siegen 1861 besiegelt; ihr Verlauf machte einen Anschluß des Werkes unmöglich. Die Hütte kann nicht – wie nunmehr die Werke des Siegerlands – von der billigeren Steinkohle profitieren, im Vergleich zu den Produktionsstätten an der Bahnstrecke verteuern sich außerdem die Transportkosten. Die Standortwahl allerdings hatte schon immer einen Faktor dargestellt, der die Wirtschaftlichkeit der Hütte bedrohte. So wurde das Vertrauen ihres ersten Besitzers Johannes Ermert in die gute Qualität und ausreichende Quantität des nahebei geschürften Offfinger Erzes bald enttäuscht, der Rohstoff mußte aus dem Saynschen und Wildenburgischen eingeführt werden. Und auch hinsichtlich des riesigen Bedarfs an Holzkohle, den Ermert durch die Waldungen der Umgebung gedeckt glaubte, ging die Rechnung nicht auf: Man konnte sie zum Teil nur von weither beschaffen. Dennoch schreibt F. A. Eversmann 1804: »Die Wendener Hütte verdient (im Herzogtum Westfalen, D. A.) obenan zu stehen, weil sie das mehrste und beste Produkt liefert und in einem sehr regelmäßigen Betriebe ist (...)«, ein deutlicher Beleg dafür, daß sich

DAS KÖLNISCHE SAUERLAND: DER KREIS OLPE

das Werk nach vielen Schwierigkeiten jetzt stabilisiert hatte. Mit ihrer Schließung 1866 verliert das Amt Wenden einen Betrieb, der lange Zeit als sein wichtigstes Unternehmen galt. So bedeutet die noch nicht beendete Restaurierung der Anlage gleichfalls eine heimatgeschichtliche Tat, denn wie sehr dieser Landstrich vom Eisengewerbe abhängig war, zeigte sich in den 1870er Jahren. Die wesentliche Ursache für die Verarmung seiner Landsleute sieht Michael Born 1882 im »gänzlichen Untergang der Industrie, besonders der Außerbetriebsetzung der Hochöfen und Gruben (...) seit über zwanzig Jahren«.

Der letzte Weg in der Gemeinde Wenden führt nach **Römershagen,** heute ein sehr idyllisch gelegener Ferienort dicht an der Grenze zum Siegerland. Hier entspringt der Fluß, der für den westlichen Teil des Kreises so große Bedeutung hatte und immer noch hat: die Bigge. Doch auch Römershagen selbst muß im Lauf der Geschichte eine gewisse Rolle gespielt haben, wenn sie sich auch seit der Vernichtung des Pfarrarchivs kaum mehr fassen läßt. Das vermutlich sehr alte Gemeinwesen wird 1171 erstmals urkundlich erwähnt und ist vor der Reformation wohl ein vielbesuchter Wallfahrtsort gewesen. Seine katholische *Pfarrkirche Maria regina coeli* (Maria Himmelskönigin) ist ein bescheidener Saalbau aus dem Jahr 1718, bei dem erneut Elemente der Gotik dominieren. Solche Bindung an eine vergangene Epoche hatte übrigens nichts mit der Rückständigkeit der Architekten zu tun, vielmehr gehörte sie zum Programm der Gegenreformation: ein Verweis auf die wiedererstarkte Kirche. Ein bedeutend höheres Alter besitzt der Turm des Gotteshauses, er stammt noch von einem romanischen Vorgängerbau. Von der barocken Ausstattung verdienen der Hochaltar aus dem Jahr 1733, die Seitenaltäre und die Kanzel Johann Nikolaus Düringers (1734) Erwähnung.

Gemeinde Kirchhundem

Das Gebiet der Gemeinde Kirchhundem umfaßt die gebirgigste Partie des Kreises Olpe, die dreißig Ortsteile liegen weit verstreut und sind teilweise nur schwer erreichbar. So behauptet Kirchhundem zwar einen Flächenanteil von knapp über zwanzig Prozent des Kreisgebietes, doch wohnen nicht einmal zehn Prozent der Bevölkerung hier. Die Zahlen deuten Strukturprobleme des Raumes an, die allein durch Vertrauen in die landschaftliche Schönheit nicht gelöst werden können. Dennoch versteht sich, daß der Fremdenverkehr hier eine wichtige Rolle spielt; davon zu sprechen wird das eine oder andere Mal Gelegenheit sein.

Der Ort selbst hieß früher nur *Hundem* und war Zentrum des gleichnamigen Gaues. Aus dem Jahre 1249 kennen wir einen Vogt Widekind von Hundem, dessen Geschlecht zwei Familien beerbten, die beide den Namen Hundem weiterführten: nämlich die Pepersack genannten, unter anderem auf der Peperburg über Förde ansässigen Edelherren und die hessischen Anzefahr. Letztere nahmen jedoch schon um 1350 ihren Wohnsitz, bis dahin ein Burghaus nahe der Kirche, auf einem Gut bei Würdinghausen. In Kirchhundem stand auch ein Hauptfreistuhl der Freigrafschaft Elspe-Hundem, doch waren ihre Gerechtsame schon im 15. Jahrhundert derart zersplittert, daß sie keinerlei Machtfaktor mehr darstellten.

108

Leichter läßt sich die Geschichte der Kirchhundemer Pfarre nachverfolgen. Ohne Zweifel die älteste im östlichen Teil der Herrschaft Bilstein, wurde sie wahrscheinlich von Wormbach abgeteilt, doch hat hier an der Mündung des Flape-Baches in die Hundem schon vorher eine Eigenkirche gestanden; über ihren Ausbau unterrichtet eine Urkunde wohl aus dem Jahre 1199. 1261 folgte die erste Nennung als *Pfarrkirche,* die geistliches Zentrum eines recht großen Gebiets war. So erwies sich das alte Gotteshaus bald als zu klein, unmittelbar neben ihm entstand deshalb die neue romanische, später des öfteren veränderte Anlage. Von ihr sind heute noch die zwei westlichen Joche und die unteren Turmgeschosse erhalten.

Die jetzige, zu ihrer Vorgängerin in einem Winkel von neunzig Grad errichtete und bedeutend größere Kirche (1915–17) ist ein Werk des Aachener Dombaumeisters Josef Buchkremer. Er setzte der sonst im neugotischen Stil erbauten Halle ein romanisierendes West-(hier: Süd-)werk vor, dessen Proportionen das Beiwort klotzig verdienen. So kann sich der Besucher auf die Ausstattung konzentrieren, den spätgotischen gekreuzigten Christus in der Nische links des Eingangs, den etwas achtlos an die Südwand der alten Kirche gestellten Renaissance-Chorstuhl mit seinen schönen Schnitzreliefen oder die beachtlichen lebensgroßen Plastiken der Apostel Petrus und Paulus, wahrscheinlich Arbeiten der Sasse-Werkstatt. Ein herrliches Instrument aber ist die Orgel des Peter Heinrich Varenholt, deren Aufbau und dekorative Teile Johann Sasse schnitzte (Abb. 46). Ornamentale Fülle wird hier nur sparsam eingesetzt, steht jedenfalls im Dienst der schweren Vornehmheit des Prospekts. Die Erbauer haben sich hier ganz auf die Architektur konzentriert, ihre Formen wirken klar und durch keine Schnörkel beunruhigt auf den Betrachter. Dieser Vorgabe ordnet sich auch die Farbfassung unter, sie ist auf die dunklen Töne hin gestimmt, die goldenen Linien verdeutlichen nur den konstruktiven Aufbau.

Übrigens ist das Instrument der Kirchhundemer Pfarrkirche nicht das einzige, welches eine besondere Erwähnung verdient. Das Gebiet der Gemeinde ließe sich geradezu eine Orgellandschaft nennen, denn selten wird man eine so große Zahl qualitativ hochwertiger Stücke auf so engem Raum finden.

Von Kirchhundem bietet sich eine Fahrt zu drei Barockkirchen an, die bei aller Ähnlichkeit nicht allein der Architektur doch immer neue Einsichten in die sakrale Kunst dieser Epoche vermitteln können. Als erstes Ziel sei die jüngste, die *Pfarr- und Wallfahrtskirche Mariä Heimsuchung* in **Kohlhagen** vorgeschlagen. Es wäre immerhin möglich, daß manchem die steile Straße nicht ganz geheuer ist; zu ihr hinauf führt auch ein sehr schöner Wander(rund)-weg, er berührt das *Naturschutzgebiet Krahenpfuhl,* das aus zwei Feuchtarealen am Katzenstein gebildet wird, einem Hang-Quellmoor und weiter oben einem Flachmoor. Ersteres wird von einigen hundert Wacholdersträuchern bestanden, zu deren dunklem Grün im Juli die leuchtend-weißen Köpfchen des Schmalblättrigen Wollgrases einen reizvollen Kontrast bilden. Übrigens: Moorflächen sind besonders trittempfindlich und sollten deshalb nur vom Rand her betrachtet werden.

Auf der Höhe liegt einsam das 1708 geweihte Gotteshaus mit seinem abgesetzten $^{5}/_{10}$-Chor. Seine Bauweise übernimmt – das fällt hier nicht zum ersten, geschweige denn zum

109

DAS KÖLNISCHE SAUERLAND: DER KREIS OLPE

letzten Male ins Auge – viele stilistische Eigentümlichkeiten der Gotik, etwa die Strebepfeiler außen, die spitz zulaufenden Gurtbögen und die Kreuzgewölbe im Innern. Es sei noch einmal betont: Solche Architektur entspringt keineswegs der Rückständigkeit des Baumeisters oder seiner Auftraggeber, sondern will die wiedergewonnene Stärke der katholischen Kirche betonen, indem sie auf die Zeiten ihrer unumstrittenen Herrschaft über alle Christen verweist. – Freilich kennt Maria Heimsuchung nicht mehr die Unterteilung durch Schiffe, die Gurtbögen spannen sich von Wand zu Wand, wo sie stuckierten Pilastern aufruhen, und so trägt der Innenraum doch barocken Saalcharakter.

Weniger bescheiden als der Bau ist die Ausstattung der Kirche, ohne daß sie darum weniger ansprechend wäre. Die Kanzel und das Ensemble der drei Altäre stammen aus der Werkstatt des Attendorners Peter Sasse, letztere besitzen einen bis in die meisten Details gleichen zweigeschossigen Aufbau. Bei der Farbgebung dominiert der Goldton, sein Leuchten teilt sich allen anderen Farben mit. Was den Zierat angeht, hat man selbstverständlich den Hochaltar am reichsten bedacht (Abb. 45). Ihn krönt eine Maria mit Kind, zu seiten des zentralen rundbogigen Blattes stehen zwischen gedrehten Säulen die Apostel Petrus und Paulus. Der rechte Seitenaltar hat das schlichte gotische Vesperbild aufgenommen, dem seit je die Verehrung der Wallfahrer gilt. Mit diesem Seitenaltar ist die Kanzel am Triumphbogen verbunden, in einem Winkel von neunzig Grad schließt sie – genauer: ihr Korb – unmittelbar an. Der Leser ist inzwischen über die Machart der Sasse-Altäre genügend unterrichtet, als daß hier eine genauere Beschreibung erforderlich wäre. Hingewiesen sei nur auf die Figur Christi, die den gewölbten Schalldeckel wie eine hohe Laterne abschließt.

Vor den Längswänden des Gotteshauses stehen auf Konsolen die zwölf Apostel; um 1750 entstanden, haben sie beinahe Lebensgröße. Als sehr beachtliche Arbeit darf die auffälligste Plastik der Kirche, eine Doppelmadonna aus der Erbauungszeit, gelten; ihren Strahlenkranz umgeben je sechs Putten. Ein außerordentlich schönes Stück ist auch die Orgel des Johann Heinrich Kleine, deren Hauptturm der harfenspielende König David schmückt (Abb. 44). Geht man nach der Inschrift der Empore, muß das Instrument 1745 entstanden sein, etwa 1800 wurde es um die beiden seitlichen Felder erweitert. Doch verfügt die Orgel – im Gegensatz zu vielen anderen – auch heute noch über einen großen Teil ihres ursprünglichen Pfeifenbestandes, sogar Windlade und Balganlage sind noch erhalten.

Von Kohlhagen muß zurück nach Wirme, wer sich **Heinsberg** als nächstes Ziel gesetzt hat. Er darf jedoch in Brachthausen den Fahrweg dorthin nicht verfehlen, die breitere Straße nämlich führt auf Hilchenbach. Auch die Heinsberger *Pfarrkirche St. Katharina* behauptet einen privilegierten Platz im Dorfbild, dessen »stattliche Fachwerkhäuser, meist von 1797« Dehio rühmt, leider sind inzwischen einige abgerissen worden.

Zwischen 1767 und 1774 erbaut, zitiert die Kirche wiederum viele Stilmerkmale der Gotik, ihr Turm ist ebenfalls dem Barock zuzurechnen, aber hundert Jahre älter. Er stammt noch vom Vorgänger der heutigen Anlage, der nach den Abmessungen seines erhaltenen Bauteils sehr viel kleiner gewesen sein muß. Nur wenig später entstand die gut gearbeitete Kanzel, wohl ein Stück aus der Sasse-Werkstatt. Ihre originale, sehr viel dunkler gehaltene Bemalung wurde des einheitlichen Gesamtbilds wegen den vorherrschenden Farben der jüngeren Ausstattung angeglichen. Den Blick zieht denn auch zunächst das marmorierte Rokoko-Blau des Altarensembles auf sich, besonders der eingeschossige, reich ornamentierte Hauptaltar zeigt den Willen zum großen Wurf, obgleich die Ausführung der Figuren etwas dahinter zurückbleibt. Im Zentrum steht – kenntlich an den Marterwerkzeugen – erhöht die Namenspatronin der Kirche als Königin, während im Vordergrund der hl. Joseph mit dem Christuskind und Franziskus sie flankieren. Die Voluten im unteren Bereich des Altaraufsatzes greifen bis zu den Seitentüren aus, auf ihnen sitzen in ungezwungener Haltung die hl. Barbara und die hl. Margaretha von Cortona mit ihrem Attribut, dem Totenkopf. Üppige Ornamentik umgibt die Krönung Mariens über dem Gesims, ihr zu Häupten die Taube im Strahlenkranz, das Symbol des Heiligen Geistes. Das Fenster hinter diesem Abschluß wird effektvoll als Lichtquelle eingesetzt.

Weniger aufwendig sind die Seitenaltäre gestaltet, ihre Zentren bilden die Figuren der Maria mit dem Christuskind und der hl. Agatha. Zu jener Dreiheit der Altäre bildet die Orgel vor der Westseite des Gotteshauses einen würdigen Kontrapunkt. Beinahe als Kuriosum müssen allerdings die figürlichen Malereien der Emporenbrüstung gelten, so naiv aufgefaßt stehen ›S. Christus‹, die zwölf Apostel nebst zwei anderen Heiligen im deutlichen Gegensatz zur souveränen Eleganz und dem kunstvollen Aufbau des Prospekts.

Oberhundem, Adolfsburg, Kupferstich von 1677

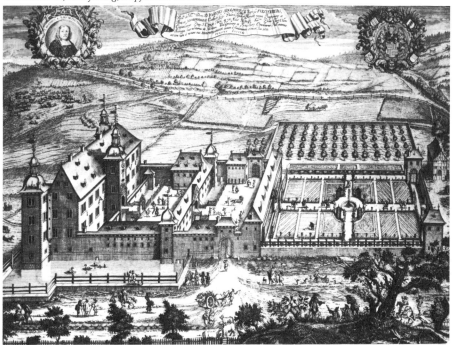

DAS KÖLNISCHE SAUERLAND: DER KREIS OLPE

Von Heinsberg führt die Straße nun wieder hinunter ins Tal des Hundembaches. Doch etwa auf halbem Weg erstreckt sich vor Ober-Albaum (und von dort aus über einen bequemen Fußweg leicht zu erreichen) südlich des Baches die imposante Kette der *Albaumer Klippen*. Diese Keratophyr-Felsen gehören zu den insgesamt recht spärlichen Zeugnissen des Vulkanismus im Sauerland, und zwar jener frühen Phase der Förderung, die sich über einen ziemlich langen Zeitraum erstreckte und erst mit dem Ende des Unterdevons zum Stillstand kam. Den Blockstrom der aufgedrungenen, glutflüssigen Massen bedeckt heute der Wald, nur die bis dreißig Meter hohen Trümmer des stark kieselsäurehaltigen Gesteins ragen gen Himmel. Daß solch ungewöhnlicher Anblick die Phantasie der Menschen angeregt hat, ist nicht weiter verwunderlich. Hier hausten nach alten Erzählungen die Schanhollen. Hilfreiche Zwerge, treiben sie laut Volkssage auch noch andernorts im gebirgigen Sauerland ihr Wesen. Die Albaumer Schanhollen freilich ließen ein blumenpflückendes Mädchen, das ihren Wohnplätzen zu nahe gekommen war, nicht mehr zu den Seinen zurück. Nächtens erscheint zuweilen der Geist des Kindes und klagt herzzerreißend über die verlorene Heimat unter den Menschen...

Ab Würdinghausen folgt die vorgeschlagene Route wiederum dem Bach aufwärts nach **Oberhundem,** bis linker Hand unterhalb der Fahrstraße die mächtige Anlage der *Adolfsburg* auftaucht (Abb. 52). Sie wird zur Zeit restauriert, und das heißt erst einmal: Man versucht, die vom Verfall bedrohte Bausubstanz zu erhalten. Doch läßt sich immer noch ein Eindruck der – für das gebirgige Sauerland eigentlich untypischen – Anlage des einstigen Wasserschlosses gewinnen. Es war zunächst das Jagddomizil des Johann Adolf von Fürstenberg, und zur Wahl des Standorts mag die Nähe der Rüspe mit ihrem sprichwörtlichen Wildreichtum ein übriges beigetragen haben. Später wurde es der Alterssitz dieses Edelherrn, der so viele Ämter, Titel und Pfründen auf sich versammeln konnte. Dementsprechend repräsentativ fiel auch der Bau dieses Schlosses aus, als dessen Schöpfer wohl der Kapuzinerbruder Ambrosius von Oelde, einer der namhaften Architekten des westfälischen Barock, gelten darf.

Die strenge Symmetrie der Anlage ist heute verunklärt, wenn auch recht leicht zu erschließen. Dabei helfen zwei zeitgenössische Stiche der Adolfsburg von S. Theysen, die einen guten Vergleich zwischen dem gerade fertiggestellten Schloß und dem heutigen Zustand der Gebäude gestatten. Sie bildeten ursprünglich ein geschlossenes Rechteck, das noch einmal durch einen Querriegel etwa im Verhältnis 2 (Haupthof):1 (Vorhof) unterteilt war. Den Kernbereich umgab ein teilweise erhaltener Wassergraben, welcher vor dem Querriegel verlief, dort an den Längsseiten austrat und westlich das Herrenhaus einschloß. Der östliche Teil hatte demnach Vorburgcharakter, an seiner Südseite lag die Einfahrt zum Schloß. Die Gäste mußten ihr Gefährt also zunächst um neunzig Grad wenden lassen, um genau auf der Achse des Grundrisses den Treppenturm des Haupthauses anzufahren; sie passierten dabei die Brücke über den Graben und das schön verzierte Tor des Zwischenbaus.

Betont der Treppenturm das Zentrum und damit die Längsausrichtung der gesamten Anlage, so akzentuieren zur Feldseite hin die beiden kaum weniger massiven, vorspringenden Ecktürme die Erstreckung in die Breite. Solcher Wohlgegründetheit entsprach die

32 Burg Schnellenberg bei Attendorn, Portal zur Unterburg

◁ 33, 34 Burg Schnellenberg, Oberburgkapelle, Altar und Chorstuhlintarsien

35 OLPE Kreuzkapelle, Altarensemble

36 Breitenbachtalsperre bei Hilchenbach

37 Sorpetalsperre bei Sundern

38 Biggetalsperre bei Olpe

39 Hennetalsperre bei Meschede

40 DROLSHAGEN St. Clemens

41 WENDEN St. Severin, Pietà

42 HÜNSBORN St. Kunibert, Pietà

43 WENDEN St. Severin, Orgel

44, 45 KOHLHAGEN Pfarr- und Wallfahrtskirche Mariä Heimsuchung, Orgel und Altar

46 KIRCHHUNDEM St. Peter und Paul, Orgel 47 OBERHUNDEM St. Lambertus, Orgel

48 OBERHUNDEM St. Lambertus

49 RHONARD bei Olpe, Fachwerkkapelle und Kornspeicher

50 SAALHAUSEN Reidemeisterhaus   51 KIRCHHUNDEM   Fachwerksensemble (Flaper Straße) ▷

52 OBERHUNDEM Adolfsburg

53 Schloß Lenhausen

54 Wacholderheide bei Elspe

55 Talgrund bei Fretter

56 OBERHUNDEM   St. Lambertus, Pietà

57 ELSPE   St. Jakobus d. Ä., romanisches Kruzifix (Detail)

58 DORLAR   St. Hubertus, Pietà

59 SCHMALLENBERG   St. Alexander, Pietà

60 SCHÖNHOLTHAUSEN St. Laurentius, Altar
61 OBERKIRCHEN St. Gertrud, Orgel
62 SCHLIPRÜTHEN Blick auf St. Georg

63 OEDINGERBERG Fachwerkhaus

64 SAALHAUSEN Fachwerkhaus

65, 66 KIRCHVEISCHEDE Deelentore

kostbare Ausstattung des Schlosses, von der nur mehr wenig am Ort verblieben ist, und bis der Besucher etwa im Rittersaal die beiden »große(n) Kamine mit Gebälkträgern« wie »die mächtige, stuckierte Balkendecke, (...) Prototyp der nach ihr benannten 'Adolphsburger Decken'« (August Kracht, Burgen und Schlösser) wird bewundern können, dürfte noch einige Zeit vergehen.

Die alten Bäume vor den Gotteshäusern, früher so oft erwähnt, aber heute kaum noch anzutreffen – hier in Oberhundem beschatten sie den Eingang zur *Pfarrkirche St. Lambertus*, mächtige, auf etliche hundert Jahre zurückschauende Linden. Gleichwohl sind sie erst lange nach dem Bau des geduckten romanischen Turms gepflanzt worden, der auch dann nicht angetastet wurde, als man ihm den 1771 geweihten Saal anschloß. Dieses Werk des Büreners Ignatius Gehly ist also in unserer Reihenfolge das dritte im Bunde der Gotteshäuser, deren Architektur sich nur durch unwesentliche Details unterscheidet. Doch auch seine Ausstattung (Abb. 48) braucht den Vergleich mit den vorher genannten keineswegs zu scheuen. Der prächtige, zweigeschossige Hochaltar reicht bis unters Gewölbe, seine zentrale Figur stellt den Namenspatron dieser Kirche dar. Johann Everhard Schweickhard aus Attendorn schuf das qualitätvolle Stück 1770, nur wenig später entstanden die Nebenaltäre, die Beichtstühle und der Taufstein. Unter den barocken Statuen verdient vor allem der steinerne St. Rochus vom Anfang des 18. Jahrhunderts Beachtung. Bei der spätgotischen Pietà – sie steht heute an der südlichen Wand des Turmjochs – bleibt die Gestalt der Maria im Gedächtnis, deren tief herabfallender Schleier ihr Gesicht beinahe ganz verdeckt (Abb. 56).

Die Krone aber gebührt vielleicht doch dem Orgelprospekt von 1650 (Abb. 47). Das Instrument stand ursprünglich in Stockum, wo es aber nach Einbau eines neuen nicht mehr benötigt wurde. Und obwohl nicht nur der Pfeifenbestand, sondern auch das Gehäuse mehrere Veränderungen über sich ergehen lassen mußte, hat doch seine Schauseite mit den dunklen Tönen ihrer Leisten und Füllungen wie dem Gold der recht sparsam eingesetzten Ornamente nichts von ihrer getragenen Vornehmheit verloren.

Oberhundem, 1973 Bundessieger im Wettbewerb ›Unser Dorf soll schöner werden‹, bietet schöne Beispiele dessen, was die Prospekte ›gepflegtes Fachwerk‹ nennen. Es ist heute Mittelpunkt des wintersportlichen Geschehens, doch sollte gleichfalls zu anderen Jahreszeiten das Erklimmen des Rothaarkammes – dann allerdings ohne Steighilfe – wie der Besuch des *Rhein-Weser-Turms* obligatorisch sein. Auch hier hinauf führt kein Lift, doch wer die exakt 113 Stufen bezwungen und einen schönen Tag erwischt hat, dem werden die Mühen mit einem Blick auf die umliegende (Mittel-)Gebirgswelt vergolten, der seinesgleichen sucht.

Der Turm trägt seinen Namen nach den beiden Flüssen, zwischen denen die Rothaar als Wasserscheide wirkt, und wenn auch die zu romantische Vorstellung, von der Plattform aus könne man beide Ströme sehen, enttäuscht werden muß, gewinnt allein das Steigen und Fallen der bewaldeten Höhenzüge, so weit das Auge reicht, eine eigentümliche suggestive Kraft. Sich dieser Kraft einmal unbekümmert um die Orientierung überlassen zu können ist wohl auch ein Landschaftserlebnis.

Stadt Lennestadt

Die junge Gemeinde trägt den Namen Lennestadt wie ihr gleichfalls neues Zentrum, das Maumke, Meggen und Altenhundem zur Stadt zusammenschließt – so jedenfalls lautet die planerische Vorgabe. Wenn überhaupt, dann haben die Orte im engen Tal der Lenne nur die Möglichkeit, längs des Flusses zu einer wirklichen Einheit zusammenzuwachsen. Als urbaner Kern dieses Gebildes muß **Altenhundem** gelten, hier sitzt seit 1984 die Verwaltung des Gemeinwesens, außerdem ist Altenhundem (es hört jetzt postalisch auf die Bezeichnung Lennestadt 1) D-Zug-Station an der Strecke Hagen – Siegen. Hier an der Lenne liegt aber auch ein industrieller Schwerpunkt des Kreises Olpe. Besondere Erwähnung verdient sicherlich die *Grube Sachtleben* im Stadtteil **Meggen**, inzwischen das letzte Erzbergwerk des Landes Nordrhein-Westfalen. Daß jene Grube die größte Zinkfundstätte Festlandeuropas ist, wissen nur wenige. Immerhin stellt Sachtleben allein etwa die halbe nationale Produktion dieses Metalls, daneben fördert das Bergwerk beachtliche Mengen an Blei; die Gewinnung von Schwefelkies wurde mangels Rentabilität zwischenzeitlich eingestellt.

Doch auch der Fremdenverkehr ist in Lennestadt eine feste wirtschaftliche Größe. Der Ort **Saalhausen**, am oberen Lauf der Lenne gelegen, hat sich ganz auf ihn ausgerichtet, unter anderem mit einer Uferpromenade entlang des Flusses. Die Augen aller, auch der Durchreisenden, ziehen freilich nur die herrlichen Fachwerkhäuser an der Hauptstraße auf sich (Abb. 64), allen voran das *Reidemeisterhaus* (Nr. 41; Abb. 50). Um 1780 errichtete es ein

Saalhausen, Reidemeisterhaus, historische Giebelfront

Hammerwerksbesitzer des hiesigen Kleineisengewerbes, und seine geschäftlichen Verbindungen zu den märkischen bzw. bergischen Unternehmern haben sich auch im Bau des eigenen Heims niedergeschlagen: Elemente des bergischen Rokoko bestimmen zumindest die der Talstraße zugewandte Fassade. Besonders die Eingangstür mit dem graziös versproßten Oberlicht und den reichen Verzierungen des Türblatts zeugen von der Ausrichtung des Bauherrn nach Westen, gleichfalls die beinahe prunkvoll geschmückte Mittelleiste des verbretterten Giebelfeldes unter dem Krüppelwalm.

Daß dieses Haus dem gehobeneren Lebensstandard des Fabrikanten genügen sollte, zeigt im übrigen schon die klare Trennung zwischen Wohn- und Wirtschaftsteil. Nach vorn liegt hier der durch einen Längsflur nur mehr zur Hälfte geteilte Wohnbereich, nach hinten der Ökonomie, er besitzt noch die traditionelle, nun allerdings quer eingezogene Deele. Zu ihr führte ein (wiewohl im Vergleich zur Eingangstür weniger aufwendig) verziertes Einfahrtstor, das sich heute leider nicht mehr an seinem Platz befindet. Erhalten blieb jedoch der Türsturz mit der Aufschrift: »O Gott durch die Fürbit der h. Agatha bewahre dieses Haus für Feur und Brand.«

Die 1903 errichtete *Pfarrkirche St. Jodokus* besitzt noch den (leicht eingezogenen) Chor und das östliche Joch einer bescheidenen Halle aus der Zeit zwischen Romanik und Gotik, hier konnten die Restauratoren eine frühbarocke und eine spätgotische Freskierung freilegen. Die nur fragmentarisch erhaltenen Malereien zeigen auch eine Majestas Domini, die sich noch deutlich an romanischen Vorbildern orientiert.

Elspe kann für sich in Anspruch nehmen, der älteste schriftlich erwähnte Ort des Kreises Olpe zu sein und darüber hinaus der einzige des Sauerlands, an dem je ein deutscher Kaiser geurkundet hat. Als Otto III. hier im Jahr 1000 die Stiftsgründung der Gräfin Gerberga von Werl auf dem nahen Oedingerberg bestätigte, diente ihm und seinem Gefolge wohl ein Königshof als Station. Durch Elspe führten wichtige Fernverbindungen, unter anderem auch die ›Heidenstraße‹, der wichtigste Verkehrsweg der Region. Daß er, an dem entlang sich die Urpfarren des Sauerlands reihen, keineswegs erst seit der Frankenzeit dem großräumigen Handel diente, zeigt die weitläufige Wallburg auf dem Weilenscheid südwestlich des Ortes an. Hierhin konnte sich bereits zur späten Eisenzeit die Bevölkerung zurückziehen, wenn sie ihr Gebiet bedroht sah.

Die *Pfarrkirche St. Jakobus der Ältere* war ursprünglich Eigenkirche zunächst wohl der sächsischen Könige, später steht sie unter dem Schutz der Edelherren von Rüdenberg. Der westliche Teil des heutigen Baus stammt aus dem 13. Jahrhundert, wobei der Turm sicher noch älteres Mauerwerk enthält. Diese typische Halle des Übergangsstils erfuhr 1882/83 durch den Paderborner Architekten Arnold Güldenpfennig eine bedeutende Erweiterung, in deren Verlauf auch das Innere der drei vom Abbruch verschonten Westjoche der neuromanischen Konzeption behutsam angepaßt wurde. Und auch der Turm hat sein romanisches Erscheinungsbild verloren, noch 1948 wurde er erhöht; gleichzeitig bekam er die barokkisierende Haube.

Das Gotteshaus nennt noch etliche barocke Ausstattungsstücke sein eigen, so die etwa 1730 entstandene, reich geschmückte Kanzel und den wohl von Peter Sasse geschnitzten

131

DAS KÖLNISCHE SAUERLAND: DER KREIS OLPE

Taufbrunnen. Die Pfeiler zieren lebensgroße Heiligenskulpturen des 17. und 18. Jahrhunderts. Das berühmteste Kunstwerk der Kirche aber ist das sogenannte Mirakelkreuz, eine Schöpfung des 12. Jahrhunderts, die sich noch älteren, spätottonischen Vorbildern verpflichtet zeigt. Selbst der Kunsthistoriker macht angesichts dieser Christusgestalt nicht bei einer nüchternen Beschreibung halt, sondern versucht, die Aussagekraft der Plastik mit Wendungen wie »Stille der Form« und »Zartheit der Empfindung« (Anton Legner) zu fassen. Der wenig modellierte, schmale Körper des Heilands hängt nicht eigentlich am Kreuz, eher steht er hoheitsvoll aufrecht, und nur der Kopf ist leicht zur Seite geneigt (Abb. 57). Das gescheitelte Haupthaar liegt beidseits den kaum herausgearbeiteten Schultern auf, den etwas aufwärts gestreckten Armen antworten die abwärts deutenden Hände. Am Kreuz selbst haben die Restauratoren eine Farbfassung des 15. Jahrhunderts freigelegt, auffällig die Folge kreisrunder Mulden, die an den Balkenrändern entlangläuft.

Über die Grenzen Westfalens hinaus bekannt wurde Elspe durch seine Karl-May-Festspiele. Die Mitbegründer des wackeren Theatervereins hätten es sich um die Jahrhundertwende wohl nie träumen lassen, daß vor der Felskulisse unter dem Rübenkamp einmal harte und artistisch ausgefeilte Western-Action Triumphe feiern würde. Erst seit 1964 beherrscht der Name Karl May ausschließlich den Spielplan, doch ihren größten Coup landeten die Veranstalter zwölf Jahre später, als es ihnen gelang, den ›Film-Winnetou‹ für ebendiese Rolle nach Elspe zu verpflichten. Die melancholische Schönheit des Pierre Brice ließ damals die Zuschauerzahlen emporschnellen, etwa 400000 pro Saison sind es heute, die das Geschehen auf der Bühne in Atem hält.

Westlich der Bühne erstreckt sich das Naturschutzgebiet *Rübekamp,* dessen im unmittelbaren Umkreis der Spielstätte gelegener Bereich allerdings durch die vielen Schaulustigen stark gelitten hat. Auch die Flächen weiter zum Talausgang hin sind stark besucht, doch haben sich hier viele seltene Arten des Kalkmagerrasens erhalten können, und deshalb darf der knapp dreizehn Hektar große ›Rübekamp‹ immer noch als das vielleicht wertvollste Biotop des Kreises Olpe gelten. Zeitig im Jahr erscheint das satte Blau der Küchenschelle, im Mai/Juni blühen die Orchideenarten Manns-Knabenkraut, Fliegen-Ragwurz, Weiße Waldhyazinthe wie Mücken-Händelwurz (Farbt. 42), im Spätsommer/Herbst prangen dann noch einmal das (auf dem Rübekamp besonders tiefe) Violett des Deutschen Enzians (Farbt. 44) und die filigrane weiße Blüte des Sumpf-Herzblatts (Farbt. 43). Sorgen bereiten den Naturschützern allerdings die etwa 4000 Wacholder, obwohl einzelne Exemplare hier imponierende Höhen erreichen. Die Sträucher, welche dem Areal das Gepräge einer kargen, schwermütigen Heidelandschaft (Abb. 54) geben, zeigen von Jahr zu Jahr stärkere Schäden und verjüngen sich kaum.

Die B 55 führt weiter das Tal der Elspe hinauf nach **Oedingen** mit seiner *Pfarrkirche St. Burchard,* ein in Westfalen nur selten angerufener Schutzheiliger. Der Turm des Gotteshauses datiert noch ins 13. Jahrhundert, während das großzügige Langhaus erst 1832 geweiht wurde, seine Architektur ist dem Klassizismus verpflichtet. Eindrucksvoll die vergoldeten kannelierten Säulen, deren beide Reihen noch eine Dreischiffigkeit andeuten, doch hat die Kirche eine flache, durch recht eng gesetzte Querträger unterteilte Decke. Zwischen gerade abschließendem Chor und dem Langhaus vermittelt ein Triumphbogen. Ganz im Stil der Erbauungszeit sind Orgelprospekt und Empore gehalten, die Mitte ihrer Brüstung akzentuiert die spätgotische Figur des Patrons; etwa der gleichen Zeitstufe darf man wohl den Kruzifixus im Chor zurechnen.

Einige hundert Meter östlich Oedingens bezeichnet auf dem Oedingerberg nur noch eine schlichte barocke *Kapelle* den Platz, an dem Gerberga von Werl ihr adliges Kanonissenstift gründete (s. S. 131). Die Damen ließen ihr Stift innerhalb einer wohl karolingischen Burganlage errichten, und deren Wälle lassen sich an der Nord- wie Westseite dieser Erhebung noch ausmachen, während von den Stiftsgebäuden nichts mehr erhalten geblieben ist. 1533 hob der Kölner Erzbischof das Kloster auf, 1670 stürzte die ihm zugehörige Kirche ein. Nach den Funden der Archäologen muß sie eine der typischen südwestfälischen Hallenkirchen aus dem 13. Jahrhundert gewesen sein; die Hoffnung der Ausgräber auf Baureste der Gründungszeit erfüllte sich nicht.

Biegt man die Straße nach der kleinen Ortschaft *Oedingerberg* ab, gewahrt man linker Hand bald ein etwas zurückliegendes Fachwerkhaus, dessen Giebel unter die schönsten des Kreises Olpe zählen darf (Abb. 63). Das 1779 errichtete Gebäude besitzt außerdem noch die originale zweigeschossige Längsdeele mit dem aus Flußsteinen verlegten Riemchenfußboden, heute – jedenfalls bei noch privat genutzten Häusern – eine ganz große Seltenheit.

Wer dem Lauf der Veischede talaufwärts folgt, den enthebt ihr fernhin leuchtendes Weiß vor der dunklen Waldkulisse jeden Zweifels darüber, wo ein erster Aufenthalt lohnt: Die Trutzgemeinschaft von Berg und Burg zieht aller Augen auf sich (Abb. 67). Der Name **Bilstein** (steil aufragender Stein) bezeichnet den Standort genau: einen Felsvorsprung des Rosenbergs, aufgebaut aus einem der dauerhaftesten Gesteine überhaupt, dem Keratophyr (s. S. 112).

Man tut der *Burg* wohl mit der Behauptung nicht unrecht, daß ihre Geschichte interessanter ist als ihr Bau, wurde doch hier über die Geschicke der Region entschieden. Ihre ersten Herren nannten sich noch von Gevore nach dem Ort Förde an der Lenne, dort lag ihr Stammsitz, die Peperburg. Mit dem Aussterben dieses recht einflußreichen Geschlechts kam die Anlage in den Besitz der noch mächtigeren Grafen von der Mark, deren Statthalter sie – eine Folge der Soester Fehde – 1455 den Truppen des Kölner Erzbischofs übergeben mußte. Es war wohl die wichtigste Inbesitznahme des Kölners, denn nun erst hatte das Herzogtum Westfalen jene Geschlossenheit erreicht, die den Aufbau einer effektiven Landesherrschaft möglich machte. Bilstein wurde Mittelpunkt des gleichnamigen Amtes, an seiner Spitze stand der Vertreter des Landesherrn, Drost genannt.

Die zweite wichtige Phase der Burg begann mit der Verpfändung der Ämter Bilstein und Waldenburg an Friedrich von Fürstenberg zur Waterlappe 1556. Nun wird ein Sauerland-Führer des öfteren Gelegenheit haben, die Bedeutung dieser Familie herauszustellen, und der vorliegende Band hat sie im Zusammenhang mit ihrer Burg Schnellenberg schon erwähnt. Denn ohne Zweifel verfolgten die Fürstenberger auch dynastische Ziele, denen der Sohn Friedrichs, Kaspar von Fürstenberg, ein gutes Stück näher kam, als er zusätzlich die

DAS KÖLNISCHE SAUERLAND: DER KREIS OLPE

Bilstein, Federzeichnung von Renier Roidkin, um 1730

Pfandherrschaft über das Oberamt Fredeburg gewann und schließlich 1572 auch die Erbvogtei Grafschaft erwerben konnte. Kaspar gebot nun über den ganzen Süden des Sauerlandes, und er festigte seine Machtstellung noch, indem er während der Religionswirren die katholische Sache entschieden unterstützte. Nicht zuletzt auf sein Betreiben hin wurde Bruder Dietrich Bischof von Paderborn, überdies vermehrte er den Familienbesitz durch den Ankauf mehrerer Rittergüter. Daß solche Aktivitäten auf die Schaffung eines eigenen Territoriums hinausliefen, zeigte sich in der nachfolgenden Generation. Nur das energische Dazwischentreten der Landstände brachte einen Vertrag zwischen den Fürstenbergern und dem Erzbischof zu Fall, wonach die Ämter Waldenburg und Bilstein als Mannlehen an das Geschlecht fallen sollten. Es mußte sich in der Folgezeit mit seiner immer noch sehr einflußreichen politischen Stellung und dem Erwerb weiterer, recht ausgedehnter Ländereien zufriedengeben.

Was nun die heute als Jugendherberge genutzte Burg selbst betrifft, so kamen – wie schon angedeutet – die neuesten Untersuchungen ihres Baubestands zu einigermaßen ernüchternden Resultaten. Schon der Torbogen zum Hof der Hauptburg ist eine Zutat dieses Jahrhunderts, ein allerdings älterer läßt sich linker Hand im Mauerwerk identifizieren. Auch der den Hof abschließende Mitteltrakt datiert aus einer jüngeren Epoche, als dies dem unbefangenen Blick zunächst scheinen mag. Er kann verschiedenen Dokumenten zufolge nicht vor 1718 entstanden sein, diese späte Entstehungszeit bestätigt auch die Architektur. Denn eine

Wand, die wie hier das Gebäude der Länge nach unter dem First teilt, kannten die mittelalterlichen Herrensitze noch nicht, die dadurch bedingte Abfolge der Räume findet sich erst – offenbar unter dem Einfluß französischer Repräsentationsbauten – seit dem 17. Jahrhundert. Damals kam auch die charakteristische Ausrichtung der großen, steingerahmten Fenster in einer Zeile auf. Ebenfalls in die gleiche Epoche verweist die wuchtige Treppe der Eingangshalle mit ihrem von Säulen gestützten Geländer. 1977/78 schließlich errichtete man den rechten, im Dreißigjährigen Krieg abgebrannten Seitentrakt wieder, von dem bis dahin nur ein abgebundener Stumpf überdauert hatte.

Älteren Datums sind immerhin jene zwei massiven, heute durch den Torbogen verbundenen Türme und der Teil des linken Flügels, der unmittelbar an den Turm anschließt. Er besitzt noch einen jetzt vermauerten rundbogigen Zugang zum Untergeschoß aus dem 13. Jahrhundert und damit den Anfängen der Burg. Um dieselbe Zeit dürfte die Einfassung des sogenannten ›Grashöfchens‹ entstanden sein, dessen noch recht junge Linde das Andenken an den Gerichtsstuhl der Freigrafen wachhält. Die Vorburg ist ihrer Anlage nach dem späten Mittelalter zuzurechnen, wenn auch ihre Gebäude etwa 1700 völlig instand gesetzt wurden. Am Hang unterhalb dieser Gebäude zog sich übrigens eine Mauer hin, welche die Vorburg mit der Befestigung Bilsteins verband. Die Freiheit Bilstein zog Nutzen aus der politischen Bedeutung der Burg über ihr, denn obgleich sie kaum mehr als fünfzehn Häuser gezählt haben dürfte, verfügte sie sowohl über eine städtische Verfassung als auch über eine Umwehrung.

Von der direkten Verbindungsstraße zwischen Bilstein und Altenhundem zweigt etwa auf halbem Weg die Zufahrt zur *Hohen Bracht* (584 m) ab, dem südöstlichsten Aussichtsturm des Naturparks Ebbegebirge (Abb. 67). Die gesamte Anlage hat seit ihrer Einweihung 1930 keine wesentliche Veränderung mehr erfahren, nur mußte ihr exponiertester Teil aus dem heimischen Keratophyr bald mit Schiefer gegen Wind und Wetter geschützt werden. Und so präsentiert sich dem Besucher noch heute keineswegs eine Allerweltsarchitektur, sondern ein aus der Grundform des Ovals entwickeltes Bauwerk, dessen Architekt Wilhelm Kreis auch hier jenes Pathos nicht ganz verleugnete, das etwa sein Völkerschlachtdenkmal und seine Bismarcktürme auszeichnet.

Wenn man die Ziele der Projekt-Träger, vor allem seines Initiators, auf einen Begriff bringen sollte, dann auf den der Volksgesundheit, der seelischen (»Weckung und Stärkung der Heimat- und Vaterlandsliebe«) wie der körperlichen, weshalb der Genuß geistiger Getränke hier oben lange Zeit verpönt blieb. So erklärt der Spendenaufruf des ›Komitees zur Errichtung eines Aussichtsturmes auf der Hohen Bracht‹ in umständlicher Ernsthaftigkeit: »Ein alkoholfreier Ausschank soll die Bevölkerung mit den durch gärungslose Früchteverwertung gewonnenen Erzeugnissen bekanntmachen und somit dazu beitragen, den in manchen sauerländischen Dörfern leider immer noch sehr fest sitzenden Alkoholteufel zurückzudrängen.« Ob daraufhin die ›einheimische Bevölkerung‹ mit fliegenden Fahnen zu den Fruchtsäften übergelaufen ist, entzieht sich unserer Kenntnis, jedenfalls muß heute kein Gast des angeschlossenen Restaurants mehr Beschränkungen der genannten Art fürchten. Gleichwohl tut er gut daran, sich die herrliche Aussicht (Farbt. 29) nicht selbst zu trüben, die

DAS KÖLNISCHE SAUERLAND: DER KREIS OLPE

er vom Turm aus genießt. An klaren Tagen nämlich schaut man bis in den Hohen Westerwald, zum Kahlen Asten und nach Norden zum Homert.

Kirchveischede hätte einen Beinamen wie ›Dorf der Deelentore‹ verdient (Abb. 65, 66). Hier haben sich erstaunlich viele dieser hohen Einfahrtstore erhalten, wenn die zugehörige Deele auch längst durchgebaut worden ist. Viele Exemplare zeigen den hohen Standard des Schreinerhandwerks im 18. Jahrhundert, doch dürfen sie auch darüber hinaus als authentische Zeugnisse bäuerlicher Kultur gelten. Denn keineswegs immer entspringt ihre Ornamentik nur dem Bedürfnis nach Verzierung, vielmehr besitzt jene auch symbolischen Gehalt, wirkt mit wenigen Linien Sinnzusammenhänge, die uns heute verschlossen sind. Solche Tradition läßt die Tür an dem Haus Hauptstraße 50 allerdings schon hinter sich. Sein elegant versproßtes Oberlicht und die qualitätvollen Rocaillen auf dem Türblatt machen deutlich, daß bergisches Rokoko auch ins Tal der Veischede Eingang gefunden hat.

Die *Pfarrkirche St. Servatius* wurde 1908 zwar großzügig nach Norden erweitert, doch blieb die Substanz des alten, frühgotischen Gotteshauses davon weitgehend unberührt. Der Bau des ausgehenden 13. Jahrhunderts besitzt nur zwei queroblonge Joche, die Kreuzgratgewölbe ruhen Seitenpfeilern auf. Von den barocken Ausstattungsstücken verdient der um 1770 geschaffene Orgelprospekt Beachtung.

Gemeinde Finnentrop

Der größte Teil der Gemeinde kam erst mit der Gebietsreform an den Kreis Olpe. Ihr gleichnamiges Zentrum am Zusammenfluß von Bigge und Lenne ist ein nicht unbedeutender Verkehrsknotenpunkt, einige Betriebe längs der Lenne nutzen solchen Vorteil der Lage. Überhaupt prägen die Wasserläufe Bigge, Lenne und Fretter das Relief des Gemeindegebietes entscheidend, auch führen durch ihre Täler gut ausgebaute Straßen. Allerdings liegen einige Dörfer weitab dieser Straßen, sie zu erreichen hat einen Hauch von Abenteuer. Mit dem Text geht zunächst die Lenne abwärts.

Renier Roidkin betitelt seine Zeichnung irrtümlich ›Ansicht von Schloß Leinhausen am Fluß Leine in Westfalen, Fürstentum Münster‹. Sie zeigt jedoch zweifellos **Lenhausen** an der Lenne, trotz der *zwei* herrschaftlichen Gebäude im Bildmittelgrund. Von einem, dem sogenannten Unteren Haus (auf der Skizze rechts vom Betrachter) zeugt heute nur noch der Straßenname ›Zum alten Schloß‹; es wurde nach einem Brand 1732 nicht wieder aufgebaut.

Beide ›festen Häuser‹ gehörten Ende des 15. Jahrhunderts den Herren von Plettenberg. Sie hatten sich allerdings in zwei (Lenhauser) Linien geteilt, deren Familiengeschichte einen sehr unterschiedlichen Gang nahm. Beide Zweige waren zunächst mit ihrem Kurfürsten Gebhard Truchseß von Waldburg zum Protestantismus übergetreten, doch hatten die im ›Oberen Haus‹ die Zeichen der Zeit rechtzeitig erkannt und den alten Glauben bald wieder angenommen; ein weiser Entschluß, wie sich zeigen sollte. Die Wittelsbacher auf dem Kölner Stuhl zeichneten die späteren Grafen des öfteren mit höchsten Staatsämtern aus,

Lenhausen an der Lenne, Federzeichnung von Renier Roidkin, um 1730

Christian Friedrich von Plettenberg wurde Fürstbischof von Münster (1688–1706), sein Neffe Adolf erster, dann allerdings in Ungnade gefallener Minister des Kölner Kurfürsten Clemens August. Christian Friedrich baute »negst beym dorff Nortkirchen einen adelichen Sitz, so überaus courieus, also das wohl ein solches für einen königlichen pallast bestehen konte«. Dieses Schloß trägt dann auch heute noch den Titel ›das münsterische Versailles‹.

Von einem ›sauerländischen Versailles‹ kann bei der Lenhauser *Wasserburg*, die nahe der Mündung der Fretter in die Lenne liegt, keine Rede sein (Abb. 53). Das Herrenhaus ist ein bescheidener dreitürmiger Bau aus dem 17. Jahrhundert (Wappensteine und Maueranker geben die Jahreszahlen 1664, 1672 und 1673 an), allerdings wurde er über dem recht willkürlichen Grundriß einer zweifellos älteren Anlage errichtet. Im Laufe der Zeit kam dieser Komplex immer weiter herunter, bis er 1874 einer durchgreifenden Sanierung unterzogen wurde, dabei verlängerte man auch seine südliche Flucht. – In keinem guten Zustand ist heute das langgestreckte Gebäude (1611) östlich des Herrenhauses, welches wohl einmal (als eine Art Vorburg?) zur Anlage gehört hat.

Von Lenhausen aus empfiehlt sich ein Abstecher ins nahe gelegene **Schönholthausen,** dessen *Pfarrkirche St. Laurentius,* vor allem ihr weithin sichtbarer romanischer Westturm, einem markanten Orientierungspunkt auf den sanft gewellten Hochflächen östlich der Lenne darstellt. Den vierjochigen Saal mit eingezogenem Chor erbaute der Suttroper Johann Jost Schilling zwischen 1732 und 1736, auch hier fehlen die unerläßlichen Reminiszenzen an die Gotik nicht. Bei der strengen Innenarchitektur des Gotteshauses scheinen die Sterngewölbe und die dreifach gestuften Pilaster bereits ein Zugeständnis, die konstruktiven Elemente werden immerhin durch farbige Absetzung hervorgehoben. Auch ihre reiche barocke

DAS KÖLNISCHE SAUERLAND: DER KREIS OLPE

Ausstattung belebt die Andachtsstätte, wenngleich der qualitätvolle Hochaltar (Abb. 60) im Verhältnis zum Raum etwas zu klein wirkt. Er stammt aus der Berghausener Pfarrkirche und kam nach Schönholthausen, weil er dort die wieder freigelegten Fresken (s. S. 151) verdeckte. Sein Mittelbild reicht über die Zone des Gebälks hinaus, das säulengetragene Sims ist auf zwei Seitenstücke reduziert. Als gediegene Arbeit darf auch die Kanzel gelten, deren Korb einmal nur Pinienzapfen – Sinnbilder des Lebens – anstelle der vier Evangelisten schmücken. Das vielleicht schönste Detail aber ist die Emporenbrüstung, ihrem weißen Grundton setzen die goldenen Ornamente bewegte Lichter auf. Weiterhin beeindruckt ein um 1500 geschnitzter, spätgotischer Christus Salvator, ihm ist bei aller Zurückhaltung der Gestik Hoheit nicht abzusprechen.

Das wasserreiche **Rönkhausen** im Lennetal liegt schon an der Grenze zum Märkischen Kreis, seine *Pfarrkirche St. Antonius Abt* (erbaut 1923) birgt einige interessante Bildwerke, von denen sich zwei aber zur Zeit im Attendorner Kreisheimatmuseum befinden, und bei der Drucklegung dieses Bands war noch ungewiß, ob und wann sie nach Rönkhausen zurückkehren. Die allerdings später noch einmal ›nachgearbeitete‹ thronende Muttergottes datiert ins frühere 14. Jahrhundert und ist, wie der Faltenwurf ihres Gewands zeigt, dem Typus der hochgotischen Sitzmadonna verpflichtet. Etwa 1500 entstand der sogenannte Apostelaltar, eigentlich ein Kastenschrein, dessen Zentrum eine geschnitzte Kreuzigungsszene bildete. Der Schrein konnte durch zwei wiederum längs gehälftete Flügel verschlossen werden und zeigt dann oben eine stark beschädigte Anbetung des Kindes zu Bethlehem, unten lassen sich noch eine Anna selbdritt und die hl. Katharina erkennen. Besser erhalten als die Malerei dieser Außenseiten ist die Darstellung der zwölf Apostel innen. In den vier Tafeln sitzen je drei untereinander angeordnete männliche Gestalten auf einer Bank. – Im Besitz der Kirche blieben die beachtliche Plastik des St. Antonius Abt aus dem frühen 16. Jahrhundert und eine etwa zeitgleiche, doch sehr viel derbere der hl. Agatha.

Bei Finnentrop nimmt die Lenne die Bigge auf, an der eine Straße und die Biggetalbahn entlangführt. In ihrem unteren Teil läßt sich wieder von einem Wasserlauf, von einem Flußtal sprechen, an seinem nördlichen Talhang zieht sich schmal der Ort **Heggen** hinauf. Geographisch noch zur Attendorn-Elsper Doppelmulde gehörig, war auch Heggen im 19. Jahrhundert ein Zentrum der Rohkalkproduktion des Kreises Olpe, die hier 1962 »wegen Verschlechterung der Absatzlage« aufgegeben werden mußte. Heute zeugen von dieser Industrie nur noch aufgelassene Steinbrüche; wo man einst den Rohstoff gewann, nämlich an der Hohen Ley, einem 107 Meter hohen Massenkalkfelsen, dehnt sich jetzt ein Naturschutzgebiet.

Die heutige *Pfarrkirche St. Antonius Abt,* ein neuromanischer Bau von 1900, überwölbt ein kleines Gotteshaus, das während der hohen Zeit südwestfälischer Hallenkirchen, also zwischen Romanik und Gotik, einige wenig sorgfältig vorgenommene Eingriffe erfuhr.

Knapp zwei Kilometer hinter Heggen weitet sich die Bigge zum 1934–1938 geschaffenen *Ahauser Stausee,* dessen dem Talverlauf folgende, langgezogene Wasserfläche die Landschaft nur wenig verändert, der allerdings verglichen mit dem Biggesee nur eine sehr geringe

Kapazität hat. Er trägt seinen Namen nach der ehemaligen Wasserburg unterhalb seiner Mauer, dem schon 1348 als Rittersitz bezeugten *Ahausen*. Wie alle anderen Gebäude ist auch das Zentrum der Anlage, ein zweigeschossiges Herrenhaus, sehr einfach gehalten. Um 1650 erbaut und im 19. Jahrhundert teilweise verändert, behält es allen gestalterischen Aufwand dem hofseitigen Pilasterportal mit der doppelarmigen Freitreppe und dem Wappenaufsatz (bez. 1723) vor. Die Stuckbalkendecke der Kapelle St. Agatha erinnert an die der Attendorner Hospitalkirche, noch größeres Interesse darf indessen der spätgotische Flügelaltar beanspruchen, welcher Szenen aus der Passionsgeschichte darstellt.

Der letzte Abstecher führt nach dem entlegenen **Schliprüthen**. Die Straße durchs Frettertal steigt gegen dessen Ende zunächst mit zwei steilen Kehren am Hang empor und gibt oben den Blick auf ein beschaulich ins Talrund geschmiegtes Dorf frei (Abb. 62). Den Eingang zu seiner kleinen *Pfarrkirche St. Georg*, einmal mehr eine Halle des Übergangsstils, versperrt beinahe die mächtige Linde; zwischen ihr und dem Westportal muß sich hindurchzwängen, wer das nur zweijochige Gotteshaus von innen besichtigen will. Rundpfeiler tragen die kaum gegrateten, quadratischen Gewölbe des Mittelschiffs, die Seitenschiffe sind außerordentlich schmal, und auch das Chorjoch weist eine geringere Breite als bei den meisten Bauten dieses Typs auf. In einem eigentümlichen Kontrast zu dieser Architektur steht die durchweg barocke Ausstattung, vor allem die reich verzierte und sehr farbenprächtige Kanzel belebt den Raum. Bemerkenswert auch der kleine Orgelprospekt von 1681, über dessen Herkunft wie Erbauer noch Unklarheit herrscht, und die allerdings spätgotische Figur der hl. Katharina (von Alexandrien). Die Schwertspitze und ihr linker Fuß unterdrücken doppelt jene vor ihr kauernde Gestalt, den römischen Kaiser Maxentius der Katharinenlegende. Er verfügte ihren Tod, nachdem er durch die Überzeugungskraft der ebenso schönen wie klugen Christin seine Gattin und seinen fähigsten General verloren hatte.

Der Hochsauerlandkreis und angrenzende Gebiete

Der Hochsauerlandkreis, ein Ergebnis der nordrheinwestfälischen Gebietsreform, besteht seit 1975 und setzt sich im wesentlichen aus den ehemaligen Kreisen Brilon, Meschede und Arnsberg zusammen. Dieser recht große Raum umfaßt sowohl die gebirgigen und verhältnismäßig dünn besiedelten Partien im Süden wie das Tal der jungen Ruhr, wo die höchste Bevölkerungsdichte und die ausgeprägteste industrielle Infrastruktur anzutreffen sind.

Dieser Fluß hat auch der Region seinen Namen gegeben, aus der noch immer die meisten Gäste kommen, ein traditionsreicher Tourismus ganz eigener Art. Denn hier suchten und suchen ja keineswegs nur die Bessergestellten in renommierten Hotels Erholung, hier kennt mancher die Umgebung seines Zeltplatzes oder seiner kleinen Pension schon seit Jahrzehnten, der zumindest vorzeiten auf einen Urlaub oder auch nur auf die Fahrt ins Wochenende ohne die Nähe dieser ›Grünen Lunge‹ ganz hätte verzichten müssen. Darüber wird leicht

DAS KÖLNISCHE SAUERLAND: HOCHSAUERLANDKREIS

vergessen, daß der Menschenstrom – freilich noch nicht die Autolawine – früher in die umgekehrte Richtung zog: Als sich das Gebiet zwischen Ruhr und Emscher zum bedeutendsten Industrierevier des Reichs entwickelte, brach im Sauerland – der bittersten Not gehorchend – die männliche Einwohnerschaft ganzer Dörfer dorthin auf, um Arbeit zu finden. Und auch heute ist die Beziehung zwischen den beiden Räumen keineswegs so einseitig, wie es die Statistiken des Fremdenverkehrs ausweisen. Aber davon an anderer Stelle.

Stadt Schmallenberg

Der Grenzverlauf läßt keinen Zweifel: Schmallenberg ist eine ›Großstadt‹, deutlicher und drastischer gesprochen: ein Flächenriese, der 86 Siedlungen umfaßt. Unter den Gemeinwesen des Kreises behauptet es desgleichen den Löwenanteil an den Übernachtungszahlen; Orte wie Latrop, Westfeld, Nordenau und Oberkirchen sind seit langer Zeit bekannte Sommerfrischen, und die Gastronomie dort hat einen sprichwörtlichen Ruf. Daß abseits jener Gegenden, die in aller Munde sind und deren landschaftliche Schönheit zu rühmen mithin Eulen nach Athen tragen hieße, immer noch einige Idyllen ihrer – nie unproblematischen – Entdeckung harren, steht auch in diesem Buch meist nur zwischen den Zeilen, eigentlich: zwischen den Reisezielen. Wer sich in die kaum je genannten Dörfer aufmacht, denen nun unter anderen die Aufmerksamkeit gelten soll, der muß einen Mangel an landschaftlichen Eindrücken nicht fürchten.

Die Stadt Schmallenberg selbst (Abb. 68) verdankt ihre imposante Lage der Lenne. Im nachgiebigen Tonschiefer formte sie jene Terrassenlandschaft aus, die unter dem Namen ›Fredeburger Bucht‹ oder ›Wormbacher Weitung‹ bekannt ist. Die nur gegen Nordwesten geöffnete Kammer weist ein deutlich niedrigeres Niveau auf als die umliegenden Höhenzüge (Hunau, Asten und Rothaar), so erreicht der Schmallenberger Terrassensporn gerade 400 Meter. Um ihn hat der Fluß eine weite Schlinge gezogen, dort, wo der Sporn steil zur Aue hin abfällt, stand einst die gemeinsame Burg des Kölner Erzbischofs und des Klosters Grafschaft. Wenn diese Anlage auch als Keimzelle für eine spätere Siedlung anzusehen ist, für das Entstehen der civitas war sie nicht ausschlaggebend. Sie lag schon verlassen, als 1244 die Befestigung der bis dahin offenen Stadt durch den Landesherrn und das Kloster beschlossen wurde, über deren Gründungsdatum sich weiter nichts ermitteln läßt. Jedenfalls zeichnen 1244 »magister burgensium consules et universitas civium in Smalenburg« (Bürgermeister, Rat und Bürgerschaft in Schmallenberg), die Urkunde trägt das Stadtsiegel.

Die Umwehrung wird ein letztes Mal anfangs des 14. Jahrhunderts erweitert, zu einem Zeitpunkt mithin, da Schmallenberg für die Bewohner des Umlands große Attraktivität gewinnt; etwa 1350 erreicht die Stadt eine Einwohnerzahl, die sie während der folgenden 450 Jahre nie mehr aufzuweisen haben wird. Schmallenberg ging mehrere Bündnisse mit anderen Städten ein, war Mitglied der Hanse und hatte als solches an deren weitläufigen Handelsverbindungen teil. Mit dem strukturellen Wandel der wirtschaftlichen Verhältnisse im Spätmit-

140

telalter sank aber auch der Stern dieses Gemeinwesens, es entwickelte sich zu einem Ackerbürgerstädtchen wie viele andere mehr. Nach den schweren Bränden von 1732, 1746 und
1810 vernichtete ein weiteres Großfeuer am 31. Oktober 1822 132 Gebäude. Die Katastrophe traf die Bewohner weit härter als die voraufgegangene, »denn damals geschahen die
Brände im Frühjahr (...), jetzt aber waren alle Früchte eingescheuret, wodurch jeder in
tiefste Armuth versetzet wurde«.

Im Zuge des Wiederaufbaus legte man Schmallenberg völlig neu an. Der damals ausgear-
beitete Grundriß ist noch heute erhalten und gilt als beispielhaft für die Stadtplanung jener
Epoche. Zwei parallele breite Straßen, die durch mehrere, genau im rechten Winkel abzwei-
gende Fahrwege verbunden sind, verlaufen längs des Sporns von Norden nach Süden (sie
werden erst weit unterhalb der Pfarrkirche am Hang zusammengeführt). Die traufenständigen, schiefergedeckten Fachwerkhäuser mit ihren klassizistischen Architekturelementen
stehen frei, ihre Flucht springt vor der eigentlichen Fahrbahn zurück und läßt mindestens für
den Gehsteig Raum.

Die Neugestaltung schritt zügig voran, und schon 1825 stellte der Oberpräsident von
Vincke nach einem Besuch des Gemeinwesens fest, »daß der Wiederaufbau (...) so gut als
vollendet zu betrachten ist«. Und wenngleich Schmallenberg Ende des Zweiten Weltkriegs
noch einmal schwer heimgesucht wurde und einige spätere Planungssünden sich nicht übersehen lassen, lohnt auch heute noch das Stadtbild einen Aufenthalt.

Die 1905/06 entstandene, nord-südlich gerichtete *Pfarrkirche St. Alexander* ist ein Werk
des vielbeschäftigten Aachener Dombaumeisters Buchkremer, doch blieb hier wie in Kirchhundem (s. S. 109) ein Teil des alten Gotteshauses erhalten, sein Turm und das westliche
Joch mußten freilich der neuromanischen Anlage weichen. Ihr Vorgänger, einmal mehr ein
Bau aus der Zeit des Übergangs zwischen Romanik und Gotik (er weist denn auch die
bekannten Stilmerkmale der südwestfälischen Hallenkirche auf), birgt noch eine gute Pietà
des 15. Jahrhunderts (Abb. 59) und ein spätgotisches Sakramentshäuschen. Den Altar schufen die beiden Vettern Johann Leonard Falter und Johann Adam Destadt, gebürtige Schmallenberger. Sie standen zusammen einer Werkstatt vor, die in unserem Raum, aber auch in
Ostwestfalen eine Vielzahl von Kirchen mit ihren Arbeiten belieferte. Schon unter dem
Horizont des Klassizismus, sind sie die letzten konsequenten Vertreter des Rokoko. Welchem der beiden man welche Stücke zuschreiben muß, darüber könnte man auch bei besserer Forschungslage nur vage urteilen, zu sehr gleichen sich ihre Handschriften. Die äußeren
Figuren des Hochaltars – darüber lassen die erhaltenen Rechnungen keinen Zweifel – stammen vom jüngeren, erst 1818 in Schmallenberg verstorbenen Destadt, längliche Gesichter,
die hervorgehobenen Wangenknochen und die eigentümliche Behandlung der Gewandfalten zeichnen sie aus.

Die 1693 geweihte *Kapelle Auf dem Werth* hat die malerische Lage am Rande des heutigen
Kurparks und des Abfalls zur Lenne für sich. Der schlichte Saalbau mit gewölbter Decke ist
sowohl nach Westen wie nach Osten dreiseitig geschlossen, er besitzt einen kleinen
barocken Altar. Laut der gereimten lateinischen Inschrift über dem Eingang hat die Kapelle
›Johannes Cordes mit seiner Ehefrau Maria Falcken erbaut‹.

141

DAS KÖLNISCHE SAUERLAND: HOCHSAUERLANDKREIS

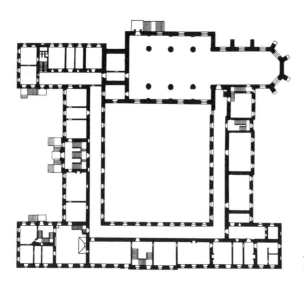

Kloster Grafschaft, Grundriß des gesamten ursprünglichen Hauptkomplexes

Nicht nur das geistliche, sondern auch das historische und kulturelle Zentrum dieser Landschaft ist **Kloster Grafschaft** (Abb. 69). Als der Kölner Erzbischof Anno II. das Kloster 1072 gründete, holte er Siegburger Benediktiner, die jenen Ort mit Leben erfüllen oder ihn eigentlich erst zum Leben erwecken sollten. Vieles spricht dafür, daß den einflußreichen geistlichen Herren bei seinem Unternehmen auch machtpolitische Gesichtspunkte geleitet haben, doch wie immer – für die Mönche bot sich hier im abgelegenen Seitental der jungen Lenne beste Gelegenheit, ihrem Wahlspruch ›Bete und arbeite‹ zu folgen, vor allem, was die Arbeit anging, ließ ihnen die Wildnis um sie herum keine andere Wahl. Ganz allein auf ihre zupackenden Hände und sinnreichen Köpfe mußten sie sich freilich nicht verlassen, der Stifter hatte die Abtei mit Gütern reich ausgestattet. Nach dem Verfall der Klosterzucht wurde Grafschaft mit Brauweiler Ordensbrüdern neu besetzt, der Anschluß an die Bursfelder Kongregation 1508 sollte die mönchische Gemeinschaft neu stärken. Einen ökonomischen Aufschwung nahm das Kloster im 17. und 18. Jahrhundert, als es auf seinen Besitz tatkräftig das Eisengewerbe förderte. 1804 im Zuge der Säkularisation aufgehoben, kamen seine Gebäude immer mehr herunter, die reiche Ausstattung wurde in alle Winde zerstreut, Teile von ihr gelangten bis nach Hessen...

Das traurigste Los traf wohl die *Abteikirche St. Alexander*. Der 1747 konsekrierte Neubau des hier auch bestatteten Michael Spanner war noch keine neunzig Jahre alt, als man ihn 1832 niederlegte. Die Zeitgenossen hielten ihn für die unbestritten schönste Barockkirche des Herzogtums, vor allem rühmten sie die Pracht ihrer Innenausstattung. Und wirklich geben die andernorts (Belecke, Attendorn, Winterberg) erhaltenen Stücke selbst heute eine – wenn auch schwache – Vorstellung vom ›Grafschafter Barock‹, aber vieles ist unwiederbringlich verloren: Noch 1970 mußte die freilich arg heruntergekommene Orgel des Würzburger Hoforgelbauers Johann Philipp Seuffert zu Frankenberg an der Eder einer neuen weichen, seitdem verliert sich die Spur dieses vielgepriesenen Instruments im dunkeln. Einzig der Westturm des Gotteshauses blieb in seiner Gestalt von 1629 erhalten. Damals um ein Geschoß erhöht, stammt sein unterer Teil noch vom ersten Bau des 11. Jahrhunderts.

Für das großzügig angelegte *Hauptgebäude* zeichnete gleichfalls Michael Spanner als Baumeister verantwortlich. Dieses Zentrum der ausgedehnten Anlage umschloß einen inneren Hof, und seinen nördlichen Flügel bildete einst die Kirche. Beide Seitentrakte griffen nach Osten wie nach Westen über jenes Hauptgebäude hinaus, dessen Fassade sich dem Besucher weist, sobald er durch das Torhaus tritt, allerdings bleibt die Bauplastik fast ganz auf den übergiebelten Mittelrisalit beschränkt. Vor ihm schwingt eine doppelarmige Treppe ein, das von Pilastern gefaßte und mit einem opulenten Giebel bekrönte Portal schuf Melchior Klug, der auch die schlichteren seitlichen Eingänge gestaltete. Von der einstigen Inneneinrichtung ist nur noch wenig mehr als die gleichfalls zweiläufige, sehr vornehme Treppe zu bewundern.

Unter den übrigen Gebäuden des Komplexes fällt das 1770 errichtete, massive *Torhaus* ins Auge, seiner herrischen Architektur nach könnte es eher einer Schloßanlage denn einem Kloster zugehören. Schon gar nicht will es zu den freundlichen Borromäerinnen passen, die nach dem Zweiten Weltkrieg aus Schlesien hierher kamen und in den Räumen der ehemaligen Abtei ein Fachkrankenhaus errichteten.

Entlang der Straße von Schmallenberg zieht sich der Kreuzweg zum 658 Meter hohen *Wilzenberg* hinauf. Hier bezeichnet das weithin sichtbare Kreuz einen Ort, der die Menschen schon in vorchristlicher Zeit anzog. Die quarzitische Grauwacke des Zeugenbergs setzte der Erosion mehr Widerstand entgegen als das umliegende Gestein, den von der Natur derart ausgezeichneten Platz nutzten schon die Menschen der späten Eisenzeit. Er ließ das Land weit überschauen und auch die Bewegungen eventueller Feinde leicht erkennen, ein idealer Ort für eine Wallburg mithin, und im Sauerland hat keine andere Anlage dieser Art solch aufschlußreiche Funde preisgegeben. Vier unbrauchbar gemachte, eiserne Lanzenspitzen, vor allem aber die zwei ganz eigentümlich verformten Schwertklingen aus demselben Metall berechtigen vielleicht zu der Annahme, daß die Gegenstände im Verlauf einer rituellen Handlung hier niedergelegt wurden.

Noch in einer weiteren Hinsicht fällt die Wallburg aus dem Rahmen des Erwarteten. Nirgendwo sonst nutzten die Franken eine ältere Befestigung, hier aber zogen sie wohl noch zur Karolingerzeit einen inneren Ring. Auch der christliche Glaube nahm von dem Berg Besitz; wenn sich auch eine *Kapelle* erst seit dem 16. Jahrhundert nachweisen läßt, die seit dem 17. Jahrhundert Ziel vieler Prozessionen ist. Das heutige Kirchlein von 1622 wurde 1755 erweitert, und seiner barocken Ausstattung wegen sollten Besucher einen Blick hineintun, doch werden sie die Tür nicht immer geöffnet finden. In diesem Fall mag der Rundblick vom nahen Aussichtsturm entschädigen, Rothaargebirge, Hunau, Kahler Asten und Homert winden hier oben einen Kranz aus dunkel bewaldeten Höhenzügen.

Schanze, Latrop und Jagdhaus – drei Siedlungen unter dem Sauerlandkamm, der Religions-, Sprach- und Stammesgrenze (s. S. 352). Die Erinnerung an sie lebt auch heute noch in mancherlei Gestalt fort, etwa am *Margaretenstein*, zu dem eine schöne Wanderung von

DAS KÖLNISCHE SAUERLAND: HOCHSAUERLANDKREIS

Jagdhaus über den Härdler (752 m) führt. Offenbar schloß die Scheidelinie zwischen dem katholischen Herzogtum Westfalen und dem protestantischen Wittgenstein, so scharf sie auch gezogen sein mochte, nicht aus, daß sich ein kurkölnischer wie ein wittgensteiner Forstbeamter in dasselbe Mädchen verlieben konnten, jene Margarete eben – und wer die volkstümliche Überlieferung kennt, der ahnt das blutig-düstere Ende der Geschichte. Am genannten Stein trugen die Männer das Duell aus und machten ihrer Schießkunst alle Ehre, beide blieben tot auf dem Kampfplatz. Auch zu dieser Stätte paßt der Name **Jagdhaus;** ein solches unterhielten hier, in den für ihren Wildreichtum berühmten Wäldern, die Freiherrn von Fürstenberg während des 17. Jahrhunderts, es wurde später die Gaststätte Wiese. Dort hinauf kam 1878 der erste Urlauber, ein Gevelsberger Hauptlehrer, und kehrte siebzehn Jahre jeden Sommer wieder.

Ein verschwiegenes Plätzchen ist Jagdhaus heute ebensowenig mehr wie **Latrop** am Ausgang des gleichnamigen Tales. Daß die Bewohner des 1275 erstmals erwähnten Ortes ihr Zuhause aufgaben, nachdem selbst diese Siedlung zum Schauplatz der Soester Fehde geworden war, verwundert indessen auch heute nicht. 1617 belebte Kloster Grafschaft den Ort wieder neu, hauptsächlich Köhler und Waldarbeiter fristeten hier ihr karges Dasein. Noch in unseren Tagen mußte, wer nach Latrop kommt, auf dem gleichen Weg wieder zurück. Nun lohnt die Schönheit des Latroptals solche Wiederholung allemal, nach Schanze jedoch sollte man weiterwandern, das macht aufs Ganze gesehen weniger Umstände. **Schanze** – übrigens gleichfalls ein Ort, an dem noch vor kurzer Zeit für Autofahrer die Welt zu Ende war – hieß 1832 noch Hilmecke, doch wahrt sein neuer Name den Bezug zur Geschichte. Er erinnert an jenes Landwehrsystem, das im Dreißigjährigen Krieg vor dem andersgläubigen Feind schützen sollte. Auch diese Stätte war ein Grafschafter Vorposten, das Kloster siedelte hier Köhler aus der Eifel an. Es drängte sich eben niemand danach, dort zu leben, und bis vor wenigen Jahren versüßte der Staat seinem hierhin verschlagenen Förster die Entlegenheit der Dienstwohnung mit einer Einödzulage. Doch der Tourismus hat auch Schanze entdeckt, und – wie der Skilift beweist – nicht nur zur Sommerzeit.

Der Weg führt zum Dorf Grafschaft zurück, dem Ausgangspunkt einer Fahrt an die obere Lenne. Grafschaft gewann schon 1965 die Goldmedaille im Bundeswettbewerb ›Unser Dorf soll schöner werden‹, die weiter östlich gelegenen Orte Oberkirchen und Westfeld erhielten die begehrte Auszeichnung später. Wiederum greift die Werbung gerne zu dem Wort ›gepflegt‹, wenn sie diese Dörfer vorstellen will, und es soll Gäste geben, die sich erst verstohlen umsehen, ehe sie hier eine Zigarette auszutreten wagen.

In **Oberkirchen** (Farbt. 27) empfiehlt sich allerdings nicht allein das Betrachten der schönen Fachwerkhäuser, sondern auch ein Besuch der *Pfarrkirche St. Gertrud.* Das 1666 geweihte Gotteshaus hatte einen romanischen, später nach Westen erweiterten Vorgänger, zu dessen Ausstattung vielleicht der heute im Pfarrhaus aufbewahrte, meist dem frühen 11. Jahrhundert zugewiesene Leuchter gehörte. Dieser Bau wurde 1470 im Stil der Gotik umgestaltet, die heutige Kirche aber ist eine barocke Neuschöpfung. Errichten ließ sie während der armen Zeit kurz nach dem Dreißigjährigen Krieg der geistliche Landesherr des Bistums Paderborn Friedrich von Fürstenberg, das tun Wappen und Inschrift über dem Südportal

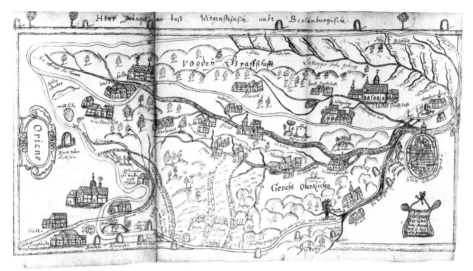

Historische Karte des Gerichts Oberkirchen

kund. Auch sonst ist das heraldische Zeichen des Stifters allgegenwärtig – eine damals recht verbreitete Unsitte, die schon Zeitgenossen heftig kritisierten, die jedoch dem Selbstverständnis eines barocken Herrschers völlig entsprach.

Auch die Ausstattung der Kirche zeugt von den finanziellen Möglichkeiten des Bauherrn: Hochaltar und Kanzel sind prächtige Stücke, etwas schlichter fällt der Taufstein von 1632 aus, darüber eine originelle Interpretation der Fußwaschung. Ein würdiges Pendant zum Hochaltar bildet das in die Empore einbezogene, 1705 entstandene Orgelgehäuse (Abb. 61). Johann Heinrich Kleine, Mitglied der nun schon mehrfach genannten Eckenhagener Orgelbauerfamilie, betont hier durch einen starken Hauptturm die Mittelachse, der gegenüber sich die Seitenteile dennoch eindrucksvoll behaupten können. Übrigens ist die Schauseite des Unterwerks rund siebzig Jahre jünger, sie fügt sich jedoch, obgleich ihre Ornamentik schon ins Rokoko weist, ohne Bruch ein.

Oberkirchen war im Herzogtum Westfalen Sitz eines Gerichts, welches seine Bekanntheit unter Geschichtsforschern der Tatsache verdankt, daß sich die von ihm ausgefertigten Protokolle zu den Hexenprozessen des Jahres 1630 vollständig erhalten haben. Es sind erschütternde Dokumente eines ganz eigenen Glaubenseifers: Er unterwarf das hinfällige Fleisch den grausamsten Torturen, um die unsterbliche Seele aus den Klauen des Satans zu retten. Und der Mechanismus stets weiter um sich greifender Beschuldigungen konnte jeden erfassen, immer neue Namen gaben die Angeschuldigten unter der Folter preis. Der Teufelsbuhlschaft wurden vorwiegend Frauen bezichtigt, aber auch Männer (›Hexenmeister‹) und auch ganz junge Menschen, zum Beispiel halten die Niederschriften eine »Abfragung des Kinds

DAS KÖLNISCHE SAUERLAND: HOCHSAUERLANDKREIS

zu Oberkirchen, Christianeken Teipeln, so ins neunte Jahr alt ist«, fest. Die Protokolle sind im übrigen alles andere als eine spannende Lektüre; die kaum variierten, deshalb später nur noch stichwortartig aufgezeichneten ›Bekenntnisse‹ geben einen deutlichen Hinweis darauf, daß die Aussagen der Beklagten sich wörtlich an die Vorgaben der Ankläger hielten. Es hatte ja kaum jemand, der einmal in die Mühlen dieser Justiz geraten war, eine Chance, mit dem Leben davonzukommen. Und das Herzogtum Westfalen war nicht irgendeines der vielen Territorien, in denen solche Prozesse stattfanden, sondern dasjenige, welches die vermeintlichen Hexen noch exzessiver verfolgte als die dieserhalb berüchtigten südwestdeutschen Hochstifte Würzburg und Bamberg. Im Herzogtum lassen sich etwa tausend Hinrichtungen nachweisen, England mit seiner ungleich höheren Einwohnerzahl verzeichnete dagegen fünfhundert vollstreckte Todesurteile.

Obwohl Westfeld, 1975 ›schönstes Dorf Westfalens‹, der erste Ort an der Lenne ist, hat sich der Fluß hier schon recht tief ins Gestein eingegraben. So muß hoch hinauf, wer von hier über den Bergrücken nach Nordenau gelangen will, der Abstieg (oder die Abfahrt) auf der anderen Seite fällt dann jedoch weniger kraß aus.

Auch **Nordenau** kann vielfache Auszeichnungen vorweisen, obgleich ihm die höchsten Ehren bislang versagt geblieben sind. Doch gehören zu diesem Ort die immer noch eindrucksvollen Ruinen eines Bauwerks, das zu den ältesten des Sauerlands zählt. Auf dem Rappelstein erhebt sich über quadratischem Grundriß der teilweise wieder aufgebaute Turm der Burg Norderna, ein mächtiges Gebilde von zwölf Meter Kantenlänge. Seit etwa 1120 sicherte diese Anlage die schon mehrmals erwähnte Heidenstraße, und vielleicht hat auf der Burg damals schon jenes Geschlecht gesessen, welches sich hier ab dem 13. Jahrhundert nachweisen läßt. Ihr Stammsitz öffnete 1297/98 den Waldeckern seine Tore und stellte damit eine ernsthafte Bedrohung des kölnischen Territoriums um Winterberg dar. Erst 1346 wurden die Erzbischöfe dieser Gefahr endgültig Herr, als nunmehrige Mitbesitzer der Burg konnten sie ihren Anspruch auf die Landeshoheit gegen die Grafen von Waldeck durchsetzen. Als die Chronik 1513 von einer Neugründung des wüst gewordenen Dorfes Nordenau berichtet, lag die Wehranlage schon verfallen, und längst hatten ihre ehemaligen Bewohner, die Edelherren von Grafschaft, einen anderen Wohnsitz gewählt. Aber im Andenken der Menschen im Wesselbachtal blieb sie noch lange eine hochragende Feste, derer sich nun die Volkssage bemächtigte. Hier hauste der Blaubart des Sauerlands, nur war er weiblichen Geschlechts und fand nach dem heimtückischen Mord der – obligaten sieben – Ehemänner kein ähnlich blutiges Ende wie sein maskulines Gegenstück, sondern im Angesicht eines natürlichen Todes noch Gelegenheit, tätige Reue zu zeigen: Die Gräfin Kuniza vermachte ihren Besitz den Grafschafter Mönchen. Das bewahrte sie freilich nicht vor dem Schicksal des Wiedergängers, der für immer an den Ort seines ruchlosen irdischen Wandels gebannt ist. Wer heute zur Plattform des Turms hinaufsteigt, weil er den schönen Blick ins Astengebirge keinesfalls missen möchte, muß allerdings die Begegnung mit der verblichenen Gräfin nicht fürchten. Offenbar hat ihr der lebhafte Tourismus unserer Tage die ewige Ruhe doch noch verschafft.

Einen Abstecher vom geraden Weg Schmallenberg – Fredeburg ist **Holthausen** allemal wert. Chronistenpflicht gebietet es festzustellen, daß auch dieses Dorf 1979 eine Goldmedaille im Bundeswettbewerb ›Unser Dorf soll schöner werden‹ gewann, und nicht unwesentlich hat zu dieser Auszeichnung das *Schieferbergbau-Heimatmuseum* beigetragen. Seine Ausstellungsräume sind zum großen Teil einer Präsentation der Fredeburger Schiefergewinnung und -verarbeitung vorbehalten, ohne Zweifel ein wichtiges Thema für ein Museum, denn heute fördern in der gesamten Bundesrepublik nur noch ganze sechs Bergwerke dieses Gestein, zwei liegen nahe bei Fredeburg. Ihre Entdeckung verdanken die Vorkommen übrigens den Fredeburger Brauereien, die im vorigen Saeculum nach einem kühlen Lagerplatz für ihr leicht verderbliches Erzeugnis suchten. Dabei stieß man auf den sogenannten Lenne-Schiefer, ein Gestein von hoher Wetterfestigkeit und kaum ausblassender Farbe. Der Hauer muß es in großen Stücken fördern, auch soll der Schiefer verarbeitet werden, solange er noch die Erdfeuchtigkeit und -temperatur hält. Nicht anders als vor Jahrhunderten werden heute die Platten mit Spalteisen und Klöpper auf Stärke gebracht, um dann vor allem beim Eindecken der Häuser Verwendung zu finden. Schade, daß sich jetzt so viele Hausbesitzer wegen der horrenden Quadratmeterpreise mit Kunstschiefer begnügen (müssen), denn wie tot und stumpf wirkt dieses Produkt auf Asbest-Basis gegen den warmen, mal silbergrauen, mal samtig dunklen Glanz des natürlichen Gesteins.

Ganze drei Hektar Fläche nahm **Fredeburg** ein, als ihm der Edelherr Dietrich III. von Bilstein etwa 1330 die ersten städtischen Rechte gewährte. Diese Siedlung lag vor der Burg im Bereich der sogenannten ›Altstadt‹, der Verlauf ihrer Umwehrung läßt sich – obwohl auf weite Strecken überbaut – heute noch leichter ausmachen als Lage und Grundriß der um 1325 erbauten Burg, deren spärliche Reste heute wenigstens im Mauerwerk eines Gasthauses mit einschlägigem Namen auszumachen sind. Die Fredeburger Wehranlage spielt in einer der schönsten Sagen des Sauerlandes eine wichtige Rolle. Von hieraus gewahren nämlich Menschen reinen Herzens zuweilen die Umrisse jener mächtigen Götterbrücke, auf der die germanischen Gottheiten vom Franken- ins Sachsenland hinüberzogen, nachdem sie die Christianisierung aus ihrer südlichen Heimat vertrieben hatte.

1353 unter der Hoheit Gottfrieds IV. von Arnsberg, 1367 unter der Engelberts III. von der Mark, kam Fredeburg mit der gesamten Herrschaft Bilstein an Kurköln, in dieses Jahr fällt auch die endgültige Stadterhebung. Im folgenden Jahrhundert bildet sich unterhalb der Mauern des alten Fredeburg allmählich die Vorstadt ›Im Ohle‹ aus, der historische Siedlungskern fällt 1810 einem Großfeuer zum Opfer. Daraufhin läßt der zwischenzeitige hessische Landesherr (s. S. 16) entlang der Hochstraße die Oberstadt anlegen, in der 1825 auch die Kirche einen neuen Platz findet. Schwerste Zerstörungen erlitt die Stadt nochmals 1945 beim Einmarsch der Amerikaner, und es verdient Bewunderung, mit welcher Liebe und welchem unerschütterlichen Festhalten an hergebrachter Bauweise und Materialien Fredeburg wiederaufgebaut wurde. Heute ist es einer der bedeutendsten Kurorte des Sauerlands und Sitz der Deutschen Landjugend-Akademie. Sein Zentrum liegt etwa auf der Grenze zwischen Alt- und Oberstadt, also dem mittelalterlichen und dem Fredeburg des 19. Jahrhunderts, der Brunnen des Platzes betont zusätzlich die privilegierte Lage.

DAS KÖLNISCHE SAUERLAND: HOCHSAUERLANDKREIS

Hier steht auch – allerdings jenseits der Straße – die 1932 erbaute *Pfarrkirche St. Georg.* Sie besitzt noch einige barocke Plastiken, die wohl schon im Vorgängerbau standen. Knappe dreihundert Jahre älter als St. Georg ist die *Kapelle Zum Heiligen Kreuz.* Wo sich am östlichen Ende der Oberstadt die Hochstraße gabelt, öffnet sich ihr schlichtes Portal dem Besucher. Wie bei der Schmallenberger Kapelle werden auch hier zwei barocke Raumlösungen, die Saal- und die Zentralbauweise, miteinander verbunden, das Kirchlein schließt nach Westen und nach Osten polygonal ab. Die qualitätvolle Pietà und der ansprechende, recht flächig gehaltene Altaraufsatz des Rokoko gehören zur – nun auch dem Leser schon vertrauten – Ausstattung solcher Andachtsstätten; weniger stimmig ist die neubarocke Ausmalung, die lediglich eine unreflektierte, allenfalls gut gemeinte Imitation aus der doch unübersehbaren Distanz dreier Jahrhunderte versucht.

Auch **Dorlar** liegt an der gut ausgebauten B 511 nach Eslohe. Seine *Pfarrkirche St. Hubertus* ist – wiederum – ein Neubau vom Anfang dieses Jahrhunderts, ihm wurde eine Hallenkirche des Übergangsstils als südliches Seitenschiff belassen, auch der vorgelagerte, über einem quadratischen Grundriß errichtete Westturm jenes Gotteshauses steht noch. Der jüngst restaurierte Hochaltar aus der Falter/Destadtschen Werkstatt (s. S. 141) verleibt die weiß-golden gehaltenen Heiligen Sebastian, Hubertus und Fabian jener eigentümlich reduzierten Architektur ein, die auch mit ihrer Farbfassung (marmoriertes Blau und Rot) ins Rokoko weist.

Die größte Kostbarkeit der Kirche aber ist zweifellos das um 1500 entstandene Vesperbild aus Lindenholz (Abb. 58). Der weit fallende Umhang Mariens formt ein Dreieck, über das nur der dornenbekrönte Kopf ihres Sohnes seitlich herausragt. Außer diesem Moment der Unruhe stört kaum ein Detail den Eindruck einer stillen, beinahe gelösten Trauer, denn auch die Züge des aus unzähligen Wunden blutenden Christus tragen keine Spuren der vorausgegangenen Todesqualen. Große Sorgfalt hat der Künstler an die Bemalung der Plastik gewandt, den weißen Mantel der Gottesmutter zieren viele, mit wundervoll leichter Hand aufgetragene Muster, dagegen sticht die schwarzglänzende Innenseite effektvoll ab. Noch die Blutstropfen am Leib des Gekreuzigten und die Tränen der Maria zeugen von einem sehr überlegten Umgang mit der Farbe.

Doch auch abseits dieser großzügig ausgebauten Straße lohnen einige Gotteshäuser den Umweg, etwa die *Pfarrkirche St. Lambertus* im abgelegenen **Kirchrarbach.** Wie so viele Andachtsstätten zwischen Kirchhundem und Bödefeld wurde auch der Kirchrarbacher anfangs dieses Saeculums ›erweitert‹, der nord-südgerichtete Neubau duldete jedoch von der alten Kirche nur noch deren Chor und den – überdies im 19. Jahrhundert aufgestockten – Westturm. Den 1644 aufgestellten Hochaltar mit einem Gemälde der Geburt Christi im Mittelfeld und einer Marienkrönung darüber flankieren zwei schlichtere, jedoch in den gleichen Farben gehaltene Altäre. An der Nordwand des alten Chorjochs hängt eine qualitätvolle, leider völlig ungefaßte Kreuzigungsgruppe der Barockzeit. Nördlich des Chorjochs, schon in der neuen Kirche, thront ein hl. Bischof aus Eichenholz, den man ins 15. Jahrhundert datiert hat.

Die Überlandfahrt nach Brabecke führt durch sanfte Täler wie über nur sacht ansteigende Höhenrücken, und schon der Hanxledener Teich ist eine verschwiegene Idylle, zu der am schönsten das milde Licht eines Herbsttags und sein leichter, beinahe warmer Wind stimmt.

Und nun erst ein Dorf wie Dornheim, wo das Auto zur Zeitmaschine wird, der unsereiner entsteigt und sich die Augen reibt. Dieser Anblick hat wenig gemein mit dem Bild der Fachwerkensembles in den Orten der hohen Übernachtungszahlen, deren Fassaden doch immer aufs Schauen berechnet sind, erhalten unter anderem auch aus wohlerwogenen wirtschaftlichen Gründen. Hier dagegen spricht sich die Selbstverständlichkeit einer Lebensweise aus, der Hof mit großer Einfahrt: keine absichtsvolle Gepflegtheit, der Bildstock an einer Weggabelung: kein Motiv für Hochglanzprospekte. Solche Umgebung hat nichts vordergründig Anheimelndes, modisch Nostalgisches. Hier ist der Reisende wirklich noch ein Fremder und nach dem Suaheli-Sprichwort ›arm, auch wenn er als Sultan kommt‹.

Obwohl dem durch die Landschaft gebahnten Straßenstück Westernbödefeld – Meschede auf den letzten Kilometern nicht mehr auszuweichen ist, der Weg über Dornheim endet doch einigermaßen folgerichtig in **Brabecke.** Die *Kapelle St. Pankratius* inmitten des Friedhofs erweist sich wohl als barock überarbeiteter, aber immer noch ganz romanisch geprägter Bau, dessen Turm mit seiner Eckquaderung allerdings erst 1754–57 errichtet wurde. Dem ursprünglich flachgedeckten Saal zog man um 1230 Gewölbe ein, seit 1948 zieren sie wieder Rankenwerk, Lebensbäume und die stark stilisierten Fabelwesen, die dem Kunsthistoriker von der Soester Hohnekirche her vertraut sind. Den Altar von 1757 nennt Dehio ›etwas derb‹, doch läßt sich ihm eine originale Behandlung der Bildmotive nicht absprechen. Da schlagen die Gewänder um die Figuren, und selbst den Mantel Gottvaters hat ein Sturmwind erfaßt. Und sicher nicht ganz im Sinn der dargestellten Legende wendet sich im Mittelfeld des Retabels ein offenbar lernunwilliger Jesus vom Buch ab, und der energisch ausgestreckte Zeigefinger einer respektgebietend hinter ihm aufgebauten Maria kann ihren Sohn nicht bewegen, sich wieder seiner Lektüre zuzuwenden.

Die gefälschte Grafschafter Gründungsurkunde nennt auch **Bödefeld,** ohne daß später noch einmal von einer Verbindung zum Kloster die Rede wäre. Seine Erhebung zur Freiheit verdankt der Ort dem damaligen Landesherrn Gottfried II. von Arnsberg, der ihn mit den Stadtrechten seiner Metropole bedachte. Keine Mauern haben der Minderstadt je Schutz gewährt, wohl aber erlaubte der Kölner Erzbischof 1420 hier Hunold von Hanxleden den Bau einer Burg, die, so berichten die Quellen, bereits im 18. Jahrhundert ziemlich heruntergekommen war. In jenes Saeculum datiert die Errichtung einer neuen *Pfarrkirche St. Cosmas und Damian,* von ihr stammt noch der westliche Teil des heutigen Gotteshauses mit den charakteristischen Mansarddächern der Seitenschiffe wie dem aus der Fassade emporstrebenden Mittelturm, ansonsten ist die Andachtsstätte ein stilistisch angeglichener Bau der Jahre 1910/11.

Einige Plastiken, die Seitenaltäre, Hauptaltar und Kanzel wurden aus der barocken Kirche übernommen, die beiden letztgenannten, recht qualitätvollen Stücke hat Peter Sasse aus Attendorn geschaffen. Wie bei vielen anderen Werken hat auch hier erst die Restaurierung den Rang der Schöpfungen sichtbar gemacht, vor allem die durchdachte Architektur gewann

149

DAS KÖLNISCHE SAUERLAND: HOCHSAUERLANDKREIS

ihre Eleganz zurück. Frei stehen die äußeren Figuren der Apostel Petrus und Paulus, zwei gedrehte Säulen führen auf das Mittelbild zu, dessen Rahmung eine Nische nicht geradewegs vortäuscht, aber doch andeutet. Dieses Zentrum läßt sich übrigens drehen, statt der Sasseschen Strahlenmadonna erscheint dann die Himmelfahrt Mariens, eine Bildhauerarbeit wohl von Leonard Falter. Das prächtig gerahmte Rundbild im gesprengten Giebel wurde nach Fotovorlagen neu gemalt.

Bekannter als die Ausstattung der Kirche aber dürften jene Gliedmaße sein, welche im Eingangsbereich sorgsam vermauert und hinter Glas gezeigt wird: die ›Schwarze Hand‹ von Bödefeld. Das Beiwort ›schwarz‹ bezieht sich nicht auf die makabre Präsentation, sondern einfach auf die Färbung dieser zarten »echten Mädchenhand, gefunden vor 250 Jahren«. Doch so schwarz kann eine Hand gar nicht sein, als daß sich nicht eine noch finsterere Geschichte an sie knüpfen ließe. Ihre verschiedenen Versionen nehmen den Ausgang immer von derselben Untat des Kindes: Es hob die Hand gegen seine eigene Mutter, deren völlig verfehlte, eben viel zu nachgiebige Erziehung ihren Teil zu solcher Auflehnung beigetragen hatte. Heute stimmt versöhnlich, daß es immer weniger Bödefelder Mütter gibt, die ihren widerspenstigen Kindern die Strafe der Unverweslichkeit androhen.

Vom Bau der *Kapelle* auf dem heutigen Kreuzberg (705 m), damals noch die ›Wahre‹ genannt, berichtet eine sanftere Überlieferung. Sie rankt sich um den Pfarrer Montanus (1680–1743), der in der Volkssage durch seine Frömmigkeit wie seine Wunder fortlebt. Als er die schweren Steine bergan trug, begleitete ihn ein Engel, und der vorbildliche Seelsorger soll die Last auf seinen Schultern kaum gespürt haben. Kirchlein und via dolorosa sind greifbare Zeugnisse seines Wirkens, auch ein Erbauungsbuch hat er verfaßt, das den Titel ›Blümlein der Andacht‹ trägt.

Die letzte Überlandfahrt führt von Dorlar zunächst ins nahe gelegene **Niederberndorf.** 1973 wurden in der *Kapelle St. Blasius* drei Plastiken und zwei Altarleuchter gestohlen. Deshalb erteilt heute der Pfarrer in Berghausen die Besuchserlaubnis und leitet sie telephonisch nach Niederberndorf weiter. Der unauffällige Saal mit seiner flachen Decke und einer nach außen polygonal geschlossenen, im Innern halbrunden Apsis besitzt noch Reste frühgotischen Mauerwerks. Seine Bildwerke repräsentieren eine Zeitspanne von beinahe vier Jahrhunderten, bemerkenswert die um 1350 geschaffene Madonna und ein spätgotischer Jakobus der Ältere.

Für jeden Kunstliebhaber gehört ein Besuch der Pfarrkirchen Wormbachs und Berghausens zu den unbestrittenen Höhepunkten einer Sauerlandreise. Die ältere der beiden ist *St. Cyriakus* in **Berghausen,** dessen Bewohner sie um 1200 errichteten, obwohl ihr Dorf zur Wormbacher Pfarre zählte. Deshalb bezeichnen die Quellen noch bis ins 15. Jahrhundert hinein das Gotteshaus zuweilen als Kapelle. Der recht kleine Bau (das Langhaus mißt von West nach Ost nur zwölf und in der Breite lediglich acht Meter) besitzt einen gut durchgebildeten basilikalen Aufbau. Doch im Gegensatz zur herkömmlichen Basilika-Architektur haben die Seitenschiffe nur einhüftige Gewölbe, welche die Last des breiten Mittelschiffs auf die Außenmauern übertragen. Obwohl hier also das Zentrum des Langhauses noch durch

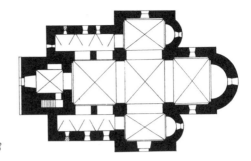

Berghausen, Pfarrkirche St. Cyriakus, Grundriß

den Obergaden sein Licht empfing, zeigt sich erstmals eine konstruktive Eigentümlichkeit der südwestfälischen Hallenkirche, für deren Helligkeit bei gleicher oder annähernd gleicher Höhe aller Schiffe lediglich die Fenster in den Außenwänden sorgten.

Aber der kunstgeschichtliche Rang der Berghausener Kirche liegt nicht in ihrer Bauweise begründet, sondern in ihren Fresken. Zwei Phasen der Ausmalung lassen sich unterscheiden, einmal die ornamentale des Langhauses mit den Umrahmungen der Fenster, den Lebensbäumen wie Schmuckbändern der Gewölbe und Bögen (Abb. 70). Dieses dekorative System gleicht dem der Soester St.-Petri-Kirche, auch spricht vieles dafür, daß die Berghausener Maler nach Mustervorlagen gearbeitet haben. Noch bedeutender ist aber die figürliche Malerei der Chorapsis. Wohl dem frühen 13. Jahrhundert zuzuordnen, macht sich bei ihr noch der Einfluß einer bildnerischen Auffassung geltend, die im Bereich der Ostkirche formuliert wurde und die über die Kunst des Rhein-Maas-Gebiets wie die stilprägenden Arbeiten der Helmarshausener Werkstätten vermittelt auch nach Berghausen gelangt sein könnte. Das Bildprogramm ist überlegt entworfen, die einzelnen Motive verweisen aufeinander und immer auf Christus als Pantokrator (›Allherrscher‹) der Offenbarung, welcher – umfaßt von der Mandorla – den Mittelpunkt der Apsismalerei bildet (Abb. 71). Die vier Lebewesen der Apokalypse – sie symbolisieren die Evangelisten Matthäus (Engel), Markus (Löwe), Lukas (Stier) und Johannes (Adler) – sind auch hier die Thronwächter, Christus am nächsten stehen Maria und Petrus, außen der Evangelist Johannes (neben Maria) und der Namenspatron des Gotteshauses, Cyriakus. Darunter läuft – unterbrochen von der Fensterlaibung – eine Folge alttestamentarischer Szenen, sie deuten wiederum voraus auf zentrale Inhalte des Neuen Testaments. Vom Betrachter her gesehen links zeigen sie das Opfer Abrahams, sein schon zum tödlichen Streich erhobenes Schwert wird durch die Hand Gottes aufgehalten (man beachte die Drastik der Darstellung: Der Vater hat Isaak kurz am Schopf gefaßt), darauf schließt die Szene ›Moses vor dem brennenden Dornbusch‹ an. Das Brennen des Dornbuschs versinnbildlicht im Mittelalter die jungfräuliche Empfängnis Mariens, die Berufung Mose ist Vor-Bild für die Verkündigung an Maria, das Thema der Fensterlaibung. In gleicher Weise aufeinander bezogen sind die Motive der Taufe Christi (Fensterlaibung) und der Berufung des Stammes Aaron zum Priestertum; seinen Stab allein läßt Gott als Zeichen der Auserwähltheit ergrünen (das Laub fehlt hier, wohl weil das Fresko

151

DAS KÖLNISCHE SAUERLAND: HOCHSAUERLANDKREIS

an dieser Stelle beschädigt ist). Ganz rechts trägt Simson die Tore der Philisterstadt Gaza, ein Hin-Weis auf das Verlassen des Grabes am dritten Tag.

Die untere Bildsequenz zeigt das Rad der Fortuna, die über ihm mit unbewegter Miene ins Leere blickt. Wer sich ihrem Regiment anvertraut, wird unfehlbar abstürzen, wie er hinaufgetragen worden ist. Und auch der Herrscher, eben noch mit allen Insignien seiner Würde ausgestattet, verliert sie bald an das Schicksal. Offenbar als Gegendarstellung dazu sollen die beiden Szenen aus der Nikolauslegende verstanden werden: Nikolaus erscheint den in Seenot Geratenen, glücklich an Land, treffen die Schiffsleute ihren Retter wieder, preisen seine und des Herrn Hilfe. Nicht das blinde Schicksal, sondern die Führung des christlichen Gottes leitet den Menschen sicher. Von der abschließenden Freskenzone haben sich nur die Umrißlinien eines Greifen erhalten, dessen Bedeutung offenbleibt.

Etliche Stücke der barocken Kirchenausstattung hat man an andere Gotteshäuser weitergegeben (s. S. 138), weil sie die Sicht auf die einmaligen, 1961/62 freigelegten Malereien behinderten; unter den verbliebenen Arbeiten sind vor allem der Taufstein aus dem 17. Jahrhundert und ein spätgotisches Kruzifix erwähnenswert.

Daß die *Pfarrkirche St. Peter und Paul* in **Wormbach** auf altem kultischem Boden steht, hat die Überlieferung immer gewußt und anschaulich dargelegt. Hier – vielleicht sogar an der Stelle des heutigen Pfarrhauses – haben schon die Germanen ihre Götter verehrt, die Eichen südlich der Kirche erinnern an einen heiligen Hain, die Quelle, welche hier entspringt und der der Volksmund den drastischen Namen ›Pastors Strülleken‹ gab, war eine heilige Quelle. Viele heimatkundliche Abhandlungen betonen auch die bedeutende Rolle des Wormbacher Friedhofs, auf dem schon unsere heidnischen Vorfahren ihre Verstorbenen zur letzten Ruhe gebettet hätten, die Totenwege der frühchristlichen Zeit deuteten darauf hin. Etwa von Drolshagen und Soest sei der Zug über genau festgelegte Stationen nach Wormbach gegangen, eine lange und äußerst beschwerliche Reise nahmen die Hinterbliebenen auf sich, nur um hier ihre Anverwandten zu bestatten.

Der Wormbacher Kirchplatz verliert jedoch auch dann nicht an Bedeutung, wenn man sich nur an die Tatsachen hält. Er ist das Zentrum einer der sauerländischen Urpfarren und das heutige Gotteshaus – obwohl bereits 1250 erbaut – das dritte (steinerne) am gleichen Platze, von seinen Vorgängern zeugt noch der ältere Turm. Außen fallen das tief herabgezogene Dach und der – trotz des deutlich eingezogenen Chors – stets das gleiche Niveau haltende First auf. Im Innern erwartet den Besucher wiederum die typische Architektur einer südwestfälischen Hallenkirche aus der Übergangszeit zwischen Romanik und Gotik, eine Architektur, die hier allerdings zu ihrer vollkommenen Durchbildung gefunden hat (Farbt. 14). Zusammen- und Widerspiel von Mittelschiff und Abseiten, namentlich der auf eine Höhe geführten zentralen kuppeligen Kreuz- und der einhüftigen Nebenschiffgewölbe, gewinnen hier durch den Kunstgriff der sich nach außen hin verbreiternden seitlichen Quergurte (s. auch Netphen und Feudingen, Kreis Siegen-Wittgenstein) besondere Anschaulichkeit: Die Joche der Abseiten wirken jetzt eher wie Nischen der mittleren Gewölbefelder. Für den Raumeindruck ist weiterhin entscheidend, daß Gewölbe, Apsiden, ja sogar die erwähnten Gurtbögen direkt aus den Pfeilerkernen hervorgehen, viele haben solche Schnörkellosig-

152

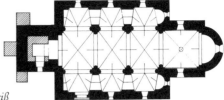

Wormbach, Pfarrkirche St. Peter und Paul, Grundriß

keit als Primitivismus abgetan oder wenigstens bedauernd auf die Widerständigkeit der einheimischen Grauwacke hingewiesen, die eine differenziertere Behandlung der Architekturglieder kaum zuließe. Wenn jedoch das spröde Material überhaupt die Not des damaligen Baumeisters gewesen sein sollte, dann hat er daraus eine Tugend gemacht, denn gerade die Schlichtheit in der Präsentation der baulichen Elemente ermöglichte es ihm, die Idee der Halle mit äußerster Prägnanz zu formulieren.

Die Ausmalung, welche das Gotteshaus unmittelbar nach seinem Bau bekam, gleicht nun aber die Kargheit seiner Architektur in etwa aus. Als diese älteste Malschicht unter mehreren jüngeren entdeckt und schließlich freigelegt wurde, zeigte sie sich so gut erhalten, daß die Restauratoren die Einheit des ornamentalen Systems mit nur geringer Mühe wiederherstellen konnten. Aufmerksamkeit dürfen dabei vor allem die gemalten Säulchen zu seiten der Fenster wie die besonders augenfällig geschmückten Pfeilerabschlüsse beanspruchen: Die derben Eckknollen deutet ein schwungvoll angesetzter Pinsel kühn als Knospenkapitelle. Qualitätvoll, wenngleich in den Farben stark verblaßt ist die figürliche, spätromanische Apsismalerei. Die Öffnung, welche das verlorengegangene obere Altarblatt hinterlassen hat, gibt den Blick auf einen Christuskopf frei. Die Figur des sitzenden, dem Betrachter frontal zugekehrten Erlösers umfängt eine beinahe ovale Mandorla. (Auf die Beschreibung der übrigen Motive, darunter die Reihe der zwölf Apostel und eine Darstellung des Jüngsten Gerichts, sei hier verzichtet, weil der Hochaltar das Bildprogramm ansonsten ganz verdeckt).

Die Gewölbemalereien kann dagegen jedermann ungehindert betrachten, nur im Westen verstellt der Orgelprospekt etwas die Sicht. Wer den hier dargestellten Tierkreis genau in Augenschein nehmen möchte, sollte ein Fernglas mitbringen, die eindrucksvolle Folge der Motive lohnt solch geringe Mühe allemal (Abb. 72, 73). Die Anordnung dieses Tierkreises hat noch in jüngster Zeit Anlaß zu einer recht spekulativen, nichtsdestoweniger außerordentlich interessanten Untersuchung gegeben (Heinz Kaminski, Wormbach – eine vorgeschichtliche Sonnenwarte in Westfalen, Bochum 1982), die einerseits den – sehr präzisen – Aussagen der Fresken auf die Spur kommt, andererseits Wormbach als Ort mit »vorgeschichtlicher astronomischer Beobachtungstradition«, ja als »Stonehenge Westfalens« sehen will. Jedenfalls sei »die Lage der Frühlings-, Herbst-, Sommer- und Winterpunkte um das Jahr 1200 n. Chr. richtig dargestellt«, das gelte ebenso »für den Ostervollmond im Tierkreisbild Waage«. Die für die Ausmalung verantwortlichen Grafschafter Benediktiner, in deren Besitz Wormbach schon 1072 gelangte, hätten darüber hinaus aufgrund ihrer »astronomi-

DAS KÖLNISCHE SAUERLAND: HOCHSAUERLANDKREIS

schen Kenntnisse (...) die himmelskundlichen Beobachtungsmöglichkeiten dieser aus der Vorgeschichte gewachsenen Sonnenwarte und die hierauf gegründete religiös-kultische Bedeutung Wormbachs als heiligen Bereichs der Germanen« erkannt. Als Standort der Sonnenwarte böte sich »der Wormbacher Hausberg, die Egge«, an. Es muß dahingestellt bleiben, ob der Autor mit solchen Einschätzungen über das Ziel hinausgeschossen ist, seine Interpretation der Tierkreisdarstellung besticht jedoch durch ihre Schlüssigkeit.

Auch die großen barocken Ausstattungsstücke der Kirche brauchen hinter ihrer Architektur und Malerei nicht zurückzustehen (Farbt. 14). Sechs vom Kloster Grafschaft inspirierte Kanzeln finden sich noch in der näheren und weiteren Umgebung, die Wormbacher, wohl aus der Sasseschen Werkstatt, weist den üppigsten Dekor auf. Neben den vertrauten vier Evangelisten in den Nischen sehen wir am Kanzelkorb noch – von zwei gedrehten, zierlichen Säulen eng gerahmt – die Figuren der Kirchenväter Gregor, Augustinus, Hieronymus und Ambrosius. Den Schalldeckel umläuft ein Rankenband, seinen sechs Seiten sitzt giebelartig jeweils ein üppiges, aber streng symmetrisches Ornament auf, dessen Abschluß ein Engelskopf bildet. Darüber erhebt sich die eindrucksvolle Gestalt Christi als Guter Hirte. – Der zweigeschossige Aufbau des Hochaltars ist ein Werk des Fredeburgers Johann Wilhelm Zinn. Es entstand 1759, und die freigestellten Pfeiler der ebenso bewegten wie harmonischen Architektur deuten den Übergang zu den Rokokoaltären etwa eines Leonard Falter an, die konsequent auf die Füllungen verzichten. Eine stilkritische Untersuchung der Figuren läßt darauf schließen, daß sie von drei verschiedenen Bildhauern stammen. Während man am Johannes von Nepomuk wie am Franz Xaver (im Giebelbereich des Altars) neuerdings die Hand von Joseph Stratman (s. S. 259) erkennen will, die Kirchenpatrone Petrus und Paulus aber Leonard Falter zuzuschreiben geneigt ist, läßt sich der Schöpfer des Benedikt und der Scholastika, Johann Theodor Axer (s. S. 157), anhand erhaltener Rechnungen zweifelsfrei bestimmen.

Wohl der bekannte Orgelbauer Peter Heinrich Vahrenholt aus Bielefeld lieferte der Kirche um 1700 eine Orgel, in deren Pfeifenwerk er wesentlich früheres Material eingefügt hatte. So besitzt das Wormbacher Instrument noch heute die drei ältesten Pfeifen Westfalens, sie entstanden vor 1450. Dem Auge wird eher die noble Architektur des dreiachsigen Gehäuses imponieren.

Unweit Wormbachs liegt der Weiler **Selkentrop**. Seine *Kapelle St. Blasius*, ein bescheidenes, 1769 errichtetes Bauwerk, erinnert mit ihrer flachen Decke und dem dreiseitigen Schluß nach Westen wie nach Osten an die Kapellen in Schmallenberg und Fredeburg. Den Eingang zu dieser Andachtsstätte wird der Besucher an der Straßenfront übrigens vergeblich suchen, vielmehr muß er den schmalen Durchlaß zwischen Ostseite und Gemüsegarten benutzen, um einen Blick ins Innere zu werfen. Der lohnt sich wegen des volkstümlichen barocken Kreuzwegs, vor allem aber wegen des ungewöhnlichen Altars (Abb. 75). Sein Retabel erinnert entfernt an das eines gotischen Flügelaltars. Auf vier freitragenden Säulen ruht ein breiter Prospekt, dessen Zentrum eine große Tafel mit der gemalten Kreuztragung Christi bildet. Ihr zu seiten folgen je zwei kleine Nischenfelder, sie zeigen vollplastische Heiligenfiguren. In der Mitte über den beiden kleineren Gefachen wie dem Altarbild befindet sich

154

noch einmal ein Feld, im rechten und linken stehen die Apostel Petrus und Paulus, im höchsten der Kirchenpatron Blasius. Den Eindruck vornehm-distinguierter Pracht ruft jedoch vor allem die Farbgebung des Aufbaus hervor, das dunkle Grün der Stützen, das Schwarz des Gerüsts und das Scharlachrot des Nischenhintergrunds. Das seltene Stück stammt denn auch nicht aus einer westfälischen Werkstatt, ist vielmehr flämischer Herkunft und orientiert sich seinerseits wieder an einem fremden, wohl venezianischen Vorbild. Es gerade in einem solchen Kirchlein betrachten zu dürfen hat seinen eigenen Reiz.

Der letzte Abstecher im weitläufigen Gebiet der Gemeinde Stadt Schmallenberg soll wieder ins Lennetal führen. Flußabwärts und direkt an der Grenze zum Kreis Olpe, dem sie bis zur kommunalen Neugliederung noch angehört hat, liegt die Ortschaft **Lenne**. Einst Besitztum des Klosters Grafschaft, ist seine *Pfarrkirche St. Vinzenz* eines der ältesten Gotteshäuser dieses Raums (Abb. 77). Zwar wurde der westliche Bauabschnitt mit dem Turm erst 1756 aufgeführt, doch die schwere, gedrungene Architektur des Schiffs weist auf eine Entstehungszeit noch vor der Periode der spätromanischen Hallenkirchen. Der breitgelagerte Saal besteht lediglich aus zwei querrechteckigen, kreuzgratgewölbten Jochen, das eingezogene, annähernd quadratische Chorjoch schließt sich an. Knapp hundert Jahre jünger dürfte die halbrunde Altarnische sein, ihr dreikappiges Gewölbe und die spitz zulaufenden Fenster zeigen die Formen des Übergangsstils. Wieviel altertümlicher wirken dagegen die fast schon ungefügen, weit ausgreifenden Gurtbögen des Schiffs, die auf massiven Vorlagen aufruhen.

Auch in Lenne konnte das ornamentale System der Erbauungszeit weitgehend wiederhergestellt werden, der Betrachter erkennt Dekorationsbänder, Sterne, Lebensbäume, medaillonartig eingefaßte Ziermotive und Tierdarstellungen. Sogar Wandbehänge täuschte man mit Pinsel und Farbe vor, doch auch die Fensterzone erhielt durch gemalte Säulchen, Bögen und Schmuckfriese ein würdigeres Aussehen. Die Ausmalung der Apsis ist dagegen farblich und motivisch abgesetzt. – Die beiden Seitenaltäre (im Zentrum des rechten steht der Kirchenpatron) kommen wohl aus der Sasseschen Werkstatt, die Doppelmadonna im Westbau ist vielleicht ein Werk Johann Nikolaus Düringers. Aufmerksamkeit verdient desgleichen eine spätgotische Anna selbdritt.

Stadt Winterberg

›Höchstgelegene Stadt Nordwestdeutschlands‹, ›größtes Wintersportzentrum nördlich der Alpen‹, das sind nur zwei der werbewirksamen Schlagworte, die den Namen Winterbergs weithin bekannt gemacht haben. Und wirklich läßt sich ja kaum ein anschaulicheres Beispiel dafür finden, wie die Ursachen der Not durch Jahrhunderte sich als Segen unserer Tage erweisen. Solcher Wandel ist sicher nicht der untriftigste Grund, der eigenen Geschichte zu gedenken, und vor allem jener, die hier auf dem 670 Meter hohen Plateau an der Ostseite des Kahlen Astens den widrigen Verhältnissen während vieler Generationen die Stirn boten.

DAS KÖLNISCHE SAUERLAND: HOCHSAUERLANDKREIS

Die civitas Winterberg gründete nach 1250 der Inhaber des westfälischen Marschallamts Arnold von Hochstaden im Auftrag seines Verwandten Konrad von Hochstaden (1238–61), unter dem Kurköln wieder an die dynamische Politik Engelberts von Berg anknüpfen konnte. Daß Arnold den Platz mit Bedacht gewählt hatte, steht außer Frage: Einmal lag Winterberg am Schnittpunkt zweier Fernwege, nämlich der Verbindung Köln – Kassel (›Heidenstraße‹) und einer Straße von Soest ins Hessische. Dann aber diente die Anlage dieser Stadt auch der Verteidigung, Konsolidierung und dem Ausbau des kölnischen Territoriums – hier nicht so sehr im Blick auf Waldeck als vielmehr auf die Grafen von Arnsberg, die in dieser Gegend selbst Besitz hatten und die landesherrliche Gewalt beanspruchten. Der Arnsberger Gottfried IV. war es denn auch, der die Stadt 1356 zerstörte.

Den regelmäßigen Grundriß mit breiten, von West nach Ost parallel geführten Straßen verdankt Winterberg übrigens der verheerenden Feuersbrunst von 1791 (der 1556 und 1759 Brandkatastrophen ähnlichen Ausmaßes vorangegangen waren). Sie verschonte nur ganze sieben Häuser, und so konnte die Stadt nach Plan neu erstehen. Daß ihre Bewohner sie – bei den äußerst kärglichen Erträgen der Landwirtschaft – auch damals keineswegs aufgaben, lag, so widersprüchlich das klingt, an der Beweglichkeit der Winterberger. Längst hatten sie Ersatz für die fehlende Existenzbasis gefunden: Da die Heimat keinen gesicherten Lebensunterhalt bieten konnte, suchten sie ihn in der Ferne zu verdienen. Sie trugen ihre Kiepen mit Holzwaren und Erzeugnissen des benachbarten Kleineisengewerbes über Land, und bereits 1694 schreibt Caspar Christian Voigt von Elspe: »Die Winterberger seindt höltzerne Jubilirer gewesen undt haben mit höltzernen Wahr gehandelt und sich dieser gestalt ernehret«; auch für den Pferdehandel waren sie bekannt. 120 Jahre später charakterisierte sie Eversmann folgendermaßen: »Dies ist eine eigene Gattung merkantilischer Menschen; (...) zum Handel geboren, ist ihnen kein Land zu weit, keine Unternehmung zu groß, keine Gelegenheit zu schlecht. Sie durchstreifen ganz Europa, versteigen sich auch in andere Weltteile, haben ihre wandelnden Magazine, und ziehen auf allen Märkten umher in allerley Erscheinungen, durchstreichen die Bauernhöfe und wissen ihre Waare auf eine Art und Weise an den Mann zu bringen, die öfters mit possirlichen Zügen ihrer Schlauheit begleitet ist.«

Hier klingt schon leise jene Kritik an, die einen bestimmten Zweig des Winterberger Handels, nämlich den mit Sensen, traf. Dessen Schwerpunkt lag – offenbar noch als Folge des hansischen Fernverkehrs zwischen dem Sauerland und diesen Gebieten – im Ostseeraum. Nun gab es unter seinen Betreibern etliche, deren berufliche Tüchtigkeit über das Maß dessen hinausging, das man den Winterberger Handelsleuten sprichwörtlich zuschrieb. Unlauteres Geschäftsgebaren trug ihnen den Namen ›Hampelkniffer‹ (betrügerische Sensenhändler) ein; ein Name, welcher der eigenen Sprache dieser Händler entnommen war, dem ›Schlausmen‹. ›Schlausmen dibbern (sprechen)‹ bedeutete, über eine exklusive Verständigungsmöglichkeit zu verfügen, und das nicht nur draußen unter den Ohren potentieller Geschäftspartner, sondern auch in der Heimat, wenn etwa dem ›Gallak un Gauze gallak‹ (Pfarrer und Küster) kein Anlaß zu geistlichen Vermahnungen gegeben werden sollte.

Die *Pfarrkirche St. Jakobus der Ältere* wurde mit der Stadtgründung dem Augustinerinnennkloster Küstelberg übereignet, das seit 1276 die halbe Winterberger Hausstättenabgabe erhalten sollte. Einem spätgotischen Gotteshaus folgte 1785 der Bau des heutigen, seine Fertigstellung zog sich allerdings bis in den Anfang des 19. Jahrhunderts hin; dennoch verzichtet auch die Architektur dieser Kirche auf die gotisierenden Elemente (Strebepfeiler) nicht. Der Turm – seine Untergeschosse enthalten vielleicht noch romanisches Mauerwerk – wurde 1781 ein Opfer der Flammen, fünf Jahre später hatte man ihn wieder neu aufgeführt. Der anschließende weite Saal mit seinen fünf Jochen ist sehr schlicht gehalten, von der Ausstattung verdienen vor allem die zwölf nur wenig unterlebensgroßen Apostelfiguren hervorgehoben zu werden. Der 1700 geborene Paderborner Johann Theodor Axer schuf sie für die Kirche des Klosters Grafschaft (s. S. 142), nach dessen Aufhebung sie hierher gelangten. Axers Stil weicht von dem aller westfälischen Werkstätten ab, seine Menschendarstellungen zeigen in ihrer Vitalität, ja Munterkeit deutlich süddeutschen Einfluß.

Das moderne Winterberg ist dem Fremdenverkehr, besonders dem zur schneereichen Jahreszeit verpflichtet. Wenn sich an dem Knotenpunkt inmitten der Stadt, wo sich die B 236 und 480 wieder teilen, die Fahrzeuge bis an den Asten hinauf stauen, die Kälte bei der Parkplatzsuche alle Gelassenheit verlieren läßt, dann herrscht auch auf den Hängen um Winterberg jener wochenendliche Hochbetrieb, den vermeiden sollte, wer immer es sich einrichten kann. 23 Lifte im Dienst des alpinen Sports bestücken die Berge und zuweilen auch die Hügel, ein Langlaufstadion und stundenweit gespurte Loipen locken den Skiwanderer, die 1250 Meter lange Bob- und Rodelbahn genügt ebenso wie die Eissporthalle olympischen Maßstäben, und die St.-Georg-Sprungschanze gilt als Wahrzeichen der Stadt. Dennoch lebt man hier nicht nur vom Winter allein, der staatlich anerkannte heilklimatische Kurort bemüht sich auch sommers um seine Gäste, unter anderem mit gut 100 Kilometer Wanderwegen – und das sind wohlgemerkt nur die ›steigungsfreien‹ (Farbt. 2, Abb. 78).

Den *Kahlen Asten* (841 m) erwähnt dieser Text des öfteren, und immer gilt der Hinweis dem eigentlichen Mittelpunkt des Hochsauerlandes, dem ›Vater der Berge‹. Mag auch der nahe gelegene Langenberg auf der Grenze zu Hessen den Asten um zwei Meter übertreffen, ihm fehlt die zentrale Lage, die leichte Zugänglichkeit und folglich der Besucherstrom. Um den Asten zu ›ersteigen‹, braucht niemand die Wagentür hinter sich zu schließen, die bequeme Straße führt bis hinauf. Allerdings fehlt dem Berg der ragende Gipfel, und auch seine klimatischen Werte lassen ihn zunächst wenig anziehend erscheinen. So beträgt die jährliche Niederschlagsmenge hier 1513 mm, der höchste Wert in Nordrhein-Westfalen. Sehr oft liegt er wolkenverhangen; wie die Wetterkundler überhaupt annehmen, daß kein anderer Platz der Bundesrepublik eine derart häufige Bewölkung aufzuweisen hat. Die Kehrseite solcher Witterungsverhältnisse ist der Schneereichtum des Berges, durchschnittlich 110 Tage im Jahr überzieht den Asten die weiße Decke, sie kann bis zu 95 Zentimeter mächtig werden.

Die Gelehrten streiten noch darüber, ob die ›Kahlheit‹ des Astenplateaus natürliche Ursachen hat oder ob sie den Eingriffen des Menschen zu verdanken ist; immerhin weideten hier die Winter- und später auch die Altastenberger über Jahrhunderte ihr Vieh bzw. das ihres Grundherren. Jedenfalls deckt den Berg eine Hochheide (Farbt. 6) aus Erika, Blau- und Preiselbeeren, den vereinzelten Bäumen haben Wind wie Schnee übel mitgespielt. Den

157

DAS KÖLNISCHE SAUERLAND: HOCHSAUERLANDKREIS

oberen Hang nördlich der größtenteils unter Naturschutz gestellten Heide bestockt ein Krüppelbuchenwald, der sein Entstehen wohl der Niederwaldwirtschaft verdankt, zu der Knickschäftigkeit seiner Bäume haben die Naturgewalten ihr übriges getan. Sonst beherrschen die angepflanzten Fichten das Bild, ihre Sämlinge dringen immer wieder gegen die Hochheide vor, und ließe man den Anflug gewähren, der Asten verdiente binnen etlicher Jahrzehnte seinen Beinamen nicht mehr.

Ein touristisches Muß stellt der Astenturm (Abb. 79) dar – wenigstens bei schönem Wetter, das hier allerdings – wie schon angedeutet – nicht gar so häufig herrscht. Der heutige Turm ist nicht der erste an diesem Platz, und schon 1843 wollten Vaterlandsbegeisterte mit einem solchen Bauvorhaben Geschichtsbewußtsein zeigen. Nach dem Willen des Kaisers Friedrich Wilhelm IV. sollte der Turm an den Verduner Vertrag tausend Jahre zuvor erinnern, denn in diesem Abkommen sah man die Geburtsurkunde der deutschen Nation. Die Pläne zerschlugen sich, doch als 1871 der Deutsch-Französische Krieg siegreich bestanden war, wurde die alte Idee – getragen von einem weiteren markanten Datum – wiederbelebt. Das Monument »patriotischen Enthusiasmus« stürzte indessen 1884 bereits während der Bauarbeiten ein, aber 1890 hatte man den Aussichtsturm – die ersten Bilder zeigen ihn als Mischung von gotischer Kathedrale und Ritterburg – doch vollendet. Nach etlichen zwischenzeitlichen Veränderungen erhielt er 1955 im großen und ganzen seine derzeitige Gestalt, die später noch geringe Korrekturen erfuhr. Das Gebäude vereint heute Restaurant, naturkundliche Ausstellung, Wetterwarte und natürlich den Aussichtsturm in sich; Teutoburger Wald, die Stadt Marburg und das Siebengebirge sind schon von hier oben zu erkennen.

Nördlich der Hochheide liegt das Dorf **Altastenberg**, dessen Name keineswegs ein hohes Alter anzeigt, sondern nur der Unterscheidung vom noch jüngeren wittgensteinischen Neuastenberg (s. S. 354) dient. Eine Siedlung (›das neue Dorf‹) entstand hier erst während des 16. Jahrhunderts, damals weideten hier Hirten die Herde ihres Grundherrn, Johann von Hanxleden. In der Folge profitierten die Bewohner auch lange von der nahe gelegenen Heidenstraße, als jedoch der Verkehr auf ihr abnahm, sank die Zahl der Altastenberger binnen 24 Jahren von 314 auf 188. Auch dort blieben nur das Herstellen der ›hölztern Wahr‹ und der Wanderhandel, um zu überleben. Nicht die Spur solchen Elends findet sich heute in dem vielfach ausgezeichneten Ort, wie anderswo hat der Tourismus die Verhältnisse auch hier grundlegend gewandelt.

Die kleine *Pfarrkirche St. Erasmus* wurde 1823–26 erbaut und später noch zweimal erweitert. Von ihrer barocken Ausstattung sind die aus Kloster Grafschaft stammenden Kompositkapitelle zu erwähnen, sie sitzen nun den Säulen auf, welche die Empore des Gotteshauses tragen.

Im und über dem idyllischen Tal der Sonneborn bzw. Nuhne liegt **Züschen** (Abb. 80), nach dem eine Freigrafschaft hieß, die Waldeck 1302 an den Kölner Stuhl, 1327 an die Wittgensteiner vergab. Das Gebiet war lange umstritten, und erst 1611 konnte hier das Erzstift seinen Anspruch auf die Landeshoheit durchsetzen. Das Ortsbild prägen einige stattliche Fachwerkbauten des späten 18.Jahrhunderts, vor allem ihre Zierformen verraten deutlich hessischen Einfluß. Die schönsten Giebelfronten besitzen die Häuser Krumme Straße 6 (von 1785) und 7 (1786). – Auch Züschen hatte Anteil am Kleineisengewerbe des Hochsauerlandes, wovon bis 1969 noch der *Alte Hammer* an der Nuhne unterhalb des Dorfes kündete, den zwei oberschlächtige Räder trieben. Das verfallene Werk wurde damals abgebrochen und ins Westfälische Freilichtmuseum Technischer Kulturdenkmale, Hagen-Selbecke, überführt.

Die neugotische, 1858 fertiggestellte *Pfarrkirche St. Johannes Baptist* besitzt noch einen Hochaltar (1711) aus der Giershagener Papen-Werkstatt. Sein Mittelrelief unter einem halbrunden Bogen zeigt die Enthauptung Johannes' des Täufers. Gedrehte Säulen fassen die Szene ein, während die Figuren des hl. Severin und der hl. Agatha schon außerhalb des eigentlichen Aufbaus stehen. Den Abschluß des Retabels markiert das ovale, auffällig gerahmte Relief mit dem Erzengel Michael. Weiterhin zählen zu den beachtenswerten Kunstgegenständen des Gotteshauses die Statuen des großen Jesuitenmissionars Franz Xaver und des Johannes Nepomuk, die an den beiden östlichsten Wandpfeilern angebrachten Bildwerke sind bereits dem Rokoko verpflichtet. Die spätgotische hl. Barbara über dem Beichtstuhl hat leider ihre ursprüngliche Farbfassung verloren.

Immer wieder staunen die ›Fremden‹, wenn sie im Zuge der Bundesstraße 480 kurz hinter Winterberg ein Bächlein überqueren, das ein Schild als *Ruhr* ausweist. Und obwohl jeder der Überraschten weiß, daß auch große Flüsse klein angefangen haben – bei der Ruhr denkt niemand an ein murmelndes Wässerchen im Wiesengrund. Viele werden neugierig, biegen südlich auf die Straße nach Küstelberg, heute keineswegs mehr ein »holpriger Fuhrweg«, ab, steuern den Parkplatz ›Ruhrquelle‹ an und machen sich auf zur gleichnamigen Sehenswürdigkeit. Sie müssen nur wenige Schritte laufen und stehen vor dem gefaßten Ursprung am Nordosthang des Ruhrkopfs. Hier fängt sich das sickernde Naß, keine Rede demnach von den »drei starken Quellen« des Levin Schücking, wie auch seine Ortsbeschreibung (»tiefste Wildnis des Süderlands«) angesichts des asphaltierten Fahrbands und der Fichtenforsten ringsumher ein romantischer Anachronismus scheint. Doch wer die einzelnen Bäume genauer ansieht, für den mag das Wort ›Wildnis‹ prophetischen Klang bekommen.

Denn 235 Kilometer südöstlich der Mündung des »wasserwirtschaftlich am stärksten beanspruchten Flusses des Bundesrepublik« sind die Fichten krank, wenn auch nicht derart schwer geschädigt wie mancherorten im Hochsauerland. Kämen hier keine Bäume mehr auf, dann wäre das freilich eine andere Wildnis als die zu Schückings Zeiten, eher Steppe denn Heide. Wie sich bei Fortfall des Waldes (und mithin seiner Ausgleichsfunktionen bezüglich des Wasserhaushaltes) der Ruhr-Pegelstand regulieren würde – und eigens dafür hat man ja die meisten sauerländischen Talsperren angelegt –, dieses Szenario hat noch niemand geschrieben. Daß solche Gedanken hier naheliegen, auch dafür sorgt der Name des Flusses, dessen Oberlauf so manches Motiv für die Kameras der Naturschwärmer bereithält.

Drei Kilometer östlich von Niedersfeld, dem ersten Dorf an der Ruhr, dehnt sich die *Hochheide* des *Neuen Hagen*. 740 bis 830 Meter über dem Meeresspiegel gelegen, verläuft

159

DAS KÖLNISCHE SAUERLAND: HOCHSAUERLANDKREIS

durch sie die Wasserscheide zwischen Rhein (worin die Ruhr entwässert) und Weser (in diesen Fluß mündet die Diemel), im Gebiet selbst entspringen die Quellbäche der Hoppecke. Saurer Boden, Höhenlage und die extremen Witterungsverhältnisse ließen hier ein Landschaftsbild entstehen, das dem auf dem Kahlen Asten ähnelt, aber weniger stark durch den Menschen beeinträchtigt ist, obgleich zur Erntezeit der Blau- und Preiselbeeren – die beiden Pflanzen sind neben der Erika die Kennarten auch dieser Hochheide – sich hier die Sammler tummeln.

Wer durch das recht große Naturschutzgebiet Neuer Hagen streift, kann noch ermessen, welches Landschaftsbild sich dem Reisenden anfangs des 19. Jahrhunderts bot, als etwa ein Viertel des Hochsauerlands solche Heide deckte. Die schon angerissene Frage, ob der Mensch sie geschaffen hat oder ob sie natürlich entstanden ist, läßt sich auch im Falle des Neuen Hagen nicht sicher beantworten. Immerhin lassen einige Anzeichen – so die früher noch sichtbaren Mauerreste nahe einer Hoppeckequellnische und etliche Lesesteinhaufen – darauf schließen, daß hier eine Siedlung lag (der untergegangene Weiler Neuenhagen?), um die herum ihre Bewohner den Wald gerodet haben. Die Existenz vieler anderer Heiden weitab jeden Dorfes verbietet es allerdings, diese Annahme zu generalisieren. Jedenfalls schlug die Aufforstung solcher Flächen mit Buche immer wieder fehl, erst die Fichte konnte sie in Hochwald (zurück?)verwandeln.

Die hiesige Heide hat selbst nur wenige Fichten aufkommen lassen, die Kiefern sind von verkrüppeltem Wuchs, zuweilen sogar latschenförmig ausgebildet, Birken erreichen – sofern sie nicht überhaupt absterben – äußerstenfalls acht Meter Höhe. Auch die bizarr geformten Buchen im östlichen Bereich werden selten über anderthalb Meter groß. Ihre Kronen wiegen sich demnach nicht hoch oben im Winde, sondern setzen unmittelbar über dem Boden an und bilden sich zur Halbkugel oder zum Kegel aus. Die ungewöhnliche Form dieser Bäume dürfte allerdings nicht allein auf die Unbilden der Witterung, sondern auch auf Viehverbiß zurückzuführen sein.

Neben den Zwergstrauchheiden sind hier auch ausgesprochene Borstgrasmagerrasen anzutreffen, ferner einige äußerst seltene Pflanzen wie der Alpenflachbärlapp und die Weiße Höswurz, eine Orchidee. Außerdem durchsetzen den Neuen Hagen etliche kleine Moore, die am Kahlen Asten fehlen. Von ihnen gehen oft die Quellbäche aus, und diese Vernetzung unterschiedlicher Lebensräume ermöglicht vielen andernorts gefährdeten Tierarten die Existenz. Vor allem die Singvögel haben hier ein Refugium gefunden, wenn Birk- und Auerhuhn auch längst verschwunden sind. Da sich unter den gefiederten Sängern manche Bodenbrüter finden, sollte der Wanderer nicht von den ohnehin viel zu zahlreichen Pfaden abweichen. Gleichfalls sei daran erinnert, daß die Flora der Moorflächen sehr trittempfindlich ist.

1 Schloß Antfeld ▷

3 KALLENHARDT
◁ 2 Im Hochsauerland bei Winterberg
4 An der Kalteiche (Siegerland)

6 Blick vom Kahlen-Asten-Turm ▷

5 Landschaft bei Hirschberg, Arnsberger Wald

7 ELSOFF im Wittgensteiner Land

8 ASSINGHAUSEN

9 LETMATHE St. Kilian ▷

10 HAGEN   Westfälisches Freilichtmuseum Technischer Kulturdenkmale

12 MENDEN   Am Teufelsturm ▷

11 LÜDENSCHEID   Häuserzeile nahe der Erlöserkirche

14 WORMBACH   St. Peter und Paul
◁ 13 NETPHEN   Alte und neue Martinskirche
15 HALLENBERG   St. Heribert

16 Kloster OELINGHAUSEN

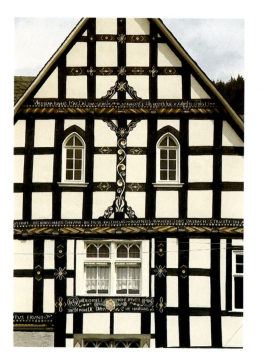

17–19 Fachwerkhäuser in Herrntrop, Kirchhundem und Drolshagen

20 BALVE Kirchplatz

22 FREUDENBERG Der Alte Flecken ▷

21 FEUDINGEN im Wittgensteiner Land

23 Schloß Hohenlimburg

24 Burg Schnellenberg bei Attendorn

25 ALTENA Burg

26 Schloß Herdringen bei Neheim-Hüsten

27 Blick auf Oberkirchen ▷

29 Blick von der Hohen Bracht ins Ebbegebirge
◁ 28 Lengenbecktal
30 Bei Altastenberg

31 HALLENBERG ▷
32 Buchenwald im Wittgensteiner Land ▷

34 Felsenmeer bei Hemer
◁ 33 Wasserfall Plästerlegge bei Ramsbeck
35 ATTENDORN   Tropfsteinhöhle, Alhambra-Grotte

36 Glockenheide 37 Moorlilie 38 Lungen-Enzian
39 Arnika 40 Geflecktes Knabenkraut 41 Gold-Distel
42 Mücken-Händelwurz 43 Sumpf-Herzblatt 44 Deutscher Enzian

Stadt Hallenberg

An der südlichen Flanke des Rothaargebirges, in die sich die Nuhne und ihre Quellbäche tief eingeschnitten haben, liegt die Stadt Hallenberg (Farbt. 31). Die schriftlichen Zeugnisse erwähnen 1019 zunächst am genannten Flüßchen und bei Merklinghausen Besitz des Klosters Deutz, den ihm der Kölner Erzbischof Heribert übereignet hatte. Schon während des 12. Jahrhunderts gelangt dieses Land aber wieder in die Hand Kurkölns, nach 1250 gründete Arnold von Hochstaden, Marschall seines Verwandten Konrad von Hochstaden (s. S. 156), die Burg Hallenberg zusammen mit einer civitas, die anfänglich auch den Namen Merklinghausen führte. Sie diente gleich Winterberg dem Ausbau der Landesherrschaft gegen die Waldecker Grafen, und entsprechend empfindlich reagiert einmal mehr der südliche Nachbar; ein waldeckisches Aufgebot zerstört nach der Schlacht bei Worringen die Stadt 1288. Doch bereits zu Anfang des 14. Jahrhunderts ist Hallenberg wieder umwehrt und – dank seiner Verbindung zur Hanse – am Fernhandel beteiligt, in seinen Mauern befindet sich außer einem landesherrlichen auch ein Ratsgericht, wie generell die Privilegien von 1338 und 1354 die Jurisdiktion der Bürger stärken. Die älteste Zunft der Stadt ist die der Tuchmacher, später genoß die civitas unter anderem wegen ihrer Bierbraukunst einen guten Ruf: »Tas Hallepercher Pier ist küt Pier, tas trückt eim die Ögen zu.«

Die Auseinandersetzungen zwischen Waldeck und Kurköln ziehen sich durch das 14. und 15. Jahrhundert, sie gingen stets neu auf Kosten Hallenbergs. Die Nähe Hessens trug ebenfalls dazu bei, daß die Stadt zur Reformationszeit protestantisch wurde, sie unterstützt den der alten Kirche abtrünnigen Erzbischof Gebhard Truchseß von Waldburg auch noch dann, als andere schon längst die Unzweckmäßigkeit dieser Parteinahme eingesehen haben. Dafür ist das rekatholisierte Hallenberg während des Dreißigjährigen Krieges eines der ersten hessischen Ziele, wie Medebach geht es 1634 in Flammen auf.

Nach 1648 entwickelte sich auch dieses Gemeinwesen immer stärker zum Ackerbürgerstädtchen zurück, obwohl noch bis mindestens 1800 die urbane Organisation – in Quartale mit jeweils eigener Satzung – existierte. Noch einmal nachhaltig ins Ortsbild griff dann der große Brand von 1884 ein, dennoch hat Hallenberg um die Kirche herum mit den geschlossenen Fachwerk- und Schieferfronten des 18. und des 19. Jahrhunderts seinen Reiz weitgehend bewahrt.

Die *Pfarrkirche St. Heribert* entstand in den Jahren nach der Stadtgründung; unter den südwestfälischen Hallenkirchen des Übergangsstils ist sie die am weitesten gegen Osten vorgeschobene und wohl auch die jüngste. Ihre Architektur blieb trotz einer durchgreifenden Erneuerung als Folge des Stadtbrands von 1519 erhalten, sie weist eine enge Verwandtschaft mit der Wormbacher (s. S. 152) und der Eversberger (s. S. 261), aber auch mit den hessischen Pfarrkirchen von Battenberg und Breidenbach auf.

Vom nüchternen Äußeren des dreischiffigen Baus weicht nur die vielfach gestufte Haube des 1708/09 neu aufgeführten Turms ab, mit ihr schuf der Hallenberger Conrad Hesse ein Muster, das später er und andere oft variieren sollten. Die Kreuzgratgewölbe im Innern (Farbt. 15) ruhen auf massiven Rundpfeilern, sie sind voll ausgebildet, tendieren also nicht –

DAS KÖLNISCHE SAUERLAND: HOCHSAUERLANDKREIS

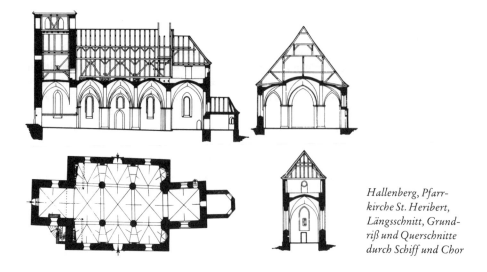

Hallenberg, Pfarrkirche St. Heribert, Längsschnitt, Grundriß und Querschnitte durch Schiff und Chor

wie beim Typus üblich – zur Kuppel. Die größte Anziehungskraft dürfte auf den Besucher jedoch die Renaissance-Ausmalung (1588) des Kirchenraums ausüben. Beinahe vollständig erhalten, akzentuiert und gliedert sie nicht allein die architektonische Ordnung der Halle, sondern erfüllt auch eine dekorative Funktion. Außerdem schmücken die Pfeiler qualitätvolle Fresken unter anderen des St. Antonius Eremit, des verwegenen, überlebensgroßen Goliath und, ihm gegenüber, des nicht viel kleineren, keineswegs jüngeren David. Das Jüngste Gericht im Chor ist leider nur noch als Fragment erhalten, dafür läßt die Darstellung des aufgerissenen Höllenrachens an Deutlichkeit und Drastik nichts zu wünschen übrig; die Teufel sind nachgerade lustvoll bei der Arbeit, und den sündigen Seelen steht ihr Entsetzen ins Gesicht geschrieben. Leider kann der Kunstinteressierte diese Szene wie viele gute Plastiken nur kurz vor oder nach dem Gottesdienst bewundern, denn zu anderen Zeiten endet seine Bewegungsfreiheit vor dem Gitter, welches zwischen Turmjoch und Langhaus den Weg in das Kircheninnere versperrt.

Über der farbenprächtigen Ausmalung sollen einige gotische Figuren nicht vergessen werden, die eingehender Betrachtung sehr wohl wert sind. Dazu gehören der tief empfundene, um 1500 entstandene Schmerzensmann (Abb. 83), dessen erhobene Hände dem Betrachter die Wundmale vorweisen, ebenso wie die jetzt in den Kreuzaltar aufgenommene Pietà (etwa 1420). Dieses Werk vielleicht rheinischer Herkunft zeigt einen beinahe horizontal auf dem Schoß der Mutter ausgestreckten Christus. Seinen weit in den Nacken zurückgefallenen Kopf hält die rechte Hand Mariens. Leider verlieren sich die Feinheiten der hochrangigen Schnitzerei im dicken Farbüberzug. Nicht übersehen werden sollte auch die im Zentrum der Orgelempore angebrachte graziöse St. Barbara. – Von kräftiger Architektur aber ist der barocke Hochaltar, sein Blatt zeigt die Himmelfahrt Mariens, während im

Aufsatz darüber die – geschnitzte – hl. Dreifaltigkeit zu ihrem Empfang bereitsteht. Die Gottesmutter flankieren zwischen blau marmorierten Säulen die hll. Petrus und Heribert, letzterer als Kirchenpatron, die beiden seitlichen Türen krönen Plastiken der hl. Barbara und Agatha. Exakt den gleichen Aufbau zeigen die beiden Seitenaltäre von 1785, die im Gegensatz zur rokokoinspirierten Kanzel aus demselben Jahr noch dem Barock verpflichtet sind.

Selbst um der Gefahr der abermaligen Wiederholung willen: Als schönstes Stück der Ausstattung muß auch hier der Orgelprospekt gelten, und selbst um der Gefahr willen, daß der Leser den Autor oder seinen Kronzeugen des hemmungslosen Gebrauchs von Superlativen verdächtigt: Dieser Prospekt »gehört zu den wertvollsten Westfalens« (Rudolf Reuter). Seine Herkunft bleibt einigermaßen im dunkeln, doch ist die etwa 1630 entstandene Arbeit der Werkstatt jener bekannten Orgelbauerfamilie Bader zuzurechnen, die in diesem Band mehrfach erwähnt wird. Das recht früh entstandene Gehäuse – es fand erst 1961 den Weg nach Hallenberg – besitzt noch keine wirkliche Architektur, sondern baut sich aus drei gleich gestalteten Elementen auf, wobei die beiden kleineren das nur um ein Drittel größere in der Mitte flankieren. Jeweils zwei schön verzierte Säulen, die ein schmales Gebälk tragen, rahmen das innere Rund der Pfeifentürme. Ein Ornament von der Form einer elegant stilisierten Krone bildet gleichsam die Haube der Türme, welche durch einfache und sehr schmale Zwischenteile verbunden sind. Dieses ansprechende Werk der Schnitzkunst erweckt den Eindruck der Leichtigkeit und auch die helle (weiß-blaue) Überfassung betont diesen Zug. Das Klischee vom brausenden Klang der Orgel bekräftigt der Hallenberger Prospekt sicher nicht.

An der Straße nach Battenberg schon außerhalb des eigentlichen Stadtzentrums liegt die *Wallfahrtskirche Mariä Himmelfahrt*, auch ›Unterkirche‹ genannt. Sie war das alte Gotteshaus der Siedlung Merklinghausen, und die Quellen erwähnen sie bereits 1611. In diese Zeit weist auch der heutige Bau, allerdings hat er während der Gotik einige Veränderungen erfahren. Den bescheidenen zweijochigen Saal mit tief herabgezogenen Gurtbögen und rechteckigem Chor schließen kuppelige Kreuzgratgewölbe ab, an denen sich Reste romanischer Fresken erkennen lassen. Während das westliche Joch nur (noch?) ornamentale Malerei zeigt (Lebensbaummotiv), ist im östlichen Christus als Weltenrichter dargestellt. Seine Mandorla umgeben die vier Lebewesen der Apokalypse, die zugleich die Evangelistensymbole sind. Das Gnadenbild, eine thronende Muttergottes, ist sicher romanischen Ursprungs, später aber durch Überschnitzungen entstellt worden. Der Flügelaltar von 1562 kommt aus der Pfarrkirche, leider reicht er nicht entfernt an die großen Werke der westfälischen Tafelmalerei heran.

Am entgegengesetzten Ortsausgang weisen Schilder auf die *Hallenberger Freilichtbühne* hin, deren Lage in einem Felsenkessel nach romantischen Ritterdramen geradezu verlangt. Vor der 84 Meter weiten Bühne finden 1400 Zuschauer Platz, ihnen werden Märchenstücke, Komödien, aber auch klassische Dramen geboten, und alle zehn Jahre finden hier Passionsspiele statt.

Auf der Fahrt nach Hesborn (zunächst über die B 236 Richtung Winterberg, dann den östlichen Abzweig nach Medelon/Medebach) lohnt sich ein Blick in die *Pfarrkirche St.*

DAS KÖLNISCHE SAUERLAND: HOCHSAUERLANDKREIS

Thomas des Ortes **Liesen,** wo ein kleines Instrument, wahrscheinlich aus der Werkstatt der Würzburger Orgelbauerfamilie Seuffert, seine wohl entgültige Bleibe gefunden hat.

Bei klarem Wetter und ein wenig Zeit empfiehlt sich dann vielleicht doch eine Abänderung des Programms: Vom Ort aus den Aufstieg zur *Burgruine Freienstein* und weiter zum Kohlenmeiler mit der Köhlerhütte am Sellerberg. Wen hier der Lauf der *Lieser* lockt, der sollte der Versuchung nachgeben und eine Weile dem Weg durch dieses anmutige Tal bachaufwärts folgen. Er wird dann rechter Hand einen Aussichtsturm, quasi die verlängerte Spitze des ohnehin schon 758 Meter hohen Bollerbergs, nicht übersehen. Dort oben breitet sich östlich die Medebacher Bucht vor seinem Auge, und der Verfasser kennt wenig andere Blickpunkte, die das ganze (nordwestlich gelegene) Astenmassiv so imponierend in Szene setzen.

Zu Füßen des Bollerberges aber duckt sich **Hesborn** mit seiner *Pfarrkirche St. Goar;* 1914 erbaut, besitzt sie noch den romanischen Turm (1127) ihrer Vorgängerin. Die schönsten Stücke der Ausstattung stammen aus der Hinterlassenschaft des Klosters Glindfeld (s. S. 198), der mächtige barocke Hochaltar wie die Seitenaltärchen waren ursprünglich allerdings bemalt. Den prächtigeren der geschnitzten Beichtstühle schuf übrigens 1914 der Paderborner Bildhauer Reichmann, welcher sich auch anderer Arbeiten in diesem Gotteshaus mit derartiger Kunstfertigkeit angenommen hat, daß originaler Bestand und später Ergänztes kaum voneinander zu unterscheiden sind.

Stadt Medebach

Wenn auch neuerdings Zweifel daran gehegt werden, daß Medebach schon 1144 im Besitz des (Soester) Stadtrechts war und daß 1165 Reinald von Dassel dieses Recht noch einmal bestätigt, so dürfen weitreichende Handelsbeziehungen des sehr alten Kölner Marktes und späteren Mitglieds der Hanse schon zu jener Zeit als sicher gelten; zweifelsfrei belegt ist die Verleihung des (Rüthen-Briloner) Stadtrechts 1220, nachdem Medebach unter den Auseinandersetzungen zwischen Kurköln und Heinrich dem Löwen stark gelitten hatte. Doch sprechen die Quellen bereits von der Existenz eines Rates während der Herrschaft Engelberts von Berg, ein nachdrücklicher Hinweis auf die fortgeschrittene Entwicklung des Gemeinwesens, denn keine andere civitas im Herzogtum Westfalen verfügt damals über ein solches Gremium. Diese Tatsache verdient deshalb besondere Aufmerksamkeit, weil Engelbert die Selbstverwaltung seiner Städte so stark wie möglich einzuschränken trachtete.

Ende des 13. Jahrhunderts kaufte Köln dann die Medebacher Vogtei von den Wittgensteiner Grafen zurück und erwarb auch das Gogericht. Damit hatte es in diesem Raum seine Position als Landesherr gefestigt; während der nächsten Jahre folgte der Ausbau Medebachs zur Grenzfeste gegen Waldeck. Diese nicht ganz unwichtige Aufgabe, die der Stadt nun bei der Verteidigung ihres westfälischen Territoriums zukam, hinderte die Erzbischöfe jedoch keineswegs daran, das Amt Medebach bereits 1333 zu verpfänden, erst 1600 sollte es wieder in das volle Eigentum des Kölner Stuhls übergehen. 1634, also während des Dreißigjährigen

196

Medebach, Federzeichnung von Renier Roidkin, um 1730

Krieges, legten hessische Truppen dann die Stadt in Schutt und Asche. Damit war der endgültige Niedergang Medebachs eingeleitet, es blieb fortan ein Ackerbürgerstädtchen, das 1844 erneut durch eine Feuersbrunst vernichtet wurde, doch heute dank einer stabilen mittelständischen Industrie und des Fremdenverkehrs auf eine positive wirtschaftliche Entwicklung verweisen kann.

Das imponierendste Bauwerk Medebachs ist ohne Frage die *Pfarrkirche St. Peter und Paul*, und das nicht nur wegen ihrer beachtlichen Ausmaße (sie machen das Gotteshaus immerhin zum drittgrößten der Diözese Paderborn). Als 1844 auch die alte, teilweise noch aus dem 12. Jahrhundert stammende Peterskirche den Flammen zum Opfer fiel, errichtete man hier eine großzügige, lichte Halle, die trotz ihrer romanischen Formen (neu)gotisch anmutet (Abb. 76). Die Restaurationsarbeiten Anfang der siebziger Jahre unseres Saeculums beließen der Andachtsstätte ihre originale Ausstattung und gaben ihr die zweite Ausmalung zurück. Sie stimmt mit dem Braunton der konstruktiven Elemente gegen die weiß belassenen Wandflächen vorzüglich zu dem hohen, dreischiffigen Hallenraum, ja steigert dessen Eindruck noch, der vor allem von den erst weit oben ansetzenden Gurt- und Scheidbögen herrührt. Neben den steinsichtigen Kreuzwegstationen der Entstehungszeit im Gotteshaus selbst enthält der Kirchenschatz noch qualitätvolle, allerdings ältere Arbeiten, so ein Zahnreliquiar aus dem 14. und ein Kreuzreliquiar aus dem 15. Jahrhundert. Sie waren vor der

DAS KÖLNISCHE SAUERLAND: HOCHSAUERLANDKREIS

Säkularisation ebenso Eigentum des Klosters Glindfeld wie die kostbare Strahlenmonstranz (16. Jh.) und die prächtigen barocken Meßgewänder.

Wesentlich bescheidener als die Pfarrkirche nimmt sich die zweite katholische Andachtsstätte des Ortes aus, die 1238 erstmals genannte *Andreaskapelle*. Der heutige Bau datiert seiner Architektur nach in die Frühgotik; die Jahreszahl MCCCXLI (1341) bezeichnet vielleicht eher das Datum seiner Renovierung. Der schlichte dreijochige Saal besitzt einen polygonalen Schluß, dessen drei Fenster vermauert sind; während das mittlere aber wenigstens außen in seiner ursprünglichen Form noch zu erkennen ist, hat man die beiden seitlichen zu kleinen rundlichen Öffnungen umgestaltet. Im Innern liegen die Stichkappengewölbe Wandvorlagen bzw. Konsolen (Chor) auf, zwei von ihnen zeigen romanische Kapitelle, sie könnten noch aus einem früheren Bau stammen.

Eng mit der Geschichte der Medebacher Pfarrei verknüpft ist die des etwas weiter westlich gelegenen Kreuzherrenstifts **Glindfeld.** Die Kreuzherren übernahmen 1499 in Glindfeld ein Kloster der Augustinerinnen, das 1298 vom unwirtlichen benachbarten Küstelberg nach dem lieblicheren, eben ›gelinden Felde‹ verlegt worden, zuletzt aber nur noch die Heimstatt zweier Nonnen war. Der in den Südniederlanden (dem heutigen Belgien) des 13. Jahrhunderts gegründete Orden besaß auf westfälischem Boden lediglich fünf Niederlassungen, ganze zwei – und eben auch das hiesige Stift – konnten sich bis zur Säkularisation behaupten. Zu Glindfeld sanierten die Kreuzherren nicht allein die unter den Augustinerinnen stark vernachlässigte Klosterökonomie, sondern erwarben noch Land hinzu, das sie teilweise durch Pächter bearbeiten ließen. Ihre fachlichen Kenntnisse über Waldwirtschaft, Viehhaltung, Acker- und Gartenbau nahmen die Bewohner der Umgegend gerne in Anspruch.

Der Osttrakt des Stiftsgebäudes wurde wie der größte Teil des Gotteshauses 1804 abgerissen, von der *Kirche* haben sich immerhin die umgestaltete West- und ein schmales Stück der Südwand erhalten. Ihr schließt sich nach Westen ein später veränderter Raum (vielleicht die ehemalige Krypta?) an, dessen Kreuzgratgewölbe einem mächtigen Rundpfeiler aufruhen. Darüber erhebt sich ein drei Geschosse hoher Bau mit vier Fensterachsen und einem Mansarddach, dem gegenüber der Westtrakt stark zurückspringt. Dieser Teil stammt aus dem 18. Jahrhundert und weist zur Hofseite hin ebenso wie der Südflügel (er trägt die Jahreszahl 1694) noch Teile des älteren Kreuzgangs auf. Das Gebäude, in dem heute eine staatliche Forstverwaltung untergebracht ist, kann dienstags um 15 und 16 Uhr besichtigt werden.

Auf den ›Kahlen‹ hinauf führt sowohl von Medebach als auch von Kloster Glindfeld ein *Kreuzweg*. Der Glindfelder – seine barocken Bildstöcke haben bis auf zwei noch ihre ursprüngliche Gestalt bewahrt – wurde (wie der Medebacher) durch den Prior des Stifts Rudolf Lefahrt angelegt, nachdem zwei Jahre zuvor sein Buch ›Der heilige Kreuzweg‹ erschienen war. Der 14. Aufenthalt, eine kleine Grabkapelle, birgt den auf einen Sarg gebetteten Leichnam Christi, zu dessen Haupt und Füßen stehen – allerdings im Hintergrund – Maria und Salome, beide Frauen halten einen Salbtiegel. Die Schauseite des Sarges zeigt das Wappen der Kreuzherren. Es findet sich wieder am original erhalten gebliebenen Altar der neugotischen Kahlenkapelle, der wohl aus der Papen-Werkstatt stammt.

Der Fahrweg nach **Berge** ist leicht zu verfehlen, von der Strecke Medebach – Medelon geht noch auf der Höhe die Straße nach dem hessischen Frankenberg ab, an ihr steht nach einem knappen Kilometer rechts das Hinweisschild mit dem Ortsnamen. Idyllisch in einem Seitental der Orke gelegen, reihen sich die älteren Häuser Berges längs der Durchgangsstraße hintereinander, auf der schwächer bebauten Seite markiert die *Kapelle St. Johannes Evangelist* etwa die Mitte des Dorfes. Sie fällt durch die schöne Gliederung ihrer Westfassade und die formenreiche Verspieltheit ihres Dachreiters (mit Kuppel und Laterne) ins Auge, ganz so, als hätte hier ein ehrgeiziger Baumeister in Ermangelung einer größeren Aufgabe seine Fähigkeiten eben an einem weltfernen Kirchlein unter Beweis gestellt. Keineswegs läßt sich ausschließen, daß man die Fassade erst nachträglich derart aufwertete; jedenfalls trägt die ambitionierte Architektur des Rokokoportals die Jahreszahl 1773, während die Kapelle bereits 1699 geweiht wurde. Auch das Innere zeigt erstaunlich qualitätvolle Arbeiten der flandrischen Malerei des Hochbarock, für die vor allem das Mittelbild des neu zusammengesetzten Altarretabels steht, eine Kreuzigung von einiger Theatralik. Und obwohl die Apostelbilder einander zuweilen bis ins Detail gleichen, so stehen diese offensichtlichen Werkstattprodukte mit ihrer souveränen Beherrschung der malerischen Technik immer noch deutlich über den meisten barocken Altarbildern sauerländischer Gotteshäuser. Sie alle hingen ursprünglich im Kloster Glindfeld, dessen Mönche nach Flandern als der Heimat ihres Ordens gute Beziehungen unterhielten. Die Gottesmutter mit Kind ist die eine Hälfte der Doppelmadonna aus dem späten 15. Jahrhundert, die andere steht in der Andreaskapelle zu Medebach.

Über *Küstelberg,* eine 1320 beurkundete kölnische Minderstadt, die zwei wichtige Jahrmärkte abhielt und sogar mit der Hanse in Beziehung stand, führt der Weg ins Tal des Dittelbaches nach **Deifeld.** Seine ansonsten neugotische *Pfarrkirche St. Johannes Baptist* besitzt im Westen noch den wuchtigen Turm (mit barocker Haube) und zwei Joche einer bescheidenen romanischen Halle. Ursprünglich eine Basilika, sind die Abseiten des alten Gotteshauses später auf das Niveau des Mittelschiffs hinaufgeführt worden, die nun gleichhohen Gewölbe ruhen auf kreuzförmigen Pfeilern. Dem rundbogigen Südportal liegt ein dreifach gestuftes, schmuckloses Gewände vor, es zeigt noch Spuren einer älteren Bemalung. Links über dem Portal zeichnen sich die Umrisse einer fast abgeschliffenen reliefierten Figur ab.

Stadt Olsberg

Wie ein Riegel legt sich das Olsberger Gemeindegebiet vor das der östlicheren Städte Brilon und Marsberg. Auch Olsberg darf sich seit 1967 Stadt, und damit die jüngste an der Ruhr, nennen, doch hat hier oben eine ›Ruhrmetropole‹ eben noch ein ganz anderes Gesicht als am unteren Lauf des Flusses. Den – übrigens auch im buchstäblichen Sinn – besten Einblick in dieses Gemeinwesen bietet jener Parkplatz an der B 480, der, von Altenbüren aus gesehen, kurz vor der Straßenkehre ins Tal liegt. Das beeindruckende Panorama gliedern vier tiefe

DAS KÖLNISCHE SAUERLAND

Einschnitte, von den dort gelegenen Siedlungen wird ebenso noch die Rede sein wie von den imposanten Bruchhauser Steinen im Süden. In naturräumlichen Einheiten gesprochen, reichen nördlich der Arnsberger Wald und südöstlich das Waldecker Upland ins Gemeindegebiet hinein, seine Fläche hat Anteil am Langenberg (843 m), über den die Grenze zwischen Nordrhein-Westfalen und Hessen verläuft.

Doch zurück zu **Olsberg,** das als ältester sauerländischer Kneippkurort einen guten und mit seiner Fachklinik für Orthopädie im Stadtteil Bigge sogar einen Ruf über die Grenzen der Bundesrepublik hinaus erlangt hat. Nach seiner Stadterhebung und dem Gewinn der Goldplakette im Bundeswettbewerb ›Unser Dorf soll schöner werden‹ (gleichfalls 1967) baute es ein beachtliches Zentrum auf, die schöneren Fachwerkhäuser und das interessantere Gotteshaus besitzt allerdings das mit Olsberg vereinigte **Bigge.** Das Patrozinium der *Pfarrkirche St. Martin* weist auf ein hohes Alter hin: Als erste Andachtsstätte wird eine Kapelle im Bereich oder nahe der Burg auf dem Borberg vermutet, die Karl der Große wohl zum Schutz der hiesigen Königsgüter anlegte. 946 schenkten die Edlen von Hahold, ihre damaligen Besitzer, sie ihrer Klostergründung Geseke. Aus der Tatsache, daß die Kirche nun zum Kloster gehörte und folglich keine Pfarrechte mehr besaß, darf auf die Existenz eines eigenen Gotteshauses für die Bewohner Bigges geschlossen werden. Im 13. Jahrhundert mehren sich die Nachrichten über diese Pfarrei, aus dieser Zeit stammen noch der romanische Westturm und eine leider nur als Abschrift von 1738 erhaltene Bestätigung des Kirchenvermögens durch den Kölner Erzbischof Engelbert II. Sie hält unter anderem fest, der Pastor dürfe – selbstverständlich unter Wahrung seiner seelsorgerlichen Pflichten – Jagd und Fischerei ausüben, jedoch nur in seinem priesterlichen Habit; eine praktische Verordnung wenigstens insofern, als sie den Geistlichen vor der Verwechslung mit Wilderern schützte.

Die drei westlichen Joche waren Teil eines barocken Saals, der die obligaten Anklänge an die Gotik zeigt. Erhalten blieb das noble Südportal, dessen Aufsatz über einem kräftigen, aber fein profilierten Gebälk in einer Muschelnische den hl. Martin birgt, eine Leonard Falter (s. S. 141) zugeschriebene Figur. 1769–73 errichtet, wurde auch dieser Bau im Lauf der Jahre zu klein. Niemand wagte mehr die Notwendigkeit einer Erweiterung zu bezweifeln, nachdem der Pfarrer ausgeführt hatte, daß die jungen Leute nicht nur in der alten Kirche keinen Platz mehr fänden, sondern auch bei Regen Messe Messe sein ließen und die Schenken des Dorfes aufsuchten. Der neuromanische Anbau wurde 1888 fertiggestellt, bei seiner Ausstattung entschied man sich für den gleichen Stil. Barocke Altäre, Kommunionbank und Kanzel kamen teils an andere Gemeinden, teils landeten sie auf dem Holzstoß fürs Osterfeuer. Den Bildersturm – er raste damals allerorten gegen ›barocke Scheußlichkeiten‹ – überstanden vier Beichtstühle, eine hl. Barbara, deren theatralische Geste auf Johann Theodor Axer weist (s. S. 157), und vor allem der 1783 aufgestellte Orgelprospekt (Abb. 84) des Johann Markus Oestreich aus Oberbimbach bei Fulda. Seine »ungewöhnliche Breite« verdankt er »dem Aufstellungsprinzip des Erbauers, der bei seinen zweimanualigen Orgeln das in der Mitte aufgestellte Positiv vom geteilten Hauptwerk beiderseits flankieren ließ« (Rudolf Reuter, Historische Orgeln im Hochsauerlandkreis, Münster, 1979).

Leider haben sich von den Fachwerkbauten, die einst das Ortsbild Bigges charakterisierten, nur noch wenige erhalten, ein Ensemble bilden heute einzig die Häuser Mittelstraße 4–8. Das erste dieser Reihe ist auch das älteste; 1624 aufgeschlagen, springt sein Giebel zweifach vor. Der anschließende Dreiständerbau (1737 errichtet) besaß früher eine seitliche Längsdeele, sie fiel wie beinahe allerorten den gewandelten Wohnansprüchen zum Opfer. Das große Haus Nr. 8 schließlich, dessen Traufenständigkeit ein jüngeres Entstehungsdatum schon anzeigt, stammt vom Anfang dieses Jahrhunderts, fügt sich aber harmonisch in die Gruppe ein.

Neben diesen und noch einigen anderen historischen Wohnstätten der Bürger kann Bigge auch noch einen ehemaligen Adelssitz, das *Schloß Schellenstein*, vorweisen. Die Anlage umfaßt einige Nebengebäude und liegt unterhalb des Siedlungskerns dicht an der Ruhr, doch steht das Schloß selbst auf einer Schieferbank, die sich um etliche Meter über den Talboden erhebt. Sein Mittelteil, ursprünglich ein Herrenhaus des frühen 18. Jahrhunderts, erfuhr im Lauf der Zeit einige Veränderungen, die beiden Seitenflügel wurden sogar erst während des 19. Jahrhunderts angefügt. Das kürzlich renovierte, bis auf die geschieferte Nordseite mit Sollingplatten verkleidete Schloß hat durch das gleichfalls wiederhergestellte Torhaus an herrschaftlichem Ambiente noch gewonnen.

In einer Talweitung der Desmecke, am Rande des Dorfes **Antfeld**, liegt ein *Schloß*, das nicht durch aufwendige Bauweise, sondern durch seine bescheidene, aber wohlproportio-

Antfeld, Federzeichnung von Renier Roidkin, um 1730

DAS KÖLNISCHE SAUERLAND

nierte Architektur einnimmt (Farbt. 1). Seit 1259 saßen hierorts schon Ministerialen der Arnsberger Grafen mit dem Namen Antfeld, ihnen folgte im 14. Jahrhundert das Geschlecht der von Berninghausen. Nach mehrmaligem Wechsel der Eigentümer übernahmen schließlich die von Papen-Lohe den Herrensitz (etwa 1690), den sie jetzt noch bewohnen.

Das heutige Schloß entstand wohl zwischen 1716 und 1719, ob der Maurermeister Nikolaus Wurmstich aus Lippstadt auch die Pläne für den Bau gezeichnet hat, steht dahin. Die Dreiflügelanlage zeigt nach Süden zwei Ecktürmchen mit welscher Haube über quadratischem Grundriß und im Zentrum der siebenachsigen Front eine vielfach veränderte doppelarmige Freitreppe, deren Pendant an der Hofseite wesentlich großzügiger gestaltet worden ist. Es beansprucht die volle Breite des Risalits und führt auf ein in schweren Formen gehaltenes Portal zu (1717), das Zentrum seines üppig ornamentierten Aufsatzes bildet ein von Löwen präsentiertes Wappen. Dieser kleinen Pracht eigentümlich entgegengesetzt sind die unaufdringliche Betonung des dreiachsigen Mittelrisalits durch Eckquader und der völlig schmucklose Dreiecksgiebel.

Die Nebengebäude liegen in der Verlängerung der Seitenflügel nach Norden. Das östliche und das Herrenhaus verbindet ein Gebäudeteil, in dem die Schloßkapelle von 1723 liegt. Von ihrem barocken Altar ist das zentrale ältere Blatt erhalten, der unbekannte Künstler des 16. Jahrhunderts zeigt eine Kreuzabnahme vor einer vertrauten landschaftlichen Kulisse, den Bruchhauser Steinen.

Von Olsberg aus folgt die B 480 der Ruhr flußaufwärts und umgeht **Assinghausen,** in das sich wenigstens ein Abstecher unbedingt empfiehlt (Farbt. 8). Wer zuerst die *Pfarrkirche St. Katharina* besuchen möchte, sollte das steile Gäßchen zur Anhöhe hinaufgehen, vorbei am alten Pastorat (erbaut 1775) und – ihm gegenüber – dem Geburtshaus des bekanntesten sauerländischen Dichters, Friedrich Wilhelm Grimmes (1827–1887). Das neugotische, 1872–88 errichtete Gotteshaus birgt einige recht beachtliche Figuren, sie gehörten zur barocken Ausstattung des Vorgängerbaus. Hervorzuheben sind die um 1680 geschaffenen Plastiken der hll. Petrus und Paulus im Chorbereich.

Türklopfer aus Assinghausen

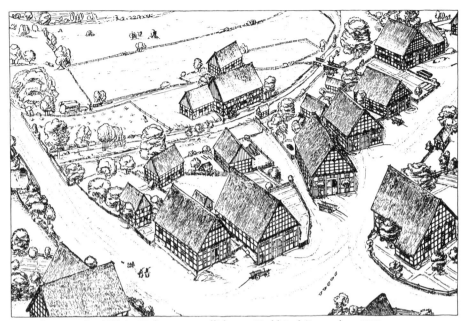

Assinghausen, Schaubild der Höfegruppe nördlich vom Kirchhügel, Zustand um 1850

Das Motiv jedoch, dessentwegen Assinghausen in keinem Fotoband über das Sauerland fehlen darf, liegt unmittelbar an der Hauptstraße des Dorfes. Vier *Fachwerkhäuser* des 17. und 18. Jahrhunderts stehen hier hintereinander aufgereiht, ein Ensemble, das heute leider großen Seltenheitswert hat. Die breitgelagerten Gebäude strahlen einen gewissen Wohlstand aus, er dürfte seine Ursache im Hausierhandel, vor allem aber im Eisengewerbe des Dorfes haben. (Dieses Gewerbe besaß hier eine beachtliche Tradition, schon 1518 wird die Anlage eines Eisenhammers erwähnt.) Das von der Kirche aus gesehen erste, 1688 aufgeschlagene Haus (Nr. 34) hat im rückwärtigen Teil noch einen massiven, tonnengewölbten Keller. Über diesem Keller befand sich früher ein quergestellter Saal, der die ganze Breite des Gebäudes einnahm. Auf ihn zu läuft die Diele, längs der zu beiden Seiten die Stallungen lagen. Das große, halbrund abschließende Deelentor wird von dem gleich einem Tau gedrehten Zierrahmen umfaßt, wie überhaupt die Ornamente der Füllhölzer und Balkenköpfe mit viel Liebe ausgeführt sind. An der unteren Giebelkragung zeigen sie Motive wohl aus Musterbüchern der Renaissance (s. S. 362), sie werden allerdings sehr originell variiert, besonders die Masken und Tierdarstellungen lassen den Zug ins Phantastische erkennen.

Ein sehr eigenwillig geformtes Deelentor besitzt das letzte Haus (Nr. 28, erbaut 1749) der Reihe, vor allem der Türklopfer (bezeichnet 1784) zeugt von hohem handwerklichen Können. Wie nüchtern nimmt sich dagegen das bei weitem älteste Bauwerk Assinghausens und vielleicht sogar der älteste Zehntspeicher Westfalens aus, der ›*Reisen-Spieker*‹, so genannt nach dem Namen eines Hofes. Der Turm wurde 1556 über einem quadratischen Grundriß errichtet, er hat drei massive Geschosse aus Bruchstein und ein abschließendes aus Fachwerk. Sein Keller trägt noch das originale Halbtonnengewölbe, während das Dach ursprünglich wohl steiler anstieg.

»Wer aus dem Paderbörnischen oder Waldeckischen kommt, sieht sie auf viele Stunden weit wie ungeheure Warten über die alten Laubwipfel wegschauend wie Saul über das Volk Gottes.« So beschreibt Annette von Droste-Hülshoff ihren ersten Eindruck von den *Bruchhauser Steinen* (Abb. 81), und auch Levin Schücking läßt es wenig später im ›Malerischen und romantischen Westphalen‹ an Bildkraft nicht fehlen, gilt es doch »eine der wildesten Parthien, wo die Natur nach einem Salvator Rosa zu rufen scheint«, vor dem Leser erstehen zu lassen. »Wir haben staunend vor den ähnlichen Eggestersteinen gestanden, aber sie sind Kinder gegen die ungeheure Moles dieser Felsgebilde; auf viele Stunden weit überragen sie gen Nordosten das Gebirge wie grandiose Warten.« Die Ähnlichkeit beider Texte weist auf den erheblichen Anteil der bedeutendsten deutschen Dichterin am Westfalen-Buch des jüngeren Schriftstellers hin, wobei die weiteren Ausführungen der Droste gegenüber denen Schückings die größere Genauigkeit für sich haben. Wir wollen diesen Platz so nüchtern wie

Bruchhausen mit Bruchhauser Steinen, Stich Anfang des 19. Jh.

möglich beschreiben, wenngleich er auch heute noch viele Rätsel aufgibt, die durchaus die Phantasie beflügeln können.

Noch über die Kronen der Bäume erheben sich vier Felskanzeln, der nördliche Bornstein (700 m) mit seiner lotrecht aufsteigenden, 87 Meter hohen Wand, der kaum höhere Ravenstein (er liegt der Straße Bruchhausen – Olsberg am nächsten), der nordöstlich gelegene, vielfach geklüftete Goldstein und schließlich der Feld- oder Königstein (756 m), dessen Gipfelkreuz diese höchste Erhebung zusätzlich akzentuiert. Die Berühmtheit der Felsen verdankt sich eigentlich ihrer plutonischen Herkunft; als die Gegend vor etwa 365 Millionen Jahren noch vom mitteldevonischen Meer bedeckt war, brachen an seinem Grund Vulkane aus, deren Lava nun über die tonigen Ablagerungen quoll und erkaltete. Die nachfolgende Gebirgsbildung faltete jene Schichten zu Tonschiefern und – ihnen untergezogen – Keratophyr auf; letzterer setzte als das ungleich härtere Gestein der Erosion sehr viel größeren Widerstand entgegen. So wurden die Blöcke herausmodelliert, etliche kleinere liegen – neben vielen abgesprengten Trümmern – noch im Wald versteckt.

Dessen Dach bilden inzwischen nicht mehr nur die ›Laubwipfel‹, vielmehr sind in die ursprünglichen Buchenbestände einige Fichtenforste eingestreut. Doch wie immer, das seit 1951 unter Naturschutz gestellte Terrain bietet einige floristische Raritäten, von ihnen sei hier nur der urtümliche Tannenbärlapp genannt. An einem der Steine gedeiht noch die Alpengänsekresse, die in Westfalen nirgendwo anders auftritt, sich hier aber vielleicht schon seit der Eiszeit behauptet. Den eigentlichen botanischen Reichtum der Felsen machen hingegen die dreißig Moos- und Flechtenarten aus, sie finden auf den Felsen offensichtlich optimale Wuchsbedingungen.

Doch nicht allein als Naturschauspiel faszinieren die Bruchhauser Steine, sie sind auch »das großartigste Denkmal der Vorzeit in Westfalen«. Die vier Felsen bezeichnen eine Fläche von ungefähr 200 mal 380 Meter, sie bilden die (Eck-)Bollwerke einer gewaltigen, noch heute erkennbaren Befestigung. Forscher datieren ihr Entstehen ins 6. Jahrhundert v. Chr., sie war dann – jedenfalls nach den Funden zu urteilen – bis etwa 150 v. Chr. in Gebrauch, und noch einmal haben die Menschen sie während des frühen Mittelalters aufgesucht. Zu welchem Zweck die Umwehrung angelegt wurde, läßt sich nicht eindeutig bestimmen, mit hoher Wahrscheinlichkeit diente die Anlage als Burg und/oder Versammlungsplatz. Die lokale Tradition will wissen, daß hier auch jenes Bundesheiligtum der Istwäonen stand, über dessen Zerstörung durch die Römer Tacitus berichtet.

Auszumachen ist noch heute der etwa 345 Meter lange Mauerwall aus nun verstürzten, mächtigen Keratophyrblöcken zwischen Feld- und Goldstein, längs dessen Außenseite noch ein Graben verläuft. Ihm zwischen 25 und 75 Meter vorgelagert, zieht sich eine gleiche, jedoch 400 Meter längere Befestigungslinie, die von einem Steilhang ihren Ausgang nimmt und wiederum an einem Steilhang endet. So war die Anlage im Norden und Süden gesichert, keine Anhaltspunkte finden sich dagegen für einen ähnlichen Schutzwall zwischen Feld- und dem Ravenstein unter ihm, doch erübrigte hier wohl die Gunst des Geländes besondere Fortifikationen. Aus dem gleichen Grund blieb wahrscheinlich auch die Verbindung zwischen Born- und Ravenstein unbewehrt, der Hang fällt hier gleichfalls steil ab. Zusätzlich

DAS KÖLNISCHE SAUERLAND

hatte man jedoch auch einzelne Teilstücke des Gebiets abgeschirmt, so etwa das zwischen Gold- und Bornstein. Allein den letztgenannten würdigt übrigens das erste historische Zeugnis zu diesem einmaligen Natur- und Kulturdenkmal; die berühmte Karte des Herzogtums Westfalen von Johannes Gigas (1620 erschienen) verzeichnet den Felsen mit der Anmerkung »Hic in summitate petrae fons limpidissimus« (Hier auf der Höhe des Felsens eine sehr klare Quelle). Die Droste spricht richtiger von einer »nach der Kuppe auf einem Plateau befindliche(n) Höhlung, wo sich das abrieselnde Regenwasser sammelt und, durch ein Felsendach geschützt, nicht leicht versiegt«.

Am bequemsten lassen sich die Bruchhauser Steine von der Straße Olsberg – Bruchhausen aus erreichen, am Ortseingang zeigt eine große Tafel dem Autofahrer den Weg zum Parkplatz dicht unterhalb der touristischen Attraktion. Doch hat solche Bequemlichkeit ihren Preis, hier muß sowohl eine Parkgebühr als auch Eintrittsgeld entrichtet werden. Der Spaziergänger gelangt jedoch umsonst, wenn auch auf verschwiegeneren Pfaden ins Naturschutzgebiet, durch das außerdem die Hauptwanderstrecke 2 (Brilon – Bruchhauser Steine – Niedersfeld – Siegen) des Sauerländischen Gebirgsvereins führt.

In **Bruchhausen** (Umschlagrückseite) selbst liegt das *Schloß des Freiherrn von Lüninck*, eigentlich eine kleine Wasserburg. Sie wuchs um einen Wohn- und Verteidigungsturm herum, der ins 14. Jahrhundert datiert, vielleicht noch vor die Zeit, als seine nachmalige Besitzerfamilie von Gaugreben die Pfandherrschaft über den Assinghausener Grund erlangte. Die weitere Baugeschichte läßt sich gleichfalls nicht sicher nachverfolgen, doch dokumentieren etwa die Baunaht im Osten, offensichtlich jüngere Hinzufügungen auf der Gegenseite sowie eine wildbewegte Dachlandschaft die fortwährende Veränderung der Anlage. Ihr schönstes Detail ist wohl der markante Fachwerkgiebel mit den Gefachen aus Ziegel und dem Krüppelwalm darüber. Südlich des Schlosses liegt die ehemalige (barocke) Rentei.

Daß Abgelegenheit nicht unbedingt vor Schlagzeilen schützt, beweist **Brunskappel** im Negertal, wenige Kilometer von Assinghausen entfernt (Abb. 82). Wäre es nach dem Willen des Ruhrtalsperrenverbandes gegangen, dann hätten in absehbarer Zeit den wohl schon vom Kölner Erzbischof Bruno I. (953–63) gegründeten Ort die Wasser eines großen Stausees bedeckt. Die Brunskappeler trugen ihren heftigen Protest dagegen vor das Oberlandesgericht Münster, nachdem das Verwaltungsgericht Arnsberg ihre Klage abschlägig beschieden hatte, und sie bekamen dort recht. Der mächtige Verband steckte seinerseits nicht ohne weiteres auf, doch fruchtete auch seine Anrufung der höchstrichterlichen Instanz nichts, die bestätigte vielmehr das Münsteraner Urteil. Nun ließ kürzlich auch die Düsseldorfer Landesregierung verlauten, daß der Plan Negertalsperre zu den Akten gelegt sei, Brunskappel kann sich mithin endgültig gerettet fühlen.

Wenn die in der – freilich gefälschten – Grafschafter Gründungsurkunde aufgeführten Besitzverhältnisse den Tatsachen entsprechen, dann wurde die *Pfarrkirche St. Servatius* 1072 dem Klostergut einverleibt. Der Westturm des Gotteshauses stammt noch aus dem 13. Jahrhundert, das Langhaus mußte man nach dem großen Brand 1764, bei dem Dach und Decke den Flammen zum Opfer fielen, stark erneuern. Auf steinerne Gewölbe wurde verzichtet, zwischen hölzernen Gewölberippen spannte sich jetzt das Wellerwerk der Kappen, hölzerne Gurtbögen gliederten den Saal. St. Servatius besitzt eine qualitätvolle Rokokoausstattung, die freitragende Architektur des Hochaltars wie die Farbgebung, ein marmoriertes (unaufdringliches) Blau und ein ebensolches Rot, haben sich schon öfters als Kennzeichen dieses Stils erwiesen.

Als bestes Stück aber muß einmal mehr der wunderschöne Orgelprospekt gelten. Der Soester Johann Georg Fromme wich hier einmal vom bewährten und oft variierten Fünf-Achsen-Schema zugunsten einer stärkeren Betonung der Horizontale ab, dennoch unterlag er nicht der Gefahr einer bloßen Aneinanderreihung der Seitenfelder. Und die verspielte Ornamentik entspricht so ganz dem vertrauten Bild vom Rokoko: Wie leicht und doch genau übersetzen allein die elegant stilisierten Instrumente über der breitangelegten Gehäusefront die weiten musikalischen Möglichkeiten einer Orgel in die Sprache eines anderen künstlerischen Mediums. Welcher Schwung und welche Dynamik eignet aber auch – bei aller Tändelei der Verzierungen – dem architektonischen Aufbau! Daß diese Schleifladenorgel darüberhinaus noch die originale Disposition besitzt, ist ein besonderer Glücksfall.

Stadt Brilon

Geraume Zeit, bevor der Reisende sie erreicht, ist die Stadt Brilon schon als Silhouette gegenwärtig. Im Südwesten jener aus Massenkalk aufgebauten Hochfläche gelegen, die den Namen des städtischen Zentrums trägt, hat namentlich der Turm der Propsteikirche die Blicke nun schon seit vielen Generationen auf sich gezogen, und wir können seine starke Anziehungskraft für die Bewohner des Umlandes auch heute noch beim Anblick der Stadt wenigstens atmosphärisch nachvollziehen. Dieses Umland, die etwa neunzig Quadratkilo-

Brilon, Federzeichnung von Renier Roidkin, um 1730

DAS KÖLNISCHE SAUERLAND

meter große ›Ebenheit‹, bietet ein, gemessen an sauerländischen Verhältnissen, ungewöhnliches Landschaftsbild: Waldfrei dehnt sie sich zwischen den Bergrücken dahin, nur gelegentlich setzen ein paar Kalkriffe – wenig deutliche – Akzente, und der von Klüften durchsetzte Untergrund schluckt zuweilen das Wasser der Bachläufe. Ungewöhnlich für die gesamte Region ist auch die Fruchtbarkeit der hiesigen Böden, sie wird eine frühe Besiedlung des Raums begünstigt haben.

In der Urkunde von 973, die Brilon erstmals erwähnt, ist noch nicht die spätere Stadt, sondern eine Siedlung nördlich von ihr angesprochen. Das geistliche Zentrum jenes Dorfes bezeichnet übrigens heute die barocke Hubertuskapelle inmitten des Friedhofs, an dieser Stelle erhob sich der Chor des Altenbriloner Gotteshauses. Der Ort gehörte damals zum Bistum Magdeburg, das seinen entlegenen Besitz dann mit Paderborn tauschte. Das verkehrsgünstig gelegene Altenbrilon war für den neuen ostwestfälischen Herrn sicher kein wertloser Erwerb, denn hier dürfte unter der Ägide Soester Kaufleute ein lebhafter Warenhandel stattgefunden haben.

Der Kölner Stuhl spielt im Briloner Raum erst eine wesentliche Rolle, als Philipp von Heinsberg 1190 mehrere Güter erwerben kann, eine Politik, die Engelbert von Berg (1216–1225) zielstrebig fortsetzt. Auf einem angekauften Gut der Herren von Brilon legt er zwischen 1217 und 1220 die civitas an, der Paderborner (Lehns-)Rechte an diesem Grund und Boden nicht achtend. 1256 wird der Bischof auch vertraglich zur Aufgabe aller Herrschaftsansprüche gezwungen. Köln verfügt jetzt im Osten seines Herzogtums Westfalen über einen sehr wichtigen Stützpunkt, der Stadtbering umfaßt eine überraschend große

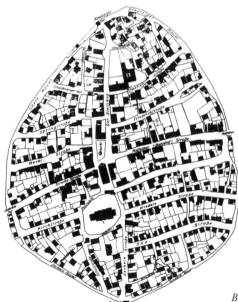

Brilon, Stadtplan nach dem Katasterplan von 1830

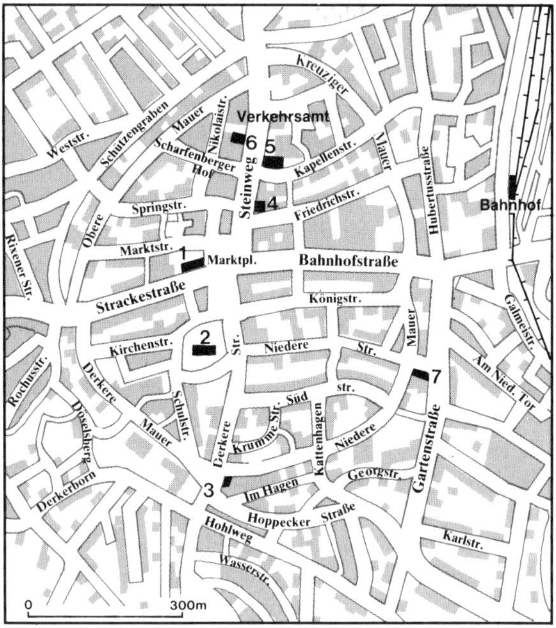

Brilon

1 *Rathaus*

2 *Propsteikirche St. Petrus und Andreas*

3 *Derker Tor*

4 *Haus Sauvigny*

5 *Nikolaikirche*

6 *Haus Schulte (Verkehrsamt)*

7 *Stadtmuseum (im Haus des Gastes)*

Fläche von etwa zwanzig Hektar und wird später noch stark erweitert werden. Das wirtschaftliche Leben blüht, und als Mitglied der Hanse behauptet Brilon nächst Soest den zweiten Rang unter den Städten des Herzogtums.

Der Niedergang des Gemeinwesens setzt indessen schon um die Mitte des 14. Jahrhunderts ein; das zuerst durch die Pest, dann die obligaten Brandkatastrophen geschwächte Brilon verliert während der folgenden Zeit immer mehr an Bedeutung. Daran ändert sich auch nichts, als die Stadt nach der Soester Fehde und dem Verlust der Hellwegmetropole die größte Stadt des kölnischen Westfalen und später im Gerichtsbezirk Brilon Kupfer, Blei und Eisen gewonnen wird. Das weitläufige Areal innerhalb der Mauern mag auf den zeitgenössischen Besucher zuweilen den Eindruck eines schlotternden Gewands um einen ausgezehrten Körper gemacht haben, jedenfalls berichtet ein französischer Reisender des Jahres 1807: »Die Stadt hatte mich durch die Verlassenheit ihrer Straßen befremdet, die ganz im Gegensatz steht zu dem Aussehen, das ihr, aus der Ferne gesehen, ihre Umgürtung mit ansehnlichen und gut erhaltenen Mauern verleiht.«

Doch trotz der ungünstigen ökonomischen Verhältnisse erhält das *Rathaus* am Marktplatz 1755 eine Fassade, die den Glanz vergangener Tage noch einmal zu beschwören scheint. Vom mittelalterlichen, um 1250 erbauten Gildenhaus bleiben die beiden spitzbogigen Arkaden erhalten, zu denen nun eine großzügig angelegte Freitreppe hinaufgeleitet. Den Bau aber beherrscht der kraftvoll-elegante, doppelt geschweifte Giebel. Ihn rahmen zwei

DAS KÖLNISCHE SAUERLAND

Lisenen, sie markieren die Gebäudekanten auch über das breite Gesims hinaus bis auf das Bodenniveau. Die Pläne für diese bemerkenswerte, durch drei Folgen immer kleinerer Fenster auch sinnfällig binnengegliederte Front lieferte der waldeckische Staatsbaumeister Johann Matthias (Mathäus) Kitz, der drei Jahre zuvor schon ein anderes steinernes Zeugnis Briloner Bürgerstolzes errichtet hatte, das Haus Sauvigny (Steinweg 3). Auch der Entwurf des ›Ingenieur-Leutnants‹ Kitz ließ die zum Marktplatz hin offene Kaufhalle unter den Arkaden bestehen, geschlossen wurde sie erst im Zuge des Innenausbaus 1826. Eine schöne Entsprechung bilden die beiden Darstellungen des Stadtpatrons Petrus, einmal die barocke in der in Rot ausgemalten Nische der Rathausfront und gegenüber die spätgotische auf dem vieleckigen Marktbrunnen, deren Vorgänger hier übrigens nachweislich schon seit 1360 standen. Rathaus und Markt bezeichnen auch das geschichtliche Zentrum der Stadt, hier kreuzten sich wichtige Verkehrswege, die Brilon damals wie heute in ›Quartale‹ teilen, wie der historische Grundriß überhaupt noch heute im Stadtbild gut zu erkennen ist.

Etwas erhöht liegt südlich des Rathauses die *Propsteikirche St. Petrus und Andreas,* auch sie eine Halle, die allerdings ein Querschiff besitzt. Ihre Größe mag erstaunen, doch sei daran erinnert, daß ein so weitläufiges Gemeinwesen wie Brilon nur eine einzige Pfarrkirche aufzuweisen hatte, dies eine Gotteshaus demnach eine hohe Zahl an Gläubigen fassen mußte. Während der Bau des wohl 1276 geweihten Langhauses etwa mit der Stadtgründung 1220 begonnen haben dürfte und das ganze vertraute Formenrepertoire des Übergangsstils (zwischen Romanik und Gotik) zeigt, lassen beispielsweise die hochgotischen Maßwerkfenster am Querhaus wie Chor keinen Zweifel hinsichtlich des geringeren Alters der beiden Bauteile, sie sind knapp hundert Jahre später als das Langhaus aufgeführt worden. Die augenfälligsten Architekturglieder der Andachtsstätte sind wohl die Knospenkapitelle der mächtigen Pfeiler, reicher denn andernorts ausgebildet, können sie künstlerisch dennoch nicht ganz überzeugen. Ein rätselhaftes Detail stellt der quadratische Schlußstein im östlichen zentralen Gewölbe mit seinen Tier- und Menschenköpfen dar.

Außen fällt die Gestaltung des Nordportals auf: Während andernorts in aller Regel der südliche Eingang besonders akzentuiert wird, hat der Baumeister hier den der Stadtmitte zugewandten nördlichen stärker hervorgehoben. Das Gewände erhält mit den eingestellten Doppelsäulen einen zusätzlichen Schmuck, die Kapitelle und Kämpfer sind außerordentlich

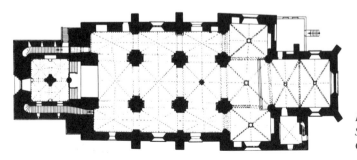

Brilon, Propsteikirche St. Petrus und Andreas, Grundriß

Brilon, Propsteikirche St. Petrus und Andreas, Turmportal

sorgfältig behandelt. Den Dreipaß des Giebels betont eigens ein viertelrunder Bogen. Zu solcher Feinheit des Details steht der gewaltige Baukörper des nach 1250 errichteten Turms (Abb. 86) in denkbar größtem Gegensatz. Die Fenster gliedern sich erst in der ziemlichen Tiefe ihrer Öffnung, nur wenig springt die Quadermasse an den umlaufenden Gesimsen zurück, einzig unter der allein 31 Meter hohen barocken Haube schmückt ein Fries aus Dreipaßblenden alle vier Seiten des Turms. Reichere Zier allerdings weist die Westseite auf: Hier überfaßt das Sockelprofil in einem treppenartigen Anstieg das spitzbogige, gleichfalls kunstvoll gestaltete Portal, darüber eine achtgeteilte, blinde Maßwerkrose.

Aber nicht nur das Äußere des Turms beeindruckt, auch sein Inneres fasziniert durch eine gewaltige Architektur. Vom Langhaus her erblickt man zwei Räume; der untere liegt noch deutlich über dem Niveau der Halle, gegen die er sich mit einem gedrückten Spitzbogen öffnet (Abb. 87). Einem außerordentlich wuchtigen, mitten im Turmdurchgang aufragenden Rundpfeiler liegen vier Dienste vor, von ihnen geht die gleiche Anzahl spitzbogiger Gurte aus. Sie unterteilen den Raum in zweimal zwei Joche. Gleichfalls ein Rundpfeiler bildet das Zentrum des Raums darüber, auch in ihm treffen sich die vier Gewölbefelder. Leider ist er vom Mittelschiff nur schlecht einzusehen, weil dessen breite, spitzbogige Öffnung nach Osten eine geringere Höhe besitzt. Zur Empore und weiter hinauf führt in der Nord- wie in der Südwand je eine Treppe, die mit ihrer Breite von gut einem Meter recht großzügig bemessen ist.

Das insgesamt jüngere Querhaus der Kirche birgt einige bemerkenswerte Malereien. Um 1350 schuf ein unbekannter Meister den überlebensgroßen Christophorus des Südarms, nur wenig vorher dürfte die Darstellung der nur fragmentarisch erhaltenen Törichten Jungfrauen entstanden sein, die ihren Platz in der Nische des östlichen Querhauses gefunden hat.

DAS KÖLNISCHE SAUERLAND

Schade, daß der Erhaltungszustand des Freskos seiner Qualität nicht entspricht. Noch zwei Jahrhunderte älter als diese Wandgemälde ist das sogenannte Pankratius-Kreuz, der bedeutendste Kunstschatz dieser Kirche. Es stammt aus dem Umkreis jenes Roger von Helmarshausen, dessen beide Paderborner Tragaltäre zu den herausragenden künstlerischen Leistungen der Romanik Westfalens gehören. Das Briloner kupfervergoldete Vortragekreuz – es trägt den Namen seines früheren Standortes, der 1784 abgerissenen St. Pankratiuskirche in Paderborn – zeigt einen aufrecht stehenden, keineswegs vom Tod gezeichneten Christus, und vielleicht sind sogar die Nagellöcher in seinen Füßen spätere Zutaten. Hinter dem Haupt Christi erscheint ein Engel mit Lilienszepter, darüber sind die Worte »IHC NAZARENUS REX IUDEORUM« eingraviert. Reichere Gravur zeigt die Rückseite. Hier verweisen alle anderen Darstellungen auf das zentrale rundgefaßte Bild des Gotteslamms mit der Umschrift »Agnus vita salus datur omnibus hostia XPICTUS+«. Zum Lamm blickt der hl. Pankratius auf, der den Palmzweig des Märtyrers trägt, ihm wenden sich die Engel der anderen Kreuzarme zu. Deren Enden hat der Künstler mit den menschlich aufgefaßten Symbolen der vier Evangelisten versehen, ihnen sind die Anfangsbuchstaben ihrer Evangelien beigegeben.

Auch wer sich nun, das von der hessischen Frühgotik beeinflußte Bauwerk im Rücken, den Fachwerkhäusern des Kirchplatzes und damit einem vertrauteren Anblick wie Maßstab zuwendet, wird das Bild des großartigen Turms nicht ohne weiteres abschütteln können. Dabei zeigt namentlich die Südseite dieses Platzes (Propst-Meyer-/Schulstraße) ein schönes Ensemble, dessen Bausubstanz bis ins 17. Jahrhundert zurückreicht. Die *Derkerstraße* führt hinunter bis ans gleichnamige *Tor,* dem letzten erhaltenen Stadttor Brilons. Zwar geht seine heutige Gestalt auf einen Umbau von 1750 zurück, doch bleibt es der letzte Zeuge jener gewaltigen Umwehrung, die einst die kurkölnische Stadt direkt an der Grenze zu Waldeck schützte. Daß sich ausgerechnet der waldeckische Baumeister Kitz (s. S. 210) um seine Erhaltung verdient machte, ist eine sanfte Ironie der Geschichte, die auf so beiläufige Weise schon manchen erbitterten Widerstreit der Zeitgenossen zu kommentieren gewußt hat.

Die erwähnenswerten Baudenkmäler der anderen Stadthälfte liegen ebenfalls an der Nord-Süd-Achse Brilons, sie heißt hier Steinweg. An ihn rainen auch die beiden schönen Gebäude der dem Rathaus gegenüberliegenden Marktplatzfront an, die mit etlichen Bausünden in diesem Bereich versöhnen. In unmittelbarer Nähe des Marktes steht das schon erwähnte *Haus Sauvigny* (Steinweg 3), wohl gleichfalls eine Schöpfung des Johann Matthias Kitz. Freitreppe, Werksteinportal und Mansarddach geben dem zweigeschossigen, traufenständigen Bau ein nobles, ja patrizisches Aussehen und heben ihn gegen das Fachwerk der Ackerbürgerhäuser deutlich ab.

Am Steinweg liegt auch die *Nikolaikirche.* Eine Kapelle mit dem gleichen, auf westfälischem Boden recht seltenen Patrozinium existierte hier schon im 13. Jahrhundert, allerdings hatte sie ihren Standort etwas weiter nordöstlich. Einiges spricht dafür, daß Soester Fernhändler hier zu Ehren ihres Schutzheiligen eine Andachtsstätte errichten ließen und damit dem Vorbild nacheiferten, welches ihnen in der Hellwegstadt selbst die Kaufmannsbrüderschaft der Schleswigfahrer mit dem Bau einer Nikolaikapelle bereits um 1190 gegeben hatte.

212

Dieses Kirchlein durften die Minoriten für ihre Gottesdienste benutzen, nachdem sie sich 1652 hier niedergelassen hatten. Als die Kapelle zu klein wurde, legte man 1772 den Grundstein zum heutigen Gotteshaus, ein Dezennium später konnten die Brüder darin die erste Messe feiern, wenn es auch noch weitere sechzehn Jahre dauern sollte, bis die Kirche völlig ausgestattet war.

Der Bau, ein Saal mit Grabkeller, dreiseitigem Chorschluß und formenreichem, östlichen Dachreiter, betont die Längsachse; der geschwungene Giebel seiner Westfront weist ihn auf den ersten Blick als barocke Schöpfung aus, damit stellt er unter den gotisierenden südwestfälischen Kirchen dieser Epoche eine große Ausnahme dar. Das ansprechende Portal läßt stilistische Eigentümlichkeiten des Rokoko erkennen, die Nische im Zentrum seines ziemlich aufwendig geschmückten Giebels birgt eine Maria Immaculata. Die schöne, noch original erhaltene Tür führt in einen Raum, dessen fünf querrechteckige Joche durch Gurtbögen abgeteilt sind, die auf schlichten Pilastern ruhen. Die Rippen des Kreuzgratgewölbes sind aus Eichensparren gefertigt und die Kappe gleich den Gefachen des Holzskelettbaus mit Wellerwerk ausgefüllt.

Vor dieser zurückhaltenden Architektur kann sich das Panorama der Ausstattung um so effektvoller entfalten. Imponierend der Hochaltar mit einer Anbetung der Könige vom Paderborner Maler Joseph Anton Stratmann, seinen mächtigen Säulenpaaren und dem kraftvollen Gesims. Gegen die Wucht des Aufbaus setzt nur der ornamentale Schmuck des Giebelfeldes spielerische Gelöstheit, solchen Geist atmen auch die beiden Rokoko-Türen, die unmittelbar an den Hochaltar anschließen. In der perspektivischen Verkürzung scheinen die – schräg vor die westlichen Pfeiler des Chorjochs gestellten – Seitenaltäre wie die unmittelbare Fortsetzung dieses Prospekts. Die besten Arbeiten dürften jedoch das Chorgestühl und die Beichtstühle sein, ihre feine Schnitzerei kann, da sie bis auf einige Goldstreifen nicht farbig gefaßt sind, voll zur Geltung kommen. Übrigens standen die vier östlichen Beichtstühle ursprünglich in der Bürener Jesuitenkirche, die beiden nächst dem Eingang fertigte der Briloner Laienbruder Hubertus Grünewald, von dessen Hand auch Kanzel, Kommunionbank und die Brüstung der Orgelempore stammen.

Im Nordosten ist die Kirche mit dem ehemaligen Klostergebäude verbunden, dem nachmaligen Gymnasium Petrinum. Oftmals umgestaltet und erweitert, gruppiert sich eine 1666–68 erbaute, zunächst dreiflügelige Anlage, die etwas später durch den zum Steinweg hin gewandten Ostflügel geschlossen wurde. Seine Verlängerung nach Norden, der sog. Kommandantenflügel, entstand erst 1738.

Gleichfalls am Steinweg, aber etwas weiter stadtauswärts liegt *Haus Schulte* (Steinweg 26), unter seinem Dach beherbergt es heute das Fremdenverkehrsbüro der Stadt Brilon. Der breithingelagerte, giebelständige Fachwerkbau mit seinem Deelentor und dem abgewalmten Dach wurde 1767 aufgeschlagen, nach Norden besitzt er einen massiven Anbau, im westfälischen Raum Steinwerk genannt.

Vieles wäre noch nachzutragen, auf die Lebenskraft mancher Briloner Überlieferung hinzuweisen. Die 1417 erstmals genannte ›geselschop der schutten‹ (Schützen) sei wenigstens erwähnt, desgleichen der Briloner Schnadezug, der nun schon fast sechshundert Jahre

DAS KÖLNISCHE SAUERLAND

alte Grenzgang um die Stadtgemarkung. Sie, die während des 15. und 16. Jahrhunderts immer stärker anwuchs, haben die Bürger oft und zuweilen nur mit wechselndem Erfolg gegen das feindliche Waldeck verteidigen müssen, einmal abgesehen davon, daß auch kurkölnische Nachbargemeinden ihnen den Besitz neideten. Doch keine noch so fein eingefädelte Intrige, keine noch so grobe Roßtäuscherei hielt die Briloner von der jährlichen Kontrolle ihrer Schnade (= Schneide, Grenze) ab. Der Stolz der heutigen Stadtbewohner aber sind die großen Waldflächen, welche Brilon sein eigen nennen darf. Beinahe sechstausend Hektar – das ist ein Pfund, mit dem auch die Strategen des Fremdenverkehrs wuchern können. Und wo sonst öffnet ein derart werbekräftiger Beiname wie ›Die Stadt des Waldes‹ auch einen so tiefen Blick in die Geschichte?

Nur wenige Kilometer westlich Brilons fällt in **Altenbüren** die *Pfarrkirche St. Johannes Baptist* weniger deshalb auf, weil sie unmittelbar an der belebten B 480 liegt, sondern vielmehr darum, weil der schon ins Orange spielende Ockerton ihres Außenanstrichs das Auge regelrecht überfällt. Schon früh muß an dieser Stelle ein Gotteshaus gestanden haben – jedenfalls sind die Turmuntergeschosse des heutigen Baus noch der Romanik zuzurechnen. Chor und Sakristei stammen jedoch von 1785/86, das Langhaus wurde erst zwischen 1804 und 1807 errichtet. Nun wird es den Leser dieses Buchs nicht mehr sonderlich überraschen, wenn er von gotisierenden Architekturelementen bei einer barocken Kirche erfährt, aber daß ein Langhaus des frühen 19. Jahrhunderts Stützpfeiler aufweist, ist doch einigermaßen ungewöhnlich. Während andernorts schon der Klassizismus den Formenkanon bestimmt, hält hier ein schon anachronistischer Stil einen noch älteren gegenwärtig.

Durch das barocke Nordportal tritt der Besucher in einen Saal, dessen Ausstattung zwar sehr uneinheitlich ist, aber doch manch schönes Stück aufzuweisen hat. Noch der Renaissance gehört der Hochaltar (genauer das Retabel) im leicht eingezogenen Chor an, er stammt aus Kallenhardt. Die Rüthener Kapuzinerkirche schmückte früher der vornehm-prächtige Seitenaltar, ihm gegenüber und von einem ganz anderen religiösen Empfinden zeugend steht die Rokokokanzel aus Mönninghausen, der mit neuen Türen versehene Beichtstuhl kam aus dem nahen Scharfenberg. Der hübsche Orgelprospekt schließlich hatte vordem seinen Platz in Langenstraße.

Als **Scharfenberg** 1306 erstmals urkundlich genannt wird, ist der Ort bereits in den Händen der Herren von Scharfenberg. Ihre Burg, an der nördlichen Peripherie der Ansiedlung gelegen, zerstörten 1404 Waldecker Truppen, aber bereits zwei Jahre später finden wir sie, von der sich keine Mauerreste erhalten haben, wieder bewohnt. Seit 1449 wechselt Scharfenberg mehrere Male den Besitzer, bis es 1694 an die Familie Weichs von Körtlingen fällt, 1819 zieht dann der preußische König den Ort als erledigtes Lehen ein.

Die Stiftungen der Weichs von Körtlingen, nämlich die 1745 geweihte *Pfarrkirche St. Laurentius* und das Herren(spätere Pfarr-)haus von 1785, prägen noch heute das Ortsbild. Hoch ragt der sandsteingegliederte Bau des Gotteshauses mit dem eingezogenen Chor und einem Westturm, dessen oberstes Geschoß ins Achteck überwechselt. Die Giebelzone des Südportals zeigt das Wappen der Stifter, und es versteht sich, daß sie ihre heraldische

Präsenz nicht auf das Äußere des Gotteshauses beschränkten. Aber die Weichs dürfen darüber hinaus ihren Namen mit einem der schönsten sauerländischen Kirchenräume verbunden wissen, denn das ist der Scharfenbergs ganz gewiß. Die Rokokoausstattung beeindruckt keineswegs allein wegen ihrer Einheitlichkeit und ihres ornamentalen Reichtums, vielmehr überrascht sie durch ihre Qualität. Schon die sublime Farbabstimmung des zweigeschossigen Hochaltars nimmt das Auge gefangen, dem verhaltenen Grundton der Marmorstruktur kontrastieren die weißen, roten und schwarzen Äderchen. Letztere bilden zuweilen und wie von ungefähr Baumgruppen, ja einmal sogar ein Gesicht. Marmoriert sind auch die Säulen und der Fries des Gebälks, bei den gliedernden Elementen der Architektur und dem Zierat herrscht dagegen der Goldton vor, das Polierweiß bei den vier großen Plastiken der hll. Franz Xaverius, Laurentius, Joseph und Johannes Nepomuk. Das zentrale Altarbild zeigt eine jüngere, deutlich präraffaelitisch beeinflußte Kreuzigung.

Die beiden Seitenaltäre weisen die gleiche Farbgebung auf, im nördlichen stehen Maria und Johannes zu seiten eines gotischen Gabelkruzifixes aus dem 14. Jahrhundert. Besonderer Formenreichtum zeichnet die Kanzel aus, das Orgelgehäuse von 1754 indessen besticht durch die Harmonie seines Aufbaus. Der Prospekt ist übrigens keineswegs ungefaßt, wie man nicht nur auf den ersten Blick glauben könnte. Seine Holzmaserung wurde aufgemalt – einmal mehr ein Beispiel dafür, wie weit diese Epoche den Illusionismus trieb. Denn auch die Marmorierung der Altäre – daran sei hier nochmals erinnert – geschieht ja nicht aus der Not heraus, sondern um des Effekts der *täuschenden* Echtheit willen.

Das heutige *Pfarramt* (Am Junker 1) baute der Tiroler Johann Heinrich Speck für die von Weichs. Der schlichte, aber in seinen Maßverhältnissen sicher aufgefaßte siebenachsige Bau zeigt mit der zweiarmigen Freitreppe und dem Mansarddach doch Herrenhauscharakter.

Daß die Geschichte der Ortschaft **Alme** sich durch ihre Gradlinigkeit auszeichne, wird niemand behaupten können. Wo am Rand der Briloner Hochfläche der gleichnamige Fluß entspringt und seine Wasser dem östlichen Westfalen zuträgt, prallten die Interessen der Herren des Gebirges und der Börde oft aufeinander. »Almundoraf« findet sich erstmals in den Urkunden des Geseker Stifts 952 erwähnt, zwei Herren von Almena sind zweihundert Jahre später Vasallen des Grafen Siegfried von Northeim. Die hier erbaute Burg ist 1307 kurkölnisches Lehen, sie hieß damals jedoch nach dem später wüst gewordenen Ort Haldinghausen, in dessen Schatten Alme lange stand. Erst 1370 kann der Kölner Erzbischof seine Landeshoheit endgültig behaupten, es geht sogar die Rede von einer Stadtgründung, doch muß dieser Versuch des geistlichen Herrn, seinen Erwerb zu sichern, schon vor 1430 wieder gescheitert sein. In diesem Jahr gibt er nämlich den Rittern von Meschede »um treuen Dienstes willen« ein Gut zu Lehen, nachdem diese Familie bereits im späteren Niederalme ein festes Haus besitzt. Von der Aufsplitterung einer weitläufigen Herrschaft Alme während der folgenden Jahrhunderte zeugen heute noch zwei Herrenhäuser, die – nach mehrmaligem Besitzerwechsel – zusammen mit dem Schloß heute dem Grafen Spee gehören.

Für das 17. Jahrhundert weiß die Chronik von einem ›Almer Bauernkrieg‹ zu berichten, ein etwas starkes Wort vielleicht, doch besteht kein Zweifel daran, daß sich die Untertanen

DAS KÖLNISCHE SAUERLAND

handgreiflich gegen eine willkürliche Erhöhung der Abgaben zur Wehr setzten. Aber sie boten denen von Meschede auch mit Worten Paroli, wie die nachfolgende Passage aus einem Protokoll des Jahres 1668 zeigt. Sie überliefert der Nachwelt nicht nur die Unerschrockenheit, sondern auch den bissigen Witz eines Almers, der durchaus von revolutionärem Elan zeugt. Als der Grundherr nach ihm schlägt, weil sein Kolone den untertänigen Gruß verweigert, beschließt der: »Nun will (ich) mein lebetag für einen edelman meinen hut nicht abziehen. Ist ihm geandwortet: Er wolte gedenken, solches forderte seine schuldigkeit, und gefragt, hat er dich dan auf den kopf geschlagen? Andwortete: Solches were geschehen, wan (ich) nicht den hut aufgehabt hette. Und dabey geruffen: Wor er were, wolte sich woll mit ihm schlagen er were einem gewachsen, moegele ihnen (= er ärgere sich), daß er nicht den junkern in den Dreck umbgewendet hatte und wolte solches wohl tun, wan ihm noch einmal geschehe. Ihme geandwortet worden, Er solte gedenken, er were sein erb- und gutherr, alles was er hette, das hette er von ihm und dem seinigen. Darauf der baur wieder geandwortet: Der teuffel ist euer herr, er erkannte niemand vor seinen herrn, als allein Gott were sein herr.«

Das heutige Aussehen des *Schlosses Niederalme*, unmittelbar an der B 480 gelegen, geht wesentlich auf den Neubau des frühen 18. Jahrhunderts zurück. Das zweigeschossige Herrenhaus stellt das Zentrum einer hufeisenförmigen, auf drei Seiten von Gräften umgebenen Anlage dar. Noch stärker ist heute die Gartenfront vor Neugierigen geschützt. Dort verwehrt die hohe Mauer auch den Blick auf den Mittelrisalit, das architektonische Prunkstück des Gebäudes. Gewaltige korinthische Pilaster, die über beide Geschosse gehen und von einem flachen Giebel bekrönt werden, markieren seine drei Achsen. Wie den Giebel zieren auch die plastisch behandelten Fensterrahmen ornamentale Motive. Fruchtgehänge, Rosetten, Muscheln und Palmetten akzentuieren jedoch vor allem das Portal, über dessen Sturz zwei Löwen eine Kartusche mit dem Wappen Meschede-Bruch zeigen. Bescheidener nimmt sich die einundzwanzigstufige Treppe aus.

Der Besucher wird zunächst auf den im Kern älteren westlichen Teil des Gebäudes zugehen, an seiner Schmalseite springt der Aborterker (Anfang 16. Jh.) vor. Und wenn ein Entdeckungsfreudiger sich durch das einschlägige Verbotsschild bei der Toreinfahrt im anschließenden Flügel nicht abschrecken läßt – tut er das, bleibt ihm nur der Blick auf das auch hier gegenwärtige Allianzwappen der von Meschede und von Bruch –, dringt er behutsam bis in den Innenhof vor, um wenigstens einen Eindruck von der ganzen Anlage zu gewinnen und die feldseitige Front des Herrenhauses zu bewundern. Zwar stammt die Freitreppe aus moderner Zeit, doch das hier wieder eingelassene Relief eines verliebten Paares ist während der Renaissance (um 1590) entstanden. Der lokalen Überlieferung zufolge spottet es der Mesalliance des Kölner Erzbischofs Truchseß von Waldburg und der Äbtissin Gräfin Mansfeld, die nach ihrem Übertritt zum Protestantismus 1582 heirateten. – Flüchtig werden nun noch die beiden eingeschossigen Nebenflügel in Augenschein genommen, dann gleitet der Kunstinteressierte wieder herzklopfend ins Halbdunkel der Toreinfahrt, wo er vielleicht die Inschriften der eisernen Grabplatten aus dem 17. und 18. Jahrhundert studiert, ehe er über die Brücke wieder ins 20. Jahrhundert mit seiner stark befahrenen Bundesstraße tritt.

Schloß Niederalme, Lithographie des 19. Jh.

Im Ort verdient die 1963 nach Süden stark erweiterte *Pfarrkirche St. Ludgerus* Beachtung. Ihr älterer Teil – ein einfacher, flachgedeckter Saal, an den sich der etwas schmalere Chor anschließt – wurde zwischen 1753 und 1760 erbaut, der Westturm dürfte etwa hundert Jahre älter sein, die Untergeschosse datieren noch ins 16. Jahrhundert. Der Turmraum birgt heute einen barocken Altar, vor dem eine gotische Pietà steht. Nur als Kopie hat man an der Nordwand eine Darstellung des hl. Ludgerus angebracht, das Original befindet sich im Paderborner Diözesanmuseum.

Am südöstlichen Rand des Ortsteils **Oberalme** liegt Haus Tinne, das gewiß schon bessere Tage gesehen hat. Gleiches gilt für *Haus Almerfeld,* aber die Stattlichkeit seiner Anlage läßt auch sein gegenwärtiger trauriger Zustand noch ahnen. Die verfallenen und verbauten Nebengebäude führen auf das Herrenhaus zu, dessen Schmalseiten Staffelgiebel abschließen. Es bedarf des qualitätvollen Barockportals nicht, um an dem gut proportionierten, wohl 1738 bezogenen Bau die Hand eines begabten Architekten zu erkennen, einerlei ob er nun wirklich Michael Spanner (siehe auch Kloster Grafschaft, S. 143) heißt oder einen anderen Namen getragen hat.

Der Name **Madfeld** bezeichnete ursprünglich eine Landschaft, bis ihn die Padberger als Inhaber der Dorfherrschaft um 1600 auf den Ort Ostlingen übertrugen. Ein Gotteshaus, wohl eine schlichte Basilika, stand hier schon um 1200, von ihm ist der quadratische Chor noch erhalten. Das Langhaus der *Pfarrkirche St. Margaretha* wurde zwischen 1806 und 1809

DAS KÖLNISCHE SAUERLAND

errichtet und erst gegen die Jahrhundertwende hin eingewölbt, der Westturm 1891 aufgeführt. Einen Besuch der Kirche lohnt vor allem ihre Ausstattung, obzwar der zweigeschossige, mit einem Auszug gekrönte Hochaltar von 1691 nicht zu den überzeugendsten Arbeiten Heinrich Papens zählt (s. S. 228), dessen Familie im benachbarten Giershagen eine Werkstatt betrieb. Doch zeigt auch dieses Stück die typischen Merkmale Papenscher Schöpfungen, unverkennbar die Bezugnahme auf die neueste flämische Bildhauerkunst mit der schweren Pracht, aber auch der Kraft ihrer Formen. Aus Alabaster und Sandstein gefertigt, fällt der Altar durch seine plastisch behandelten Darstellungen anstelle der Blätter auf. Die Reliefe zeigen die Ölbergszene und die Kreuztragung, zuoberst aber steht der Christus Salvator.

Aus der Giershagener Papen-Werkstatt stammt auch die um 1700 entstandene Doppelmadonna, in jedem Faltenwurf ihres Gewandes eine Himmelskönigin. Vom Seitenaltar hat sich leider nur das Retabel erhalten, dessen Hängung nur eine Notlösung sein kann. Die Kanzel vom Ende des 17. Jahrhunderts und die wohl etwas jüngere, 1809 veränderte Orgel haben durch das Freilegen und wo nötig Ergänzen ihrer originalen Farbigkeit ebenso gewonnen wie die Emporenbrüstung.

Ob **Thülen** mit jenem ›Tiuhili‹ identifiziert werden kann, das dem Kloster Corvey etwa 836 zufiel, läßt sich nicht mehr sicher ausmachen, jedenfalls geht die Gründung zunächst einer Kapelle St. Dionysius auf Corvey zurück. Die Benediktinerabtei verlor allerdings immer größere Teile ihrer entlegenen Güter an die örtlichen Grundherren, schließlich blieb der ihr unterstellten Propstei Marsberg nur die Kirche, und auch auf diese Rechte erhoben im 17. Jahrhundert einheimische Adelsfamilien Anspruch. 1717 hatten sowohl die Almer ›Junker‹ wie Corvey die Pfarrstelle mit ihrem Kandidaten besetzt, Corvey rief den Briloner Richter zu Hilfe, Alme bot seine Jäger und »thülisches weibesvolk« dagegen auf. Folge der Auseinandersetzung war, daß sich die »still(=Kar-)woche in lauter tumult verkehrt, die kirche verschlossen geblieben und wir pfarkinder von christbräuchlicher Andacht an sothaner hochheiliger Zeit der einsetzung des werthen abendmahls auf wie erhöreter weise behinderet worden«. Schließlich konnte Corvey seine Position durchsetzen.

Die Thülener *Pfarrkirche St. Dionysius* ist eine Pfeilerbasilika von nur zwei Jochen, an ihren rechteckigen Chor schließt eine halbrunde Apsis an, kleine Nischen zeigen auch die Ostwände der Seitenschiffe. Dieser schon um 1175 aufgeführte Bau erhielt Mitte des 13. Jahrhunderts einen neuen Westturm, dessen Wucht die Wandpfeilervorlagen aus neuester Zeit noch unterstreichen. Die Felder der – im Mittelschiff kuppeligen – Gewölbe formieren sich zur Ordnung des ›Gebundenen Systems‹, jenem Grundrißschema der romanischen Basilika, bei dem den quadratischen Mittelschiffjochen zwei gleichfalls quadratische Joche in den Seitenschiffen entsprechen. Daneben sind rechteckige Pfeiler, runde Gurt- und Schildbögen die bestimmenden Elemente einer äußerst strengen Bauweise (Abb. 85).

Gegen diese Strenge hält der schöne Barockaltar: Von seinen Maßen und der flächigen Architektur her eher unauffällig, steht er prächtigeren Stücken an Rang kaum nach. Die Intensität der Farbgebung, vor allem aber die schwungvollen Linien seiner Ornamentik verleihen ihm eine Lebendigkeit, mit der nur das Motiv des zentralen Altarblatts, die Kreuz-

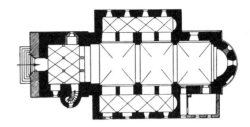

Thülen, Pfarrkirche St. Dionysius, Grundriß

abnahme, nicht ganz zusammenstimmen will. Unter den geschnitzten Bildwerken fällt die ebenfalls barocke Kreuzigungsgruppe an der Südwand des Chors schon wegen der Größe ihrer Figuren auf, auch das von vier kleinen Säulen getragene marmorne Taufbecken (um 1670) ist eine recht beachtliche Arbeit.

Die abschließende Fahrt gilt dem Süden des Briloner Gemeindegebiets, das geographisch bereits dem Diemel-Oberland mit seinem ungleich markanteren Relief angehört. Hier, am östlichen Rand des Waldecker Uplands, haben der namengebende Fluß und die Hoppecke sich tief ins Gestein gegraben, und ihre steilen Talflanken sind dicht mit Wald bestanden. Beide speisen auf hessischer Seite die Diemeltalsperre, zu der namentlich von Bontkirchen aus schöne Spaziergänge führen.

In **Hoppecke** hatten im 12. Jahrhundert die Klöster Flechtdorf (heute jenseits der Grenze zu Hessen) und Corvey Besitz, den beide jedoch schon wegen seiner Entlegenheit auf Dauer nicht halten konnten. Auch hier sind bald die beiden großen Kontrahenten dieses Raums präsent, die Waldecker Grafen und die Kölner Erzbischöfe, ihnen trägt die adelige Familie von Hoppecke Güter zu Lehen. Noch aus der beurkundeten Frühzeit des Dorfes stammen die nach Westen weisenden zwei Joche an der heutigen *Pfarrkirche Mariä Heimsuchung,* sonst ein Neubau von 1931. Die Joche waren Teil eines einschiffigen romanischen Gotteshauses, das man wohl um 1275 hier errichtet und zu Beginn des 18. Jahrhunderts stark umgestaltet hat, jedenfalls trägt das erhaltene barocke Südportal die Jahreszahl 1703.

Dieser ältere Teil der Kirche hat heute eine flache Decke, doch zeigen Kämpfer und Viertelkreiskragsteine an, daß den Raum ursprünglich Gewölbe abschlossen. Die flächige Verzierung dieser erhaltenen Elemente wird man im ganzen Sauerland vergeblich suchen, sie deutet vielmehr nach Norden, wo im Weserraum die genannten Bauglieder einer ganzen Kirchengruppe die gleiche Ornamentik aufweisen. Dem Hoppecker Gotteshaus noch am nächsten liegt die St. Kilianskirche zu Welda, und auch dort war das Kloster Corvey begütert. So erscheint der Gedanke nicht abwegig, hier die Benediktinerabtei als Mittler anzunehmen.

Von Hoppecke erreicht eine recht schmale Straße den Höhenzug, der das Tal des gleichnamigen Flüßchens von dem der Itter trennt. Vor uns liegt nun tief unten **Bontkirchen,** und die Schönheit dieses Anblicks läßt leicht vergessen, daß der Ort gerade seine Lage oft bitter gebüßt hat. Weder Waldeck noch Kurköln wollten den Wasserlauf als natürliche Scheide

DAS KÖLNISCHE SAUERLAND

anerkennen, schließlich konnten die Grafen im Osten wie im Westen ihren Herrschaftsbereich über sie hinaus ausdehnen, Bontkirchen aber blieb beim Herzogtum Westfalen. Die historische Grenze bezeichnet heute die zwischen Hessen und Nordrhein-Westfalen, Bontkirchen ist mithin ein Vorposten des nördlicheren Bundeslandes.

Auch die Reformation suchte von Waldeck her hier Fuß zu fassen, und schenkt man der lokalen Tradition Gehör, dann ist es nur dem entschlossenen Einschreiten der Bontkirchener Frauen zu danken, daß der Ort der alten Kirche erhalten blieb. Während die leichtergläubigen Herren der Schöpfung der neuen Lehre schon sehr zugetan gewesen seien, hätten jene die protestantischen Prediger durch demonstratives und lautstarkes Abbeten des Rosenkranzes zuerst übertönt und dann vertrieben. Zum Lohn für den Erhalt des hergebrachten Glaubens beanspruchte die weibliche Einwohnerschaft dann ein ebenso hergebrachtes männliches Vorrecht: Fortan saß sie auf der rechten Seite des Gotteshauses, die Männer aber mußten die – ungleich härteren – Bänke zur Linken drücken, ein weiteres Beispiel dafür, welch verschlungene Pfade der Fortschritt zuweilen nimmt.

Über die *Pfarrkirche St. Vitus,* einen neugotischen Bau von 1896, wäre weiter nichts mitzuteilen, besäße sie nicht eine gotische Madonnenstatue, die hinsichtlich ihres künstlerischen Rangs im weiten Umkreis ihresgleichen nicht hat (Abb. 88). Die Muttergottes aus Baumberger Sandstein (Anfang 15. Jh.) ist ein Produkt einer münsterländischen oder zu Münster selbst ansässigen Werkstatt, ihre Arbeiten fanden nicht nur über ganz Westfalen, sondern auch im hessischen Grenzgebiet Verbreitung.

Stadt Marsberg

Das Gemeindegebiet der Stadt Marsberg umfaßt den östlichen Teil des Sauerlands, und es läßt sich kaum ein markanterer Abschluß des Lands der tausend Berge denken als die schöne Silhouette Obermarsbergs, das gleich einer Bastion die letzte Kuppe des Gebirges krönt. Den *Eresberg* so scharf herausmodelliert haben Diemel und Glinde, sie fließen unterhalb dieser geschichtsträchtigen Erhebung zusammen. Hier lag die Furtsiedlung *Horhusen,* am Mündungsdreieck der beiden Wasserläufe vielleicht ihr Haupthof. Horhusen ist wohl schon sächsischen Ursprungs, die wichtigen Fernwege Frankfurt – Paderborn und – mit einem Abzweig – Köln – Kassel kreuzten sich am Diemelübergang.

Früher als Horhusen tritt das »Eresburgum castrum« auf der Höhe ins Licht der Geschichte. 772 eroberte Karl der Große die Sachsenfeste, die Quellen berichten in diesem Zusammenhang gleichfalls von der Zerstörung der Irminsul, einer bedeutenden heidnischen Kultstätte, die allerdings auch auf dem Desenberg (Warburger Börde) vermutet wird. Die Kriegsparteien wechseln sich während der folgenden Jahre noch mehrmals im Besitz der Eresburg ab, doch 779 sind die Franken so weit Herr der Lage, daß der Fuldaer Abt Sturmi hier auf Geheiß Karls des Großen einen Missionsstützpunkt errichten kann. Auch diente später die Burg dem Frankenkönig immer wieder als Unterkunft, von der aus er das nach wie vor unruhige Umland ›befriedete‹.

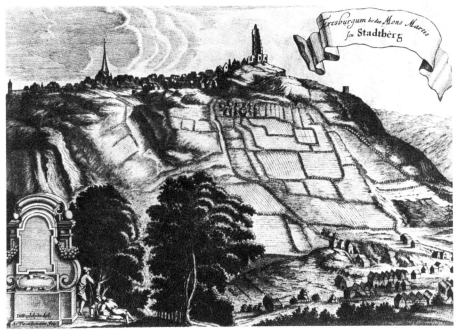

Ansicht der Stadt Obermarsberg von Osten, Kupferstich von A. C. Fleischmann, 1713

826 übereignet Karls Sohn Ludwig die Andachtsstätte »in castello Heresburg« nebst reichen Ländereien dem neugegründeten Kloster Corvey. 915 aber war die Burg erneut in der Gewalt eines Sachsenherzogs, der den Konradiner Eberhard nahe der ›urbs‹ besiegte. 938 verteidigte sich hier der gegen Otto I. rebellierende Thankmar, ein Halbbruder des Kaisers; vor dem Altar der Stiftskirche wurde er von einem Speer tödlich getroffen. Die Entwicklung zur Marktsiedlung konnten solche Zwischenfälle aber nicht verhindern, und auch das 900 mit dem Marktrecht ausgestattete Horhusen zu Füßen des Eresbergs prosperierte kräftig. Der weitere Aufstieg des Zwillingsgebildes vollzieht sich ebenfalls unter scheinbar ungünstigen politischen Bedingungen: der mehrmaligen Zerstörung der Burg, territorialen Ansprüchen des Paderborner Bischofs, der zwischen 1050 und 1100 westlich des Corveyer Marktes in Horhusen einen zweiten anlegte, und schließlich dem Auftreten des Kölner Kurfürsten, seit 1120 Besitzer der benachbarten Grafschaft Padberg.

Die planmäßige Anlage einer Stadt ›mons martis‹ ist um 1220 denn auch dem Erzbischof Engelbert von Berg zu verdanken, nachdem sich Corvey nicht zu einer Umwehrung Horhusens verstehen wollte. Dessen Einwohner sahen ihre Sicherheit auf dem Berg besser gewährleistet und zogen größtenteils hierhin um, zumal der Reichsverweser Engelbert ihnen auch bei der Gewährung städtischer Rechte entgegenkam. So entstand südlich des Stiftsmarkts die

DAS KÖLNISCHE SAUERLAND

Kölner Gründung, in die Corvey wohl oder übel einwilligen mußte. In Marsberg gewann im Gegensatz zur sonst üblichen Entwicklung die Oberstadt an Attraktivität, ohne daß Horhusen verödet wäre. Dort verständigte sich die Weserabtei mit Paderborn, doch 1507 überließ sie die ihr gehörige Hälfte der Stadt den Kölnern, nur das Petersstift blieb von diesem Besitzerwechsel ausgenommen. Damals hatte Marsberg den Zenit seiner städtischen Geschichte schon überschritten und obwohl der Abbau von Kupfer- und Eisenerz wiederaufgenommen wurde, kam es nicht zu einer neuen Blüte des Gemeinwesens.

Dem Anschluß an die Reformation machte der Kölner Erzbischof Ernst aus dem Hause Wittelsbach ein Ende, was um so leichter zu bewerkstelligen war, als er 1618 noch den Paderborner Bischofsstuhl bestieg und sechs Jahre später auch Herr über Corvey wurde. Solches Revirement der Besitzerverhältnisse nützte der Stadt indessen wenig, der Wegzug protestantischer Familien schwächte ihre wirtschaftliche Kraft nur zusätzlich. Der Dreißigjährige Krieg brachte 1632 die Besetzung der Unterstadt durch mit den Schweden verbündete Hessen, aber nur wenige ihrer Einwohner suchten jetzt Schutz in der stärker befestigten und von einer kaiserlichen Abteilung verteidigten Oberstadt, zu offensichtlich war deren Gefährdung durch gegnerische Truppen. 1636 und 1644 konnte man sich auf der Bergfeste noch halten, doch 1646 mußten die Besatzer angesichts einer protestantischen Übermacht aufgeben, und die nachfolgende ›Entfestigung‹ verwandelte Obermarsberg in einen Trümmerhaufen. Stift, Rathaus und Schule lagen am Ende zerstört, die meisten Einwohner verließen die einst so stolze Bergstadt und siedelten sich an Diemel und Glinde an. Der Unterstadt kam mithin wieder die Führerrolle zu, sie sollte sie bis in unsere Tage behalten. Einen gewissen Wohlstand brachten ihr während des 18. Jahrhunderts die Kupfer- und Eisenerze sowie deren Verhüttung, der Bergbau blieb ein wirtschaftlicher Faktor, und noch der preußische Staat unterstützte ihn nachdrücklich.

Die Industriebetriebe haben seither die verkehrsgünstige Lage im Tal vorgezogen, und heute übertrifft die Einwohnerzahl der Unter- die der Oberstadt um ein Vielfaches. Der Rivalität beider ehemals selbständiger Gemeinwesen hat die Verwaltungsreform 1975 wohl endgültig den Boden entzogen, sie faßte Ober- und Niedermarsberg zu einer Einheit zusammen.

Beginnen wir unseren Stadtrundgang also in *Niedermarsberg*. Daß ihm die kunstgeschichtlich wertvollen Zeugen der Vergangenheit fehlen, ist auch ein Preis, den es für sein Wachstum gezahlt hat. Wem sich indessen der Eindruck aufdrängt, Niedermarsberg liege nicht am Zusammenfluß von Glinde und Diemel, sondern an der verkehrsstarken L 549, der sollte zur *Josephskapelle* jenseits der Diemelbrücke pilgern. Nun macht der bescheidene, 1710 errichtete Bruchsteinbau mit seinem dreiseitigen Schluß und dem Fachwerkgiebel gewiß keinen Anspruch auf Bedeutsamkeit, doch der Besucher hat von hier aus den schönsten Blick nach dem Eresberg, bis zur Flußaue sind es nur wenige Schritte, und im Innern der Kapelle präludiert manches Stück aus der Papen-Werkstatt weiterer Begegnungen mit deren künstlerischem Schaffen. Derart gesammelt, weiß er vielleicht die schöne Fachwerkfassade des Hauses Hauptstraße 19 besser zu würdigen, dessen imponierender Giebel wie die farbig behandelten Schriftbalken und Schnitzereien schon 1718 gefielen. Damals fehlte noch der

222

schließende Torbogen von 1732, der den Namen Johann Christophel Papens trägt, aus Giershagen stammt und an diesem Platz ein eher dekoratives Element darstellt.

Der neugotische Bau der *Pfarrkirche St. Magnus* verrät wenig über das hohe Alter dieser Pfarre, für die der Corveyer Abt Druthmar schon zwischen 1019 und 1043 ein Gotteshaus errichten ließ. Es mußte 1852 der heutigen Andachtsstätte weichen, doch blieben einige Stücke ihrer vorwiegend barocken Ausstattung erhalten, so das Antependium mit einer Darstellung des Patrons St. Magnus. Die ehemalige Altarverkleidung hängt jetzt an der Nordwand unter der Empore, sie trägt die Jahreszahl 1753 und stammt aus der Papen-Werkstatt. Der späten Gotik (Anfang 16. Jh.) sind der Kruzifixus und die Plastik der hl. Anna mit dem Marienkind zuzurechnen.

In der rückwärtigen Verlängerung des (ehemaligen Paderborner) Markts mit dem schönen Fachwerk seines südöstlichen Eckhauses liegt heute der ausgedehnte Gebäudekomplex des *Westfälischen Landeskrankenhauses Marsberg*. Der 1835 errichtete Kern des Hauptbaus ist ein authentisches Beispiel des (späten) preußischen Klassizismus.

Vom Markt aus ist auch der freilich etwas ferner gelegene *Bilsteinturm* nicht zu übersehen, der am Nordhang des städtischen ›Hausbergs‹ (387 m) einen Hauch von Burgenromantik vermittelt. Um genauer zu betrachten, wie sich das Publikum 1880 eine pittoresk verfallene Ruine vor- bzw. wie der damalige Baumeister sie nachstellte, muß man sich jedoch auf den Wanderweg 9 machen, die eindrucksvolle Rundsicht wird die Mühe lohnen und gar so steil ist der Anstieg nicht. Wer solche Anstrengung dennoch scheut, kann mit dem *Heimatmuseum* (Ecke Bahnhofstraße/Immenhof) vorliebnehmen, falls er an einem ersten Sonntag im Monat (11–13 Uhr) oder an jedem beliebigen Mittwoch (16–19 Uhr) in Marsberg weilt.

Aber nicht nur hoch oben auf dem Bilstein oder zu ebener Erde hat die Stadt einiges zu bieten, auch unter Tage besitzt sie seit jüngstem eine wirkliche Attraktion: Das *Besucherbergwerk Kiliansstollen*, das auf sehr eindrucksvolle Weise mit dem nun eingestellten, traditionsreichen Erzabbau Marsbergs bekannt macht.

Der heute Markt genannte Platz *Obermarsbergs* liegt auf seiner ›kölnischen‹ Seite, ihn beherrscht der gedrungene Sakralbau um so mehr, als die 1976 abgebrannte Gebäudegruppe des Neuen Rathauses nur durch eine Grünanlage ersetzt wurde. So zeigt hier einzig noch die 1848 aufgemauerte Bruchsteinfront Hauptstraße 34 wenigstens Überbleibsel des historischen Stadtbilds, vom etwa 1590 errichteten Steinernen Haus künden dort noch Reliefs, zierliche Säulen und figürliche Gebälkträger.

Aber die Mitte des Platzes, die Andachtsstätte der Bürger! Sie wurde nie zur Pfarrkirche erhoben, das ändert freilich nichts am exemplarischen baukünstlerischen Rang der *Nikolaikapelle*. 1247 erwähnen die Quellen sie zuerst, damals stand wohl schon der Chor des von Osten nach Westen voranschreitenden Baus. Die Behandlung seiner Architekturglieder läßt deutlich den Einfluß der frühen hessischen Gotik (hier vor allem der Elisabethkirche zu Marburg) erkennen, ohne daß er das ›westfälische‹ Prinzip der Halle aufgäbe. Die Kirche wurde zwischen 1878 und 1881 durchgreifend erneuert, diesen Maßnahmen verdanken namentlich der Turmhelm und die Dachzone ihre heutige Gestalt.

DAS KÖLNISCHE SAUERLAND

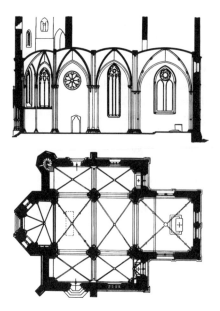
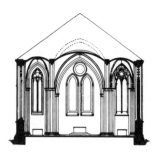

Obermarsberg, Nikolaikapelle, Längs- und Querschnitt sowie Grundriß

Die Nikolaikapelle, aus exakt behauenen Muschelkalkquadern errichtet, orientiert sich mit ihrem breitrechteckigen Grundriß an der Soester Hohnekirche, ihre drei Schiffe besitzen jeweils nur zwei Joche, daran schließt als – wie erwähnt – ältester Bauteil der fast quadratische, stark eingezogene Chor an. Die Gliederung seiner Außenwände steht noch in der Tradition der Romanik, Rundbogenfriese gehören zu ihrem Formenkanon ebenso wie die schön herausgearbeitete Blattwerkornamentik der Konsolen, doch schon mit der Fenstergestaltung tritt der mittelalterliche Baumeister unter den Horizont des neuen Stils. Zwei schmale spitzbogige Öffnungen und ein abschließender Rundpaß bilden eine Einheit, die Seitenfenster umfängt sogar ein spitzbogiges Gewände. Gleiche dekorative Elemente an der östlichen Langhauswand, oder wenigstens einem großen Teil von ihr, lassen auf eine Entstehung in derselben Bauphase schließen, das Maßwerk allerdings ist jüngeren Datums. An der nach Süden gewandten Seite des Chors fallen drei gekrönte Häupter auf, deren Identifizierung schon die Phantasie vieler Menschen beflügelt hat. Die lokale Überlieferung deutet sie als Karl den Großen (links vom Betrachter), Ludwig das Kind und Kaiser Otto I., sie alle haben in der frühen Geschichte Marsbergs eine wichtige Rolle gespielt.

Die flächige Struktur der Gliederung weicht am Langhaus einer körperlicheren Ornamentik, zu der auch die kräftigen, dreifach abgetreppten Pfeiler stimmen. Die beiden drei- bzw. vierbahnigen Fenster und der Maßwerkrundpaß über den Eingängen sprechen nun unzweifelhaft die Sprache der Gotik. Als Prunkstück dieses Bauteils aber muß der Südeingang gelten. Wie die beiden anderen ein Säulenportal, übertrifft die Gestaltung seines Gewändes die aller übrigen sauerländischen Portale (Abb. 89). Meisterhaft hat der damalige Steinmetz seine Kunst beherrscht; die eingestellten, teilweise mit Rollenmustern verzierten Säulen haben außerordentlich fein gemeißelte Kapitelle, die Spitze der Bögen akzentuiert ein Wulstring. Dazwischen laufen Bänder gleichfalls sehr filigran gearbeiteten Rankenwerks. Den Türsturz belebt der Wulst des kleeblattförmigen Dreipasses, der vom innersten Säulchen des Gewändes her einschwingt. In seinem Zentrum thront der hl. Nikolaus, der Schutzpatron dieses Gotteshauses.

Eine ungewöhnliche Architektur zeigt der Westbau, dessen Mittelteil sich erst oberhalb der Längsschiffdachzone als Turm zu erkennen gibt, sonst macht er eher den Eindruck eines Chors, der mit einem genau halbierten Achteck vor die Stirnwand springt. Sein – im Vergleich zum südseitigen – einfaches Portal ist vermauert und eigens übergiebelt. Eine vierbogige Blendarkatur ziert unterm Hauptgesims diese Westfassade, die beiden anschließenden Geschosse gliedert je ein hohes Maßwerkfenster. Die eigenwilligen Giebel über fünf Seiten des Achtecks sind völlig spekulative ›Rekonstruktionen‹ aus dem Geist des späten 19. Jahrhunderts.

Der Übergang von romanischen zu gotischen Formen läßt sich auch im Inneren der Kirche nachvollziehen. Östlich werden die Gewölbe noch durch Wandvorlagen abgefangen, welche dem von vielen Kirchen des Übergangsstils her vertrauten Pfeilerschema folgen. Die Stützen des Längsschiffes sind dagegen rund, an ihnen laufen Dreiviertelsäulen als Dienste herab. Sie nehmen die Gurtbögen auf, während die Gewölberippen nur auf Konsolen ruhen. Die eigentliche kunsthistorische Bedeutung des Innenraums aber macht der Schmuck der Kapitelle aus. Wilhelm Lübke schreibt dazu: »Die Säulen und Halbsäulen sind mit Ornamenten von so schöner Zeichnung, so edel organisierter Komposition, so lauterer und eleganter Durchführung bedeckt, daß wir kein Bedenken tragen, diese Arbeit als klassisch in ihrer Art zu bezeichnen und an die Spitze dessen zu stellen, was die Ornamentik auf westfälischem Boden hervorgebracht hat.« Das gilt übrigens uneingeschränkt für die romanischen wie die gotischen Säulenkopfstücke, so daß sich hier »beide Stile in kurzer Zeitfolge und doch in edelster Ausbildung« präsentieren.

Der Stilwandel hat auch die Raumwirkung in keiner Weise beeinträchtigt. Die Gewölbe halten immer die gleiche Höhe, obwohl die Kämpferzone des Chors etwa einen Meter niedriger als die des Landhauses liegt. Alle Elemente dieser Halle stimmen vielmehr zu einer Harmonie zusammen, die selbst der so zurückhaltende Dehio »einzigartig« nennt.

Die Hauptstraße hinauf steht eingangs der Münzstraße der letzte westfälische *Pranger* (errichtet Ende des 16. Jh.), Zeichen der städtischen Gerichtsbarkeit (Abb. 94). Eine kannelierte Säule mit Basis trägt hier den Eisenkorb, in dem die Verurteilten solcherart erhöht den hämischen Blicken und groben Worten ihrer Mitbürger ausgesetzt waren. Aus der Mitte seiner kreisrunden Plattform ragt der eigentliche Schandpfahl, und es unterstützt die Vorstellungskraft des heutigen Betrachters nicht unerheblich, wenn er an ihm auch noch das Halsband hängen sieht, welches die Delinquenten zusätzlich tragen mußten. Zwar nur eine Kopie des ursprünglichen, hat es sich die Stadt dennoch nicht nehmen lassen, dieses Stück authentischer Vergegenwärtigung ihrer Geschichte wieder seinem angestammten Platz zuzuweisen. Der Pranger stand ehemals vor dem (Alten) Rathaus, das jetzige Gebäude ist nur mehr ein schwacher Abglanz des 1646 durch die Schweden zerstörten.

DAS KÖLNISCHE SAUERLAND

Dagegen hat die ehemalige Stiftsimmunität ihr historisches Erscheinungsbild weitgehend bewahren können, und kaum jemand, der heute unter den Benediktusbogen von 1759 tritt, wird sich dem Reiz dieses Platzes entziehen können. Seinen Mittelpunkt bildet die wuchtige *Pfarrkirche St. Peter und Paul,* bis 1803 das Gotteshaus der dann aufgehobenen Benediktinerniederlassung. 799 oder vielleicht schon 785 hatte ja kein Geringerer als Karl der Große hier ein Kloster dieses Ordens gestiftet, das 826 dem mächtigen Corvey als Propstei eingegliedert wurde. Der Baubeginn der jetzigen Kirche fällt nach einer Inschrift in der älteren Krypta auf das Jahr 1240, doch weisen etliche architektonische Merkwürdigkeiten der dreijochigen Halle auf die Existenz zumindest eines steinernen Vorgängers hin. Vom Mittelschiff dieser alten romanischen Basilika stammt wohl noch das westliche Joch der Andachtsstätte; die Orientierung an seinem Grundriß brachte es mit sich, daß die Nebenschiffe der Halle breiter als die zentrale Jochfolge sind. Die beiden spitzkuppeligen östlicheren Gewölbe ruhen auf kreuzförmigen Pfeilern mit Halbsäulenvorlagen, ihr Kapitellschmuck (Laubwerk) erinnert stark an den im Chorbereich der Nikolaikapelle. Anders als bei diesem Gotteshaus ist hier der leicht erhöhte, erst 1290 aufgeführte Chor mit polygonalem Schluß der jüngste Bauteil, dessen Gewölbegrate Kreuzrippen markieren. Seiner Erhöhung verdankt die Krypta, deren vier Kreuzgratgewölbe ein achteckiger Pfeiler trägt, ihr heutiges Aussehen. Sie hat übrigens auch den Namen ›Heidenkeller‹, weil man sich hier den Standort der Irminsul dachte.

Anstelle des außerordentlich wuchtigen einen Turms von 1410 schloß früher eine wehrhafte Zweitürmefront St. Peter und Paul nach Westen ab. Aber auch der gotische Umbau erfuhr mehrfach starke Veränderungen, so erniedrigte man ihn nach 1648 um sieben Meter, um mit den so gewonnenen Quadern die Kirche wiederherstellen zu können. Der barocke Helm fiel einem Brand zum Opfer, seine heutige Überdachung erhielt der insgesamt 57 Meter hohe Turm 1829.

Bei so mancher Disparatheit der Architektur macht die Einheitlichkeit der barocken Ausstattung desto eher auf sich aufmerksam. Vater Heinrich und vor allem Sohn Christoph(el) Papen aus dem benachbarten Giershagen schufen hier ein imponierendes Ensemble, das fertigzustellen die Kräfte ihrer Werkstatt oft bis zum Zerreißen angespannt haben mag. Dabei hat das Hauptaugenmerk der Künstler einmal nicht dem (1719 aufgestellten) gewiß prächtigen Hochaltar gegolten, sondern dem Chorgestühl, jedenfalls übertrifft es jenen noch an Opulenz. Seine hohen Rückwände gliedern Pilaster in jeweils sieben Felder, auf dem giebelartigen Abschluß stehen Vasen mit Tulpen und aufschlagenden Flammen, also Vanitas- und Caritassymbolen. Die Tulpe als Zeichen für die Vergänglichkeit, ja den Tod spielt übrigens in den flämischen und niederländischen Blumenstilleben des 17. Jahrhunderts eine bedeutende Rolle und darf hier wohl – wenn auch als versteckter Hinweis – darauf genommen werden, wie stark der flämische Barock namentlich Heinrich Papen beeinflußt hat. Durch eine üppige Ausgestaltung fällt – neben den zwei Beichtstühlen – auch die reich ornamentierte Kanzel auf, deren Schalldeckel die Figur Johannes des Täufers krönt.

Den Kontrapunkt zu der östlichen Kulisse setzt die 1707 aufgestellte prunkvolle Orgelbühne im Westen. Schon den Aufgang zur Empore schmücken Engelsköpfe und florale

Marsberg, Federzeichnung von Renier Roidkin, um 1730

Gehänge, Girlanden und Pinienzapfen drapieren die Unterkante. In die auf acht Säulen ruhende Empore eingefügt ist der Orgelprospekt, im Zentrum seiner unteren Zone steht König David und spielt die Harfe. Den Aufbau umschweben zehn musizierende Putten bzw. Engel, die beiden oberen halten das Wappen des Pfarrers Justin von Wetzel. Das Instrument, eines der »klanglich und architektonisch schönsten des (Hochsauerland-)Kreises« (Rudolf Reuter), hat wohl Peter Heinrich Varenholt geschaffen, ein Name, der den Lesern dieses Bandes nicht mehr unbekannt ist. Seine mutmaßliche Schöpfung besitzt – und das zeichnet sie vor vielen anderen Orgeln des Raums aus – noch einen großen Teil ihres historischen Pfeifenbestands; wem sich also Gelegenheit bietet, eines der Obermarsberger Kirchenkonzerte zu besuchen, sollte sie unter allen Umständen nutzen.

Einige ältere Ausstattungsstücke der Kirche dürfen nicht unerwähnt bleiben, allen voran die beiden hinter dem nördlichen Seitenaltar in die Wand eingelassenen Köpfe, die Karl den Großen (mit Krone) und Leo III. darstellen sollen, doch ist diese Identifizierung ebenso umstritten wie das Alter der Skulpturen. Das Kapitell der eingestellten kleinen Säule am nordwestlichen Pfeiler zeigt das stark stilisierte Haupt Thankmars (s. S. 221). Eine sehr schöne spätgotische Plastik besitzt die Stiftskirche mit der Anna selbdritt, bei der vor allem die Charakterisierung der Marienmutter, die Klarheit und Ruhe ihrer Züge beeindrucken. Spätestens beim Verlassen der Kirche sollte auch ein Blick dem in der Turmhalle aufgestellten karolingischen Kapitell gelten, ein auch als Bruchstück beeindruckendes Zeugnis der traditionsreichen Stiftsgeschichte.

Wer noch einmal das ganze Panorama der unteren Stadt und ihrer weiteren Umgebung auf sich wirken lassen möchte, dem sei der Spaziergang zum Buttenturm empfohlen. (Der unbeschwerlichste Pfad – also der hinab – nimmt von einem nördlichen Türchen des nun

DAS KÖLNISCHE SAUERLAND

schon seit 1200 Jahren als Begräbnisstätte genutzten Stiftsfriedhofs seinen Ausgang, man beachte das Hinweisschild.) Hier, am einzigen Überbleibsel der vor 1646 so wehrhaften Stadtbefestigung, lädt unter Linden eine Bank zum Verweilen und ein Weg, der dem Verlauf der ehemaligen Mauer folgt, zu herrlichen Fernblicken ein. Eggegebirge, das fruchtbare Sintfeld im Osten, die Briloner Höhen, Diemeltal und südwestlich das Waldecker Upland überraschen den Betrachter immer wieder durch ein neues, ganz anderes Landschaftsbild.

Von Obermarsberg aus führt über die Höhe eine Straße nach **Giershagen,** jenem Ort mithin, der als Wirkungsstätte der Bildhauerfamilie Papen bereits erwähnt wurde. Den prunkvollen Altar Heinrich Papens findet man allerdings nicht in der Pfarrkirche, sondern in der ›Kluskapelle‹ St. *Fabian und Sebastian* an der Straße nach Bredelar, also im Tal außerhalb des Dorfes. Inmitten des Giershagener Friedhofs gelegen, kündet die Kapelle als einziges Bauwerk von der untergegangenen Siedlung Niederuppsprunge, deren Einwohner während des 18. Jahrhunderts nach Oberuppsprunge, dem jetzigen Giershagen, umzogen. An den Westturm und den schlichten flachgedeckten Saal des 12. Jh. hat man 1682 ein (gewölbtes) Joch wie den polygonalen Chorschluß angefügt, und dort steht der in solcher Umgebung schon monumentale Altar aus Alabaster, Kalkstein und Giershagener ›Marmor‹.

Die Papen betrieben hier eine große Werkstatt vergleichbar der Sasseschen in Attendorn (s. S. 92). Anders jedenfalls läßt sich die Vielzahl ihrer Erzeugnisse und der Umfang einiger Aufträge nicht erklären. Auch die schlechtere Qualität mancher Werke deutet darauf hin, daß die Meister deren Ausführung weniger begabten Mitarbeitern überließen. Die ersten bedeutenden Schöpfungen der Papen fanden im Paderborner Dom Aufstellung (etwa der Altar der Elisabethkapelle und der Epitaph für Hermann-Werner von Wolff Metternich zur Gracht), Schöpfungen, die ihren Namen bekannt machten. Die großen Arbeiten gingen später nach Neuenheerse (Stiftskirche), Obermarsberg (s. S. 226) und Kloster Himmelpforten. Wie schon erwähnt, war Heinrich Papen dem flämischen Barock verpflichtet und damit auf der Höhe seiner Zeit; das Können von Vater und Sohn bewährte sich namentlich an ihren Figuren, die besten zeigen eine »ursprüngliche Kraft des Ausdrucks, die hier ohne Umschweife und ohne kalkulierten Abstraktionsprozeß hervorbricht«(K.-J. Schmitz).

Die Fahrt nach **Canstein** führt wieder ganz dicht an die hessische Grenze, und nur wenige Kilometer entfernt liegt die Arolsener Residenz, ohne Zweifel eine Perle der deutschen Barockarchitektur. Mit ihr kann es das *Cansteiner Schloß* nicht aufnehmen, doch lohnt auch dieser Herrensitz die Inaugenscheinnahme seiner Baulichkeiten, und daß er gegenüber Arolsen die pittoreskere Lage für sich hat, wird kaum einer bestreiten wollen. Den Umstand, daß die hochragende Muschelkalkklippe über dem Tal der Kleppe günstige Verteidigungsmöglichkeiten bot, hatte man schon früh zu nutzen gewußt, ein »castrum Cahenstein« erwähnen die Quellen zuerst 1125, damals ging es in den Besitz der Mainzer Erzbischöfe über. Nach 1290 hält der Kölner Erzbischof die Burg und belehnt fünfzig Jahre später die Raben von Papenheim mit ihr, dieses Geschlecht nimmt den Namen des neuen Sitzes an. Als befestigter Punkt nahe der heftig umstrittenen Grenze zwischen dem Herzogtum Westfalen und der Grafschaft Waldeck hat der Canstein immer seine Bedeutung gehabt, die er auch nicht verlor, nachdem Kurköln Waldeck die Hälfte der Burg zu Lehen auftrug – solchem Zugeständnis voraus ging übrigens die Errichtung der Burg Grimmenstein durch den hessischen Nachbarn nur wenig weiter entfernt.

Die Raben von Canstein verstanden es, sich die Rivalität der Großen dienstbar zu machen. Aus Eigengut, corveyschen, aber auch waldeckischen wie kölnischen Lehen formten sie eine Herrschaft von großer Eigenständigkeit, und vielleicht wären ihnen noch einige Jahrhunderte fast unumschränkter Gebietshoheit beschieden gewesen, hätte nicht ein Spiegel zu Desenburg in die Familie eingeheiratet. Dieses so angesehene Geschlecht behauptete zunächst das Obere Haus und die Hälfte des Besitzes, nach langem, zähem Ringen 1791 auch das Untere Haus und die ganze Herrschaft für sich. Viele Raben verloren mit der Zeit auch noch das Adelsprädikat, und fern der heimatlichen Burg zauste nun der schneidende Wind des bürgerlichen Lebens ihr Gefieder. In der ersten Hälfte des 19. Jahrhunderts erfuhr das Schloß mindestens ebenso viele bauliche Veränderungen wie Besitzerwechsel, seit 1853 aber wohnen hier die Freiherren von Elverfeldt, deren heutige Nachfahren gegen einen Rundgang auf dem Schloßgelände nichts einzuwenden haben.

Die Baugeschichte der Anlage ist noch unklar und nur in groben Zügen zu erfassen, seit der Teilung in ein Unteres und ein Oberes Haus 1544 wird sie vollends unübersichtlich. Das tiefer gelegene präsentiert sich heute als langgestreckter Gebäudeteil von drei Geschossen Höhe. Er schließt nördlich mit einem archaischen, trutzigen Halbrund »nach Art eines Bergfrieds« (Dehio) ab, das aber erst aus dem 18. Saeculum stammt, obwohl die hier eingelassene Wappentafel die Jahreszahl 1549 trägt. Das Obere Schloß erhielt 1853 seine jetzige Gestalt, in ihr sind ein mittelalterlicher Donjon und eine Schöpfung (der heutige Ostflügel) wohl des berühmtesten westfälischen Baumeisters, Johann Conrad Schlaun, aufgegangen, der Westtrakt wurde 1804 hinzugefügt. Der überdachte Verbindungsgang zwischen beiden Häusern läßt den Besucher noch einmal daran denken, wie wenig deren Eigentümer lange Zeit verbunden hat; oft fanden die Bewohner des Oberen Schlosses das (gemeinsame) Tor versperrt, bis vor die Schranken des Reichskammergerichts in Wetzlar trugen die beiden Kontrahenten ihren erbitterten Streit um das Recht des freien Zutritts.

Die kleine katholische *Kirche* des Ortes steht unter dem Patrozinium des *hl. Laurentius* und wurde zwischen 1834 und 1837 erbaut, der klassizistische Saal schließt nach Osten mit einem halben Sechseck ab. Als markantester Bauteil aber muß die Westfassade gelten, sie verrät – das Wort sei hier einmal erlaubt – Stilwillen. Ihr Werkstein-Gesims ragt optisch über die Breite des Daches hinaus, zwei kräftige Pilaster markieren die Gebäudekanten. Zu beiden Seiten des Portals befindet sich je ein Fenster, alle drei Elemente dieser Gruppe bekrönen Halbbögen. Deren Ansätze verbindet eine profilierte Horizontale, durchlaufend bis hin zu den Lisenen, eine zweite verläuft – unterbrochen nur vom Eingang – in Höhe der Fensterbrüstung. Innen verdienen die Taufe – sie stand ursprünglich in der Schloßkapelle – und die Brüstung der Orgelempore Aufmerksamkeit. Letztere ziert eine Folge von Lyren, ein Schmuckmotiv, das deutlich ins Biedermeier weist.

Wer an der Geschichte der Cansteiner Herren Interesse gewonnen hat, für den bietet sich ein Abstecher nach **Heddinghausen** an. Sein Gotteshaus *St. Hubertus* – an den romanischen

DAS KÖLNISCHE SAUERLAND

Westturm schließt seit 1846 ein schlichter klassizistischer Saal mit eingezogenem fünfseitigem Chor an – war die einzige Pfarrkirche ihres Herrschaftsbereichs und diente den Raben als Grablege. Drei männliche Angehörige des Hauses und eine Dame zeigen die Epitaphe, das künstlerisch bedeutendste stellt Mordian von Canstein († 1581) dar, dessen Gestalt beinahe vollplastisch gearbeitet ist. Das Werk gewinnt zusätzlich durch die freigelegte und nachgebesserte originale Farbfassung. Einen sichtbaren Bezug zu diesem Geschlecht weist ferner das Hubertus-Relief (16. Jh.) auf: Im Hintergrund einer Szene, die ein unbekannter Künstler deutlich dem Düreschen Kupferstich des hl. Eustachius nachgebildet hat, ragen die Burgen Canstein und Grimmenstein. Während der Hochaltar (entstanden um 1710), die gute Doppelmadonna aus der Papen-Werkstatt und einige Skulpturen noch dem Barock zurechnen, entsprechen die beiden hübschen Beichtstühle und der kleine Orgelprospekt stilistisch der Architektur des Gotteshauses.

Es schmerzt, auf dem Weg von Brilon nach Marsberg immer wieder am *ehemaligen Zisterzienserkloster* in **Bredelar** vorbeifahren zu müssen. Heute lassen nur seine Abmessungen und die heruntergekommene Eleganz der westlichen Kirchenfassade etwas von seiner einstigen Bedeutung ahnen, der Verfall dieser Dreiflügelanlage begann freilich schon im 19. Jahrhundert...

1170 gründete der Kölner Erzbischof hier ein Prämonstratenserinnenkloster, das bereits 26 Jahre später und wiederum auf Veranlassung eines Kölner Kirchenfürsten die Zisterzienser übernahmen. Obwohl die Niederlassung der Abtei Hardehausen unterstellt war, herrschte in Bredelar während des Mittelalters ein reges geistiges Leben, wovon noch erhaltene Handschriften ein äußerst eindrucksvolles Zeugnis ablegen. Daß solche kulturellen Leistungen eine solide wirtschaftliche Basis hatten, versteht sich im Falle dieses Ordens fast von selbst, sein ökonomisches Talent war sprichwörtlich. In Anpassung an die örtlichen Gegebenheiten konzentrierten sich die Mönche auf die Holzwirtschaft, konnten aber auch die Dörfer Beringhausen, Messinghausen, Bontkirchen und Giershagen ihr eigen nennen. Reformation und Dreißigjähriger Krieg trafen auch das Bredelarer Kloster hart, einer kurzen Blüte ausgangs des 17. Jahrhunderts und zu Beginn des 18. Jahrhunderts folgte dann der endgültige Niedergang. 1761 und 1787 zerstörten Feuersbrünste das Gebäude; zwar erstand es bescheidener wieder, doch Säkularisation und 1884 ein erneuter Großbrand – er zwang zum Abriß des Südflügels – bereiteten jenes trostlose Bild vor, das die Anlage derzeit bietet.

Ihr Herzstück war der Westflügel, seine Fassade bot einen äußerst herrschaftlichen Anblick. Ein Risalit mit großzügig ausgestattetem Portal betonte die Gebäudemitte, dieselbe architektonische Funktion übernahmen die breitere Kirche an der nördlichen und der vorspringende Südflügel an der entgegengesetzten Frontseite. Der originelle, rund abschließende und dreifach gekurvte Giebel des Gotteshauses schwingt beim Auftreffen auf die Gebäudeecken zur nur angedeuteten Volute ein, das schmale Gesims teilt sein Feld in zwei Flächen, wobei die obere nur die halbe Höhe der unteren aufweist. Bis zu diesem Streifen und mit ihren Kapitellen knapp darüber hinaus reichen die hier etwas weniger breiten und nicht gegliederten Pilaster, welche gequadert unterhalb des gleichfalls recht schmalen Dach-

Bredelar, ehemaliges Zisterzienserkloster, Westflügel

gesimses die Eingangszone rahmen. Der Korbbogen über dem Säulenportikus trägt eine gleichfalls übergiebelte Nische, sonst ist der Zentralbereich ohne Wandöffnungen. Statt dessen hat der Baumeister die schmalen hohen Fenster sehr nahe an die inneren Wandpfeiler herangesetzt, ein Aus-der-Mitte-rücken, das durch die kräftigen Eckpilaster wieder aufgefangen wird.

Nichts mehr deutet heute darauf hin, daß **Padberg** vorzeiten eine wirkliche Stadt mit einer bewegten Geschichte war. 1030 übereignet der König das ›praedium‹ (Gebiet) Padberg dem Paderborner Bischof, und wenig später befindet es sich in den Händen der Erponen, sie errichten als Grafen von Padberg auf dem Kegel der gleichnamigen Erhöhung ihre Burg, deren ungefähre Lage nur noch ein kundiger Blick ausmachen kann. Die Erben der letzten Grafen verkaufen den Besitz an Kurköln, der Erzbischof gibt ihn seinerseits einem Geschlecht zu Lehen, das den Namen Padberg trägt oder annimmt. Die Herren auf ihrer Burg im ›Neuen Hagen‹ streben nach einer eigenen Herrschaft, um derentwillen sie über Jahrhunderte immer neue Konflikte heraufbeschwören. Kaum eine Siedlung im Umkreis, welche die von Padberg nicht überfallen hätten, sie legten sich mit dem Paderborner Bischof, den Waldecker Grafen und sogar dem mächtigen Kölner Lehnsherren an. So litt die vor 1237 gegründete Stadt, der ›Ring Padberg‹, immer wieder unter den Vergeltungsmaßnahmen der Gegner. 1394 von den Truppen des Bischofs, 1414 von den Korbachern zerstört, wurde ihr keine Befestigung mehr zugestanden, und nun sank Padberg allmählich zur Landgemeinde herab.

Über den Stil, dem der Bau verpflichtet ist, läßt die Doppelturmfassade der 1912/13 errichteten *Pfarrkirche St. Maria Magdalena* keinen Zweifel (Abb. 93). Nicht allein diese Reminiszenz an den Fuldaer Dom irritiert ob der detailgenauen Beschwörung des Barock, und erst im Innern wird dem Besucher klar, warum eine solche Treue sich rechtfertigt: Offenbar sollte das Gotteshaus jener aus der Alten Kirche hierhin verbrachten Ausstattung stilistisch angepaßt werden. Einmal mehr lieferte die Papen-Werkstatt den Hoch- und den Marienaltar, allerdings liegen zumindest zwischen der Aufstellung dieser beiden Stücke 66 Jahre. Beim Hochaltar von 1670 weist schon der Einsatz verschiedener Materialien auf die Urheberschaft Heinrich Papens hin, die reich ornamentierten Säulen wie das Relief mit der Anbetung der Hirten sind aus Alabaster, aus Sandstein die Gestalten der hll. Maria Magdalena und Margaretha. Der nördliche Seitenaltar (1736, sein Gegenstück ist neubarock) zeigt

DAS KÖLNISCHE SAUERLAND

Padberg, Federzeichnung von Renier Roidkin, um 1730

in seinem Zentrum das Relief der Gottesmutter, ihr zur Seite die Sandsteinplastiken der hl. Agatha und des hl. Antonius. Das marmorne Taufbecken (1670) auf seinen vier Säulen erinnert an das der Thülener Pfarrkirche (s. S. 219).

Bereits ins 11. Jahrhundert soll der südliche Teil der *Alten Kirche* datieren, dessen um 1200 eingezogene Gewölbe noch Reste von sehr interessanten romanischen Fresken aufweisen. Das Gotteshaus erhielt nach 1250 ein zweites (das nördliche) Schiff, so daß sich seine vier Joche nun um einen einzigen Pfeiler zentrieren. Der schiefwinklige Grundriß und die ungefügen Formen des Baus mögen sich auch aus seiner Entstehungsgeschichte erklären, doch sollten diese Feststellungen keineswegs vom Besuch des Gotteshauses abhalten. Schon der hohe künstlerische Rang der Gewölbemalereien, so mühsam sich ihre Motive identifizieren lassen (am ehesten noch erkennbar der von einer Mandorla nebst den Evangelistensymbolen umgebene Christus im südöstlichen Joch), rechtfertig den geringen Aufwand, beim Haus Nr. 13 unterhalb der meist versperrten Kirche um den Schlüssel zu bitten.

Mit der kommunalen Neugliederung 1975 gingen in der Gemeinde Stadt Marsberg auch einige Ortschaften auf, die einer ganz anderen naturräumlichen Einheit angehören, nämlich dem Oberen Weserbergland, genauer einer seiner Landschaften, der Paderborner Hochfläche. Desgleichen waren die Siedlungsgeschichte und die kulturellen Traditionen dieser Dörfer des ehemaligen Amtes Wünnenberg von denen des Gebirges bei allen geschichtlichen Verflechtungen doch so deutlich unterschieden, daß sie im Rahmen dieses Bandes nicht eigens vorgestellt werden sollen.

Eine Ausnahme macht hier vielleicht **Essentho,** der Ort hatte nicht nur enge kirchliche, sondern auch wirtschaftliche Beziehungen zu Niedermarsberg, viele seiner männlichen Bewohner arbeiteten während des 18. Jahrhunderts im Marsberger Kupferbergbau oder verhütteten das dort gewonnene Erz. So nennt die 1848 erbaute *Pfarrkirche St. Antonius* den barocken Altar des 1807 aufgehobenen Niedermarsberger Kapuzinerklosters und das Orgelgehäuse (1705) der alten St. Magnus-Kirche ihr eigen.

Meerhof sowie am Fuße des Eggestranges Oesdorf und Westheim liegen gleichfalls auf dem fruchtbaren Sindfeld, jenem Landstrich der Paderborner Hochfläche, der den ergiebigsten Lößboden besitzt. Meerhof und Oesdorf waren zunächst Eigentum des Klosters Bredelar, doch traten die dortigen Zisterzienser die beiden Dörfer an das Kloster Dalheim ab, die Oesdorfer Pfarrkirche von 1892 birgt noch verschiedene qualitätvolle Ausstattungsstücke aus dem ehemaligen Augustinerchorherrenkonvent, so die etwa 1430 geschaffenen Plastiken der Madonna und des hl. Petrus aus Sandstein. Westheim hat noch Anteil am Diemeltal, das sich hier schon zur Warburger Börde hin weitet.

Stadt Bestwig

Bestwig ist die dichtest bevölkerte Gemeinde des Hochsauerlandkreises, wobei ihr Siedlungs- wie ihr industrieller Schwerpunkt mit den Orten Velmede, Bestwig, Ostwig und Nuttlar im Ruhrtal liegt. Auf die bewegtere Vergangenheit indessen dürften die Ortschaften südlich des hier schon recht breiten Flusses – also links und rechts der Valme – zurückblicken. Diese Vergangenheit aber bedeutet für die Gemeinde eine Hypothek, an der sie noch heute zu tragen hat.

»Ramsbeck? Was ist Ramsbeck? Wo liegt Ramsbeck? – so fragt der neugierige Leser, und es ist mir eine wahre Genugtuung, neun Zehntel meiner Leser in derselben Verlegenheit zu wissen, in der ich tagelang geschwebt. Ich fuhr auf meiner Reise in die Heimat auf der westfälischen Eisenbahn. Man sprach im Waggon von den teuren Kartoffelpreisen, von Aufkäufern und Wucherern. ›Aber‹, sagte ein mastiger Pachter, ›was Wucherer und Aufkäufer! Die Kartoffeln müssen ja teuer sein, denn sie gehen alle nach Ramsbeck!‹ In Lippstadt befrachtete man eine ganze Reihe von Kohlenwagen. ›Wohin gehen die Kohlen?‹ frage ich. ›Nach Ramsbeck!‹ lautete die zuversichtliche Antwort. Ein Extrazug lud 600 Arbeiter mit ihren Familien aus, die das Bergmannszeichen trugen und Harzer Dialekt sprachen. ›Wohin gehen die Arbeiter?‹ ›Nach Ramsbeck!‹ lautete die immer wiederkehrende Antwort.«

So begann am 28. Januar 1855 ein Artikel im ›Siegerländer Intelligenz-Blatt‹, welcher mit seinem Titel auf den Goldrausch anspielt, der gut ein Jahrzehnt zuvor die Vereinigten Staaten und Abenteurer aus der ganzen Welt erfaßt hatte. Gold war den Ramsbecker Schichten zwar nicht abzugewinnen, aber viele Blei-Zinkerzgänge versprachen hier reiche, wenn auch keine leichte Ausbeute, denn die Gänge lagen in einer Zerrüttungszone, waren also vielfach unterbrochen und weit versetzt, zuweilen auch nur Zentimeter mächtig. Nach Metallen aber grub man hier vielleicht schon um Christi Geburt, jedenfalls haben viele die

233

DAS KÖLNISCHE SAUERLAND

Abbauspuren im Venetianerstollen dahingehend gedeutet. Erste gesicherte Nachrichten stammen aus dem Jahr 1557, der Dreißigjährige Krieg bedeutete allerdings das vorläufige Ende des Bergbaus. 1668 heißt es dann jedoch über die Gruben um Ramsbeck: »Alda ist Sylber Bley und Kupfer in eingesprengter Blende gebrochen worden. Das Berckwerk, der Bastenbergh genandt, da ist viel Arbeit geschehen, aber nicht dief, und ist Kupfer Ertz gebrochen worden. Zu dem Ende auch daselbsten über Rambspeck eine Schmelzhütte erbawet, so (daß) bald widder zu esse kan gebracht werden.«

Nachdem im 18. Jahrhundert die Förderung nur ein niedriges Niveau erreichte und den Gewerken auch später zur intensiven Ausbeutung der Gruben das Geld fehlte, ändern sich die Verhältnisse 1854 entscheidend. Die Nachricht, besser das Gerücht vom ungeheuren Erzreichtum der hiesigen Gruben bringt eine ›Aktiengesellschaft für Bergbau, Blei- und Zinkfabrikation zu Stolberg und in Westfalen‹ zusammen, die das Entstehen eines Ramsbekker Reviers mit einem ungeheuren Kapitalaufwand vorantreibt. Ihr Direktor, ein Marquis de Sassenay, propagiert ein großes Ziel: Das Ramsbecker Erz und Hüttenwesen sollen sein Unternehmen in die Lage versetzen, den deutschen Bleihandel zu kontrollieren. Neben dem Betrieb unter Tage baute man »sehr großartige« Werke zur Verarbeitung des geförderten Materials, von denen allein die Friedrich-Wilhelm-Hütte in Ostwig mehrere Millionen Taler verschlingen sollte.

Die Gesellschaft, wollte sie ihre Vorhaben verwirklichen, brauchte Arbeiter, vor allem natürlich Fachkräfte. Da die nähere Umgebung den Bedarf nicht im entferntesten decken konnte, warben die Verantwortlichen Bergleute, besonders solche aus dem Harz. Dort steckte der Erzabbau in einer schweren Krise, und mancher Betroffene trug sich mit dem Gedanken, nach Übersee auszuwandern. »Mit Vergnügen kann ich den Harzern mitteilen, daß bei der Gewerkschaft und Direktion sowohl, als bei den hiesigen Einwohnern (...) namentlich Harzer Bergleute sehr gern gesehen werden. Sollte eine größere Zahl von ihnen hier einwandern wollen, so wird das eine, besonders freundlich gelegene, eine gute halbe Stunde von hier entfernte Dorf mit dem Namen ›Neu-Andreasberg‹ mit Harzern besetzt werden.« So preist die Werbeschrift eines ›Landsmannes‹ die in Aussicht gestellte neue Heimat, doch schon der Name des aus dem Boden gestampften Dorfes war keineswegs um der leichteren Eingewöhnung willen gewählt worden, vielmehr sollte er den Präsidenten der Gesellschaft, Andreas Koechlin, ehren. Nach dem Generaldirektor Henry Marquis de Sassenay wiederum hieß eine südlicher gelegene Gründung, Heinrichsdorf.

Ramsbeck selbst wandelte sein Gesicht, nahm Züge aller plötzlich in den Lichtkegel der Kapitalinteressen geratenen Orte an, bei denen es keine wesentliche Rolle spielte, ob sie nun am Amazonas oder an der Valme lagen. Eine kurze, aber wohl treffende Schilderung gibt der Band ›Das Sauerland und seine Bewohner‹ des Assinghausener Heimatdichters Friedrich Wilhelm Grimme: »Man vernahm in Ramsbeck mehr Französisch und Englisch als Hochdeutsch und Plattdeutsch. Man trank mehr Champagner als Wasser, und mancher Vagabund, dessen Lebensschifflein auf Strand geraten war, machte es wieder flott in Ramsbeck. Man lebte piekfein; die Marketender zogen durchs Land und kauften für die Herren zu höchsten Preisen ein, was nur zu erreichen war.«

Auf eine ganze anderthalb Jahre während Scheinblüte folgte der spektakuläre Zusammenbruch. Nun sprechen die Berichte der offiziellen Stellen eine andere Sprache, zeigen die wirklichen Verhältnisse und nicht die Spottgeburten aus hektischer Betriebsamkeit und Gründereuphorie. Nur einen Monat nach Erscheinen des eingangs zitierten Zeitungsartikels schreibt der Briloner Landrat: »Producirt ist bisher nur sehr wenig (...). Fragt man, (...) ob die bisherigen Mittel der Gesellschaft zweckmäßig verwendet wurden, und haushälterisch gewirtschaftet wurde, so muß dieses entschieden verneint werden. Die Schuld daran fällt jedoch weniger auf die Betriebs-Direction als auf die leitenden Persönlichkeiten, denen es anscheinend nur darum zu thun war, der Welt Sand in die Augen zu streuen, durch großartige blendende Anlagen die Actien auf eine imaginaire Höhe zu treiben und sich dann derselben mit Vortheil zu entäußern.«

Damit trifft der preußische Beamte den Kern und charakterisiert eine Art der Spekulation, die für die Zeit des frühen Kapitalismus nicht untypisch ist. Zum Personal solcher Tragikomödie gehört als Hauptdarsteller auch ein Glücksritter, dem es immer wieder gelingt, selbst bei den seriösesten Geldinstituten und mißtrauischsten Aktionären neue Mittel flüssigzumachen. Von dem Ramsbecker ›Finanzgenie‹ weiß der Landrat: »Heinrich Stephan Bernard zu Aachen (...) hat sich von einem für ca. 60 000 Frk. angekauften Marquisol den Namen Marquis de Sassenay beigelegt, hat im Jahre 1846 zum achten Male banquerott gemacht und ist Industrie- und Börsenritter erster Größe. Er scheint der Gesellschaft unentbehrlich.« Wohin es ihn nach dem Niedergang seines Ramsbecker Unternehmens verschlug, darüber geben die Quellen keine Auskunft.

Ein kleines Stück weiter läßt sich hingegen der Lebensweg jener Arbeiter nachverfolgen, denen die Gesellschaft so große Hoffnungen gemacht hatte. War ihnen schon der Aufenthalt vergällt worden – statt der als vorbildlich angepriesenen neuen Heimstätten erwarteten sie »leichte, gegen das hiesige rauhe Klima keinen Schutz gewährende Wohnungen mit Dächern von geteerten Pappendeckel, die im Winter weder Wärme geben noch der andauernden Nässe Widerstand leisten« –, traf sie der Auszug noch härter. Weil dieser Raum dem kolossalen Problem, das die Familien der Arbeitslosen darstellten, in keiner Weise gewachsen sein konnte, versuchten die Behörden, sich dieses Unruhepotentials so schnell wie möglich zu entledigen. Immerhin verzichtete man hier bei der »Fortschaffung sächsischer Bergmannsfamilien in ihre Heimat« auf den Zwangspaß. »Falls die Bemühungen, die Gewerkschafts-Direktion zur freiwilligen Übernahme der Transportkosten zu bestimmen, erfolglos bleiben sollten, ist der Eisenbahntransport über Lippstadt und Caßel nach Schkeunitz, dem nächsten Königl.-Sächsischen Grenzbahnhof einzuleiten«, der betroffenen Gemeinde wurden die Fahrgelder vorgeschossen.

Zum Jahresende 1855 hatten nahezu 800 Familien dem Ramsbecker Raum wieder den Rücken gekehrt, und die Gesellschaft konnte während der folgenden Zeit den Betrieb konsolidieren. Mit einigen Unterbrechungen wurde hier bis 1974 gefördert, dann lohnte der Abbau wegen gefallener Weltmarktpreise endgültig nicht mehr, obgleich die Erzvorräte noch keineswegs erschöpft waren. Diesmal gingen 450 Arbeitsplätze verloren ohne die Aussicht, im verkehrsfernen Ramsbeck wieder größere Industriebetriebe anzusiedeln. Seit-

DAS KÖLNISCHE SAUERLAND

dem gelten verstärkte Anstrengungen dem Fremdenverkehr, wobei das ehemalige Bergwerk nun doch wieder eine große Rolle spielt. Das Werkstatt- und das Kauengebäude dienen heute als *Museum*, dem das *Besucherbergwerk* unterm Dörnberg angeschlossen ist.

Die Hauptwanderstrecke 16 des Sauerländischen Gebirgsvereins führt an der *Plästerlegge* (Farbt. 33) vorbei, einem – wie Levin Schücking im ›Malerischen und romantischen West-phalen‹ schreibt – »so schönen Wasserfall, als ihn eine Berggegend, die doch nur zweiten Ranges ist, bieten kann (...). Ein starker über dem Mittelriff aus unzähligen Quellchen und Zuflüssen zusammengerieselter Bach stürzt senkrecht eine Höhe von vielleicht 50 Fuß hinab, in eine Garbe von Wasserstrahlen zersplittert, dann noch ebenso tief (also insgesamt 20 m, D. A.) über Trümmer und Absätze schäumend und aufdampfend.«

Nach diesem ›regnenden Stein‹ – so die Übersetzung des Namens Plästerlegge – ist immer-hin der Ort **Wasserfall** benannt, an dessen Ausgang (von Ramsbeck her gesehen) Schilder in jene etwa 500 Meter lange Schlucht weisen, die sich unterhalb des Falls gebildet hat. Auch diesen Einschnitt hat man zum großen Teil in das Naturschutzgebiet miteinbezogen, stockt doch hier der Eschen-Ahorn-Schluchtwald, eine sehr seltene Pflanzengesellschaft. Ihrer weiteren Verbreitung stehen schon die Ansprüche an den Wuchsplatz entgegen, »stark geneigte Hänge, denen Verwitterungsschutt aufliegt, Blockhalden und klüftig-treppige Felsabstürze« (Wilhelm Lohmeyer, Waldgesellschaften, Bonn-Bad Godesberg, 1973) sind im Mittelgebirge nicht eben häufig. Neben den Arten, die der Gesellschaft den Namen geben, gedeihen hier noch Buche, Sommerlinde und Bergulme. Von den Pflanzen der Krautschicht wäre vor allem die Mondviole (Lunaria rediviva) zu nennen, welche sowohl im Frühsommer durch ihre stark duftenden, blaßlila Blüten wie im Herbst durch die glänzen-den Fruchtscheidewände (›Silberblatt‹) auffällt.

Die stets nassen Felsen im Bereich des Wasserfalls sind nach Osten ausgerichtet und kaum der Sonneneinstrahlung preisgegeben. Hier haben sich – zum Teil äußerst rare – Moos- und höhere Arten eingefunden, von denen einige Überbleibsel der eiszeitlichen Pflanzendecke darstellen. Als interessantestes muß wohl das Zweiblütige (gelbe) Veilchen gelten, es ist – mit ganz wenigen Ausnahmen – sonst nur über den Alpen- und Voralpenraum verbreitet. 1975 wurde hier der Prachtbecherling gefunden, ein bislang in Westfalen sonst nicht angetroffe-ner Pilz.

Stadt Meschede

Meschede lag nahe einem Ruhrübergang im Zuge eines nördlichen Abzweigs von der alten Heidenstraße, der auch Anschluß an den Plackweg hatte. Archäologische Funde deuten auf eine Besiedlung schon um 500 n. Chr., nordöstlich des späteren Marktes thronte die Hünen-burg, eine karolingische Anlage. Gleichfalls in die Karolingerzeit datiert die Gründung des adligen Frauenstifts St. Walburga, das jahrhundertelang auch das wirtschaftliche Zentrum der Umgegend war. Die Urkunden erwähnen es zuerst 913, damals bestätigt Konrad I. ihm

Meschede, Federzeichnung von Renier Roidkin, um 1730

ältere Privilegien. Eines der mächtigen westfälischen Geschlechter, die Grafen von Werl, hatte das Kloster gestiftet und reichlich ausgestattet, andere Familien taten desgleichen. So zählte es unter die begütertsten Westfalens, seine Äbtissinnen hielten fürstlichen hof, zu dessen Staat etwa Mundschenk, Kämmerer, Truchseß und Marschall gehörten. Daß Werl bzw. Arnsberg die Vorsteherinnen stellte und die Vogtei hielt, versteht sich beinahe von selbst, wird doch die erwähnte Hünenburg als der ursprüngliche Sitz des Werler Grafenhauses vermutet.

Ende des 13., Anfang des 14. Jahrhunderts allerdings verfällt die Stiftszucht immer mehr, zur gleichen Zeit setzt ein rapider wirtschaftlicher Niedergang ein. 1310 verfügt der Kölner Erzbischof die Umwandlung in ein (männliches) Kanonikerstift.

Die früheste Erwähnung eines Marktes Meschede geschieht 959, er ist damals auch Zoll- und Geldprägestätte. Dennoch steht er lange Zeit im Schatten des Stifts, und auch die Bezeichnung Freiheit beim Verkauf der Grafschaft Arnsberg 1368 dürfte ihm nicht zugestanden haben. Vielmehr erhält Meschede deren Rechte erst 1457, wenngleich diese tatsächlich wohl schon einige Jahre früher Anwendung fanden. In das Jahr 1475 fällt auch die älteste Erwähnung der Wollweberei, doch konnte dieser Gewerbezweig erst nach dem Dreißigjährigen Krieg erstarken, damals hat die ›Mescheder Wand‹ einen guten Namen. 1669 schreibt Rudolf von Essl, daß Meschede die Bezeichnung Stadt zweifelsohne beanspruchen darf, aber erst 1819 wird das Gemeinwesen, das lange Zeit als einziges dieses Raums viele Züge einer civitas trug, tatsächlich Stadt und sogar Mittelpunkt des gleichnamigen Kreises.

Im Gegensatz zu anderen Siedlungen hatte das Ortsbild Meschedes durch Brände nie großen Schaden genommen, so daß den Bewohnern ein völliger Neuaufbau erspart geblie-

DAS KÖLNISCHE SAUERLAND

ben war. Das ändert sich mit den drei schweren Luftangriffen im Februar und März 1945, die den Stadtkern fast vollständig vernichten. Der Bedeutung Meschedes für diese Region können aber selbst die fürchterlichen Ereignisse der letzten Kriegswochen keinen dauerhaften Abbruch tun, und als 1975 so viele Kreisstädte ihren Titel hergeben müssen, behält ihn Meschede, wenn der Kreis jetzt auch nicht mehr nach seinem Verwaltungszentrum heißt, sondern den Beinamen Hochsauerland führt. Mit der Vergrößerung des Kreisgebietes einher geht der Ausbau des zentralen Orts, die Landesplanung weist Meschede als einen Schwerpunkt zweiter Ordnung aus; solcher Zielvorgabe entspricht das breite Angebot an Schulen und eine gestärkte industrielle Infrastruktur.

Wie dargelegt, ist die Geschichte des Ortes unlösbar mit der des Damenstifts verbunden. Von ihm legt heute nur noch die *Pfarrkirche St. Walburga* Zeugnis ab, oberirdisch eigentlich ein Bau der Barockzeit, den Westturm einmal ausgenommen. 1660–64 wurde das Gotteshaus über den Fundamenten einer älteren Anlage errichtet, wobei man recht bedeutende Teile ihres Mauerwerks mitverwendete. Diese dreischiffige Hallenkirche weist die beachtliche Länge von sechs Jochen auf und besitzt einen in den Raum hineingezogenen halbrunden Chorschluß, auch sie zeigt gotisierende Elemente. Von der reichen zeitgenössischen Ausstattung haben sich nur die drei Altäre erhalten, deren mittleren die plastisch gestaltete Kreuzigungsszene beherrscht. Ihn krönt eine Darstellung der Kirchenpatronin. St. Walburga steht auch über dem gesprengten Giebel des vorgeblendeten barocken Nordportals, ihr assistieren die hll. Georg und Viktor. – 1965/66 wurde der Kirche an ihrer Südostseite in Höhe des Chorraums eine Rundkapelle angefügt, ihre durchgehenden Fensterbahnen schließen mit Dreiecken ab, deren Spitzen auch die Scheitel des Dach- wie des Gewölbefächers bezeichnen.

Nach den neuesten Forschungsergebnissen muß die Gestalt des Westturms doch nicht allein auf den 1181 geweihten Umbau der Kirche zurückzuführen sein, vielmehr stammt er noch aus karolingisch-ottonischer Zeit, genauer aus den Jahren zwischen 897 und 912. Das ist eine insofern bemerkenswerte Erkenntnis, als – sollte sie sich endgültig bestätigen – St. Walburga die einzige bekannte Basilika dieser Zeit wäre, welche einen Kirchturm besaß. Jüngeren Datums sind dagegen Glockengeschoß und die – barocke – Haube.

Ausgrabungen der letzten zwanzig Jahre haben nicht nur das Aussehen der karolingischen Anlage recht gut bestimmen, sondern auch wesentliche Teile dem Besucher zugänglich machen können. Es handelte sich bei dieser Anlage um eine kreuzförmige Basilika, die ungefähre Lage ihres Querhauses bezeichnet das östlichste Pfeilerpaar. Ihre Grundmauern und Stützen fand man unter dem Fußboden, wie die Archäologen überhaupt jene Mitteilung eines 1771 verstorbenen Chronisten, »die vorherige (Kirche) soll... viel tiefer in der Erde gelegen haben, das habe ich von alten Leuten vernommen«, voll bestätigten. Zugänglich sind heute Chor und Umgangskrypta (Abb. 95), zu der südlich und nördlich der Chorstufen Treppen hinunterführen. Der Besucher sollte zunächst vielleicht den südlichen Eingang wählen; ein tonnengewölbter Stollen stößt hier auf den quadratischen Vorraum der Krypta, ein gleichfalls tonnengewölbtes, halbkreisförmiges Gelaß. Als man es 1965 fand, lag das Kultgrab (sehr wahrscheinlich der hl. Walburga) noch hinter einer Wand des späten 11.

238

Jahrhunderts verborgen. Es gelang, den ursprünglichen Zustand zu rekonstruieren und so der unterirdischen Anlage erst ihr eigentliches Zentrum zurückzugeben. Die vollständig erhaltene Reliquiennische ist in die Mitte der westlichen Wand eingelassen, liegt um drei Stufen erhöht und hat die Abmessungen 100 × 80 × 120 Zentimeter.

Folgt man dem Umgang weiter, schützt linkerhand knapp vor der Treppe hinauf zur barocken Kirche ein Gitter den ursprünglichen, jetzt unter einer Stahlbetondecke freigelegten Chor. Er war, wie die Stufen zeigen, über das Schiff erhöht. Deutlich sichtbar der Altarblock und die Mauer um ihn herum, sie gehörte wohl zu einer Ummantelung, die Mensa und Stipes während der schon erwähnten Umbauarbeiten Ende des 11. Jahrhunderts schützte. Noch unter den Stufen steht das Überbleibsel des (alten) Kreuzaltars, und der Mörtelfußboden des höher gelegenen Bereichs zeugt noch vom ersten Gotteshaus an dieser Stelle. Darunter erkennt man die Nachbildungen in den Boden eingesenkter Tontöpfe. Sie dienten offenbar einer verbesserten Akustik und wurden nicht nur hier, sondern auch in den Mauern um die Orgelempore angetroffen. Unter der sorgsam ausgerichteten irdenen Ware fällt eine Ausgußkanne Badorfer Keramik auf, aber auch Reliefbandamphoren, Kümpfe, Kugeltöpfe und flaschenähnliche Gefäße mit runden Böden bieten zusammen ein Spektrum karolingischer Keramik, wie es für die Zeit zwischen 800 und 850 ganz selten zu finden sein dürfte.

Auf die andere Seite der Ruhr muß, wer ein weiteres Denkmal der Karolingerzeit in Augenschein nehmen möchte. Unmittelbar hinter dem Bahnübergang führt die *Hünenburgstraße* zu jener Anlage, deren Namen sie trägt. Der Wald auf der kleinen Erhebung gegenüber dem Alters- und Pflegeheim verbirgt die Reste der 1516 zuerst als ›Hunnenborch‹ genannten Befestigung. Die heute verstürzten Mauern, Wälle und verfüllten Gräben umgaben eine abgeflachte Stelle im Hang, wobei die topographischen Gegebenheiten den Zwecken der Verteidigung entgegenkamen. So nützten etwa die zwei ungefähr gleichen Abstand haltenden Erdaufschüttungen westlich den tiefen Einschnitt des Hünenburgsiepens als natürlichen Schutz. Bemerkenswert ist der recht große Abstand zwischen der ersten und der zweiten Wehrlinie, vor deren Mauern jeweils ein Graben lag. So hat die Fläche hinter dem äußeren Werk fast drei Hektar, die hinter dem inneren nur knapp einen.

Es fällt nicht leicht, sich die mächtige, offenbar auch später noch genutzte Anlage des späten 9. Jahrhunderts vorzustellen, doch deckt das Erdreich noch heute Reste gewaltiger Mauern, wenn auch viele ihrer Steine im Laufe der Zeit andernorts als Baumaterial herhalten mußten. Diese Mauern lagen zwischen Gräben und aufgeschütteten Wehrgängen, wobei die äußere teilweise, die weniger breite innere ganz gemörtelt war. Interesse verdient auch die Anlage der hier ungewöhnlich zahlreichen Eingänge, nach ihrer Form Kammer- oder Zangentore genannt. Die Umwehrung schwingt hier nach innen ein und bildet so eine Gasse, an deren Ende wohl ein Turm dem Feinde den Weg versperrte. Wer aber von der Burgbesatzung hier stand, hatte einen weiten Blick über das Ruhrtal und konnte auch Meschede wie sein Stift ins Visier nehmen. Hier hatten vor 900 die Grafen des Locdorfgaues, die späteren Grafen von Werl, ihren Sitz. Leider ist bislang noch nicht genau geklärt, wie die Verlegung der Residenz nach Werl, Klostergründung und Geschichte der Burg zusammenhängen.

DAS KÖLNISCHE SAUERLAND

Das Burgmotiv greift ein weiter westlich gelegener Bau diesseits der Ruhr auf, die *Friedenskirche* der Benediktinerabtei Königsmünster. Ebenfalls auf einer Anhöhe gegründet, beherrscht die ambitionierte Architektur der 1964 erbauten Doppelturmanlage wirklich das Flußtal. Das bukolischste Plätzchen über den Dächern von Meschede ist dagegen die *Kapelle St. Michael* auf der Kuppe des Klausenbergs. Ihr Patrozinium gibt zu der Vermutung Anlaß, daß hier anstelle eines heidnischen Heiligtums ein Kirchlein, womöglich durch Mescheder Stiftsdamen, errichtet wurde, weihte man doch gerade solche Stätten dem Himmelsfürsten und Erzengel als Bezwinger des Satans. Von einem Bau der Romanik ist das Chorjoch erhalten, daran schließt ein bescheidener flachgedeckter Saal des 18. Jahrhunderts und ein Wohnteil aus Fachwerk an. Etwa 1430 nahm hier die erste Klausnerin ihre Wohnung, noch ins gleiche Saeculum datiert das »fyn gehouwen vinster«, eine gotische Sakramentsnische. Seitdem mit Frater Meinrad der letzte Eremit starb, läßt sie sich allerdings ebensowenig besichtigen wie der spätgotische Schnitzaltar niederrheinischer oder lübeckischer Provenienz, den ein Mescheder Bürger etwa 1870 gerade noch vor dem Schicksal bewahren konnte, als Brennholz verfeuert zu werden.

Hiesige Klausnerinnen gründeten, nachdem ihnen die Eheleute Hennecke und Margarethe von Berninghausen ihre Dorfschaft Hückelheim geschenkt hatten, dort 1483 das Kloster Galiläa. Von dessen etwa 1750 neu erbauter Vierflügelanlage blieb nur eine schlichte Kapelle erhalten (am nordwestlichen Stadtrand Meschedes).

Laer war eines der vielen Güter, das der Mescheder Damenstift besaß und an adlige Familien verlehnt hatte. Mit Bernolf von Lare taucht 1268 der erste dieses Namens in den Urkunden auf, während der folgenden Jahrhunderte vergaben die Äbtissinnen bzw. Pröpste den Besitz an verschiedene Geschlechter, bis ihn 1602 Heinrich von Westphalen erwarb. Den von Westphalen gehört Laer noch heute.

Unter Heinrich von Westphalen entstand 1608 ein neuer, repräsentativer Bau, der älteres Mauerwerk miteinbezog. Ihn zeichnete ein vor die südliche Front gestellter Treppenturm aus, nach Osten schloß er mit einem Pavillon ab. Dieses *Herrenhaus* (Abb. 92) wurde 1669 umgestaltet, dabei erhielt der quadratische, viergeschossige Turm das vornehme barocke Portal und seine welsche Haube. Das Erstehen prächtiger Schlösser in Westfalen führte wohl auch hier zur Anpassung des Hauses Laer an solchen herrschaftlichen Baustil. Da er generell eine symmetrische Anlage sowie meist ein Dach in Mansardform vorschrieb, erhielt der vorspringende östliche Eckteil ein Pendant auf der Westseite, und das oberste Geschoß wurde dem unteren, steileren Teil des Daches integriert. Den Treppenturm ließ der Baumeister unverändert, obwohl er wenig zum Idealbild eines barocken Herrenhauses passen will.

Etwa zur gleichen Zeit, also um 1764, errichtete man auch die Vorburg, der nach Süden noch einmal der Riegel des Wirtschaftsgebäudes vorgelagert ist, wobei die Längsseiten des Gehöfts in die der Vorburg übergehen. So bilden beide einen einzigen langgestreckten dreiflügeligen Komplex, dessen ausgesparte Fläche der Vorburgmitteltrakt ungefähr im Verhältnis zwei zu eins teilt.

68 SCHMALLENBERG
◁ 67 Blick auf BILSTEIN und die Hohe Bracht
69 GRAFSCHAFT

70 BERGHAUSEN St. Cyriakus

71 BERGHAUSEN   St. Cyriakus, romanisches Fresko in der Chorapsis

72, 73 WORMBACH   St. Peter und Paul, Gewölbemalereien mit Tierkreiszeichen

74 WORMBACH   St. Peter und Paul, Orgel

75 SELKENTROP   St. Blasius, Altar

76 MEDEBACH   St. Peter und Paul

78 Landschaft bei Winterberg
◁ 77 LENNE St. Vinzenz
79 Auf dem Kahlen Asten

80 ZÜSCHEN

81 BRUNSKAPPEL im Negertal

82 Bruchhauser Steine bei Bruchhausen

83 HALLENBERG St. Heribert, gotischer Schmerzensmann
84 BIGGE St. Martin, Orgelprospekt
85 THÜLEN St. Dionysius

86 BRILON Propsteikirche St. Petrus und Andreas, Turm

87 BRILON Propsteikirche St. Petrus und Andreas ▷

88 BONTKIRCHEN 89 OBERMARSBERG Nikolaikapelle, Südportal
St. Vitus, Madonna
90 OBERMARSBERG Nikolaikapelle

91 OBERMARSBERG Nikolaikapelle

92 Schloß Laer bei Meschede

93 PADBERG   St. Maria Magdalena

94 OBERMARSBERG   Pranger

95 MESCHEDE   St. Walburga, Krypta

Seitab liegt die *Schloßkapelle St. Johannes der Täufer*, ein kleiner Saal des 17. Jahrhunderts mit polygonalem Schluß. Auch hier fehlen die gotischen Strebepfeiler nicht, obwohl seine Fassade 1767 ein wirklich barockes Gesicht, also Portal, Schweifgiebel und dreifach gestuften Dachreiter erhielt. Das Kirchlein ist ebensowenig zu besichtigen wie das Innere des Schlosses, und selbst wer nur arglos durch das meist offene östliche Tor zwischen Vorburg- und Schloßpavillon tritt, kann sich plötzlich einigen Hunden gegenübersehen, die den Fremden keineswegs wie einen lang erwarteten Gast begrüßen. Doch können Interessierte immerhin durch den Schloßpark flanieren, einen Blick auf die von der Ruhr gespeiste Gräfte tun, und vielleicht finden sie den Weg zu einem scheinbar verfallenen Turm auf der Höhe des Bleibergs (im Buchholz). Er ist jedoch eine künstliche Ruine, die Friedrich Wilhelm von Westphalen, zwischen 1782 und 1789 Fürstbischof von Hildesheim wie Paderborn, hat aufführen lassen. Sie entstand aus dem Geist der Romantik, eine schwärmerische Erinnerung an die vermeintlich heile Welt des ritterlichen Mittelalters.

Der nächste Ort an der L 840, die um das Haus Laer herumgeführt wurde, heißt **Calle**. Auf der Fahrt dorthin liegt rechter Hand auf der sogenannten Schlade die *Kapelle Beatae Mariae Virginae*, ein bescheidener achtseitiger Zentralbau mit schön geschwungener, von einer Laterne bekrönten Haube.

Im Ort selbst steht auf einer Anhöhe die wuchtige *Pfarrkirche St. Severin*, die als Halle in den Jahren 1853–59 errichtet wurde. Der 1636 zuerst aufgestellte Hochaltar ist von dunkler Pracht, die fünf Nischen seines Retabels bergen die Plastiken der hll. Antonius Abt, Johannes Baptist, Maria, eines nicht identifizierten Bischofs und Jakobus des Älteren. Die qualitätvollen spätgotischen Schnitzereien stammen wohl aus der Kolshusen-Werkstatt (s. S. 293 f.), der die Kirche wahrscheinlich auch den Kruzifixus des nördlichen Seitenaltars verdankt. Dessen zeitgleiches Gegenstück hat ebenfalls eine ältere und recht wertvolle Schnitzerei zum Zentrum, nämlich eine romanische, um 1270 geschaffene Madonna.

Über den Schürenbach führt die Straßenbrücke, auf der eine Steinplastik des hl. Nepomuk steht. Darstellungen dieses Heiligen schmücken im Sauerland zahlreiche Altäre und etliche Brücken, er gilt als Patron gegen die Gewalt der Wasserfluten. König Wenzel IV. ließ ihn 1393 von der Prager Moldaubrücke in den Fluß stürzen, lebendigen Leibes, behauptet die Legende, während der Bericht des Erzbischofs davon spricht, daß Nepomuk schon auf der Folter starb. Der Anlaß für das Vorgehen des Regenten, so will es wiedcrum die Legende wissen, war die standhafte Weigerung des Erzdiakons und erzbischöflichen Generalvikars, das Beichtgeheimnis zu verletzen (»Du hast der Beichte Siegel nicht / auch durch ein Wort verletzet / und lieber dich bey solcher Pflicht / in Lebensnoth gesetzet«); tatsächlich ging es wohl um einen Konflikt zwischen weltlichem und geistlichem Würdenträger, bei dem der König auf solche Weise seinen Gegner unter Druck setzen wollte. Die Heiligsprechung Johannes' von Nepomuk geschah erst spät, nämlich 1729; auch unter diesem Gesichtspunkt ist seine Popularität bemerkenswert. Zu den Förderern des Nepomuk-Kultes gehört in

◁ 100 REMBLINGHAUSEN St. Jakobus d. Ä., Hochaltar

257

DAS KÖLNISCHE SAUERLAND

Westfalen der Kurfürst Clemens August (der entthronte König Stanislaus I. (Leszczinski) von Polen nannte den Heiligen gar einen ›Vetter im Himmel‹), auch Jesuiten und Franziskaner nahmen sich seiner besonders an. Dennoch fehlt bisher eine überzeugende Erklärung dafür, daß Nepomuk unter die Modeheiligen der Gegenreformation zählte.

Niemand sieht der kleinen, 1647 erbauten *Kapelle St. Vinzenz* in **Wallen** an, daß zu ihrer Ausstattung einige interessante Skulpturen gehören. Dieses etwas abseits der Straße ›Zum Brückenberg‹ gelegene Kirchlein ist gewöhnlich verschlossen, doch kann Ihnen jedermann im Dorf die Familie nennen, die den Schlüssel verwahrt. Kaum nach 1600 entstand der hier ohne Schüssel präsentierte Kopf Johannes' des Täufers, ihn ziert – und das steht sehr im Gegensatz zu der Vorstellung vom Mann im härenen Gewand – ein eleganter Schnurrbart. Recht genau hinschauen muß ein Betrachter bei der spätgotischen Anna selbdritt (um 1430), deren Maria und Jesuskind außerordentlich klein geraten sind. Aus den sechziger Jahren des 13. Jahrhunderts stammt der nicht näher identifizierte hl. Bischof. Die spätromanische Figur ist noch in epochentypischer starrer Frontalität gegeben, die Rückenlehne seines Stuhls hat einen kreisrunden, verzierten Aufsatz.

Der Plan, den die Stadt Meschede für ihr Gemeindegebiet herausgegeben hat, erfaßt **Grevenstein** nur noch als Ausschnitt, ein graphischer Kommentar zur Abgelegenheit des Ortes. Dabei verfügte ›die kleinste Titularstadt Nordrhein-Westfalens‹ einst über Handelsverbindungen bis in die baltischen Länder, besaß schon 1324 einen Bürgermeister und mithin eine städtische Selbstverwaltung. Wohl Ende des 13. Jahrhunderts errichteten hier, hoch über dem Arpetal, die Grafen von Arnsberg eine Burg; sie muß als Keimzelle der etwa 1320 gegründeten civitas gelten. Von Mauer und Graben umgeben, hatte man Grevenstein mit über 80 Wohnplätzen wohl doch zu großzügig angelegt, jedenfalls erhob der Rat 1596 Einspruch gegen die Abgabe von 84 Worthühnern, nur 44 Stätten seien bebaut, mithin von den übrigen 40 »nicht woll etwas zu bekommen«.

Allerdings war Grevenstein damals längst seiner Bedeutung als umwehrte Grenzstadt der Arnsberger verlustig gegangen (bekanntlich wurde die Grafschaft schon 1368 dem Territorium des Herzogtums Westfalen einverleibt). Seit dem 18. Jahrhundert zog sich der Ort immer weiter hinunter ins Tal, doch konnte solche Verlagerung des Siedlungsschwerpunktes nichts an der Verkehrsferne Grevensteins ändern. Wohnten hier bis 1818 noch 616 Menschen, so verzeichnete man 1871 nur noch 524, dann stagnierte die Einwohnerzahl bis in die dreißiger Jahre unseres Jahrhunderts. Heute allerdings zeigt sich das Ortsbild, nicht zuletzt durch einige veritable Hotelbauten, wieder deutlich belebt.

Zur *Pfarrkirche St. Antonius Abt* führt die Burgstraße steil nach oben auf den höchsten Punkt der Erhebung. Als sie 1327 gestiftet wurde, bezeugten die Burgmänner Rötger Rump, Gottfried von Hanxleden, Heinrich von Ostendorp und Peter Schade diesen Akt. Das Gotteshaus zeigt noch die charakteristischen Formen des Übergangsstils, obwohl sie stärker als die anderer sauerländischer Hallenkirchen zur Gotik tendieren. Die Strebepfeiler allerdings wurden dem Bau, dessen Chor man 1937 um ein Joch erweiterte, erst später angefügt. Selbst völlig schmucklos (den massiven Rundpfeilern fehlen sogar die Kämpfer), weist auch

258

seine Ausstattung keinen wirklichen Glanzpunkt auf. Zu erwähnen ist die leider ungefaßte Kreuzigungsgruppe mit dem spätgotischen Kruzifix und den barocken Figuren der Maria und des Johannes.

Der nächste Abstecher von Meschede aus soll dem südlicheren **Remblinghausen** und der Hennetalsperre gelten. Die *Pfarrkirche St. Jakobus* des 1259 erstmals bezeugten Orts wurde 1754/55 errichtet und gleicht auffallend der Schönholthausens (s. S. 137). Der Besucher betritt ihren vierjochigen Saal durch ein Pfeilerportal, das im Bereich seines gesprengten Giebels auch die Attribute des hl. Jakobus und der hl. Katharina zeigt. Die qualitätvolle Ausstattung des Gotteshauses steht schon unter dem Horizont des Rokoko, wofür namentlich das bemerkenswerte Ensemble der drei Altäre steht (Abb. 98–100). Ihr Schöpfer ist Joseph Stratmann, einziger Bildhauer unter den Malern (wie einer Malerin) seiner weitläufigen Familie, die sich aus der westfälischen Kunstgeschichte nicht wegdenken läßt. Über ihr Mitglied Joseph Stratmann gibt es nur wenig zuverlässige biographische Daten, seinen Rang aber hat kein anderer westfälischer Künstler gleicher Profession und aus der gleichen Epoche erreicht. Von der Bewegtheit seiner Figuren her und zuweilen auch ikonographisch steht er Johann Theodor Axer nahe.

Während die Architektur der Altäre vielleicht auf Peter Stratmann zurückgeht, stammen die Plastiken von Joseph Stratmann, wobei allerdings nur den gelungeneren des Hochaltars seine Autorenschaft ganz sicher zugeschrieben werden kann. Dessen Zentrum bildet eine Mariendarstellung, ihr zur Seite stehen die schon erwähnten Jakobus der Ältere und Katharina von Alexandrien (Pfarrpatron und Patronin der Kirche), außen schon über den Türen des Prospekts Franz Xaver und Donatus. Letzterer genoß als Wetterheiliger (man beachte das Blitzbündel in seiner Hand) bei der Landbevölkerung einen besonders guten Ruf. Im übrigen zeigt sich hier der Bildhauer auf der Höhe seines Könnens, die Figuren bestechen in der Genauigkeit des Aufbaus wie ihrer Agilität.

Dehio nennt Johann Adam Destadt (s. S. 141) als Urheber der Kanzel, was angesichts ihrer prächtig-schweren Formen wenig glaubhaft erscheint. Auf dem Schalldeckel bläst ein Engel die Posaune des Gerichts, in seiner Hand hält er die Gesetzestafeln. Skulpturen krönen auch die zwei Beichtstühle mit ihren reich gestalteten Giebeln. In diesen Rahmen fügt sich auch der traditionell gehaltene Orgelprospekt des Soesters Johann Georg Fromme (entstanden zwishen 1779 und 1781) würdig ein. Der Gotik rechnen die kleine Figur des Jakobus und ein lebensgroßer ›Christus in der Rast‹ (Abb. 97) zu. Diese Anfang des 16. Jahrhunderts geschaffene Arbeit steht an Qualität den Plastiken Stratmanns kaum nach; leicht nach vorn gebeugt, ruht der Gottessohn vor seinem Kreuzestod, den der etwas überlängte, zur Seite geneigte Kopf schon gegenwärtig hält (»er neigte sein Haupt und verschied«). Ein auffälliges Detail sind die stark hervortretenden Adern an den Armen.

Die jüngst renovierte *Nothelfer-Kapelle* liegt außerhalb des Ortes und jenseits der martialischen Umgehungsstraße in Richtung Westernbödefeld. Der Zentralbau über achteckigem Grundriß mit Haube und Laterne birgt die Skulpturen der Vierzehn Nothelfer, die der Kolshusen-Werkstatt (s. S. 293 f.) zugeschrieben werden.

DAS KÖLNISCHE SAUERLAND

Die B 55, mit der Remblinghausen durch eine kleine Straße verbunden ist, führt die *Hennetalsperre* entlang (Abb. 39). Sie erstreckt sich bis vor die Tore Meschedes, und niemand sieht ihrem ruhigen Wasserspiegel und dem bunten sommerlichen Treiben, geschweige denn dem kleinen Bach oberhalb an, welche Mühe seine Bändigung kostete. Schon 1905 staute hier eine Mauer die Fracht der Henne, doch gingen ihrem Bau wohl nicht genügend gründliche Erkundungen des Untergrunds voraus. Den Flinz- und Keratophyrschichten waren nämlich Kalkbänke eingelagert, über die mit den Jahren immer beträchtlichere Mengen des nassen Elements der Ruhr-Wasserführung entzogen wurden, denn den gleichmäßigen Pegelstand dieses Flusses sollte die Henne- wie alle sauerländischen Talsperren garantieren. Außerdem wuchs die Gefahr, daß die Mauer unterspült und schließlich niedergerissen werden könne. Man legte Bohrlöcher bis in 275 Meter Tiefe an, um der Untergrundtätigkeit des Baches auf die Spur zu kommen, spickte dann den Boden mit Zementplomben, aber die Henne stellte ihr subversives Treiben nicht ein. Und so planten die Verantwortlichen denn doch ein technisches Großprojekt, das zwischen 1948 und 1955 durchgeführt wurde. 250 Meter mißt der Damm jetzt an seinem Fuß, vor ihm hat man den Untergrund hundert Meter tief abgedichtet, zusätzlich reicht eine zwei Meter dicke Betonverfüllung fünfzehn Meter in den Fels hinab. Die wasserdurchlässigen Schichten ›stabilisierte‹ man mit eingepreßtem Zement. Es versteht sich, daß solcher Aufwand vor allem durch ein größeres Volumen der Talsperre zu rechtfertigen war, dem die Dörfer Immenhausen, Enkhausen und Mielinghausen zum Opfer fielen. Zur Einweihung am 15. 11. 1955 feierten die Redner natürlich auch, daß der Mensch einmal mehr die Natur bezwungen habe, Worte, die vor dem Hintergrund der heute absehbaren Verselbständigung ebendieser Natur – so jedenfalls wollen wir den Entzug unserer Lebensgrundlagen durch uns selbst nennen – wie ein Stück absurden Theaters klingen.

Wie hinter einem hochgeschlagenen Kragen schützt sich **Eversberg** an der Nordflanke des gleichnamigen Bergkegels hinter einem Buchenwaldsaum, der jetzt auch einen teilrestaurierten und als Aussichtsturm genutzten Bergfried umfängt. Die zugehörige *Burg* thronte 180 Meter über dem Ruhrtal und sollte das Arnsberger Territorium gegen Kurköln sichern. Mit der Wehranlage entstand 1242 zugleich die Stadt, ihr gewährte Graf Gottfried III. Lippstadter Recht. Plan-, wenngleich wegen des Geländes nicht ganz so regelmäßig angelegt wie vergleichbare Neugründungen, mußten zunächst legitime Ansprüche auf das hiesige Areal abgegolten, vor allem aber dem heftigen Kölner Protest gegen die Errichtung eines umwehrten Platzes begegnet werden. Dem Erzbischof nämlich gab sein Herzogtitel das – allerdings damals schon umstrittene – Recht, in jeden Festungsbau vorher einzuwilligen. Im Falle Eversbergs hatte der Graf den Erzbischof jedoch um seine Erlaubnis gar nicht erst gefragt, denn sie wäre ihm sicher nicht erteilt worden.

Kölns Widerspruch blieb allerdings wirkungslos; daß Eversberg dennoch und obwohl der Hanse angeschlossen keine große städtische Zukunft beschieden war, lag an anderen Gründen. Zu nahe und sehr viel verkehrsgünstiger befand sich ja der etablierte Marktort Meschede, gegen den Eversberg auch dann nicht aufkam, als um die Wende vom 13. zum 14.

260

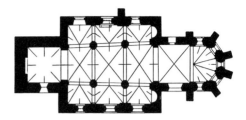

Eversberg, Pfarrkirche St. Johannes Evangelist, Grundriß

Jahrhundert hier nachweislich Münzen geprägt wurden. Über den engsten Umkreis hinaus erfreuten sich nur das Schmiedehandwerk, besonders aber die Tuchmacherei eines guten Rufs. Hier trugen die Wüllner – vom Färben der Wolle einmal abgesehen – für den ganzen Produktionsprozeß Sorge, ja sie übernahmen zuweilen noch Vertrieb und Verkauf. Bis nach Belgien und Nordfrankreich ging ihr Hausierhandel.

Schon von weitem fällt die hohe, dreifach gestufte Haube der *Pfarrkirche St. Johannes Evangelist* ins Auge. Conrad Hesse fügte 1712 den massigen Westturm einer Hallenkirche hinzu, deren Chor mit seinem polygonalen Schluß bereits der frühen Gotik zurechnet. Auch die achteckigen Pfeiler im Innern stimmen nicht zum vertrauten Erscheinungsbild der südwestfälischen Halle; daß St. Johannes Evangelist diesen Typus dennoch vertritt, daran lassen die so charakteristischen halbrunden Nebenapsiden, vor allem aber die einhüftigen Gewölbe der Seitenschiffe keinen Zweifel. Sie, aber auch die querrechteckigen, nach Osten hin breiteren Gewölbe des Mittelschiffs überzieht jene romanische Ornamentik absonderlicher Tiere und Pflanzen, der man auch im Sauerland zuweilen begegnen kann, die hiesige stammt vom Ende des 13. Jahrhunderts. Die wenigstens kölnisch beeinflußte Ausmalung des Chors (entstanden etwa 1330) würde Christus als Weltenrichter zeigen (umfaßt von den vier Evangelistensymbolen sowie den hll. Petrus, Paulus, Johannes Evangelist und Phillipus), wäre sie nicht vom 1720 aufgestellten Hochaltar verdeckt. Die beiden Seitenaltäre (1775) atmen schon den Geist des Rokoko, wobei der Marienaltar früher auch als Kanzel benutzt wurde. Weiterhin fallen die stattliche, von Engeln umschwebte Doppelmadonna (um 1730) und das 1765 geschaffene, 1910 aber stark veränderte Orgelgehäuse auf (Abb. 103).

Eversberg, 1981 Bundessieger im Wettbewerb ›Unser Dorf soll schöner werden‹, besitzt ein attraktives Ortsbild, aus dem nur das Alte Rathaus mit seinem gestuften Walmdach, das Gebäude ihm gegenüber (1782) und Mittelstraße Nr. 7 (1683) mit ihren prächtigen Giebelfronten, vor allem aber das *Heimatmuseum* hervorgehoben seien. Seine Sammlungen werden in einem Fachwerkhaus (Mittelstraße 12, 1756 errichtet) präsentiert, dessen rückwärtiger Teil ein Anbau jüngeren Datums ist. Hier gelingt eine glückliche Synthese von Raum und Ausstellung: Das Gebäude hat seinen ursprünglichen Zustand weitgehend bewahrt, und alle gezeigten Gegenstände haben einen engen Bezug zum Leben im ehemaligen Ackerbürgerstädtchen, den der Museumsführer kundig zu erläutern weiß.

DAS KÖLNISCHE SAUERLAND

Jenseits der Kreisgrenze: Stadt Warstein und Kallenhardt

Von Meschede aus bietet sich ein Abstecher nach der Stadt Warstein an, deren Gemeindegebiet schon zum Kreis Soest gehört. Sein größter Teil gehört noch dem Sauerland zu, als dessen Grenze hier seit je die Möhne gilt. Südlich des Flusses erhebt sich der *Arnsberger Wald*, auch heute noch ein ausgedehntes, zusammenhängendes Waldareal. Die Bäume stokken dort über etwa 310 Millionen Jahre altem Gestein, den Kieselschiefern und Grauwacken des Unterkarbons. Tiefer in die Erdhistorie reichen jedoch die wichtigsten Schichten der Warsteiner Hochfläche zurück, diese mitteldevonischen Massenkalke mit ihren recht fruchtbaren Böden bezeichnen eine Rodungsinsel, die schon früh landwirtschaftlich genutzt worden ist. Die Kalke verdanken ihr Entstehen übrigens den gleichen Vorgängen wie die weiter westlich gelegenen, sie zeugen also von der Existenz eines tropischen Meeres zur damaligen Zeit (s. S. 89).

Neben den ertragreichen Böden zogen Siedler auch die Eisenerzvorkommen der Gegend an, der Abbau hat hier um 250 v. Chr. eingesetzt. Noch im späten 19. Jahrhundert wurde das Erz auch am Ort verarbeitet, doch mußte der letzte Warsteiner Hochofenbetrieb 1881 stillgelegt werden, während die letzte Grube erst 1949 aufgab. Die Eisenverarbeitung und -gewinnung läßt sich als historische Basis an der heutigen Gewerbestruktur ablesen, für die mit dem Kalkstein ein weiterer Bodenschatz eine nicht ganz unbedeutende und noch aktuelle Rolle spielt. Dieser Abbau wirkt besonders augenfällig in das Stadtbild von Warstein selbst hinein, das gewonnene Material findet beim Anlegen von Straßen Verwendung, dient aber auch der Beckumer Zementindustrie zur Anreicherung ihrer weniger ›fetten‹ Kreidekalke.

Noch von einem anderen ›Bodenschatz‹ muß hier die Rede sein, dem Wasser. Wer auf die Warsteiner Hochfläche hinaustritt, wird zunächst gar nicht wahrnehmen, wie markant die Flüßchen und Bäche das Relief der Landschaft bestimmen. Ihre stark eingeschnittenen Täler mit ihren randlichen Felsklippen tun sich erst auf verhältnismäßig geringe Entfernung vor dem überraschten Wanderer auf. Bilstein-Bach, Wäster und Lörmecke, deren Einzugsbereich sich bis hoch zur Wasserscheide zwischen Möhne und Ruhr zieht, sammeln zuletzt den Steigungsregen an der Nordabdachung des Arnsberger Walds. Während seine Schiefer bzw. Grauwacken eine hohe Seihewirkung haben, ›schlucken‹ die Kalke der Hochfläche das Naß zwar schnell, doch filtern sie es weniger gut. So garantiert der Wald eine hohe Trinkwasserqualität, wogegen die zahlreichen Karstquellen größere Verunreinigungen zeigen können.

Der Streifzug durch die Gemeinde Stadt Warstein soll diesmal an einem geschichtsträchtigen Punkt ihrer Peripherie beginnen, dem *Stimm-Stamm*. Das Gasthaus dort oben ist eine alte Post- und Zollstation, in ihrer Nähe wurzelte früher die Eiche, eben jener ›bestimmte Stamm‹, der das Zusammentreffen der Gemarkungsgrenzen Warsteins, Meschedes sowie Eversbergs bezeichnete. Heute steht hier ein Stein mit den Namen der Orte, er wurde aus Anlaß der Tausend-Jahr-Feier Meschedes aufgestellt. Über den Kamm des Arnsberger Waldes verlief auch der ›Plackweg‹; die Hauptwanderstrecke X 1 des Sauerländischen Gebirgs-

262

vereins folgt hier ein gutes Stück dieser wichtigen, seit der Karolingerzeit sicher faßbaren, vielleicht aber noch älteren Straße.

Nordwestlich des Gasthauses liegt das Naturschutzgebiet *Hamorsbruch,* in dessen Besitz sich die Gemeinden Meschede und Warstein teilen. Unter dem Namen sind drei Areale zusammengefaßt, sie sind größtenteils von einem Karpatenbirken-Bruchwald bedeckt. Er zeigt kaum Spuren menschlicher Eingriffe; daß die Bestände dennoch so licht wirken, liegt am ständigen Wachsen der Moorschicht, sie nimmt den Bäumen immer mehr Lebensraum. Wie Pollenanalysen ergeben haben, dürften diese Moore erst vor 650 Jahren entstanden sein, die Mächtigkeit der Torfmooslagen wird auf etwa zwei Meter geschätzt. Im Gebiet fanden die Botaniker einige floristische Kostbarkeiten, etwa die Moosbeere, den Rundblättrigen Sonnentau und große Flächen Sprossenden Bärlapps, auch einige äußerst rare Pilze entdeckte man. Besucher werden jedoch herzlich gebeten, von solchen Entdeckungen ihrerseits abzusehen, außerdem haben die Verantwortlichen zum Schutz des Moors Zäune gezogen. Der schaurig-schöne Anblick eines urwaldähnlichen Landschaftsbildes entschädigt ja für solche Zurückhaltung reichlich, zumal der bachbegleitende Erlenbruchwald entlang des Bilsteinlaufs den Eindruck des Grandiosen womöglich noch steigert.

Doch nun zur Stadt **Warstein** selbst, deren Alte Kirche weithin über die Hochfläche sichtbar ist. Trotz ihres Alters bezeichnet sie nicht das geistliche Zentrum der ersten Siedlung dieses Namens, das tut vielmehr die *Kapelle ›Alten Warstein‹* am südlichen Rand des heutigen Gemeinwesens (unweit der B 55). Unter prächtigen Bäumen gelegen, nimmt die Kapelle den Chorbereich einer früheren Kirche ein, die dort vielleicht schon zum Zeitpunkt der ersten Erwähnung des Ortes 1072 gestanden hat. Bedeutung gewinnt der Ort erst im 13. Jahrhundert, als der Kölner Erzbischof sein Territorium gegen die Grafschaft Arnsberg und das Bistum Paderborn stärkt. Diese Politik hat zur Folge, daß Warstein auf dem nahen Hügel – einem strategisch sehr viel günstiger gelegenen Punkt – 1276 oder 1277 als Stadt neu gegründet und zur Festung ausgebaut wird. Warstein ist demnach eine typische Gründungsstadt, wie die Forschung solche Gemeinwesen im Unterschied zu denen nennt, die während einer langen kontinuierlichen Entwicklung urbanen Charakter gewinnen.

Die Mauern umschlossen eine etwa elliptische Fläche von ungefähr 32 Morgen, in sie teilten sich 60 Wohnstätten; drei Straßen durchzogen von Ost nach West das auf dem breiten Höhenrücken und dem oberen Teil des Südhangs gelegene Warstein. Nach dem Stadtbrand 1616, für dessen Ausmaß auch die hohe Häuserdichte innerhalb der Umwehrung verantwortlich war, erweiterte man den Wohnbereich gegen Südosten. Der kurz darauf folgende Dreißigjährige Krieg sollte der Stadt dann ebensolches Ungemach bringen wie die Jahrzehnte im Anschluß an den Westfälischen Frieden, als die beiden Kurfürsten Maximilian Heinrich (1650–1688) und Joseph Clemens die kriegerischen Unternehmungen Ludwigs XIV. begünstigten. Die Lage spitzte sich für das Gemeinwesen Ende 1672 äußerst bedrohlich zu: Während feindliche Truppen schon Rüthen, Belecke und Kallenhardt besetzt hatten, begehrte eine kurkölnische, aber dem Gegner hoffnungslos unterlegene Mannschaft in Warstein Einlaß. Doch die Bürger baten die eigenen Verbände flehentlich, von ihrem Auftrag abzustehen, was diese dankbar zum Vorwand eines vernunftgebotenen Rückzugs nah-

263

DAS KÖLNISCHE SAUERLAND

Warstein, Federzeichnung von Renier Roidkin, um 1730

men. Der Kurfürst deutete nun solches Verhalten dahin, daß Warstein seinem rechtmäßigen Herrn den schuldigen Gehorsam verweigert habe und erkannte ihm alle städtischen Rechte ab, ja er drohte sogar mit dem Niederlegen der Stadtbefestigung. Erst bedeutende Zugeständnisse seitens der Einwohner in den strittigen Fragen der Hohen Jagd und der Kriminalgerichtsbarkeit ließen den geistlichen Landesherrn milderen Sinnes werden.

Eine wirkliche Revolte allerdings bedeuteten die Ereignisse, die unter dem Namen ›Patriotenkrieg‹ aktenkundig wurden. Es war die Erhebung minder privilegierter Bürger gegen das städtische Establishment, die Magistratspartei. Diese ›Prinzen‹ hatten ihre Interessen zu denen des Gemeinwesens gemacht und hielten jede andere Gruppe von der Macht fern. Der Konflikt schwelte schon seit der Mitte des 17. Jahrhunderts, brach offen jedoch erst 1789 aus, dem Jahr des Sturms auf die Bastille. Die Manipulationen der ›Prinzen‹ erwiesen sich als derart offensichtlich, daß die von der kurkölnischen Regierung eingesetzten Kommissare etlichen Klagen ohne weiteres stattgaben, und nach den neu angesetzten Wahlen konnten die Patrioten alle Magistratsposten mit Leuten ihres Vertrauens besetzen. Ihre Amtsführung allerdings erregte bald das heftige Mißfallen der Oberen, die von Arnsberg ein Kommando in Marsch setzten, das ›Ruhe und Ordnung‹ wiederherstellte. Mit den Rädelsführern verfuhr man vergleichsweise human, sie wurden »unter das kaiserliche Militär gesteckt«. Das Warsteiner ›Buch der Heimat‹ geht noch 1975 recht ungnädig mit den Empörern um, deren Absichten bei aller Beschränkung auf lokale Verhältnisse doch den Geist der Französischen Revolution atmen, wie auch der Name ›Patrioten‹ der Terminologie des bürgerlichen Umsturzes jenseits der westlichen Reichsgrenze verpflichtet ist. Bleibt nachzutragen, daß solche Aufstände nicht nur Warstein, sondern auch andere kurkölnische wie Städte benachbarter katholischer Territorien in Atem hielten – demnach hatten auch die Menschen unter dem Krummstab ihren Anschluß an die großen Bewegungen der Zeit nicht ganz verloren.

Für eine scharfe stadtgeschichtliche Zäsur sorgte der Brand von 1802. Am 31. Dezember dieses Jahres fielen 92 Häuser den Flammen zum Opfer, woraufhin die hessen-darmstädtische Regierung verfügte, den Ort in den Tälern der Wester und Range neu anzulegen. Es entstand eine jener klassizistischen Anlagen mit genau festgelegten Maßen hinsichtlich Straßenführung und -breite, Häuserabstand und -bedachung (s. Schmallenberg, S. 141), die den Bürgern schon wegen der damit einhergehenden Auflagen nicht unbedingt behagte, die aber doch den Sicherheitsbedürfnissen des Gemeinwesens Rechnung trug.

An der B 55, doch durch die Wester von ihr getrennt, liegt inmitten eines Parks *Haus Kupferhammer,* das heutige *Museum* der Stadt. Ein sehr stattliches Wohnhaus bildet das Zentrum eines gräftenumschlossenen Komplexes, der einst einer Warsteiner Schwerindustriellenfamilie gehörte. Einmal abgesehen davon, daß die gesamte Anlage trotz mancher Eingriffe zu Beginn der siebziger Jahre den städtebaulichen Glanzpunkt Warsteins darstellt, zeigt das Museum eine Madonnenstatue, um derentwillen allein sich schon der Besuch lohnt. Sie »stand, durch viele Schichten grauer Farbe entstellt, auf einem Steinsockel, überwölbt von einem Taxusbaum« manche Jahrzehnte unbeachtet beinahe neben der heutigen Bundesstraße mit ihrem hohen Verkehrsaufkommen, bis Paul Pieper ihren wirklichen Wert erkannte; über ihn können auch etliche Beschädigungen der Figur nicht hinwegtäuschen. Sie gehört vom Typus her zu einer Gruppe westfälischer Madonnen, die sich deutlich an einem lothringischen Vorbild des 14. Jahrhunderts orientiert. Die Warsteiner Gottesmutter weicht nun in mehreren charakteristischen Details von den übrigen Bildwerken dieser Gruppe ab. Sie lassen sich dahin deuten, daß die Plastik den Endpunkt einer Entwicklung bezeichnet, soweit sie an den anderen Vertreterinnen der Grundform nachvollzogen werden kann. Außer den insgesamt kühneren Proportionen fällt hier das sehr viel stärker akzentuierte Lächeln des kleinen Mundes ins Auge, vor allem aber das ungewöhnlich filigran gefältelte, tief herabhängende Tuch, in das die Gestalt Jesu gehüllt ist. Dieses Moment der Unruhe im Aufbau der Plastik wirkt heute um so stärker, da der Körper des Kindes verlorenging, sich der eigenwillige Faltenwurf demnach noch unvermittelter geltend macht.

Das imponierendste Bauwerk Warsteins aber ist die *Alte Pfarrkirche St. Pankratius* hoch auf dem Stadtberg. An ihren außerordentlichen massiven, breitgelagerten Westturm schließt sich eine Halle des Übergangsstils an, deren Inneres während der Barockzeit einige Veränderungen erfahren hat. Unter den Schnitzwerken des Gotteshauses ragen nur die eindringliche barocke Pietà und die Rokokokanzel mit dem schön gestuften , reich ornamentierten Schalldeckel hervor. Abweichend von den meisten Stücken haben die vier Evangelisten hier ihren angestammten Platz in den Feldern des Kanzelkorbs verlassen und ruhen nun seitlich teils auf den Verzierungen, teils auf ihren Attributen mehr, als daß sie darauf sitzen. Wie wenn sie zusammen mit der programmatischen Verortung auch den Ballast statuarischer Würde abgeworfen hätten, spricht aus ihrer Gestik eine fast schon spielerische Anmut, nicht zu Unrecht werden die Figuren Johann Theodor Axer zugeschrieben.

DAS KÖLNISCHE SAUERLAND

Warstein unmittelbar benachbart liegt **Suttrop,** das ›Sut-Thorp‹ (Dorf im Süden) jener Siedler aus dem – nördlichen – Haarstrang, die schon in vorkarolingischer Zeit diese Gegend (wieder) erschlossen. Lange Zeit eine rein agrarisch geprägte Siedlung mit stets gegenwärtiger Ortsherrschaft und einer über Jahrhunderte fast konstanten Einwohnerzahl, erlebte Suttrop einen beachtlichen Aufschwung Ende des 18. Jahrhunderts. Sein Garant war das Eisengewerbe, den am Ort verhütteten Rohstoff gewann man zunächst im *Oberhagen* zwischen Warstein und Suttrop, einer landschaftlich immer noch reizvollen, an ihrem Westhang durch einen Steinbruch jedoch schwer gezeichneten Anhöhe. Dort tut sich unter hohen Bäumen plötzlich eine mächtige Pinge auf, die ehemalige Grube ›Rom‹, deren Rot- und Brauneisenerze allerdings schon während des 19. Jahrhunderts den Abbau nicht mehr lohnten.

Mehr noch lockt der Oberhagen übrigens wegen seiner Flora. Lichter Baumbestand (vor allem Stieleiche und Hain-, daneben Rotbuche und Eberesche) läßt einer entsprechend gut ausgebildeten Strauchschicht Raum, die schärfsten Blicke sollten allerdings dem Bodenbewuchs gelten. Früh entfalten sich die Blüten des Gelben Buschwindröschens und die zwischen Blau und Rot changierenden des Lungenkrauts, zuweilen trifft man auch mit der Vogel-Nestwurz und dem Manns-Knabenkraut zwei Orchideenarten an, doch muß ihrer aller Farbenpracht bzw. eigenwillige Blütenform zurückstehen hinter der ob ihrer Seltenheit streng geschützten Türkenbundlilie, die hier zwar ihre nördliche Verbreitungsgrenze erreicht, deshalb aber keineswegs vor sich hinkümmert. Etwa fünfhundert Exemplare wurden hier gezählt, ihre roten, dunkel gesprenkelten Kelche locken Ende Mai/Anfang Juni viele einheimische Pflanzenfreunde in den Oberhagen.

Am weitesten gegen die Möhne als scharf ausgeprägte Nordgrenze des Sauerlands vorgeschoben liegt **Belecke,** gleichfalls eine jener Stadtgründungen, mit denen Siegfried von Westerburg diesen Teil seines Territoriums gegen den Arnsberger Grafen wie den Paderborner Bischof sicherte. Ein »castellum Baduliki« aber erwähnen die Quellen schon 938 im Zusammenhang mit der Empörung Thankmars gegen seinen Halbbruder Otto den Großen (s. S. 22). Die damals zerstörte Burg – sie erhob sich wohl nahe der heutigen Pfarrkirche – und der dazugehörige Königshof erlebten mehrere Besitzerwechsel in kurzer Folge, bis das Gut nebst seinem Zehnten an das Erzbistum Köln kam und Anno, der hier weitere umfängliche Liegenschaften sein eigen nannte, diesen Ertrag Kloster Grafschaft überließ. Grafschaft selbst erwarb erst um 1100 Ländereien, zu deren Verwaltung es eine Propstei einrichtete.

Hinter den Schutz der Stadtmauern zogen sich 1296 auch die Einwohner einer schon jenseits der Möhne gelegenen, ebenfalls Belecke genannten Siedlung zurück, die von umherstreifendem Kriegsvolk viel zu leiden hatten. 150 Jahre später, während der Soester Fehde, mußte die Umwehrung einem Ansturm der Hellwegstädter trotzen, und wirklich holte sich der Gegner blutige Köpfe und verlor seine Fahne. Von der Befestigung selbst ist kaum mehr etwas erhalten, die Fahne fiel dem letzten großen Stadtbrand 1805 zum Opfer, aber noch heute feiern die Belecker jeden Mittwoch vor Pfingsten den ›Sturmtag‹, an dem nicht nur des vaterstädtischen Triumphes, sondern auch jenes unerschrockenen Bürgermeisters Goar Wilke gedacht wird, der im Kampf gegen Soest den Tod erlitt.

266

Von der Feuersbrunst 1805 war eben die Rede, dem folgenden Wiederaufbau verdankt die Altstadt ihr jetziges, immer noch anziehendes Gesicht. Niemandem kam es allerdings in den Sinn, dem Gotteshaus seinen angestammtem, privilegierten Platz streitig zu machen, und so setzt ein noch romanischer, wenngleich später des öfteren veränderter Westturm der ehemaligen *Propsteikirche St. Pankratius* den Schlußpunkt der Belecker Silhouette. Außen gliedern verkröpfte Lisenen aus Grünsandstein den Bau, den wir durch das barocke Portal mit dem Grafschafter Wappen im gesprengten Giebel betreten. Dort drinnen entsprechen den Lisenen ungleich markantere Pilaster, ihr Gebälk ist gleichfalls um den Pfeilerkern herumgeführt. Der weite, vierjochige Saal besitzt großzügigere Dimensionen als die meisten sauerländischen Kirchen jener Zeit, unter dem Triumphbogen öffnet sich ein Chor, der in Höhe und Breite dem Langhaus nicht nachsteht. Dieser eher an süddeutschen Vorbildern orientierte Raum hat wohl dazu geführt, den Baumeister Hermann Dietrich Röper für einen gebürtigen Tiroler zu halten, er stammte jedoch aus Belecke.

Auch die Ausstattung des Gotteshauses hält den Konnex zu Kloster Grafschaft gegenwärtig, dort standen der Belecker Hauptaltar und die Nebenaltäre, bis sie etwa 1750 neuen Stücken weichen mußten (s. S. 142). Stiftungen des Paderborner Fürstbischofs Ferdinand von Fürstenberg, wurden die drei 1665 geweihten Aufbauten wahrscheinlich in der Attendorner Werkstatt Johann Sasses gefertigt und während der vierziger bzw. frühen fünfziger Jahre unseres Saeculums überarbeitet, ein nicht durchgängig geglücktes Unternehmen. Von diesem Einwand unberührt bleibt das zentrale Blatt des Hauptaltars, das qualitätvolle Gemälde Johann Georg Rudolphis zeigt eine – deutlich durch Rubenssche Bildkomposition geprägte – Anbetung des Kindes. 1810, also nach der Säkularisierung der Grafschafter Abtei, gelangte die prächtige Kommunionbank nach Belecke, sie schuf 1754 der Gesecker Christoph Vollmer. Ihre subtilen, rokokobegeisterten Intarsien stellen den – als Ziborium stilisierten – Brunnen des Lebens dar, den Mannaregen mit einem gehörnten Moses und die Speisung des Elias, die beiden letzten Szenen spielen vor einer Wüstenlandschaft.

Das wertvollste Kunstwerk der Kirche aber ist die zur Zeit der Hochgotik entstandene Gottesmutter (neben dem südlichen Seitenaltar). Unter einem Rokokobaldachin steht eine schlanke, leicht s-förmig geschwungene Figur, in der Beuge ihres linken Arms sitzt das Christuskind, die rechte Hand hält mit graziöser Geste ein Szepter. Der diskreten Körperlichkeit entspricht das nur sacht bewegte, aber dennoch deutliche Mienenspiel ihres Gesichts, dessen Anmut das an die stärkeren Effekte barocker Bildnisse gewöhnte Auge nicht gleich erfaßt. Eine angedeutete Schließe in Höhe der linken Hüfte bestimmt das Fallen des Gewands, seine von der Standplatte aufsteigenden Falten weisen so gleich einem Pfeil mit der Spitze auf Jesus. – Wie die Inschrift der Kalotte zeigt, stammt auch dieses Gnadenbild nicht aus Belecke, sondern aus dem 1804 säkularisierten Benediktinerinnenkloster Odaker bei Hirschberg. Zuletzt erinnern noch einmal zwei Gemälde über dem Chorgestühl an die engen Beziehungen zu Kloster Grafschaft, sie verweisen ihrerseits wieder auf die andere berühmte Klostergründung Annos. 1764 übersandten die Siegburger Grafschaft jene Bilder, die nicht wegen ihres künstlerischen Eigenwerts, sondern als Dokumente außerordentlich interessant sind. Neben einer etwas älteren Zeichnung geben sie allein den Zustand des

DAS KÖLNISCHE SAUERLAND

berühmten Anno-Schreins wieder, bevor dessen Figuren wie Reliefe 1803 entfernt und wahrscheinlich vernichtet wurden.

Ein letzter Gang führt zum *Pfarrhaus* unterhalb der Kirche, sein rückwärtiger Teil birgt Tenne und Abtkapelle. Letztere besitzt einen kleinen barocken Altar, außerdem schmücken sie Gemälde und Schnitzarbeiten aus dieser Epoche.

An der Straße von Warstein nach Hirschberg liegt etwa auf der Hälfte des Wegs linkerhand die *Bilsteinhöhle*. Und obwohl die Stadt hier mit Wildpark, Forstlehrpfad und anderen Einrichtungen einen Freizeitschwerpunkt geschaffen hat, der ein vielfältiges Angebot bereithält, dürfte seine größte Attraktion nach wie vor diese Höhle sein. 300 Meter westlich vom Hotel steht das Führerhäuschen, wo man die Eintrittskarte zur Welt der bizarren Tropfsteingebilde erwerben kann. Diese Stalagmiten und Stalaktiten schicken sich an, die Arbeit des Bilstein-Baches vergessen zu machen, welcher im Kluftsystem des wasserlöslichen Kalksteins Gänge und weite Hallen herauswusch. Doch wird es noch seine Zeit dauern, bis der Kalkspat die Räume wieder hat zuwachsen lassen, während der Bach einige Stockwerke tiefer erneut ein Bild gleich dem des gegenwärtigen touristischen Zugstücks im hochragenden Bilsteinfelsen vorbereitet. Übrigens ist die Tropfsteinhöhle nur eine von vieren, beim Begehen der drei anderen stießen Forscher während des vorigen Jahrhunderts auf Steinwerkzeuge, Reste tierischer Knochen und vor allem Fragmente menschlicher Schädel, die der Altsteinzeit zugerechnet werden (s. auch den Abschnitt über die Balver Höhle, S. 79f.). In die Bronzezeit datieren der hier aufgefundene Dolch aus dem kostbaren Metall und ein irdenes Zylinderhalsgefäß.

Hirschberg war bis 1368 eine wichtige Grenzfeste der Arnsberger Grafen gegen das Herzogtum Westfalen. Die weltlichen Herren besaßen hier schon seit etwa 1100 eine Burg, um die herum allmählich ein Dorf entstand, das in den Quellen zunächst als ›Hirtzberg‹ auftaucht. Wohl 1308 erhob es Graf Wilhelm zur Stadt und verlieh ihm – über Eversberg vermitteltes – Lippstädter Recht; mit der Umwehrung wartete man allerdings bis 1340. Bei der Übernahme des gräflichen Territoriums keine dreißig Jahre später verlor Hirschberg wie so viele befestigte Plätze der Arnsberger an Bedeutung, doch erfreute sich die Burg dank des Wildreichtums der umliegenden ausgedehnten Wälder immer noch einiger Beliebtheit. An ihrer Stelle entstand denn auch ein vermutlich im Dreißigjährigen Krieg zerstörtes erzbischöfliches *Jagdschloß*, das wiederum unter Max Heinrich (1650–88) ein Neubau ersetzte. Diese, anfangs des 19. Jahrhunderts fast vollständig abgebrochene Anlage verdankte dem leidenschaftlichen Nimrod Kurfürst Clemens August das heute in Arnsberg aufgestellte Hirschberger Tor (s. S. 279f.).

Die *Pfarrkirche St. Christoph* ist größtenteils ein Neu- bzw. Umbau aus den fünfziger Jahren unseres Saeculums, dem man das barocke Südportal seines Vorgängers belassen hat. Es bezeichnet den Abschluß sukzessiver Renovierungsarbeiten seit 1660, ihre Ergebnisse lassen sich noch im polygonal geschlossenen Chor des Gotteshauses studieren. Dieser Gebäudeteil wie das östliche Joch stammen von einer bescheidenen, schon der Gotik nahestehenden Halle, deren Stützen als Rundpfeiler ausgebildet sind. Die opulenten Stuckverzierungen der Chorwände und seines Gewölbes erfüllen keineswegs nur dekorative Aufgaben, sie fügen sich vielmehr zu einem Abbild des Himmlischen Jerusalem. Dieses Motiv variiert auf seine Weise auch der Hochaltar. Seine Architektur hat die Form eines (Dreh-)Tabernakels, also jenes Gehäuses, das die geweihten Hostien umschließt und sonst die unterste (irdische) Zone des Aufbaus repräsentiert. Dem südlichen Seitenaltar kann auch ein Besucher mit nur geringer Kenntnis der Ortsgeschichte seine Herkunft ohne weiteres abschauen: Der Hirsch mit dem Kreuz, die Heiligen Eustachius, Ägidius und Hubertus (allesamt Patrone der Jäger) weisen überdeutlich auf das kurfürstliche Jagdschloß hin, in dessen Kapelle denn auch das fast absonderliche Stück stand. Der Künstler stilisiert hier Äste und Laub der Bäume kühn zu flatternden grünen Bändern, sie schlagen wie Flammen aus dem Stamm. Ihr expressives Wogen dominiert die ganze Szene, und es bleibt dem Betrachter überlassen, ob er darin eine Metapher für die ungezügelte Jagdleidenschaft (bei Clemens August schon eine Jagdbesessenheit) oder ein emphatisches Gotteslob sehen will. Unter den Plastiken der Kirche ragt ein hoheitsvoller Christus in der Rast (Ende 17. Jh.) hervor, eine recht beachtliche Arbeit ist auch die etwa 1700 geschnitzte Doppelmadonna.

Schon zur Gemeinde Stadt Rüthen, aber ohne Zweifel noch zum Sauerland gehört **Kallenhardt** (Farbt. 3). Mit Belecke hat es nicht nur das markante Ortsbild, sondern auch viele Züge der Entwicklung gemeinsam. Die Warsteiner Hochfläche greift hier nach Nordosten aus und auf dieser ›Kahlen Hardt (Höhe)‹ lag die kölnische Grundherrschaft Ostervelde. Die Quellen nennen sie erstmals, als Anno ihre Kirche 1072 dem Kloster Grafschaft übereignet. Die spätere Stadt aber entwickelte sich aus einer Burg, die sich nahe des heutigen Kallenhardter Gotteshauses erhob. Im Schutz jener – heute verschwundenen – Anlage entwickelte sich, vom kölnischen Marschall tatkräftig gefördert, eine Siedlung mit städtischem Charakter; sie

Kallenhardt mit Schloß Körtlinghausen, Federzeichnung von Renier Roidkin, um 1730

DAS KÖLNISCHE SAUERLAND

erhielt 1297 Rüthener Recht. Auch diese civitas verdankt ihr Entstehen der besonderen Gefährdung des Gebiets, es bedrohten ja – daran sei noch einmal erinnert – sowohl Arnsberg wie das Bistum Paderborn. Städte aber galten damals als uneinnehmbar, sicher waren sie den Burgen weit überlegen, was ihre Verteidigung anging. Der allmähliche Ersatz der einzelnen Wehranlage durch ein befestigtes Gemeinwesen verdankte sich also zuerst militärischen Erwägungen.

Heute umgibt Kallenhardt keine Mauer mehr, doch macht es den Reiz seines Erscheinungsbilds zum nicht geringen Teil aus, daß sie dennoch präsent bleibt. Der Ring der Häuser, die über ihr und zuweilen wohl unter Verwendung ihrer Steinlagen erbaut wurden, fällt vor allem einem von Westen kommenden Besucher ins Auge, er gibt dem Ort auf der Höhe noch jetzt einen festungsartigen Charakter. Erhalten hat sich, wenngleich verändert, das *Alte Rathaus* (Burgtorstraße), ein recht massiver, bei seiner Restaurierung zu breit ausgefugter Bruchsteinbau des Jahres 1605, der jedoch Mauerwerk aus noch früheren Jahrhunderten enthält. Der trutzige Westturm der *Pfarrkirche St. Clemens* dürfte hier dagegen schon seit den Tagen der Stadterhebung seinen Platz behaupten, während das heutige Langhaus erst 1722 angefügt wurde.

Seine Ausstattung wirkt sehr einheitlich, namentlich im Osten der Kirche, wo sich ein beinahe durchgehender Prospekt von zwei Seitenaltären, Chorgestühl und dem durch seitliche Portale erweiterten Hochaltar spannt. Als Zentrum dieses Ensembles etwa 1770 fertiggestellt, zeigt sein Blatt die ›Himmelfahrt Mariens‹, wohl eine Arbeit Anton Joseph Stratmanns. Joseph Stratmann (s. S. 259), der wahrscheinlich sein Vetter war, schuf die Figuren der hll. Clemens und Nikolaus wie der hll. Apollonia und Barbara (über den Portalen). Eignet den beiden weiblichen Märtyrerinnen noch die von Remblinghausen her vertraute eigentümliche Bewegtheit und Anmut, so sind Nikolaus und Clemens wesentlich statuarischer aufgefaßt. Als ob ihre größere Nähe zum Mittelpunkt sie zu größerer Ernsthaftigkeit und Gravität bestimmte, hat sich der Faltenwurf ihrer Gewänder beruhigt, die Gestalten selbst erscheinen kompakter.

Neben weiteren barocken Stücken wie der Kanzel und dem eindrucksvollen Orgelprospekt besitzt das Gotteshaus noch ein weitaus älteres Kunstwerk, die heute im Turmjoch aufgestellte romanische Madonna. Die thronende Muttergottes ist dem Betrachter frontal zugekehrt, auf ihrem linken Oberschenkel sitzt hochaufgerichtet das Christuskind. Die Skulptur erinnert in der Ikonographie mithin an die berühmte, um 1060 geschaffene Paderborner Imad-Madonna, doch zeigt schon der Faltenwurf der beiden Gewänder, daß die Kallenhardter Plastik später entstanden sein muß. Hier kündigt sich schon die Nähe der Gotik an, diese Einordnung wird auch durch manche anderen Beobachtungen gestützt. Insgesamt steht unsere Schnitzerei stilistisch der Paradiesplastik des Paderborner Doms (etwa 1250) nahe.

Von Kallenhardt führt der mit einem ausgefüllten Quadrat bezeichnete Wanderweg nordwestlich ins Tal der Glenne und nach *Schloß Körtlinghausen* (Abb. 105). Einige Zeit liegt nun der Herrensitz zu Füßen des Spaziergängers, die Gartenseite ihm zugekehrt, hinter ihm thront auf dem Bergkegel die Titularstadt. Dem optischen Spannungsverhältnis entspricht ausnahmsweise einmal kein politisches; öfter als seinen Besitzern lieb sein konnte, hat Körtlinghausen das Schicksal Kallenhardts geteilt.

Eine Burg, deren Lehnsherr der Kölner Erzbischof war, stand hier schon im 14. Jahrhundert. Zuerst Eigentum der Herren von Rüdenberg, kam sie nach verschiedentlichem Besitzerwechsel 1645 an Gaudenz von Weichs, kurkölnischer Kämmerer, Forst- und Jägermeister seines Zeichens. Ein von Weichs ließ zwischen 1714 und 1743 auch jene Anlage bauen, die sich mit geringen Veränderungen auch heute noch dem Betrachter präsentiert. Der kann ihr ohne weiteres anmerken, daß die Ambitionen der Beteiligten auf einen vorbildlichen barocken Schloßkomplex gingen, wiewohl das Gelände es nicht gestattete, die Auffahrt in die Mittelachse zu legen. So muß man das Terrain der Vorburg von der Seite her durch das – westliche – 1886 erhöhte Torhaus betreten, an das ein dreiflügeliges Wirtschaftsgebäude anschließt. Den dadurch geschaffenen Innenhof trennt der Gräftenring vom Bereich des Herrenhauses ab, über sein Wasser führt – nun wieder genau in der Symmetrieachse – eine Brücke. Das Herrenhaus selbst besitzt einen h-förmigen Grundriß, wobei die Seitentrakte nicht sehr weit vor das ›Corps de logis‹ springen. Der Hildesheimer Baudirektor Justus Wehmer gab allen vier Fronten durch einen übergiebelten Mittelrisalit eigenes Gewicht, Hof- und Gartenfassade sind zusätzlich durch Portal und Freitreppe akzentuiert. Im übrigen zeigen die Ansichten des gut ausgewogenen Baukörpers eine beinahe schon klassizistische Schlichtheit, welche die Architektur für sich selbst sprechen läßt. Dieser Architektur sind auch die beiden seitlich vorgelagerten Nebengebäude untergeordnet, die in der perspektivischen Verkürzung zuweilen nur Flügel des Mittelteils zu bilden scheinen, tatsächlich aber frei stehen. Gedrungener als das Herrenhaus, wenn auch mit recht hohem Mansarddach, schließen sie mit einem noch niedrigeren Anbau zum Zentrum des Schloßkomplexes hin ab.

Der Garten hinter dem Herrenhaus zeigt noch die Terrassen seiner ehemals barocken Anlage, zu ihr gehörte auch jene Figur, die – wiederum genau in der Mittelachse – den Schlußpunkt einer aufwendigen Komposition setzte.

Südlich Kallenhardts markiert ein imposantes, aus Massenkalk aufgebautes Gesteinsband den östlichen Talhang der Lörmecke. Im Fels zeigen sich mehrere Öffnungen, von denen die größte auch zur kulturgeschichtlich bedeutendsten Höhle führt. Dieser ›Hohle Stein‹ gab sowohl Tier- und Menschenknochen als auch Artefakte der späten Altstein- wie der Eisenzeit frei. Die Funde der älteren Schicht gehören schon einer nacheiszeitlichen Periode an (etwa 9000–8000 v. Chr.), die Menschen jagten damals nicht mehr das starke Rentier der Polarsteppe, sondern das weniger kräftige Waldren, daneben unter anderem Elch, Wildpferd, Hirsch, Ur, Wildschwein, Marder, Fischotter und Biber. Aus den Fußwurzelknochen des Rens machten sie Pfeile, ein aufgefundener ›Dolch‹ war aus dem Knochen eines Wildpferds gefertigt. Das besondere Interesse der Wissenschaft fanden durchbohrte Reißzähne etlicher Tiere; an einer Schnur aufgereiht oder als Einzelstücke getragen, stellen sie den ersten Schmuck sauerländischer Menschen dar.

Die Höhlenbewohner der sogenannten Kallenhardter Stufe hielten sich hier zweifellos nicht dauerhaft auf, bäuerliche Dörfer entstanden in den siedlungsgünstigen Teilen Südwestfalens erst während der Jungsteinzeit. Jetzt spielten auch die Höhlen als (Über-)Lebens-

271

DAS KÖLNISCHE SAUERLAND

räume keine Rolle mehr, und erst mit dem eisenzeitlichen Anstieg der Niederschläge nutzten die Menschen sie abermals. Aus den letzten drei Jahrhunderten vor der Zeitenwende stammen denn auch die Funde aus der jüngeren Schicht, darunter Scherben eines Tongefäßes mit Gewebeaufdruck. Überdies fand man nahe der Höhle die Überbleibsel dreier Schmelzöfen; einen Zusammenhang zwischen ihnen, die sich auf etwa 250 v. Chr. datieren lassen, und den Bewohnern des Hohlen Steins zu vermuten liegt nahe.

Auf den interessantesten Fund aber stießen die Archäologen, als sie einen kleineren, tiefer gelegenen Nebeneingang zur Höhle untersuchten. Innerhalb zweier Trockenmauern, die mit den Felswänden ursprünglich eine abgeschlossene Kammer gebildet hatten, lagen Reste eines menschlichen Skeletts wie beachtliche Schmuckstücke, so ein bronzenes Armband und bernsteinbesetzte Ohrringe. Da es sich hier offenbar nicht um das Begräbnis eines Toten handelte, war den Spekulationen Tür und Tor geöffnet. Natürlich fiel den Kallenhardtern gleich die Sage vom Röingh ein, denn seine Seele wurde ja – Fluch der bösen Tat – für ewig in den Hohlen Stein gebannt. Aber auch die Soest-Variante der Nibelungensage gestattete es, sich einen Reim auf den hier umgekommenen, ungefähr fünfzig Jahre alten Mann zu machen: Aldrian, der Sohn Hagens und nach dem Tod des Vaters an den Hof Attilas gekommen, erfuhr von seiner Mutter, auf welch fürchterliche Weise die Burgunden geendet hatten. Die Goldgier des Hunnenkönigs nutzte er für seinen Racheplan. Er führte ihn zum Hohlen Stein unweit der Residenz im Luerwald, dem Hort des Nibelungenschatzes. Als nun der Berg aufgetan und Attila vom Glanz des Geschmeides wie geblendet war, schlüpfte Aldrian hinaus und versperrte das dreifache Tor. Der König saß nun gefangen, erst nach drei Tagen kehrte der Sohn Hagens zurück, jedoch nur, um neben dem Schaden auch noch für den Spott zu sorgen, dann ließ er den ohnehin gut gesicherten Eingang auch noch vermauern. Soweit die Sage. Und wenn der geographische Luerwald auch etliche Kilometer weiter westlich liegt (nämlich bei Neheim-Hüsten), darüber hinaus die zeitlichen Ansätze nicht übereinstimmen, phantasievollen Köpfen schien der Zusammenhang zwischen einem angenommenen historischen Kern der Sage und dem archäologischen Befund offensichtlich. Wir möchten uns ihnen jedenfalls insoweit anschließen, daß wir an ein Illustrationsbedürfnis der Menschen glauben, wie es sich im vorliegenden Fall ausspricht.

Stadt Arnsberg

»Arnsberg ernehret sich von der cantzley, hat sonsten von selbsten kein brot«, heißt es im Jahre 1677, und ›überörtliches Verwaltungszentrum‹ ist es bis heute geblieben, wobei die Stadt seit damals – vor allem mit der Eingemeindung Neheim-Hüstens 1975 – an wirtschaftlicher Kraft bedeutend gewonnen hat. Während sich nun der Ruhr entlang so etwas wie eine Industrieschiene auszubilden beginnt, verstecken sich im umliegenden Bergland noch immer fast weltferne Siedlungsplätze wie Kloster und Gut Oelinghausen, das Gut Kirchlinde mit seinen prächtigen Fachwerkbauten oder Schloß Höllinghofen, das überhaupt nur zu Fuß zu erreichen ist.

Daß der Regierungsbezirk Arnsberg auch jetzt noch das Ruhrgebiet umfaßt, will vielen Zeitgenossen nicht recht in den Kopf. Allenthalben haben Gebietsreformen aktuelle Entwicklungen sehr viel stärker berücksichtigt denn die historischen Gegebenheiten – das Ruhrgebiet aber wird von Arnsberg aus verwaltet wie zu Ludwig von Vinckes Tagen, da dieser Raum noch weitgehend einer ländlichen Idylle glich. Vincke, erster Oberpräsident der preußischen Provinz Westfalen, war von der Lage Arnsbergs (»entzückend schön«) angetan, wiewohl für die Wahl der sauerländischen Stadt als einer der drei Regierungssitze des neuen Landesteils gewichtigere, jedenfalls weniger emotional geprägte Erwägungen den Ausschlag gaben. Dem entschiedenen Wahrer westfälischer Belange ging es darum, »dem katholischen Theile des Regierungsbezirks auch Leben einzuhauchen«, dies sei am ehesten gewährleistet, »wenn man den Sitz der Regierung in dessen Mitte, in das Herz des alten Herzogthums selbst, lege«. So fiel die Entscheidung gegen Hamm und für Arnsberg.

»Arnsberg liegt auf dem Rücken einer Berghöhe, vor der die westwärts strömende Ruhr plötzlich gen Süden sich wendet, dann in einem Bogen wieder nördlich strömt, und wenn sie so die Stadt zur Halbinsel gemacht, nach Nordwesten weiterrauscht« (Ferdinand Freiligrath und Levin Schücking, ›Das malerische und romantische Westphalen‹, Barmen und Leipzig 1841). Eigentlich zieht der Fluß hier in den Kieselschiefern und Kalken des Arnsberger Sattels eine doppelte Schleife, und die Stadt hat sich inzwischen auch auf die östlichere ausgedehnt. ›Malerisch‹ freilich liegt nur das alte Arnsberg mit den Mauern des ehemaligen Residenzbaus über seinen Dächern.

Strategische Gründe dürften die Werler Grafen zur Anlage einer 1102 erstmals erwähnten Burg auf dem Schloßberg bestimmt haben, nachdem sie die ›Alte Burg‹ auf dem Rüdenberg westlich der Flußschleife mit Kurköln hatten teilen müssen. Ihr Erbauer, Graf Friedrich der Streitbare (1092–1124), nannte sich nun von Arnsberg, die Geschichtsbücher führen ihn als die bedeutendste Persönlichkeit dieses Geschlechts. Noch 1114/15 unter den sächsischen Empörern gegen Heinrich IV., ist er schon vier Jahre später wieder ein verläßlicher Parteigänger des Kaisers, der vor allem den westfälischen Bischöfen hart zusetzt. Doch seine Bemühungen um eine Stärkung seines Territoriums schlagen letztendlich fehl, und so fallen mit seinem Tod die Feinde hier ein, Herzog Lothar von Sachsen schleift die Burgen Rietberg und Wewelsburg, der verwitweten Tochter Friedrichs bleibt nur Arnsberg. Diese befestigte Anlage bringt sie in ihre zweite Ehe mit Gottfried von Cuyck ein, den die Urkunden 1139 erstmals von Arnsberg nennen, damals lag unterhalb der Burg wohl schon eine Marktsiedlung. Die Söhne Gottfrieds stellten die mühsam erreichte Festigung des Herrschaftsbereichs wieder infrage, ihr Zwist wird noch Gegenstand dieses Kapitels sein. Jedenfalls können als Folge solcher internen Zerwürfnisse die damals noch verbündeten Welfen und der Kölner Erzbischof Arnsberg zerstören, eine Tat, die wiederum andererseits die Entstehung der umwehrten Altstadt zwischen Vorburg und der heutigen St.-Georgs-Kapelle ermöglicht.

1237 trennen sich die Linien Arnsberg und Rietberg endgültig, ein Jahr danach bestätigt Gottfried III. seiner ›civitas Arnesberg‹ die bürgerlichen Freiheiten, wünscht allerdings die Einbeziehung des Stifts Wedinghausen in den Schutz der städtischen Mauern. Die schließen

273

DAS KÖLNISCHE SAUERLAND

Arnsberg, Kupferstich von Matthäus Merian

das Gemeinwesen nun etwa in der Höhe der heutigen Apostelstraße ab, Wedinghausen ist nur durch eine leichtere Umwehrung gesichert. Anfang des 14. Jahrhunderts darf man mit tausend Einwohnern rechnen, unter ihnen eine Kaufmannschaft, welche Textilien und Erzeugnisse des Kleineisengewerbes nach den Hellwegstädten verhandelt. Als 1368 die Grafschaft an Kurköln gelangt und die Erzbischöfe ihr Herzogtum damit endgültig konsolidieren, wird Arnsberg Sitz der westfälischen Regierung; die Kurfürsten nutzen das seit 1575 dreimal umgebaute Schloß als Jagd- und Sommerresidenz. Dieser politischen Bedeutung hat indessen nie eine ähnlich große wirtschaftliche entsprochen.

Während die furchtbare Feuersbrunst des Jahres 1600 die Stadt bis auf das Schloß, den Limpsturm und nicht einmal ein Dutzend Gebäude zerstörte, blieb sie vom Dreißigjährigen Krieg weitgehend verschont, wenngleich die Pest 1631/32 viele Opfer forderte. Desto schlimmer traf sie der Siebenjährige Krieg, 1762 schossen die Alliierten die kaum dreißig Jahre zuvor fertiggestellte neue Residenz in Trümmer. Nach einem abermaligen, wenngleich minder heftigen Brand 1799 erfolgten erste Ansätze zu einer planmäßigen Neuanlage, im Entwurf des Landmessers Wolff zeichnete sich bereits 1806, also noch unter hessisch-

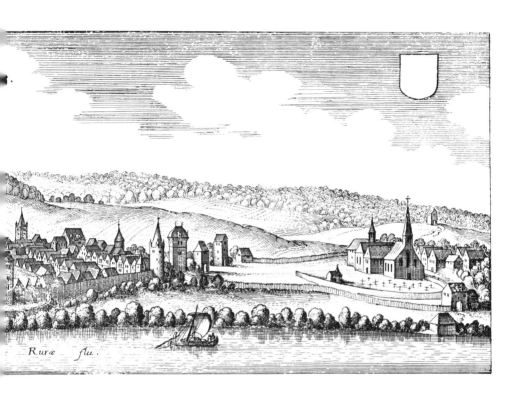

darmstädtischer Oberhoheit, jenes geradlinige klassizistische Straßenbild der Neustadt ab, das unter der preußischen Regierung so konsequent weiterentwickelt wurde.

Nach diesem Rückblick in die Geschichte liegt es nahe, den Stadtrundgang hoch oben auf dem Schloßberg zu beginnen, dem Kristallisationspunkt auch der städtischen Historie. Hier stehen die teilweise wiederhergestellten Mauerzüge jenes *Schlosses*, das der berühmteste Baumeister Westfalens, Johann Conrad Schlaun (1695–1773) für den prunkliebenden Kurfürsten Clemens August erbaute. Nachdem bereits 1575 die mittelalterliche Burg einer großen, während des folgenden Jahrhunderts stark erneuerten Anlage (den Entwurf hierzu lieferte Laurenz von Brachum) hatte weichen müssen, schuf Schlaun zwischen 1730 und 1735 einen Dreiflügelbau mit zwei vorspringenden Eckteilen, über dessen erlesenes Interieur die Zeitgenossen begeistert urteilten. Wie gelesen, ging es in der alliierten Kanonade 1762 unter, seine Steine wurden bei der Einrichtung des Zuchthauses neu verwendet. Die rekonstruierende Aufarbeitung der verbliebenen Substanz hat der ›höchst malerischen Schloßruine‹ zwar ihre Romantik genommen, läßt aber das Grundmuster der Anlage mit ihren Türmen, Toren, Stützmauern und Bastionen klarer hervortreten.

DAS KÖLNISCHE SAUERLAND

Arnsberg, Federzeichnung von Renier Roidkin, um 1730

Von der Schloßstraße noch oberhalb des Wegs zur ehemaligen Burg zweigt linkerhand eine abschüssige Gasse ab, sie führt entlang des erhaltenen Stücks der Stadtmauer. An seinem Ende erhebt sich der *Grüne Turm* und Ecke Bergstraße/In der Helle der *Limpsturm*. Beide bezeichnen im Westen den Befestigungsverlauf um das alte Stadtoval, im Osten zieht es etwa die Straße ›Hanstein‹ nach. Südlich steht mit dem Glockenturm der *St.-Georgs-Kapelle* (Abb. 101) ein weiterer markanter Punkt der alten Umwehrung, wenn auch in veränderter Form. An ihn, durch dessen Tor heute noch die Schloßstraße führt, schließt die kleine dreijochige Halle der Kirche über fast quadratischem Grundriß nicht unmittelbar an; um die Zeit ihrer Weihe 1323 dürfte die etwa 1240 begonnene Aufsiedlung der sogenannten Unterstadt (sie erstreckte sich südlich etwa bis zur heutigen Apostelstraße) ihren Abschluß gefunden haben. Die barocke Ausstattung des Gotteshauses müßte dringend renoviert werden, besonders Kanzel und Beichtstuhl sind in einem sehr schlechten Zustand. Die Schloßstraße knapp oberhalb der Kirche säumen westlich die Häuser Weichs und Honning (Altstädtische Galerie), zwei kurz nach dem Stadtbrand 1600 wieder errichtete imponierende Bauten, deren Fachwerk, mit farbigen Schnitzereien und Inschriften versehen, auf massiven Mauern ruht.

Das Zentrum des Alten Marktes bildet der *Maximiliansbrunnen* von 1779 (Abb. 101), aus seiner achteckigen Fassung ragt ein vielfach gegliederter Pfeiler empor, den unter anderem das Wappen des Kurfürsten Max Friedrich von Königsegg-Rothenfels ziert. Die weißverputzte ›Krim‹ begrenzt den Platz im Norden, der massive Bau wurde nach dem Brand 1709 neu errichtet und dient schon seit 1833 als Gaststätte. Seinen Namen trägt er zu Ehren der Einnahme Sewastopols durch die westlichen Alliierten im Krimkrieg 1854–56.

Im alten Haus hatte der Hexenrichter Heinrich von Schultheiß residiert, dessen 1634 erschienene, sehr weitläufige ›Instruction, wie in Inquisition Sachen des grewlichen Lasters der Zauberey (...) zu procediren‹ alle Wendungen des Prozeßgeschehens durchspielt, vor allem jedoch viele wertvolle Hinweise darauf gibt, wie die – immer vorausgesetzte – Verstocktheit der oder des Angeklagten gebrochen werden müsse. Der in Dialogform abgefaßte Text zeigt hohen juristischen Sachverstand, fundierte psychologische Kenntnisse und allenthalben den unbeirrbaren Glauben, daß die menschliche Vernunft allein den tausend Listen Satans nicht gewachsen sei. Fazit: Die Beschuldigten haben so gut wie keine Chance, einer Verurteilung zu entgehen, welche letztlich nur im Interesse des Delinquenten liegt. Wird doch der sündige Leib nur deshalb gefoltert und schließlich getötet, weil die Seele vor der Verdammnis gerettet werden soll.

Einen guten Teil der westlichen Platzbegrenzung macht das *Alte Rathaus* (1710) aus. An der Front des nüchternen, 1840 veränderten Gebäudes ist eine – vergitterte – Nische ausgespart, sie birgt eine um 1470 geschnitzte, wohl schwäbische Madonna. Zur St.-Georgs-Kapelle hin schließen einige ältere Fachwerkhäuser an, ein schönes Fachwerkensemble bilden auch die Bauten Hallenstraße 13–17. Die repräsentativste Anlage am Alten Markt ist ohne Zweifel der *Landsberger Hof* (1711), eine Reverenz des Kurfürsten Ernst von Bayern an seine Hofdame Gertrud von Plettenberg. Der großzügige Bau ruht sicher auf älteren

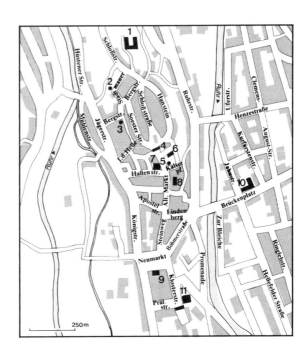

Arnsberg

1 *Schloßruine*
2 *Grüner Turm*
3 *Limpsturm*
4 *St.-Georgs-Kapelle*
5 *Maximiliansbrunnen*
6 *›Krim‹*
7 *Altes Rathaus*
8 *Landsberger Hof (Sauerland-Museum)*
9 *Ev. Kirche*
10 *Landgericht*
11 *Hirschberger Tor und Kloster Wedinghausen mit Propsteikirche St. Laurentius*

DAS KÖLNISCHE SAUERLAND

Hexenrichter Heinrich von Schultheiß

Fundamenten, seine Keller haben noch gewölbte Decken. An seiner nordöstlichen Ecke springt ein Rundturm vor, in dem vorzeiten die Kapelle lag. – Dieser Hof, der von der Straßenfront um einiges zurücktritt – statt seiner schließt eine Mauer mit Tordurchfahrt die Flucht der Häuser –, beherbergt heute das *Sauerland-Museum;* es dokumentiert die Prähistorie des Raums wie die Geschichte und Kultur des Herzogtums Westfalen.

Hatte die Altstadt noch weitgehend das Gepräge eines kurkölnischen Residenzstädtchens, so herrscht am Neumarkt ein anderer Geist. Diesen Platz von der streng beobachteten Form eines quergestellten Rechtecks begrenzt südlich die *evangelische Kirche,* das einzige Bauwerk des preußischen Klassizismus, welches hier seine authentische Gestalt bewahren konnte. Mit ihm ist der Name Friedrich Wilhelm Schinkels verbunden, er fertigte zwei nicht berücksichtigte Entwürfe zu dem Gotteshaus an, der ausgeführte Plan Friedrich August Ritters weist Korrekturen von seiner Hand auf. Der Zentralbau über dem griechischen Kreuz des Grundrisses beeindruckt durch die Konsequenz seiner Fassadengliederung, die der Baumeister allein aus dem – nur in den beiden Portalbereichen variierten – Motiv der pilastergerahmten Bahn mit einem gleichfalls langgestreckten Fenster entwickelt. Zwischen Sockel und Gebälk herrscht demnach allein die Vertikale, sie wirkt der grundrißbedingten Kompaktheit des Baukörpers entgegen. Auf das kräftige Gesims folgt noch ein halbgeschoßartiger Aufbau (Attika), das Walmdach zeigt wieder die Kreuzform. Über dem gedachten Schnittpunkt seiner Firstlinien erhebt sich der achteckige Turm, dessen Mauerflächen exakt nach dem Gliederungsprinzip der Fassaden gestaltet sind. Innen umstehen das zentrale Quadrat auf jeder Seite zwei mächtige dorische Säulen, zwischen den beiden östlichen ist das große Altarbild der Auferstehung Christi (gemalt von Ernst Dreger 1834) angebracht. Während der Kreuzarm dahinter noch dem Altarbereich zugehört, lassen die übrigen den Emporen Raum. Diese sind auf die Kanzel hin ausgerichtet, deren weißlackierter Zylinder von einer – gleichfalls dorischen – Halbsäule getragen wird. Außer der wulstförmigen Auskragung an ihrem oberen und unteren Rand weist sie als einzigen Schmuck eine – vergoldete – Girlande auf, ein verbreitetes klassizistisches Motiv.

Doch nicht die evangelische Kirche allein zeugt heute noch davon, daß in Arnsberg die Bautätigkeit während der ersten Hälfte des 19. Jahrhunderts kräftig zunahm. Der Bedarf an öffentlichen Gebäuden stieg, auch mußten für einen recht großen Beamtenstab neue Unterkünfte geschaffen werden. So entstehen die Neustadt und etwas später die Häuserzeilen am Brückenplatz östlich der Ruhrschleife. Die geschlossenste Bebauung aus dieser Zeit weist die *Königstraße* auf, also jener mittlere Teil des Straßenzugs, der im Westen die Altstadt und Kloster Wedinghausen miteinander verklammert. Nur dem flüchtigen Blick werden die Gebäude hier einförmig erscheinen: Meist traufenständig, mit zwei Geschossen und einem ausgebauten Dach, variieren sie doch in manchem Detail, so etwa dem flachen Giebel über der ohnehin – durch Eingang und jetzt meist verschwundene Freitreppe – stark betonten Mittelachse.

Über solche Einheitlichkeit der Bebauung wachte in einem derart zentralistisch organisierten Staat wie Preußen selbstverständlich nicht nur die örtliche Behörde, sondern auch ein Berliner Ministerium. Welcher beamtete Fachmann vor Ort immer den Plan entworfen und die Kosten errechnet hatte, er mußte zunächst der Bezirksregierung hiervon Rechenschaft ablegen. Der dort zuständige Baurat prüfte die Unterlagen sorgfältig, bevor er sie nach Berlin überstellte. Doch auch die oberste Behörde entschied nicht unmittelbar, sondern gab die Akte zunächst an die Oberbaudeputation, deren verbindliche Stellungnahme dann wieder den gleichen langen Weg zurück nahm.

Die genannte Deputation leitete ab 1830 Friedrich Wilhelm Schinkel. Er allein begutachtete die ästhetische Gestaltung der Objekte, vor allem der Kirchen, und zeigte ein Entwurf nach seinem Dafürhalten künstlerische Schwächen, begnügte er sich keineswegs damit, ihn abzulehnen. Vielmehr hat er sein Recht zur eigenen planerischen Initiative häufig in Anspruch genommen, neben der Vielzahl seiner übrigen Aufgaben noch eine zusätzliche Belastung. Dennoch hat es weniger Schinkelsche Pläne zu westfälischen Bauten gegeben, als die Überlieferung behauptet: Ein solcher Arbeitsanfall hätte die Schaffenskraft selbst dieses Mannes bei weitem überfordert. Richtig ist hingegen, daß Schinkel der Architektur jener Zeit den Stempel aufgedrückt hat, die Ideen des Oberbaudirektors blieben weit über seinen Tod hinaus wirksam. Auch die westfälischen Fachbeamten waren alle durch seine Schule gegangen, an seinen Werken und Entwürfen orientierten sich die Baumeister auch außerhalb der Behörde.

Als Schinkel-Schüler müssen auch die beiden Bauinspektoren Boese und von Bernuth gelten. Ersterem verdankt Arnsberg die Anlage des städtischen Areals am Brückenplatz, von Bernuth die Erweiterung des dort gelegenen *Landgerichts* um zwei (nördliche) Achsen. Das kürzlich renovierte zweigeschossige Bauwerk zählt zu den besten klassizistischen in Westfalen, besonders gelungen ist der Eingangsbereich mit Freitreppe und dorischen Pilastern sowie innen dem unverfälscht erhaltenen Vestibül. Desgleichen zeigen sich die Treppen und Flure noch im Zustand der Erbauungszeit (1840/41).

Der fähigste westfälische Baumeister in der Schinkelnachfolge war Friedrich August Ritter, der von 1821 bis 1833 zu Arnsberg wirkte. Er projektierte 1827 auch die Versetzung des *Hirschberger Tors* an seinen heutigen Standort, den Eingang zum ehemaligen Klosterbezirk

279

DAS KÖLNISCHE SAUERLAND

Wedinghausen. Dieses großzügige Portal entwarf Johann Conrad Schlaun für das Jagdschloß Hirschberg des Kurfürsten Clemens August. Es blieb von der anfangs des 19. Jahrhunderts abgebrochenen Anlage erhalten, die packenden Jagdszenen auf seinem Giebel schuf der Bildhauer Johann Christoph Mannskirch.

Kloster Wedinghausen verdankt seine Entstehung einem Mord, allerdings einem, der die dynastischen Verhältnisse im Hause Arnsberg klären half. Graf Heinrich I. stiftete es etwa 1170 als Sühne dafür, daß er seinen Bruder Friedrich erst einkerkerte und dann Hungers sterben ließ. Solche zu jener Zeit keineswegs unübliche Aufeinanderfolge von Verbrechen und frommem Werk brachte die Prämonstratenser nach Wedinghausen, einem Haupthof der Arnsberger. Hier stand bereits eine Kirche, die zugleich Grablege Friedrichs I. war. Diesem Friedrich nun hatte gerade der Prämonstratenserorden bei seinem Bemühen im Wege gestanden, aus dem eigenen Territorium und dem seines Schwiegersohns Gottfried von Cappenberg eine starke westfälische Grafschaft zu formen (s. S. 8). An diesem möglichen Wendepunkt westfälischer Geschichte aber trat Gottfried unter Dreingabe des ganzen Familienvermögens in die damals noch sehr junge Mönchsgemeinschaft des hl. Norbert ein, weil er für seine Teilhabe an der Zerstörung Münsters tätige Reue üben wollte. Wohl eingedenk jener Konstellation holte Heinrich keine Mönche aus Cappenberg, sondern aus Marienweerd bei Utrecht, einer Stiftung der Grafen von Cuyk, aus deren Geschlecht ja der Vater Heinrichs stammte.

Als einzige westfälische Abtei bzw. Propstei des Ordens nahm Wedinghausen auch Mitglieder ohne Adelstitel auf, sie wenigstens sahen im Kloster nicht von vornherein eine standesgemäße Versorgungsanstalt, wie dies viele ritterbürtige Herren besonders seit der Reformationszeit taten. Dennoch sprechen die Quellen auch hier von der »vita luxuriosa« und dem Verfall der Klosterzucht, die bei einem derart gut ausgestatteten Kloster wie Wedinghausen des öfteren gefährdet war. Während des 17. Jahrhunderts aber nahm Wedinghausen doch wieder einen spürbaren Aufschwung, mit dem eine rege Bautätigkeit einherging. Zwischen 1794 und 1803 schließlich war es die Zufluchtsstätte des Kölner Domkapitels vor den Truppen Napoleons. Am 17. Oktober 1803 verfügte dann Landgraf Ludwig von Hessen-Darmstadt, »die bei Arnsberg gelegene Prämonstratenserabtei Wedinghausen aufzuheben, das Personale (...) auf Pension zu setzen und Besitzungen und Renten zu unseren Domänen zu ziehen«.

Von den Klostergebäuden hat sich noch der südöstliche an die Kirche anschließende Kreuzgangflügel erhalten, und dort können seit 1961 sogar wieder die Reste seiner eindrucksvollen Ausmalung besichtigt werden. Dahinter liegt der allerdings veränderte Kapitelsaal mit der 1274 errichteten Grafenkapelle. Aus dem 17. Jahrhundert (1666) stammt schließlich die schlichte Propstei.

Die *Propsteikirche St. Laurentius* besitzt noch den romanischen, etwa 1390 um ein Geschoß erhöhten Westturm. Er tritt hier nicht vor die Mauer, sondern strebt unmittelbar aus ihr heraus, wie überhaupt die heutige Fassade den Schluß nahelegt, daß die Kirche einen Westbau hatte, der dann dem gotischen Erscheinungsbild des späteren Gotteshauses ange-

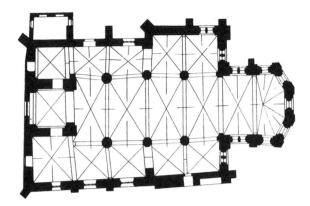

*Arnsberg, Kloster Wedinghausen,
Propsteikirche St. Laurentius,
Grundriß*

glichen wurde. Dieser Westbau schloß die alte, der heutigen Halle voraufgehende Basilika ab; deren geringere Höhe läßt sich noch am Rundbogen über dem jetzigen Standort der Orgel deutlich, am Gewölbeansatz über dem nördlichen Eingang in etwa ablesen.

Von der gotischen Kirche wird zuerst die Weihe des Chors 1254 bezeugt, er darf in seinen schlanken Maßverhältnissen als der schönste Bauteil der Andachtsstätte gelten. Ihre Fertigstellung zog sich bis um 1350 hin, wobei der etwas verzogene Grundriß und die unterschiedlichen Formen der Pfeiler wie der Fenster die jeweiligen Bauabschnitte anzeigen. Die Uneinheitlichkeit der Anlage drückt sich jedoch am stärksten in ihrer Dachlandschaft aus: Die Aufsicht zeigt ihre Firstlinien als Kreuz mit doppeltem Querbalken, dem die steileren und wesentlich niedrigeren Pulte des westlichen Bereichs vorgelagert sind. Daß es sich bei St. Laurentius nicht um eine voll durchgebildete Halle handelt, markieren die beiden jeweils zwei Joche überfassenden nord-südgerichteten Dächer, zudem springt das östliche Jochpaar auf der Stadtseite sichtbar vor und deutet damit ein Querhaus mindestens an.

Im Innern des Gotteshauses fallen zunächst die verschiedenen Pfeiler auf: rund die beiden westlichen, achteckig aber die vier östlichen. Dieser Wechsel bezeichnet nicht allein eine frühere bzw. spätere Bauperiode, sondern vor allem die Trennung in Mönchs- und Gemeindekirche. Der Lettner, später ein Gitter, hat das Gotteshaus etwa gehälftet, auch lag die (östliche) Mönchskirche mehrere Stufen höher. Nachdem der Fußboden dieses Kirchenteils tiefer gelegt und damit dem des westlichen angeglichen, dann sogar das Gitter entfernt worden ist, hat der Raum beträchtlich an Wirkung gewonnen. Dennoch darf seine Architektur weniger Aufmerksamkeit beanspruchen als die Ausstattung der Kirche, welche einige vorzügliche Werke aufweist. In der ehemaligen, zur Barockzeit eingerichteten Taufkapelle hat nun das Hochgrab des Grafen Heinrich II. und seiner Gemahlin Ermengardis Platz gefunden; auf dem Deckel des um 1330 gearbeiteten Sarkophags liegen die Eheleute unter reliefierten, spitzen gotischen Giebeln, den Kopf auf ein Kissen gebettet. Beide haben die Hände über der Brust zusammengelegt, die Dame trägt ein steilfaltiges Gewand, das seitlich von einem Umhang verdeckt wird, der Mann außer einer schlichten zeitgenössischen Tracht Teile der Rüstung und die Insignien seiner ritterlichen Würde. Zu Füßen der Gräfin ruht ein

DAS KÖLNISCHE SAUERLAND

Hund als Symbol der Treue und zu Füßen des Grafen ein Löwe als Symbol der Tapferkeit. An einen Verstorbenen sollte ursprünglich auch der Aufsatz des Hochaltars erinnern, den Heinrich Gröninger für das Grabmal des kölnischen Landdrosts Kaspar von Fürstenberg († 1618) schuf. Das großartige Epitaph ist in seinem Aufbau noch der Renaissance verpflichtet, besitzt also noch nicht die geschlossene Architektur barocker Arbeiten, dies heißt aber keineswegs, daß die einzelnen von schwarzem Marmor gerahmten Felder keinen programmatischen Zusammenhang aufwiesen. Die untere Bildzone zeigt drei Alabasterreliefs mit Szenen aus der Passionsgeschichte. Während die beiden Seitenstücke, Kreuzigung und Auferstehung, die Dramatik des Geschehens widerspiegeln, wirkt im zentralen vorspringenden Bild die Komposition eigentümlich statisch. Die Reihe der aufrecht stehenden Figuren neigt sich ganz allmählich zu Christus hin, dessen lebloser Körper diese Bewegung eigentlich diktiert und so zum bestimmenden Moment der Komposition wird. Im Geschoß darüber hält der Künstler das strenge Gliederungsprinzip der gerahmten Felder nur noch umrißhaft gegenwärtig, lediglich die beiden nach außen gesetzten Darstellungen des hl. Franziskus und des Verstorbenen selbst sind eingefaßt. Dabei verkörpert der Mönch die emphatische Hinwendung zu Gott, der in eine prunkvolle Rüstung gekleidete Ritter kniet still und gesammelt zum Gebet nieder. Beide aber haben ihren Blick auf den Kruzifixus gerichtet, der hoch über ihnen am Kreuz eher zu schweben scheint.

Neben Heinrich Gröninger hat noch ein anderes Mitglied dieser so überaus produktiven westfälischen Künstlerfamilie zur Ausstattung des Arnsberger Gotteshauses beigetragen. Johann Mauritz Gröninger schuf 1680 das nun wahrhaft monumentale Sandsteinepitaph des 1646 verstorbenen Friedrich von Fürstenberg, dem wohl ein Entwurf des Ambrosius von Oelde (s. S. 112) zugrundelag. Der lateinische Nachruf preist des langen und breiten eine untadelige Lebensführung, und er lastet schwer auf der Darstellung des Toten unter ihm. Den in voller Rüstung Aufgebahrten betrauern die Klageweiber, sie stützen außerdem als Karyatiden das Gebälk, auch fehlen die bekannten Symbole des Todes, Stundenglas und Totenkopf, nicht. Zuoberst jedoch präsentieren Löwen das Familienwappen.

Aus dem Anfang des 16. Jahrhunderts stammt die recht ungewöhnliche Halbfigur der Mondsichelmadonna im nördlichen neuromanischen Altar, in dessen Predella ein kleines, farbenfrohes Relief der Anbetung der Heiligen Drei Könige eingelassen ist. Dieses frühbarocke Bildwerk schenkte das Kölner Domkapitel dem Kloster, hatte Wedinghausen doch nicht allein die Kapitelherren zwischen 1704 und 1803 gastlich aufgenommen, sondern auch die Reliquien der morgenländischen Weisen wie die vergoldeten Silberplatten ihres berühmten Schreins verborgen. Mit ihm kann sich der Arnsberger Benediktaschrein von 1687 trotz seiner üppigen Ornamentik sicher nicht messen, wie auch der romanische Kruzifixus (12. Jh.) hinter dem noch weit älteren ottonischen Gerokreuz des Kölner Doms zurückbleibt, an das er doch in seiner Auffassung erinnert. Weitere Darstellungen des Gekreuzigten finden sich an den beiden östlichen Pfeilern, sie datieren aus der Zeit der späten Gotik. Die beiden Fresken gehörten vorzeiten vielleicht zu Pfeileraltären, eine Vermutung, die bei der heutigen Enthobenheit der Bilder wenig für sich zu haben scheint, doch sei daran erinnert, daß dieser Teil des Gotteshauses (Mönchskirche) früher wesentlich höher lag.

282

Die Kirche des Grafschafter Klosters (s. S. 142) schmückten einst die vier qualitätvollen Beichtstühle und die figurenreiche Kanzel. Während der Kanzelkorb die Reliefs der Evangelisten zeigt, trägt der Schalldeckel den Klostergründer Anno sowie die vier abendländischen Kirchenväter Ambrosius, Augustinus, Gregor und Hieronymus, darüber die erhabene Gestalt Christi als Guter Hirte. Beachtenswerte Arbeiten sind gleichfalls die an den fünf weiteren Pfeilern angebrachten Figuren des Ordensgründers St. Norbert wie der hl. Lucia (südlich), des Laurentius, Augustinus und jenes Heinrich von Arnsberg, der Wedinghausen gegründet hat, auch dem Kloster in hohem Alter selbst als Laienbruder beitrat. Zu seiten des südlichen Eingangs befinden sich die Plastiken der hll. Petrus und Paulus, ersterer hält den Schild mit Laurentiusrost und Abtsstab, Paulus als römischer Bürger den Wappenschild der Stadt Arnsberg mit dem Adler auf blauem Grund.

Erst vor kurzem wurden die Glasmalereien im Scheitelfenster des Chors einer gründlichen Restaurierung unterzogen, seitdem haben ihre Farben die alte Leuchtkraft zurückgewonnen. Die Scheiben dürften zur Zeit des Chorbaus eingesetzt worden sein, und nur sehr wenige westfälische Stücke dieses Genres haben ein höheres Alter. Die gegenständlichen Sequenzen zeigen eine thronende Madonna, deren strenge Frontalität noch ganz der Romanik verpflichtet ist, während die vertrauensvolle Geste des Kindes schon auf fortgeschrittenere Behandlungen des Motivs hinweist. Auch der Christus der Kreuzigung besitzt noch die unverhältnismäßig großen Hände und Füße romanischer Bildnisse, doch sind letztere schon übereinandergesetzt. Er trägt keine Dornenkrone, seine ausgebreiteten Arme schützen zugleich Johannes und Maria unter dem Kreuz, wobei sich der Jünger geradezu an den S-förmig geschwungenen Körper Christi drängt. Farblich beherrscht das Rubinrot des Lendentuchs wie des Hintergrunds diese Darstellung, doch eigentlich spotten die hier erzielten Farbtöne der Worte, die sie zu treffen bemüht sind. Wer den ganzen Zauber der Arnsberger Glasmalerei erfahren will, sollte die Kirche an einem klaren Frühsommermorgen besuchen, wenn das Sonnenlicht unmittelbar auf die Fenster trifft.

Nur wenige Kilometer östlich Arnsbergs liegt **Rumbeck,** dessen Prämonstratenserinnenkloster eine Filiation Wedinghausens war. Vor 1191 gegründet, nahm das Kloster 1196 die Schwestern des Stifts Bredelar auf, doch entstammten seine Nonnen nicht ausschließlich adligen Häusern. Von den Gebäuden des Klosters blieben nördlich der Kirche Propstei (1724) und Gästehaus (1695) erhalten, den früher als Bibliothek benutzten Turm hat man 1965 erhöht, seitdem hängt dort das Geläut des Gotteshauses.

Die heutige *Pfarrkirche St. Nikolaus* ist ein nüchterner, wohl in der Gotik errichteter Bau, wahrscheinlich enthält er sogar noch älteres Mauerwerk. 1698/99 durchgreifend barockisiert, verzichtet seine hohe Pfeilerhalle mit äußerst schmalen Seitenschiffen auch im Innern auf jeglichen Schmuck, die Stützen besitzen nicht einmal Kapitele. Einen gewissen Ausgleich leistet da die großzügige barocke Ausstattung, deren Stücke zudem von einer Hand bzw. Werkstatt stammen. Beinahe gegen das Gewölbe stößt die Muttergottes oben auf dem Hochaltar aus dem Anfang des 18. Jahrhunderts. Seinen Mittelpunkt bildet anstelle eines entfernten nazarenischen Altarbildes das kleine Kreuz vor der Brokatbespannung, sein spätgotischer Korpus darf als beachtliche Arbeit gelten. Um die gedrehten Doppelsäulen

DAS KÖLNISCHE SAUERLAND

rankt sich das Weinlaub und schwellen die Trauben, zu ihren Seiten stehen – schon aus der Architektur herausgerückt – der Ordensgründer St. Norbert im weißen Prämonstratenserhabit und der Evangelist Johannes. Kleine Sockel auf dem Sims dieses unteren Geschosses, über dem Voluten einen Giebel andeuten, tragen die kleineren, aber feiner durchgebildeten Figuren der hll. Agatha und Ursula. Das kleine, wiederum halbrund geschlossene Altarblatt zeigt eine Szene der Nikolauslegende, der Kirchenpatron erweckt hier die drei toten Knaben wieder zum Leben.

Das interessante (Chor-)Gestühl stand früher auf der Nonnenempore. Längs seiner hohen Rückenwände läuft ein Bilderfries, dem einige in zarten Pastelltönen gemalte Darstellungen weiblicher Heiliger eingefügt sind, sie datieren in die zweite Hälfte des 16. Jahrhunderts. Daneben verdienen die beiden Seitenaltäre, der Beichtstuhl und die Kanzel, aber auch die schön geschnitzten Wangen der Bänke links wie rechts des Mittelgangs Erwähnung. Ein erlesenes Stück ist das kleine Orgelgehäuse von 1700, das der Herforder Heinrich Klausing fertigte (Abb. 96).

Um die drei Prämonstratenserklöster im Stadtgebiet Arnsberg zusammenhängend darzustellen, sei ein kleiner geographischer Sprung erlaubt. Zweifellos erreicht der Kunstinteressierte das **Kloster Oelinghausen** am bequemsten von Neheim-Hüsten aus, zumal dann Schloß Herdringen an seinem Wege liegt. Und gerade eine Fahrt durch die industriegeprägte Doppelstadt läßt den Zauber dieses weltentrückten Fleckens Erde empfinden, wo außer Gut und Kloster Oelinghausen nur noch eine Gaststätte den Reisenden erwarten.

Als Tochter Schedas bereits 1174 durch Sigenand von Basthusen und seine Gemahlin Hathewigis gegründet, war das Kloster seit 1228 Wedinghausen unterstellt, wenngleich diese Abhängigkeit umstritten blieb. Etwa 1280 wandelte man das bisherige Doppelkloster Oelinghausen in eines nur für Nonnen um, schon vorher hatten verschiedene geistliche und

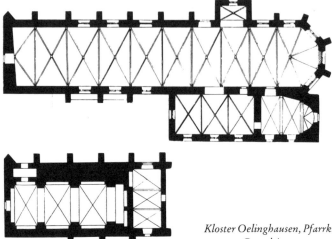

Kloster Oelinghausen, Pfarrkirche St. Peter mit Nonnenempore, Grundrisse

weltliche Gönner es reich ausgestattet. Eine Geldspende Gottfrieds II. von Arnsberg ermöglichte den Bau einer eigenen Kirche zwischen 1230 und 1250, der jetzigen Kreuzkapelle. Gut hundert Jahre später bekam dann die *Pfarrkirche St. Peter* ihr heutiges Gesicht, der beachtlichen Länge des Gotteshauses entspricht eine ebensolche Höhe, obwohl später der Fußboden einige Stufen oberhalb des ursprünglichen neu ausgelegt wurde. Unter der großzügig dimensionierten Nonnenempore befindet sich der kreuzgratgewölbte Vorraum, früher vielleicht Teil der hier gelegenen Basthusenschen Burg. Von dort aus führt auch eine Treppe hinab zur *Gnadenkapelle,* deren Achse gegenüber der des Gotteshauses seitlich versetzt ist. Die niedrige gewölbte Decke des archaischen Gemäuers stimmt zu den schweren Formen seiner übrigen Architektur, hinsichtlich der vormaligen Verwendung dieser Krypta herrscht gleichfalls Unklarheit.

Den gotischen Innenraum beherrscht der Kontrapunkt von Altar und Orgel, beides prächtige Werke der späten Barockzeit. Der Aufbau des Altars von Wilhelm Splithofen weicht von dem der meisten sauerländischen Altäre stark ab (Farbt. 16). Wie die fünfseitige geschwungene Fassade eines vieleckigen Turms steht er in den Chorraum hinein, die Nischen zwischen den kostbar verzierten, gedrehten Säulen bergen Heilige beiderlei Geschlechts, wobei die zentrale Vertiefung mit einer goldenen Muschel ausgekleidet ist, die das Haupt des Kirchenpatrons Petrus umfängt. In den Nischen links vom Betrachter figurieren der Steinfelder Prämonstratenser Hermann-Josef und Gertrud von Altenberg, rechts Joachim und Anna mit dem Kind Maria, auf den Podesten des Kranzgesimses sind die vier Märtyrerinnen Lucia, Agatha, Cäcilia und Barbara aufgestellt. Die Fassade geht dort oben übrigens ins halbe Sechseck über, seitliche Attiken und Giebel hat der Künstler verlängert. Zwischen diesen Giebeln und der gedrungenen, reichverzierten Turmhaube blicken die Allegorien Glaube, Liebe, Hoffnung herab, über allen aber steht majestätisch die Gottesmutter im – hier sehr zarten – Strahlenkranz. Die Altarfront schließen auch in dieser Kirche zu den Seiten hin Portalnachbildungen ab, welche die Plastiken des hl. Augustinus und des Ordensgründers Norbert von Xanten (mit Monstranz) krönen.

Die Orgel Oelinghausens galt Rudolf Reuter, dem souveränsten Kenner dieses Instruments in Westfalen, »als die historisch wertvollste des Kreises«. Sie enthält noch einen beachtlichen Teil des historischen Pfeifenbestands, darunter etliche einer Vorgängerin aus dem Jahre 1599, deren Material Johann Bernhard Clausing aus der bekannten Herforder Orgelfamilie wiederverwenden mußte. Außerdem hatte er den Prospekt so zu gestalten, daß den Nonnen von ihrer Empore aus die Sicht auf den Altar nicht behindert war. Dieser Auflage verdanken sich die zwei hohen, wie Tore halbrund abschließenden ›Durchblicke‹ im Gehäuse, das hier eine besonders innige Verbindung mit der Emporenbrüstung eingeht. Deren unterer Teil täuscht nämlich die Zugehörigkeit zum Instrument vor, aber seine Pfeifen sind eben nur Nachbildungen. Darüber zieht sich das Filigran außerordentlich kunstfertig gearbeiteter Gitter, am prächtigsten das im Achsenfeld, die Muster der anderen symmetrisch aufeinander bezogen. Seitlich besitzt diese Brüstung für Nonnen- und Orgelempore zugleich zwei Türen, von ihnen führen Treppen mit kräftig konturierten Geländern in den Kirchenraum hinab, der die Gläubigen ohne Ordenszugehörigkeit aufnahm.

285

DAS KÖLNISCHE SAUERLAND

Den herrlichen Prospekt, genauer seinen Mittelturm krönt die Figur des harfenschlagenden Königs David. Das Element des Turms bestimmt hier ganz den (symmetrischen) Aufbau der Schauseite, sie besitzt im Gegensatz zu den meisten anderen keine flachen Partien – das Pathos der Architektur erfährt dadurch noch eine beträchtliche Steigerung, in deren Dienst auch die überreiche Ornamentik steht.

Von der interessanten und qualitätvollen Ausstattung der Nonnenempore können zur Zeit nur wenige Plastiken, die Wangen des Renaissancechorgestühls (die hintere der beiden Bankreihen) und die monumentale Splithovensche Strahlenkranzmadonna bewundert werden, doch bleiben ja immer noch die zwölf Apostelfiguren desselben Künstlers und das große Christophorusfresko in der ›Volkskirche‹ sowie das berühmte Oelinghausener Gnadenbild, die romanische Gottesmutter der Krypta. Der Kirchenführer zeigt sie noch in der fragwürdigen, an einem falschen Leitbild orientierten Restaurierung vom Anfang der sechziger Jahre, die später rückgängig gemacht wurde. Die Weichholzskulptur ist einem über beinahe das ganze westliche und nördliche Europa verbreiteten Typus zuzurechnen, die Art der Darstellung findet man noch bei Werken des 15. Jahrhunderts. Glaubt man der hiesigen Überlieferung, dann ist die Madonna ein Geschenk des Kölner Erzbischofs Engelbert von Berg, dessen Schwester Gisela ja der hiesigen Klostergemeinschaft angehörte. Die Madonna thront auf einem gleichfalls geschnitzten Stuhl mit hoher Lehne, seine vier Pfosten rahmen die sitzende Gestalt eng. Das Jesuskind und die wohl nicht richtig angesetzten Hände sind jüngeren Datums.

Ein grüner Vorhang verbirgt den Zugang zur alten Kirche, heute nach ihrem Altar *Kreuzkapelle* genannt. Diesen 1622 dem Andenken Ottilies von Fürstenberg errichteten Renaissancealtar schuf ein bislang unbekannter Bildhauer, nichtsdestoweniger stellt er eine bedeutende künstlerische Leistung dar. Seinen Aufbau beherrscht – deutlicher noch als im Arnsberger Hochaltar – das Relief der Kreuzigung, eingefaßt von zwei kleineren Bildwerken der Marter Christi und der Auferstehung. Die betende Gestalt im Vordergrund des Hauptstücks stellt die Verstorbene dar, die laut Inschrift zwischen den beiden Kapitellen der dunklen, geäderten Marmorsäulen dem Konvent fünfunddreißig Jahre vorstand. Die Reliefe zeigen schon ein stark plastischen Charakter, doch wird die flächige Präsentation nicht eigentlich aufgegeben. So verjüngt sich die Altarwand im Schwung zweier Voluten nach oben, wo allerdings das Gebälk über der Kreuzigungsszene vorspringt und den von ihm getragenen Wappengiebel noch stärker hervorhebt. Die dritte Dimension ist fast allein Sache der schon genannten und zweier weiterer Säulen, die links und rechts außen – allerdings nicht so weit wie die Hauptstützen – vor der Altarwand stehen. Aus rötlichem Marmor, sind sie außerdem zierlicher, auch führen sie nur bis zum Mittelgesims. Auf dem podestartigen Vorsprung über ihnen stehen zwei allegorische Gestalten. – Neben dem Altar verdienen die spätgotische Doppelmadonna und die floralen Ornamente Aufmerksamkeit, mit denen zur Zeit der Renaissance die Decke bemalt wurde. Desgleichen sollen die Epitaphe ehemaliger Klosterangehöriger nicht unerwähnt bleiben, einige dieser Tafeln hat man in den Boden eingelassen.

Der Telgenweg führt von Neheim-Hüsten unmittelbar auf die barocke Vorburg des *Schlosses Herdringen* zu, deren gedrungene Kompaktheit auch heute womöglich noch abweisender wirkt als die Schilder, welche das Betreten des Geländes streng verbieten. Das Anwesen gehört den von Fürstenberg, das sei erwähnt, weil diese weitverzweigte Familie nun wirklich westfälische Geschichte geschrieben hat. Ältester urkundlich genannter (1295) Namensträger ist ein Hermann, er bewohnte eine kölnische Burg auf dem Fürstenberg unweit Neheims, mit der er vom Erzbischof belehnt worden war. Gut Herdringen kaufte der Paderborner Fürstbischof Dietrich von Fürstenberg 1618 und fügte es dem Stammgut der Familie ein. Die Anlage der Vorburg geht auf die Erhebung des Geschlechts in den Reichsfreiherrenstand zurück, sie und das östlicher gelegene Gartenhaus wurden als Teile eines groß gedachten Herrensitzes vollendet, während von den Hauptbauten nur Pläne existieren. Die Entwürfe stammen wohl von Gottfried Laurenz Pictorius, dem Schöpfer des Schlosses Nordkirchen. Dehio nennt allerdings Ambrosius von Oelde als mutmaßlichen Architekten. Ein repräsentatives Schloß baute man hier erst, nachdem der preußische König und nachmalige Kaiser Wilhelm I. Franz Egon von Fürstenberg mit dem Titel eines Reichsgrafen auszeichnete.

Dieser Franz Egon, ein überzeugter Katholik und einer derjenigen, welche sich besonders energisch für die Vollendung des Kölner Doms einsetzten, gewinnt den Leiter der Dombauhütte Ernst Friedrich Zwirner (1802–61) für sein Projekt Herdringen. Unter dem Schinkelschüler entsteht eine neugotische Wasseranlage, fraglos der bedeutendste Bau dieser Periode in Westfalen (Farbt. 26). Seine Nähe zum Tudorstil ist wohl über das Schinkelsche Schloß Babelsberg vermittelt, vier Flügel mit umlaufendem Flur schließen den Innenhof ein, dessen Betreten dem Besucher ebenso wie die Inaugenscheinname der prächtig ausgestatteten Räumlichkeiten verwehrt bleibt. Doch lohnen auch die Außenfronten ein längeres Verweilen, und da immerhin ein großer Teil des Parks für die Öffentlichkeit freigegeben wurde, kann man wenigstens die östliche und die südliche Schauseite eingehend betrachten.

Der mächtige Rundturm setzt den stärksten Akzent an der Südfront, zwei Ecktürme rahmen die nach Sonnenaufgang gerichtete Mauerfläche. Die Vertikale beider Fassaden betont ein Mittelrisalit, der einmal mit einem Stufengiebel, das andere Mal mit einem Zinnenkranz abschließt. Mit dem Zinnenkranz finden sich ebenso die niedrigeren Fassadenpartien, aber auch die Rund- und Ecktürme bekrönt, hier allerdings springt er etwas vor. Gleichfalls säumt den unteren Rand dieser hervorgehobenen Bauteile ein Rundbogenfries. Eigens betont sind die Balkone nebst ihren Fenstern und Türen, letztere am südlichen Risalit lediglich durch ein Zurücktreten der Mauer auf der Breite dreier Fensterachsen, aber an dem östlichen Risaliten wie den Ecktürmen als Dreiheit aus zentraler Balkontür und zwei Assistenzfenstern, wobei diese Gruppe zusätzlich noch eine bauplastische Fassung erhält, ja am südöstlichen Turm mit der Balkonbrüstung verbunden erkerartig vorkragt. Dagegen hat die westliche Seite keine derart phantasievolle Behandlung der Mauerfläche erfahren, in Haustein ist dort überhaupt nur der Kellersockel aufgeführt, ihm folgt eine verputzte Bruchsteinfassade. Ihre insgesamt viel uneinheitlichere Architektur bestimmen zwei chorschlußartige, fünfseitige Vorsprünge, der südliche gehört dem großen Saal, der rückwärtige der Schloßkapelle zu. Gegen Norden leitet ein Zwischenbau mit Tordurchfahrt zum Komplex der Vorburg über.

287

DAS KÖLNISCHE SAUERLAND

Von den einzelnen Versatzstücken aus dem Repertoire mittelalterlichen Bauens beschwört vor allem der Rundturm des Schlosses Ritterromantik. Solches Zitat darf keineswegs als bloß private Reminiszenz verstanden werden, vielmehr ist auch diese Architektur dem neuen Nationalgefühl verpflichtet, welches nach dem Willen der Meinungsträger im Kaisertum des Mittelalters wurzeln sollte. Daß im Falle des Herdringer Schlosses ein Bauherr wesentlichen Einfluß nahm, der zu den entschiedensten Vertretern des deutschen Katholizismus gehörte, stimmt zur historischen Situation. Erinnert sei an die Übertritte bekannter romantischer Dichter zum alten Glauben: Auch ihn verstand man ja als Bollwerk gegen die Irritation der Lebenswelt, für die viele das Maschinenzeitalter verantwortlich machten.

Es gibt böse oder auch nur spitze Zungen, die behaupten, eigentlich habe **Neheim-Hüsten** Arnsberg eingemeindet und nicht umgekehrt. Sie verweisen dabei auf die wirtschaftliche Potenz der Leuchtenstadt, die erst 1941 aus den bis dahin eigenständigen Gemeinwesen Neheim und Hüsten gebildet wurde. ›Stadt der Leuchten‹, diesen Namen trug damals nur *Neheim,* wo auch heute ein *Leuchten-Museum* (Möhnestraße 55, Firma Kaiser & Co) mittels zahlreicher Ausstellungsstücke die lange Tradition dieses Gewerbes dokumentiert. Das Gesicht Neheims prägt jener Industriezweig erst seit den dreißiger Jahren des vorigen Jahrhunderts, und es war ein verheerender Brand (1807), welcher zu dieser Entwicklung Anlaß gab. Noch unter den Hessen wurde die Stadt zügig wieder aufgebaut, die landgräfliche Regierung sorgte darüber hinaus für bessere Verkehrsanbindung und verfügte Gewerbefreiheit. Damit hatte man die Voraussetzungen für den künftigen Aufstieg geschaffen; daß auch er sich auf eine historische Basis stützte, sei wenigstens angemerkt: Schon seit alters gewann man in Neheim pflanzliche Öle und brach den Flachs, aus dessen bearbeiteten Fasern nun der Lampendocht gedreht wurde.

Von der mittelalterlichen Stadt Neheim zeugen heute nur noch die ehemaligen Burgmannensitze *Freseken* und *Gransau* sowie der sogenannte *Drostenhof* (Burgstraße), die zugehörige Burg steht nicht mehr. 1202 erstmals erwähnt, befestigte der Arnsberger sein im Mündungswinkel von Ruhr und Möhne gelegenes Neheim (Neuheim) wohl um 1270, doch schon 1278 legte der Kölner Erzbischof die Umwehrung nieder, duldete aber ihren Wiederaufbau. 1358 verlieh Gottfried IV. dem Gemeinwesen Lippstädter Stadtrecht und sorgte noch durch eine weitere Wohltat dafür, daß die Bürger den letzten arnsbergischen Grafen in guter Erinnerung behielten: Er übereignete ihnen den Stadtwald. Jener Schenkung gedenken die Neheimer alljährlich im September mit einem besonderen Fest, dem ›Grafenbegängnis‹.

Auf das ehrwürdigere Alter blickt jedoch *Hüsten* zurück, das schon in einer Werdener Urkunde des Jahres 802 erscheint. Von Hüstens Rolle als einer der Stammpfarreien dieses Raums gibt heute noch der romanische Turm des im übrigen neugotischen Gotteshauses Kunde. Allerdings blieb der Ort in seiner Entwicklung hinter Neheim zurück, wenn auch 1360 der genannte Graf Gottfried ihn zur Freiheit mit Arnsberger Recht erhob. Aus dem hier seit alters abgehaltenen Markt hat sich die Hüstener Kirmes entwickelt, sicher die berühmteste des Sauerlands, welche den Stadtteil vier Tage lang kopfstehen läßt.

Eine weniger laute Attraktion Hüstens ist das *Deutsche Vogelbauer-Museum* (Cäcilienstr. 11–15, Fa. Voss). Was dort an Behausungen zusammengetragen wurde, wird auch den entzücken, dem gleich der Satz vom goldenen Käfig einfällt, in dem der Vogel dennoch nicht fliegen kann. Die Miniatur-Schöpfungen überaus phantasievoller Baumeister spielen mit den Versatzstücken der jeweiligen zeitgenössischen Architektur oder mischen die Stile derart virtuos, daß der Betrachter oft erstaunt innehält. Und zuweilen erzielt solche Wirkung doch nur das Filigran gebogenen Drahts, aber welches Feuerwerk der Formen und Ornamente läßt sich mit diesem bescheidenen Material abbrennen. Es geht dann wie ein Ruck durch die Wahrnehmung, wenn man sich draußen in einem typischen Industrieviertel wiederfindet, und nicht wenige wird hier das undeutliche Gefühl eines Verlusts beschleichen.

Durch das **Bruchhausen** des Altkreises Arnsberg führt die B 7, wenig nördlich von ihr liegt die *Pfarrkirche Maria Magdalena*. Die neubarocke, 1925/26 erbaute Kreuzbasilika des Ruhrortes hat beachtliche Ausmaße und eine Innenarchitektur, die – ganz im Gegensatz zu der historischen barocken Bauweise des Sauerlands – den Vergleich mit den großen Raumlösungen dieses Stils sucht. Neben dem wuchtigen Altarensemble der zwanziger Jahre birgt das Gotteshaus auch einige interessante Ausstattungsstücke der älteren, jetzt anderweitig genutzten Kapelle des Ortes, unter anderem eine Kanzel aus der Sasse-Werkstatt und einen Altar des 17. Jahrhunderts. Sein Zentrum bildet eine manieristische Pietà (um 1580), deren Art der Darstellung man des öfteren begegnet. Die großen, langgliedrigen Gestalten Marias und Christi werden als ein spiralig gewundener Körper aufgefaßt. Das kleine, runde Bild darüber zeigt die Muttergottes, wie sie ihrem Knaben die Brust reicht, Josef schaut diesem Vorgang aufmerksam zu. An der Nordwand des Chors ist heute der spätromanische Kruzifixus (entstanden um 1230) auf dem jüngeren Kreuz angebracht.

Von Bruchhausen aus erreicht der Autofahrer den *Möhnesee* innerhalb weniger Minuten. Zwar passiert er dabei die Grenze zwischen dem Hochsauerland- und dem Kreis Soest, aber auch ein Reiseführer mit einem strengen Begriff vom südlichen Westfalen kann sich darauf berufen, daß diese Talsperre sehr wohl Anteil am Sauerland hat, greift doch ihr Hevearm in den Arnsberger Wald hinein. Schließlich gehört sie – landschaftskundliche Prägnanz hin oder her – zum Thema des vorliegenden Bands schon deshalb, weil sie ihren ›Stauinhalt‹ zum weitaus größten Teil dem Sauerland verdankt.

Der 650 Meter lange, 1913 fertiggestellte Damm staut die Möhne auf etwa zwölf, die Heve auf fünf Kilometer auf. Wie alle sauerländischen Talsperren als Reservoir für die durch Wasserentnahmen stark belastete Ruhr angelegt, entwickelte sich der ›Möhnesee‹ schon zwischen den Weltkriegen zum Zentrum eines gutbesuchten Erholungsgebiets. Das gravierendste Datum seiner Geschichte aber ist die Nacht vom 16./17. Mai 1943, als eine Rollmine der britischen Luftwaffe eine 77 Meter lange Bresche in die Staumauer schlug. Die so ausgelöste Flutwelle ging über Kloster Himmelpforten hinweg, ihre 110 Millionen Kubikmeter Wasser aber richteten auch ruhrabwärts schwere Schäden an, besonders Neheim im Mündungsdreieck von Ruhr und Möhne war stark betroffen. Die Verwüstungen prägten das Landschaftsbild noch Jahre nach Kriegsende.

DAS KÖLNISCHE SAUERLAND

Insgesamt jedoch konnten selbst diese Kriegsereignisse die Entwicklung des Fremdenverkehrs nicht aufhalten. Immer mehr wurde die Landschaft um die Talsperre zum bedeutendsten Naherholungsgebiet des östlichen Reviers, von dem aus ihre Gestade (über die Autobahn Dortmund – Kassel) heute sehr schnell zu erreichen sind. Die verkürzten Anfahrtszeiten hatten außerdem zur Folge, daß sich viele Menschen hier dauerhaft ansiedelten und so den tourismusbedingten Anstieg des Flächenverbrauchs noch einmal beschleunigten. Landschaftsschützer befürchteten und befürchten eine erhebliche Einschränkung des Erholungswerts eben durch die Zahl der Erholungssuchenden, jedenfalls lassen sie keinen Zweifel an der »hoffnungslosen Überforderung des Freizeitraumes Möhnesee«.

Allerdings bemühten sich die Verantwortlichen, den ›sauerländischen‹ Teil des Möhnesees, also jenen schon erwähnten Hevearm, nicht allzusehr dem Tourismus auszusetzen. 1975 unter Naturschutz gestellt, können winters die Vogelkundler vom Uferweg aus die vielen Schwimmvögel beobachten, welche hier während der kalten Jahreszeit eine dauernde oder vorübergehende Bleibe finden. Zuweilen tummeln sich an die zehntausend Enten, Lappentaucher und Rallen auf der offenen Wasserfläche; eine besondere Rarität stellen die etwa zwanzig Singschwäne dar, sie fliegen hier regelmäßig ein. Außerdem haben Stockente, Teichhuhn, Bläßhuhn, Höckerschwan, Haubentaucher und Eisvogel den Hevearm als Brutgebiet angenommen.

Stadt Sundern

Sundern zeigt zwei Gesichter: Fabrikanlagen prägen das Erscheinungsbild in weiten Teilen des Röhr- wie des Linnepetals, Landwirtschaft und Fremdenverkehr das des übrigen Gemeindegebiets. Im heutigen Zentrum Sundern etablierte sich schon früh das Kleineisengewerbe. Der Ort tritt 1310 als ›villa novella‹ ins Licht der Geschichte, 1314 geben die Urkunden ihm den Titel Freiheit. Er profitierte damals vom starken Interesse der Arnsberger, die territoriale Struktur im Süden ihres Landes zu stärken. Der Minderstadt war jedoch nie eine urbane Zukunft beschieden, für 64 Wohnstätten ausgelegt, wies das Siedlungsgefüge noch während des 16. und 17. Jahrhunderts beachtliche Lücken auf. Zu reinen Ackerbürgern wurden die Sunderner jedoch nie, die Eisenindustrie blieb ein wichtiger Erwerbszweig, im 19. Jahrhundert kamen die Papierherstellung und holzverarbeitende Betriebe hinzu.

Östlich Sunderns liegt die wohl bekannteste Landschaft des Gemeindegebiets, das ›Alte Testament‹, zu dem auch noch Grevenstein (s. S. 258) gehört. Obwohl der Name erst während des 19. Jahrhunderts aufkam, kann heute niemand mehr sichere Auskunft über seine eigentliche Bedeutung erteilen, und so muß sich der heimatkundlich Interessierte mit einer Vielzahl von Deutungen zufriedengeben. Die nüchternste besagt, daß damals sehr romantische Vorstellungen über das Alter der *Pfarrkirche St. Martin* in **Hellefeld** gehegt und wider den Abbruch der kleinen romanischen Basilika angeführt worden seien. Und wirklich deutet ja das Patrozinium St. Martin auf die früheste Phase der Christianisierung (wiewohl nicht auf biblische Zeiten) zurück, auch fällt die erste urkundliche Erwähnung der ›villa Heliveldum‹ noch ins 9. Jahrhundert. Etwa dreihundert Jahre später entstand dann auch jenes Gotteshaus, gegen dessen Erhalt letztlich nur seine bescheidenen Ausmaße sprachen. Immerhin verschonte man den Turm der alten Kirche, und hier hat denn auch jenes gleichfalls romanische, zinnerne Taufbecken einen würdigen Platz gefunden, das in der ganzen Bundesrepublik nur ein einziges Gegenstück (Würzburger Dom) besitzt. Es hat etwa die Form eines Zylinders, ihn schmückt eine umlaufende Arkade, außerdem sind auf der Wandung Köpfe bzw. Fratzen erkennbar.

Nach einer der eigentümlichsten Stätten des Sauerlands macht sich auf, wer nahe Endorf *Kloster Brunnen* besuchen will. Schon eine Karte des 18. Jahrhunderts weist hier eine ›fons medicinalis‹ (heilkräftige Quelle) aus, und tatsächlich muß in dem verschwiegenen Seitental der Röhr vorzeiten ein reger Badebetrieb geherrscht haben. Die Sage erzählt, das Wasser jener Quelle – es wird von einer Tränke am Bauernhaus oberhalb des Klosters aufgefangen – habe einen Hirten vor dem Erblinden bewahrt, woraufhin sich der Ruf des segensreichen Nasses rasch verbreitete. Daß zur körperlichen Gesundheit auch die seelische träte, dafür sorgten bald zwei Eremiten, deren einer sich um 1720 erfolgreich für die Gründung eines Klosters einsetzte.

»Hic Mons est Domini, Hic colitur, qui condidit Orbem« (Hier ist der Berg des Herrn, hier wird verehrt, wer die Erde erschaffen hat), begann Pater Carolus 1738 sein Gedicht über diese Stätte; Verse, in denen franziskanischer Geist und antike Bukolik eine glückliche Verbindung eingehen. So heiter allerdings, wie der Lobpreis des Mönchs es nahelegt, nahm sich die Gegend wohl auch vor zweihundert Jahren nicht aus, als noch keine düsteren Fichtenforsten die Kapuzinerniederlassung einschlossen. Ohne Zweifel war der geistliche Herr mehr einer literarischen Tradition denn der Wirklichkeit verpflichtet, doch wie immer, den Reiz seiner Lage macht dem ehemaligen Kloster selbst heute niemand streitig. Der 1729–35 errichtete Wohnbereich wurde vielfach, zuletzt 1962 verändert, während die ihm nördlich vorgelagerte Kirche keine derart gravierenden Eingriffe in ihre Bausubstanz erfuhr. Dieses etwas später (1742–44) entstandene Gotteshaus weihte man dem Eremiten Antonius, womit nicht nur die Erinnerung an die Anfänge geistlichen Lebens hierorts gewahrt blieb, sondern auch der Bezug zur Umgebung, genoß doch der ›Fickel-Tünnes‹ als Schutzheiliger der Bauern im Sauerland einen besonders guten Ruf.

Der Kurfürst Clemens August wie der sauerländische Adel statteten die Kirche reich aus, von den erhaltenen Stücken überzeugt künstlerisch vor allem der Hochaltar. Zwar fehlt ihm die Klarheit der Linienführung, durch die der – nicht ausgeführte – Entwurf Johann Conrad Schlauns bestach, doch wirkt auch er vornehm und repräsentativ. Besonderen Rang hat das Altarblatt des Münsteraner Malers Gerhard Koppers. Seine Taufe Christi – dieses Thema variiert desgleichen das Relief über dem Kirchenportal – verrät in der Dramatik des Aufbaus und im Einsatz des Lichts die Rubenssche Schule. Bemerkenswert auch die Orgel Johann Georg Frommes, die der Freiherr von Fürstenberg-Herdringen den Brüdern schenkte. Sie besitzt heute noch die originale Disposition von 1801, dem Jahr ihrer Entstehung.

Die Bewohner Endorfs, Seidfelds und Ameckes mußten nach **Stockum,** wenn sie die Messe hören oder ihre Toten begraben wollten. Wenig hat das Rund um die *Pfarrkirche St. Pankratius* von der Atmosphäre bewahren können, welche diese Plätze noch vor gar nicht allzulan-

291

DAS KÖLNISCHE SAUERLAND

ger Zeit auszeichnete. Der Friedhof wich einer Anlage, der Ring der Häuser ist verschwunden. Ein Fachwerkhaus steht noch am höher gelegenen Kirchplatz, mit dem Bruchsteinmauerwerk des Unterbaus den Anstieg ausgleichend; das über tausend Jahre alte Dorf hat hier ein bescheidenes Museum eingerichtet.

Die ungewöhnliche Anlage des Gotteshauses selbst gibt sich bei genauerem Hinsehen als Umbau einer älteren romanischen Basilika in eine Hallenkirche des Übergangsstils zu erkennen. Von der romanischen, sehr kleinen Andachtsstätte sind noch die Vierung und der Nordteil des Querhauses überkommen, sie bilden das zentrale Mittel- und Seitenschiffjoch des heutigen Baus. Außerdem enthält das westliche, lediglich queroblonge Joch noch Mauerwerk eines früheren Westturms über quadratischem Grundriß. Daß später eine Erweiterung des romanischen Gotteshauses stattfand, zeigen ebenfalls jene Baunähte auf der Nordseite der Kirche an, die das ehemalige, nur schwach vorspringende Querhaus markieren, bis zu dessen Abschluß die Wände des Seitenschiffs vorgezogen wurden. Insgesamt ging diese Art des Ausbaus zu Lasten der architektonischen Harmonie, die vorzuspiegeln auch die außerordentlich bewegte Dachlandschaft verzichtet.

Die Gewölbe und Bögen der aus dem alten Gotteshaus überkommenen Joche sind freskiert, wobei die um 1200 aufgetragene Malerei nicht nur Schmuckfunktion hat, sondern desgleichen Elemente der Architektur betonen soll. Und so finden sich neben der Lebensbaumornamentik, den (gemalten) Wandteppichen und eigentümlichen Fabeltieren auch farbige Zierbänder entlang der Grate oder eine Quaderung der Pfeiler. Ähnliche Dekorationssysteme sind dem Leser nun schon von anderen sauerländischen Kirchen her vertraut, kein Gegenstück jedoch findet er zur Grabplatte im nördlichen Seitenschiff. Man hat sie hilfsweise die ›merowingische‹ genannt, weil ihre Kreuzsymbolik (Scheiben-, Diagonalkreuz sowie drei Querbalken auf einem durchgezogenen, zentrierten Längsstrich) des öfteren auf Epitaphen jener Zeit erscheint. Die hiesige Platte dürfte jünger sein, wenngleich sich die Wissenschaft hinsichtlich ihres Entstehungsdatums (›vor 1100‹) nicht genau festlegen will. Die Einordnung wird zusätzlich dadurch erschwert, daß die Tafel ihre ursprünglichen Abmessungen nicht mehr besitzt.

Ein unbekannter Bildhauer fertigte etwa 1225 den Taufstein, um den herum 1963 eigens eine Kapelle errichtet wurde, allerdings ist dieser Rundbau vom historischen Gotteshaus deutlich abgesetzt. Die Taufe hat die Form eines umgekehrten Kegelstumpfs, unter den acht Arkaden ihrer Wandung stellte der Künstler die Verkündigung, die Geburt Christi, die hl. Drei Könige und ihre Anbetung des Kindes, Taufe, Kreuzigung, die ›majestas domini‹ sowie den Kirchenpatron St. Pankratius dar. Um den oberen Rand läuft ein Ornamentfries, der ein einziges florales Motiv stets wiederholt. Über die zeitliche Einordnung des Werks war man sich lange uneins, einige Stilelemente deuten auf ein früheres Entstehungsdatum hin, auch die starke Abnutzung der Reliefs tat ein übriges, um die Taufe älter erscheinen zu lassen, als sie war. Doch erlaubt etwa das elegant stilisierte Blattwerk in den Zwickeln der Arkadenbögen keinen Zweifel daran, daß sie nicht vor 1320 geschaffen worden ist.

Neben dem Taufstein und einem romanischen, in der Gotik leider überschnittenen Kruzifix ist vor allem das Vesperbild der Kirche eingehender Betrachtung wert. Den Restaurato-

292

ren gelang es, die sehr gut erhaltene, originale Farbfassung der um 1400 geschnitzten Figur freizulegen. Mattweiß gehalten sind das Lendentuch Christi, das Kopftuch und der Mantel Mariens mit seinen vereinzelten goldenen Blüten, zu dessen Oberseite die rote Fütterung lebhaft kontrastiert. Das Kleid der Gottesmutter strahlt wider vom prächtigen Blau des Himmels, die Seiten ihres Throns zeigen auf grünem Grund – gemalte – Maßwerkfüllungen. Sie wollen einen plastischen Eindruck vermitteln, tatsächlich plastisch aufgefaßt aber wurden die Blutstropfen, mit denen der Leib Jesu übersät ist. Sie verdichteten sich ursprünglich unter den fünf Wundmalen zu Trauben, doch gingen diese bei einer späteren Überfassung verloren.

Der inflationären Vergabe städtischer Rechte durch die späten Arnsberger Grafen verdankte auch **Allendorf** im Sorpetal den Titel Freiheit. Unter dem Kölner Erzbischof Friedrich von Saarwerden erhielt der nunmehr zur civitas erhobene Ort 1407 sogar eine Befestigung. Auf ganzen drei Hektar Fläche drängten sich 65 Wohnstätten, im 18. Jahrhundert zerstörten mehrere Feuersbrünste Allendorf, so riß man 1795 die Mauern nieder, entschloß sich zu einer großzügigeren Anlage des Gemeinwesens. Von der etwa siebzig Jahre vorher errichteten *Pfarrkirche St. Antonius Abt* ließ die Erweiterung des Gotteshauses 1959–61 nach Süden nur die Nordfassade (mit leider verändertem Barockportal) und den Chor übrig, der Westturm stammt noch von einem spätromanischen Vorgänger des heutigen Baus. Im neuen Teil hat der schon von den Ausmaßen her beeindruckende, grünmarmorierte Hochaltar Aufstellung gefunden. Das markante Gebälk des um 1750 geschaffenen Werks schwingt an den Seiten weit nach vorn und wird dort durch kräftige Säulen gestützt. Der dem Kirchenpatron geweihte Nebenaltar bildet nun das Zentrum der alten Kirche, ihm korrespondiert westlich der kleine barocke Orgelprospekt. Einen Hinweis verdient ebenfalls jenes Sakramentshaus aus der späten Gotik, das in eine Wand des als Taufkapelle genutzten Turmgeschosses eingelassen ist.

Auch das weiter sorpeaufwärts liegende **Hagen** erhob Graf Ludwig von Arnsberg 1296 zur Freiheit. Nie befestigt, brannte die Minderstadt 1817 ab und wurde als Straßensiedlung entlang der damals trassierten Chaussee Arnsberg – Frankfurt neu angelegt. Hagens Pfarrkirche *St. Nikolaus* aber stammt noch aus dem 13. Jahrhundert, der moderne Anbau läßt das historische Gotteshaus weitgehend unangetastet, ja im Zuge dieser Erweiterung konnte die Denkmalpflege sogar versuchen, der dreijochigen Halle wieder ihre ursprüngliche Innenarchitektur zurückzugeben, welche die Eingriffe von 1896 verfälscht hatten. Allerdings mußten die Sockel- und Kämpferprofile der Kreuzpfeiler analog denen der Deifelder Pfarrkirche (s. S. 199) gestaltet werden, da sich ihr originales Aussehen nicht mehr rekonstruieren ließ. Darüber hinaus legte man Reste der spätromanischen Raumausmalung frei und ergänzte sie teilweise.

Neben dem gotischen Sakramentshäuschen und der etwas jüngeren Gottesmutter (genauer: der Hälfte einer Doppelmadonna) besitzt St. Nikolaus ein etwa 1520 entstandenes Relief (vielleicht der Mittelteil eines Flügelaltars), das die Ölbergszene nach dem Kupferstich aus der Dürerschen Passion von 1508 zeigt. Die Kunstgeschichte schreibt das Bildwerk Petrus von Kolshusen zu, dem Haupt der einzig faßbaren sauerländischen Schnitzerwerk-

DAS KÖLNISCHE SAUERLAND

statt jener Epoche. Er starb 1552 als Laienbruder des Klosters Wedinghausen, für seine Kirche schuf er auch einen neuen Hochaltar oder wenigstens dessen zwölf Apostelfiguren. Von diesen Plastiken sind einige dem Holzwurm zum Opfer gefallen, andere bewahren das Sauerland-Museum, Arnsberg, und das Altenaer Burgmuseum auf. Sie zeigen dieselbe Typisierung wie die Figuren des Hagener Reliefs, vor allem die starken Wangenknochen und die hochgewölbte Stirn. Auch der beinahe schon manieristische Reichtum der Gewandfalten spricht für eine Herkunft aus der Kolshusen-Werkstatt.

Von Hagen führt über Lenscheid eine Stichstraße nach dem 650 Meter hohen **Wildewiese,** dessen Sprungschanze auch sommers keinen Zweifel über seine eigentliche Bestimmung läßt. Doch liegt das Wintersportgebiet ja auch nahe der Wasserscheide zwischen Ruhr und Lenne, besonders ins Tal der letzteren bieten sich eindrucksvolle Aussichten, aber auch östlich bis hin zum Kahlen Asten kann der Blick bei gutem Wetter schweifen, im Nordwesten die Nordhelle gewahren.

Die letzte Fahrt innerhalb des Sunderner Stadtgebiets führt an die 1928–35 errichtete *Sorpetalsperre* (Abb. 37). Auch jener Wasserspeicher zeichnet sich – jedenfalls nach einer Broschüre der hochsauerländischen Fremdenverkehrsförderung – durch einen technischen Superlativ aus: Er besitzt »Deutschlands größtes Dammbauwerk« (Dammschüttmasse 3,5 Mio. cbm mit massivem Betonkern). Ist Wildewiese das Wintersportzentrum Sunderns, so dieses Gewässer der Mittelpunkt sommerlichen Tourismus. Neben dem ausgangs des ›Sees‹ gelegenen Luftkurort Langscheid hat daran vor allem **Amecke** am Südufer Anteil. Weniger vordergründige Eindrücke als dessen Freizeitanlage bietet die idyllische, teils von einer Anlage gesäumte Partie an der Sorpe, wo sich noch die Wasseramsel mit ihrem schneeweißen Brustgefieder beobachten läßt. Die Sorpe fließt auch am *Haus Amecke* vorbei, das der gleichnamigen Siedlung sein breites Einfahrtstor unter einem schönen Wappengiebel zuwendet. Wie er stammen auch die weiteren Gebäudeteile, jedenfalls des Herrenhauses, aus der Epoche des Barock (17. und 18. Jh.), allerdings präsentiert sich der architektonisch gewiß nicht uninteressante Komplex in keinem sehr guten Zustand.

Ein weiteres Herrenhaus auf Gemeindegebiet ist *Melschede.* In einem Bachtal unterhalb jener Straße gelegen, die von der B 229 nach Langscheid und der Sorpetalsperre abzweigt, passieren viele Autofahrer den Dreiflügelbau, ohne daß er ihnen überhaupt auffiele. Die Urkunden nennen Melschede zuerst 1281, spätere Nachrichten sprechen von der Existenz zweier herrschaftlicher Gebäude, sie gehörten auch verschiedenen Besitzern. Seit dem frühen 16. Jahrhundert waren beide im Besitz der Familie von Wrede, seit dem 17. einem einzigen Eigentümer aus diesem Geschlecht. 1660 entschloß sich Ferdinand von Wrede zum Abriß des »uralten niedersten Hauses«, nachdem er schon den Bau einer neuen Anlage verfügt hatte. Dieses 1669 vollendete Wasserschloß besaß vier Flügel mit ebenso vielen Ecktürmen, der gegen Nordwesten gerichtete Trakt wurde samt zwei Türmen 1823 abgebrochen. Das heutige Aussehen des Gebäudes ist also weniger großartig als das des originalen.

Für die Errichtung des Hauses Melschede zeichneten dieselben Männer verantwortlich, die auch das kurfürstliche Jagdschloß Hirschberg entwarfen und bauten: Der Trierer Kapu-

294

zinerbruder Bonitius lieferte den Plan, und vor Ort sorgte der Steinmetz- und Maurermeister Nikolaus Dentel aus Volkmarsen für die Ausführung. Der zweigeschossige Komplex wurde aus Bruchsteinen hochgeführt und erhielt einen Verputz, ihm fehlt – von den Portalen einmal abgesehen – jeder Schmuck. Übrigens sollte der Betrachter nicht vergessen, daß der Abbruch des Westflügels eine Veränderung der ursprünglichen Konzeption erzwang. So fand das Einfahrtstor des Süddeutschen Wolfgang Stibler zunächst an der Feldseite des Südtrakts, dann 1923 an dessen Hofseite Aufstellung. Sein rundbogiges, schlichteres Pendant am östlichen Flügel ließ man vermauern. Noch einmal, nämlich Anfang der zwanziger Jahre unseres Saeculums, wurde das Erscheinungsbild des Hauses barockisiert. Das ›Corps de logis‹ erhielt jetzt ein Mansarddach, der südliche Eckturm eine gestufte welsche Haube.

Gemeinde Eslohe

Inmitten eines Naturparks zu liegen und so aus dessen Erschließung Nutzen ziehen zu können, bedeutet für eine Gemeinde im wahrsten Sinne des Wortes einen Platzvorteil, immer gesetzt den Fall natürlich, daß ein entsprechendes Freizeitangebot auch in ihr eigenes Konzept paßt. Und das ist bei Eslohe im Naturpark Homert (s. S. 391) keine Frage, denn die Strukturschwäche des Gebiets erzwingt die Orientierung auf den Fremdenverkehr; wiewohl die Landwirtschaft hier bessere Bedingungen vorfindet als etwa um den Kahlen Asten. Auch trägt die Gegend schon ein sanfteres Gepräge, Höhenzüge und Täler gleiten nur mehr ineinander, Berge über 500 Meter erheben sich nur an der Peripherie der Gemeinde. Aber die immerhin 44 Siedlungen liegen doch weit (genauer über 115 qkm) verstreut und zwischen ihnen Entfernungen, die schon so mancher Wanderer unterschätzt hat. Selbst heute, da ein gutes Straßennetz die Orte untereinander verbindet, entgeht manche malerische Kapelle sogar der Aufmerksamkeit des interessierten Gastes einfach deshalb, weil er in solcher Abgeschiedenheit keine bemerkenswerten Bildwerke oder Fresken erwartet.

Der Luftkurort **Eslohe** hat sich in den letzten Jahren erstaunlich entwickelt, und das keineswegs nur im Bereich des Kurparks, sondern auch entlang der B 55, gleichzeitig die Hauptstraße des Ortes mit einem regen Geschäftsleben. So mögen es die Esloher dann endgültig verwunden haben, daß Preußen ihnen den Titel Kreisstadt 1818 nur für ein Jahr ließ und dann Meschede zum Zentrum kürte. Dies war das letzte markante Datum einer wenig spektakulären Geschichte, und noch heute läßt sich nicht sicher ausmachen, wann die Siedlung das erste Mal schriftlich erwähnt wurde. Einige Forscher nämlich bezweifeln, daß jenes ›Helispho‹ der Grafschafter Gründungsurkunde (1072) Eslohe bezeichnet. Im 13. Jahrhundert nennen es die Quellen als Stammsitz einer Familie von Esleven, der Ort gehörte damals zum ›Land Fredeburg‹ der Herrschaft Bilstein, mit dem zusammen er 1444 an das kölnische Herzogtum Westfalen kam.

Der historische Kern Eslohes liegt am heutigen westlichen Ortsausgang über der B 55, also am Fuß des nach Süden weisenden Steltenberghanges. Er gruppiert sich um die *Pfarrkirche St. Peter und Paul,* wobei die nahe ›Domschänke‹ dem Gotteshaus mit ihrem stolzen

DAS KÖLNISCHE SAUERLAND

Namen denn doch etwas zu viel Ehre antut. Es ist vielmehr ein bescheidener einschiffiger Bau, den der Rüthener Ignatius Gehly hier zwischen 1775 und 1783 errichtete. Wandpfeilerportale und die Pilastergliederung des Langhauses weisen in die Epoche des Barock, sonst prägen gotisierende Stilelemente das Erscheinungsbild. Als Besonderheit wartet St. Peter und Paul mit einem Gruftraum unter dem Chor auf, er läßt sich nur von außen betreten.

Die spätgotische Sakramentsnische im Innern – aus dem Vorgängerbau übernommen – barg früher einen mit Kupferplatten verkleideten Reliquienkasten Limousiner Provenienz, dessen Märtyrerszenen allerdings in der Feinheit ihrer Ausführungen weit hinter den berühmten Stücken dieser Werkstätten zurückbleiben. Aus der Erbauungszeit des heutigen Gotteshauses stammen die Beichtstühle und die Strahlenkranzmadonna, der 1811 gefertigte, qualitätvolle Orgelprospekt des Eckenhageners Gerhard Nohl zierte ursprünglich die Stokkumer Pfarrkirche.

Ein von hohen Bäumen gesäumter Weg führt zur *Rochuskapelle* und allein die pittoreske Lage der 1637 errichteten Andachtsstätte lohnt den bequemen Spazierweg von der Pfarrkirche über die Papestraße hier herauf. Wer die Andachtsstätte offen findet oder beim Pfarramt um den Schlüssel nachgefragt hat, wird überdies die üppige Wandmalerei (entstanden etwa 1640) im Innern bewundern können. Neben einzelnen Heiligendarstellungen, Szenen ihrer Legenden und Schmuckelementen (Beschlagwerk wie Apostelkreuzen) legten die Restauratoren eine prächtige, figurenreiche Dornenkrönung frei, die ein Ornamentband umgibt. Ihr zur Seite stehen rechts St. Lucia, St. Ursula und St. Katharina, links St. Antonius, St. Franziskus, St. Sebastian und eine nicht identifizierte Äbtissin.

Heimatmuseen können Urlauber heute in manchen sauerländischen Orten antreffen, ein *Maschinen- und Heimatmuseum* gibt es nur in Eslohe. Außer der vertrauten Dokumentation dörflichen Lebens und Arbeitens, insbesondere der Leinenherstellung (»Geblüht im Sonnenwinde,/Gebleicht auf grüner Au,/Liegt still es nun im Spinde/Als Stolz der deutschen Frau!«), verfügt dieses Museum über eine außerordentlich interessante Maschinensammlung. Seit 1950 erwarb hier ein Unternehmer einzelne Stücke aus dem späten 19. und frühen 20. Jahrhundert, unter anderen eine vollständige Dampfkesselanlage, eine Dampfwalze und -lokomotiven. Im Hinblick auf die Industrialisierung landwirtschaftlicher Produktion besonders aufschlußreich die Dampflokomobile (Baujahr 1909), mit der ein fortschrittlicher Agronom damals etwa das Pflügen und Dreschen besorgen konnte. Über solche zum Teil von weither zusammengetragenen Objekte hinaus findet der Besucher auch eine ganze Industrieschmiede an ihrem ursprünglichen Standort vor. Sie steht noch in der Tradition des Esloher metallverarbeitenden Gewerbes, auf dessen Existenz die Urkunden schon 1459 hinweisen. Es findet sich dort nämlich eine Kopperstraße erwähnt, und sie läßt sich mit jenem Niederesloher Kupferhammer in Verbindung bringen, der während des 18. Jahrhunderts arbeitete.

Niedersalwey besitzt zwei Gotteshäuser mit demselben Patrozinium, doch nicht dem am Hang gelegenen Neubau, sondern der Alten Kirche *St. Fabian und Sebastian* im Tal gilt das Interesse der Kunstliebhaber. Die während der zweiten Hälfte des 13. Jahrhunderts erbaute

Andachtsstätte wurde 1686 renoviert, wobei jedoch das frühgotische Erscheinungsbild eines dreijochigen Saals, an den nach Osten der nur wenig eingezogene polygonale Chor anschließt, weitgehend erhalten blieb. Aber nicht wegen seines Äußeren verdient St. Fabian und Sebastian Erwähnung; erst wer sich bei der Familie Peitz im langgestreckten Haus westlich der Kirche den Schlüssel ausgeliehen hat, wird jener Freskenfragmente ansichtig, die zweifellos zu den eindrucksvollsten des Sauerlands zählen. Zunächst freilich macht betroffen, in welch trostlosem Zustand das Innere ist, es erweckt den Eindruck einer aufgegebenen Baustelle ...

Bei genauerem Hinsehen lassen sich drei Ausmalungen erkennen. Die älteste dokumentierte man hauptsächlich an den Gurtbögen (gequadert) und den Gewölben, sie zeigen durch rote Bänder herausgehobene Grate und sternenverzierte Kappen. Auch die Apostelkreuze gehören zu diesem frühesten Dekor. Die nächstjüngere Freskenschicht stammt aus der zweiten Hälfte des 15. Jahrhunderts, am besten erhalten sind ein Bogenschütze der Sebastiansmarter wie der König und ein Scherge des Erasmusmartyriums. Weiterhin hat der unbekannte Künstler sowohl den seelenwägenden als auch den drachentötenden hl. Georg dargestellt, ferner den Erzengel Michael und eine rankenumrahmte Madonna. Die letzte Ausmalung datiert ins 16. Jahrhundert, von ihr wurden unter anderem der Tod des hl. Sebastian, eine Dornenkrönung Christi und ein Schmerzensmann gesichert.

Schon nahe der Grenze zum Kreis Olpe liegt **Dormecke** mit seiner *Kapelle St. Antonius.* Das Kirchlein des 17. Jahrhunderts wurde 1976 vollständig erneuert, birgt aber einen schönen, um 1550 geschaffenen Renaissance-Aufsatz, dessen üppige, weitläufige Schnitzerei in eigentümlichem Gegensatz zur Schlichtheit des Andachtsraums steht. Übrigens zeigt das Retabel auch noch Anklänge an die Gotik: Den äußeren Ecken seiner deutlich kleineren Seitennischen sitzt je ein Wimperg auf, die beiden des beherrschenden Mittelteils mußten wegen der niedrigen Decke entfernt werden. Darunter, an der oberen Rahmenleiste, bilden zwei ineinander verschlungene Drachen bzw. ein Kelch mit Taube (links vom Betrachter) das Zentrum der durchbrochenen Ornamentik. Als qualitätvolles Werk darf gleichfalls die Sitzmadonna (um 1320) in der Mittelnische gelten, nur daß sie leider bis auf schwache Farbspuren ganz ohne Fassung ist.

Über Kückelheim, Nieder- und Obermarpe führt der Weg zurück auf die B 55 nach **Cobbenrode.** Und obwohl die *Pfarrkirche St. Nikolaus* ein Neubau des Jahres 1931 ist, nennt sie doch einige gute Plastiken ihr eigen, die aus dem Vorgänger des heutigen Gotteshauses stammen. Von ihnen verdient der vorzügliche Kruzifixus (um 1520) an erster Stelle erwähnt zu werden, er hat seinen Platz in einem schlichten Seitenaltar gefunden. Anspruchsvolle Arbeiten sind auch die Figuren der hl. Elisabeth (mit ihrem Marburger Gotteshaus als Attribut) und des hl. Antonius Abt. Weiterhin gehören eine Madonna mit Kind, eine Pietà und ein hl. Franziskus etwa der gleichen Stilstufe zur Ausstattung, älter ist die Darstellung des thronenden hl. Nikolaus mit seinem stark gelängten Kopf, sie entstand um 1370.

An der B 55 nach Eslohe liegt, schon etwas außerhalb des Dorfes, ein eindrucksvolles *Längsdeelenhaus,* dessen Giebel Josef Schepers in seinem Buch ›Haus und Hof westfälischer Bauern‹ den »stattlichsten und in handwerklich-künstlerischen Feinheiten vollendetsten

297

DAS KÖLNISCHE SAUERLAND

Cobbenrode, Längsdeelenhaus, Haupthausgiebel

des 18. Jahrhunderts im Sauerlande« nennt (Abb. 106). Wenn auch etliche Details der historischen Giebelfront verändert worden sind, besticht sie doch durch den Formenreichtum ihres Fachwerks, zu dem hessische, paderbornische sowie Zierelemente des bergischen Rokoko einträchtig beitragen. Die sehr fein ausgeführte Inschrift über dem (nicht ursprünglichen) Tor bildet mit ihren groß abgesetzten Buchstaben zwei Chronogramme, die beide in lateinischen Zahlen das Erbauungsjahr des Hauses nennen.

Vor dem Dorf **Oberlandenbeck** liegt die *Filialkirche zu den Hl. Drei Königen,* eine der schönsten Kapellen des Esloher Raums. Ohne jene spektakulären Kunst›schätze‹, die einen Besuch empfehlen lassen, ist sie selbst ein ›Kleinod‹. Inmitten des sattgrünen Wiesenplans erhebt sich der bescheidene Bau im strahlenden Weiß eines vor nicht allzu langer Zeit erneuerten Putzes, und wenn sich über diesem Grundakkord von Grün und Weiß noch die Blumenpracht des frühen Sommers legt, gehen nur wenige Menschen an diesem Platz achtlos vorüber. Schon seit dem Mittelalter steht hier eine Andachtsstätte, und mittelalterliches Mauerwerk hat man sicher mitverwandt, als sie während des 18. Jahrhunderts ihr barockes Gesicht bekam. Jedenfalls trägt die Westwand die Inschrift ›Renovatum Anno 1721‹, und damals versah man auch die Fenster des Chors mit den gemalten grauen Säulen, deren durch gelbe Akanthusblätter geschmückte Kapitelle wiederum graue Bögen tragen. Der um 1750 entstandene Altar stammt übrigens aus der Wormbacher Pfarrkirche.

Unterhalb der B 55 nach Meschede liegt – nur wenig östlich Eslohes – die ehemalige Wasserburg der Freiherren von Weichs, *Haus Wenne*. Die Anlage verdankt ihren Namen dem Fluß, in dessen Aue man sie erbaute und der vorzeiten auch ihre Gräfte speiste. Nachdem der Anbau aus dem vorigen Jahrhundert verschwunden ist, präsentiert sich ihr Herrenhaus wieder als einfacher, aus Bruchsteinen aufgemauerter Adelssitz von zwei Geschossen Höhe. Es wuchs um einen – noch heute an Baunähten erkennbaren – Wohnturm des Mittelalters herum, der über beinahe quadratischem Grundriß errichtet wurde. Wohl einen barocken Ausbau hält die Jahreszahl 1659 an der Westfassade des Gebäudes fest.

Gleichfalls an der B 55 liegt **Reiste** mit seiner *Pfarrkirche St. Pankratius*. Der Besuch dieses steinsichtig belassenen, neugotischen Gotteshauses von 1850–53 lohnt zunächst wegen des Holzreliefs der Hl. Sippe (Abb. 102). Trotz dessen Fassung vom Ende des 19. Jahrhunderts hat man dieses Werk zweifellos zu Recht Petrus von Kolshusen oder doch seiner Werkstatt zugeschrieben, dafür sprechen vor allem die Köpfe der Figuren wie die Behandlung der Gewandfalten, ihre feinstrukturierte Üppigkeit strahlt mehr Lebenskraft aus als die dargestellten Personen selbst. Vielleicht bildete dieses Relief das Hauptstück eines Flügelaltars, dessen Seitenteile das Thema der Hl. Sippe variieren, doch ließ sich bis heute kein zuverlässiger Anhaltspunkt für solche Spekulationen finden.

Etwas mehr Klarheit herrscht dagegen über das einigermaßen bewegte Schicksal der Orgel, das ihr kaum einer ansehen dürfte. Der unauffällige moderne Prospekt rahmt indessen das komplette Pfeifenwerk eines für das Kloster Grafschaft 1633 gefertigten Instruments. Bei der damals vielgerühmten Neuausstattung der Grafschafter Abteikirche (s. S. 142) in die Abstellkammer verbannt, gelangte das Werk um 1750 nach Reiste, wo es beim Neubau des Gotteshauses fast das gleiche Schicksal erlitten hätte wie etwa hundert Jahre zuvor in Grafschaft. Doch schließlich wurden sieben ›gute alte Register‹ der eigens für die neugotische Andachtsstätte geschaffenen Orgel eingefügt, darüber hinaus erhielt sie noch sechs gleichfalls ältere Pfeifengruppen, über deren Herkunft jedoch nichts weiter bekannt ist. Außerdem fügte man damals noch 24 Register hinzu, und auch dieser Bestand konnte bei der Renovierung 1972/73 übernommen werden.

Das Siegerland

Was das Siegerland ist, wo genau seine Grenzen verlaufen, darüber herrscht keine Einigkeit. Stets hingen die Definitionen der Gelehrten von dem Gesichtspunkt ab, unter dem sie den Raum betrachtet haben. Seine Umrisse wechseln also je nach Hinsicht und gehen oft über den Altkreis Siegen hinaus, doch hat sich auch für ihn, der ja (vom Freien und Hickengrund einmal abgesehen) mit dem früheren nassauischen Fürstentum Siegen identisch ist, der Name inzwischen eingebürgert. Ein Reiseführer, zumal einer mit dem Thema ›Südliches Westfalen‹, darf sich demnach auf das Gebiet des ehemaligen Kreises Siegen beschränken, doch wird er gut daran tun, gelegentlich auch die Umgegend mit einzubeziehen, denn als Grenzland war und ist das Siegerland immer auch Brücke zwischen den anrainenden Regionen.

Mit der alten Kreisgrenze stimmt die des Naturraums im Norden, Osten und Südosten überein, hier rahmen Wasserscheiden die weit ausgreifende Quellmulde der Sieg. Die Kanten der Rothaar und selbst des wesentlich niedrigeren Biggeplateaus, das sich nordwestlich anschließt, sind dabei scharf herausmodelliert. Weniger leicht fällt die Abgrenzung gegen die Höhen des Westerwalds und im Siegtal, doch bleibt auch hier das einheitliche Landschaftsbild gewahrt. Die Erhebungen halten durchweg ein geringeres Niveau als die benachbarten sauerländischen und wittgensteinischen Berge, wie sich überhaupt der ganze Raum weniger spektakulär gibt, trotz der namentlich in den Randbereichen tief eingeschnittenen Wasserläufe. Und würde – wie bis vor drei Jahrzehnten – der Niederwald dieses Bild bestimmen, so träte der eigene Charakter des Landstrichs noch stärker hervor. Jetzt aber verwischen die immer gleichen Fichtenaufforstungen die durch Jahrhunderte behauptete Einmaligkeit, passen sein unverwechselbares Gesicht dem der umliegenden Gebiete an. Aber solange der Reisende dennoch in seinen Zügen lesen kann und nicht mit den Worten des Autors vorliebnehmen muß, dürfen beide nicht klagen.

Grenzraum zwischen Kelten und Germanen war das Siegerland schon zur Latènezeit (etwa 500 v. Chr. – 200 n. Chr.), doch war es bereits damals auch Eisenland, wie zahlreiche Funde beweisen. Zuerst gewannen wohl Kelten das hier zutage tretende Erz und verarbeiteten es weiter, von Norden und Osten gegen sie vordringende Germanen schauten ihnen diese Fertigkeiten ab. Die älteren ergrabenen Verhüttungsplätze finden sich vorwiegend im Süden, doch hat man auch weiter nördlich schon früh nach Eisen geschürft. Wie ihre

Nachfolger noch Jahrhunderte darauf, gewannen die ersten Siedler das Metall durch den Einsatz von Holzkohle, wobei allerdings die Temperaturen in den Öfen nur so weit stiegen, um es zu einer zähen, jedoch schmiedbaren Masse zu erweichen.

Mit dem Ausgang der Latènezeit bricht die Kette archäologischer Funde zunächst ab, die nächsten Zeugnisse einer Nutzung der Bodenschätze datieren 700 Jahre später. Die Gründe für diese Lücke in der Überlieferung bleiben bis auf weiteres unklar, es scheint aber nicht ausgeschlossen, daß der außerordentlich hohe Verbrauch von Holzkohle die Vorräte – jedenfalls in erreichbarer Nähe der Schürfstellen – erschöpft haben könnte. Dagegen läßt sich freilich einwenden, ein Wald brauche keine 700 Jahre, um nachzuwachsen. Denn daß das wertvolle Metall keineswegs in Vergessenheit geraten war, belegen die Schlacken und Scherben aus Klafeld-Geisweid; sie dürfen als die ersten Anzeichen einer Wiederaufnahme der Eisengewinnung in diesem Raum gedeutet werden. Damals verlief hier die Grenze zwischen Franken und Sachsen, die wahrscheinlich noch das nördliche Siegerland kontrollierten. Mit der Festigung der fränkischen Herrschaft vollzog sich (seit etwa 780) die kirchliche Organisation des Gebiets vom Süden her, es gehörte wie das benachbarte Wittgenstein zum Archidiakonat St. Stephan und damit zur Erzdiözese Mainz.

Doch selbst jetzt findet das Siegerland in den Urkunden keine Erwähnung, immerhin tritt an die Stelle der historischen die sagenhafte Überlieferung. Wieland der Schmied soll hier gewirkt haben, und einige Sprachforscher glauben seinen Namen im heutigen Wilnsdorf (= Wilandisdorf) wiederzufinden. Die vor 1154 entstandene ›Vita Merlini‹ des Geoffrey von Monmouth nennt Wieland sogar als Einwohner der Stadt Siegen (»Die Becher hat Wieland aus der Stadt Siegen geschmiedet«). Dagegen ist sich heute die Wissenschaft ziemlich sicher, daß die ›Heilige Lanze‹ – sie wird erstmals 960 beschrieben und jetzt noch mit den übrigen Reichskleinodien in Wien gezeigt – aus Siegerländer Stahl geschmiedet wurde, dessen Qualität auf dem hohen Mangangehalt des heimischen Spateisens basiert.

Die politische Geschichte des Siegerlands gewinnt erst mit Beginn der Territorialzeit Konturen. Im Siegener Raum dominieren seit dem Untergang des fränkischen Reiches die Vögte des Mainzer Erzbischofs, von denen zuerst ein Graf Rupert (1079–1089) namentlich faßbar ist. Er darf mithin als Ahnherr jenes Hauses gelten, das zunächst den Namen Laurenburg und ab 1160, nachdem sich das Zentrum seines Machtbereichs an die untere Lahn verlagert hat, den Namen seiner Burg Nassau annimmt. Mit dem Kölner Stuhl eng verbunden, muß es im Siegerland lange die Vorherrschaft dieser mächtigen geistlichen Herren hinnehmen und seine Landeshoheit auch noch gegen den widerspenstigen einheimischen Adel durchsetzen. Als 1255 die Söhne Heinrichs des Reichen den Besitz unter sich aufteilen, fällt das Gebiet nördlich der Lahn an Otto. Otto nimmt Residenz in der stark befestigten Dillenburg, wohin schon der Vater – hart angegangen von seinen Gegnern – ausgewichen war. Auch während dieser Zeit ist das Siegerland Grenzraum, der sowohl Beziehungen zum Mittelrhein wie zu Westfalen unterhält. Solche Mittlerstellung verliert es auch nicht, nachdem das Kölner Erzbistum sich aus diesem Gebiet weitgehend zurückgezogen und Johann I. 1363 endgültig Dillenburg statt Siegen zur Hauptstadt seines Territoriums – nunmehr Nassau-Dillenburg genannt – erhoben hatte.

301

DAS SIEGERLAND

Die folgenreichste Heirat der Grafen war sicher die Engelberts I. (1380–1442) mit Johanna von Polanen und Leck. Sie verhalf dem Geschlecht erstmals zu Besitz in den Niederlanden, von wo nunmehr auch die nassauisch-dillenburgische Politik beeinflußt wird. Die Abwesenheit des Landesherrn stärkt den einheimischen Adel und vor allem die Bicken, deren Haupt seit 1423 im Auftrag des Regenten dessen angestammte Territorien verwaltet. Die ständigen Auseinandersetzungen mit der zur Macht gelangten Familie bewogen wohl Johann, den ganzen Besitz unter seine Söhne aufzuteilen, die linksrheinischen Gebiete kommen an Engelbert, die rechtsrheinischen an Johann V. Diese Einteilung wird einige Jahrhunderte Bestand haben.

Daß der direkte erzbischöfliche Einfluß im Siegerland endet, als Köln 1421 seinen Mitbesitz an Siegen endgültig aufgibt, heißt keineswegs, nun seien alle Brücken nach der rheinischen Metropole hin abgebrochen. Sie bleiben erhalten, wie desgleichen die über Köln vermittelten Beziehungen zu Westfalen, und auch der Kontakt zum märkischen Sauerland und der Grafschaft Berg reißt nicht ab. Alle diese Verbindungen hält eines lebendig: die hervorragende Qualität des Siegerländer Eisens und Stahls. Die Hütten und Hämmer um den Müsener Stahlberg, Siegen und im Freien Grund belieferten die weithin berühmten Kölner Schwertmacher, auf ihren Erzeugnissen gründete der Ruf der Remscheider und Solinger Schmiede, sie gelangten über die Eisenstraßen in die Mark und nach Wuppertal.

Mit dem Aufschwung des Eisengewerbes einher gingen auch verschiedene technische Neuerungen, vor allem aber die Nutzbarmachung der Wasserkraft. Seit dem 13. Jahrhundert drehte sich auch im Siegerland das Wasserrad, um die Blasebälge in Gang zu halten und schweren Hämmer in Tätigkeit zu setzen. Mit ihrer Hilfe wurden nun endlich Temperaturen erzielt, die das Metall in den flüssigen Zustand überführten. Diesem Roheisen mußte allerdings, sollte es schmiedbar sein, der Kohlenstoff im Holzkohlenfeuer entzogen werden. Der Bedarf an jenem Brennmaterial war also weiterhin außerordentlich groß, und der Vorratshaltung für den so wichtigen Grundstoff galt die Sorge seiner Produzenten. Ihr trug die Haubergwirtschaft derart vorbildlich Rechnung, daß viele sie heute als historisches Muster eines ökologisch behutsamen Eingriffs in die Natur verstehen.

Alle sechzehn bis zwanzig Jahre schlug man im Hauberg die gerade armdicken Stämme der Birken und Eichen, deren junges Holz eine bessere Kohle lieferte als das älterer Bäume. Eine zusätzliche Einnahmequelle erschlossen sich die Haubergsbesitzer bald durch den Verkauf der Eichenrinde; die in ihr enthaltene Gerbsäure war bei der Lederbearbeitung unentbehrlich. Doch diente dieser Niederwald nicht allein gewerblichen Zwecken, sondern auch der Landwirtschaft. In bestimmten zeitlichen Abständen wurde Getreide eingesät, nach sechsjähriger Schonung der Baumtriebe sommers das Vieh dort geweidet, von hier bezogen die meist sehr kleinen bäuerlichen Betriebe ihre Streu (die Landwirtschaft war ja im Siegerland immer nur Nebenerwerb). Und weil der Hauberg zur Versorgung des Viehs allein nicht ausreichte, bewässerte man seit dem 15. Jahrhundert die Wiesen der Talauen künstlich; sie lieferten nun das Futter für den Winter. Derart profitierte von der Wasserkunst des Eisengewerbes der Wiesenbau, dessen Methoden später weit über die Grenzen Deutschlands hinaus Beachtung finden werden.

Nun ist dieses Ineinandergreifen von Montan-, Niederwald- und Wasserwirtschaft sicher auch durch obrigkeitliche Maßnahmen gefördert, ja gesteuert worden; die Landesherren hatten wohl bald erkannt, welche Probleme vor allem der hohe Energiebedarf mit sich bringen würde. Dennoch identifizierten sich die Einwohner mit jener Ordnung ihrer Umwelt offenbar in hohem Maße. Namentlich der Hauberg, dessen Nutzung seit dem 16. Jahrhundert in den Händen von Genossenschaften lag, hat nicht nur die Landwirtschaft geprägt, sondern auch das Gemüt der Menschen auf eigentümliche Weise angesprochen. In der Heimatliteratur ist er geheimer Mittelpunkt des ganzen, ungeteilten Lebens, der Werk- wie der Feiertage. Und nicht nur das Landschaftsbild wird ärmer mit seinem Verschwinden.

Der Regierungsantritt Wilhelms des Reichen 1516 markiert in der Siegerländer Geschichte den Beginn einer Epoche, die von den Rivalitäten der Bekenntnisse noch weit über den Dreißigjährigen Krieg hinaus geprägt ist. Dabei vollzieht sich die Hinwendung zum Protestantismus vorerst nur zögernd, doch wird 1530 die Reformation endgültig eingeführt, 1534 das Siegener Franziskanerkloster gegen den heftigen Widerstand katholischer Kreise aufgelöst. Mit dem neuen Glauben findet auch der Humanismus Eingang ins Siegerland, beide vertritt vor allem der Reformator Nassau-Dillenburgs, Erasmus Sacerius, doch treten neben diesen bedeutenden protestantischen Theologen auch einige Landeskinder, die den neuzeitlichen Ideen sehr aufgeschlossen sind.

Wilhelm dem Reichen folgt sein Sohn Johann VI. (1559–1606), dessen älterer Bruder Wilhelm von Oranien (der Schweiger) zum Führer der antispanischen Kräfte in den Niederlanden wird. Der Beiname dieses Nassauers rührt von der südfranzösischen Besitzung Orange her. Ihren Erwerb hatte sein Großonkel Heinrich III. von Nassau durch Heirat angebahnt, und Heinrichs Sohn René (1519–1144), Prinz von Oranien, hatte das Fürstentum vor seinem Tode dem Vetter vermacht.

Am Brüsseler Hof, dem Zentrum der anti-spanischen Niederlande, erzogen, ging Wilhelm zunächst mit der Politik des spanischen Herrscherhauses konform, gehörte unter Phillip II. dem niederländischen Staatsrat an und wurde 1560 Statthalter der Provinzen Holland, Seeland, Utrecht wie der Franche-Comté. Ein Jahr später ehelichte er die protestantische Tochter des Kurfürsten Moritz von Sachsen und wandte sich immer deutlicher gegen die zentralistische Politik Madrids. Ganz im Sinne der absolutistischen Staatsauffassung schränkte nämlich Phillip die Rechte auch des niederländischen Adels ein, wogegen die einheimischen Familien aufbegehrten; ihr Widerstand war also keineswegs nur religiös motiviert. Ein spanisches Heer unter Herzog Alba, als Antwort auf den Antwerpener Bildersturm in die Niederlande geschickt, veranlaßte Wilhelm, die Statthalterschaft aufzugeben und von Dillenburg aus den bewaffneten Kampf zu organisieren.

Das Engagement des Hauses dort wirkt selbstverständlich in die Stammlande hinüber, und nicht nur deshalb, weil Johann den Aufständischen beträchtliche Mittel zur Verfügung stellt. So liegt die entschlossene Neuorganisation der Verwaltung, vor allem aber der Wirtschaft seiner Territorien unter anderem in dieser Unterstützung des Freiheitskampfes begründet. Desgleichen ist die Parteinahme für den Calvinismus sicher auf die intensiven

303

DAS SIEGERLAND

Kontakte mit den niederländischen Provinzen zurückzuführen, und auch hier beeindruckt, wie entschieden Johann bald die reformierte Lehre vertritt. 1584 gründet er, unter Mithilfe von Caspar Olevian (s. S. 365), die Herborner Hochschule. Und obwohl sie – wegen Geldmangels – nie den Status einer Universität erhielt, ist sie doch lange ein Zentrum des reformierten Geistes gewesen.

Doch sosehr sich der Graf um seine Länder verdient machte, die Entscheidung, das Erbe unter seine fünf Söhne aufzuteilen, hat verhängnisvolle Auswirkungen. Johann VII. (1606–1623) erhält Nassau-Siegen, womit erstmals das Siegerland als territoriale Einheit Konturen gewinnt. Selbst dieser kleine Staat ist indessen bald großen politischen Zerreißproben ausgesetzt. Als nämlich der Erstgeborene des Regenten und prätendierte Nachfolger, Johann VIII., zur alten Kirche übertritt, ändert der Vater das Testament, allerdings wieder nur um den Preis der Aufsplitterung seines ohnehin kleinen Landes, Erben sind jetzt drei Söhne. Mitten im Dreißigjährigen Krieg beginnt nun eine Zeit des ständigen Bekenntniswechsels. Der Kaiser, dessen Stellung der bisherige Verlauf der Kampfhandlungen gestärkt hat, spricht Johann ganz Nassau-Siegen zu. Er sanktioniert indessen nur die faktische Vereinnahmung durch den Grafen, der Widerstand wenig zu fürchten braucht, zumal Bruder Johann Moritz außer Landes weilt. Der andere Bruder, Wilhelm, muß froh sein, daß ihm wenigstens das Amt Hilchenbach bleibt. Nun genügt Johann die Landesherrschaft allein nicht, vielmehr möchte er auch »Unsere und Uns von Gott und von der Natur anvertraute geliebte Unterthanen, ob sie wohl ein anders auß Mangel der Unterweissung wünschen wollen, in so großer Gefahr ihrer ewigen Seligkeit sollen stecken bleiben, sondern vielmehr sie mit solchen Lehrern und Seelsorgern versehen, denen wir selbst unser Gewissen zu vertrauen keine Scheu tragen«, sprich: sie dem Katholizismus zuführen. Die milden Worte dieser offiziellen Verlautbarung stehen denn auch zur Anweisung an den Rat der Stadt Siegen in krassem Gegensatz, es sei »jetzt verantwortlicher, einen Heuchler (also gezwungenen Katholiken) zu machen, alß einen Ketzer (Reformierten) zu dulden, wornach ihr auch enttlich zu richten«.

Erst als die Schweden eingreifen und Johann Moritz aus Brasilien zurückkehrt, muß die katholische Linie zurückstecken und sich 1645 mit dem ihr ursprünglich zugesprochenen Landesteil begnügen. Johann Moritz beherrscht die übrigen zwei Drittel, nachdem ihm das Erbe Wilhelms zugefallen ist, und es versteht sich, daß er seinen Herrschaftsbereich wieder calvinisiert. 1652 werden beide Häuser in den Reichsfürstenstand erhoben.

Daß die wirtschaftliche Entwicklung unter solchen Umständen ins Stocken gerät, liegt auf der Hand. Nie mehr hat das Eisengewerbe eine Blüte wie zu Anfang des 16. Jahrhunderts erlebt, die auch der Ruhm des Siegerländer Eisengusses bezeugte. Doch ließen sich bis an die Schwelle des Dreißigjährigen Krieges namentlich für den Rohstahl gute Preise erzielen, und kaum zufällig sind die Wissenschaftler über den Zeitraum zwischen 1500 und 1648 am besten unterrichtet. Der insgesamt beständige Absatz hat allerdings auch eine Kehrseite: den Mangel an Holzkohle. Er kann trotz aller Maßnahmen zur besseren Organisation der Haubergwirtschaft nicht mehr behoben, der wertvolle Grundstoff muß nun vom Wittgensteinischen (s. S. 369 f.) und Kölnischen Sauerland her über die Grenze gebracht werden.

101 ARNSBERG Glockenturm der Georgskapelle und Maximiliansbrunnen

102 REISTE   St. Pankratius, spätgotisches Holzrelief

103 EVERSBERG   St. Johannes Ev., Orgel

104 GIRKHAUSEN Ev. Pfarrkirche

105 Wasserschloß Körtlinghausen bei Kallenhardt

106 COBBENRODE Fachwerkhaus

109 BAD BERLEBURG Blick auf die Oberstadt mit dem Schloß ▷

107, 108 SASSENHAUSEN Fachwerkkapelle und Detail

111 BAD BERLEBURG Schloß, Weißer Saal
◁ 110 BAD BERLEBURG Schloß, vom Park aus gesehen
112 SIEGEN Oberes Schloß

113 SIEGEN Ev. Nikolaikirche

114 SIEGEN Ev. Nikolaikirche ▷

115 MÜSEN Bethaus der Knappen

116 HILCHENBACH Fachwerkhäuser am Markt

117 STIFT KEPPEL-Allenbach, ehem. Klostergebäude, Saal im ›Neuen Haus‹

118 Schloß Hainchen

119 NETPHEN Ev. Martinskirche

120 BURBACH Ev. Pfarrkirche, Kanzelorgelprospekt

121 HAGEN-EILPE Die ›Lange Riege‹

122 HAGEN Thorn-Prikker-Haus, ›Am Stirnband‹

123 HAGEN Häuser ›Am Stirnband‹

124 HAGEN Hohenhof (Architekt: Henry van de Velde)

125 HAGEN Karl-Ernst-Osthaus-Museum, Eingangshalle

Die exportierten Erzeugnisse verarbeitet man vor allem im Zentrum des rheinisch-westfälischen Eisengewerbes, also im Herzogtum Berg und der Grafschaft Mark; wie überhaupt das Siegerland immer mehr eine Zuliefererfunktion übernimmt.

Der Tod Johann Moritz' bringt der Region erneute Instabilität; die Häupter des katholischen wie des protestantischen Hauses betreiben eine Politik, die der anderer Kleinstaatenregenten während dieser Zeit gleicht. Die jeweiligen Fürsten lassen demnach keinen Zweifel daran, daß sie dem zeitgenössischen (absolutistischen) Herrschaftsverständnis genügen wollen. Die Erbitterung gegen die Despotie des katholischen Wilhelm Hyazinth entlädt sich 1706 sogar in einer Revolte, sein Landesteil wird daraufhin zwischen 1707 und 1740 vom Kölner Domkapitel verwaltet. Aber 1734 erlischt die reformierte Siegener Linie, 1743 die katholische, und beider Hinterlassenschaft fällt Nassau-Diez zu, das 1739 schon Nassau-Dillenburg beerbt hatte. Damit sind die nassauisch-ottonischen Gebiete für gut fünfzig Jahre wieder vereint, doch wechselt ihr Regent Wilhelm IV. bald nach Den Haag, wo er die Nachfolge seines Vaters als Statthalter der Niederlande antritt. Das Siegerland erhält nun vom Haag aus die Weisungen, während seine Metropole Siegen nur Sitz einer Unterdirektion der ›Dillenburger Regierung für die vereinigten Stammlande‹ ist.

Die weltoffene, an den Grundsätzen der Aufklärung orientierte Politik der Oranier hat ins Siegerland hineingewirkt, ohne dort allerdings immer auf Gegenliebe zu stoßen. Die neue Verwaltung trug gleichfalls den sich wandelnden wirtschaftlichen Verhältnissen Rechnung und betrieb zusammen mit Preußen den Bau der ersten angelegten Straße im westlichen Deutschland, die von Frankfurt nach Hagen führte. Dieser Chausseebau – besonders die nassauisch-oranische Seite legte Wert auf seine rasche Fertigstellung – war wichtiger als die Morgengabe der unumschränkten Herrschaft über den Freien Grund, den bis 1799 Nassau-Dillenburg und die Grafschaft Sayn gemeinsam besessen hatten. Die Straße ermöglicht unter anderem eine wesentlich bessere Verbindung zwischen dem Siegerland und der Mark; sie ist besonders dringlich geworden, seit die Erzlagerstätten des westlichen Sauerlands erschöpft sind.

Solchem Fortschritt steht das Beharren auf der zünftischen Organisation des Gewerbes gegenüber, die eine Entfaltung der ökonomischen Möglichkeiten hindert. Schon der klarsichtigste Beobachter der westfälischen Wirtschaft, der preußische Fabrikenkommissar Friedrich August Alexander Eversmann, bemerkte 1804 dazu: »Uebrigens scheint es mir, als ob die Siegensche Hüttenwirthschaft überhaupt noch einer großen Vervollkommnung unterzogen werden könnte, wenn die gewerkschaftliche Verfassung auf einen anderen Fuß gesetzt und ihr mehr Einheit in der Direktion gegeben würde.«

1806 werden die nassauischen Länder Siegen, Dillenburg und Hadamar dem Großherzogtum Berg zugeschlagen, lediglich der Freie und der Hickengrund gehen ans Herzogtum Nassau. Mit dem Fall Napoleons nimmt Oranien die Stammlande wieder in Besitz, aber die Regentschaft ist nur von kurzer Dauer. Schon 1815 überläßt der nachmalige König der Niederlande, Wilhelm Friedrich IV., den siegenschen Teil Preußen, das 1816 auch die

321

DAS SIEGERLAND

Ämter Burbach und Seelbach erwerben kann. Nun hat man die Grenzen des Landkreises Siegen endgültig festgelegt, nicht jedoch seine regionale Zugehörigkeit. Die preußische Verwaltung zeigt sich unschlüssig, ob sie das neuerworbene Gebiet der Rheinprovinz oder Westfalen angliedern soll und bestätigt so noch einmal dessen Grenzlandcharakter. Doch geben seine Verbindungen zur westfälischen Industrie zuletzt den Ausschlag dafür, daß es der Provinz Westfalen zugeteilt wird. 1818 macht die Zollgrenze nach Süden dem so wichtigen Austausch mit dem Roteisenbezirk an Lahn und Dill ein Ende und erzwingt die völlige Orientierung nach Norden.

Die folgenden Jahrzehnte hat das westfälische Siegerland immer stärker unter seiner Verkehrsferne zu leiden, und diesem Mangel kann auch die Einrichtung weiterer Straßen nicht entscheidend abhelfen. Die Entwicklung der Region zwischen Ruhr und Emscher zu *dem* Industrierevier Deutschlands läßt das Siegerland wirtschaftlich ins Hintertreffen geraten; erst die 1861 eingeweihten Eisenbahnstrecken Köln – Betzdorf – Siegen und Hagen – Letmathe – Siegen bringen deutliche Besserung. In der Zeit nach dem Bau steigt die Erzförderung um ein Vielfaches.

1866, nach der Schlacht von Königgrätz, verliert Adolf von Hessen als Parteigänger Österreichs sein Territorium, das an Preußen fällt. Nun hindern keine Zollschranken mehr ein Zusammengehen von Lahn-Dill-Gebiet und Siegerland, auch fortschrittliche Hüttentechniken halten nun – zögernd – Einzug. Deren Standard aber ist in anderen Zentren der Schwerindustrie wesentlich höher; ihn zu erreichen sowie die besseren Ausgangsbedingungen des Ruhrgebiets zu kompensieren bleibt demnach die Hauptaufgabe für die kommende Zeit. Und obwohl sie bis 1917 (der Erste Weltkrieg wirkt hier als Zäsur) noch nicht völlig bewältigt werden kann, entwickelt man doch eine richtungweisende Konzeption: Sie sieht zum einen die Beschränkung der Grundstoffproduktion auf Qualitätserzeugnisse vor, zum anderen will sie die Ansiedlung eisenverarbeitender Betriebe gezielt und systematisch fördern.

Das Siegerland, mit seiner Schwerindustrie gleichfalls Schwerpunkt der Rüstungsproduktion, war im Zweiten Weltkrieg das Ziel vieler Bombenangriffe; von ihnen blieben auch die Wohngebiete nicht verschont. Die verheerenden Ausmaße der Schäden fordern besondere Anstrengungen beim Wiederaufbau, der sich wirtschaftlich noch auf die traditionellen Industriezweige stützt. Als aber das Ende der Erzförderung abzusehen ist, wirbt man mit Erfolg um andere, vor allem wachstumsorientierte Branchen. Seit 1971 die Autobahn Dortmund – Gießen, die sogenannte Sauerlandlinie, eingeweiht wurde, ist auch das häufig vorgebrachte Argument von den Standortnachteilen der Siegerländer Betriebe hinfällig geworden. Vielmehr können nun die Verantwortlichen auf die verkehrsgünstige Lage der Region zwischen den drei Ballungsräumen Rhein-Main-Gebiet, Ruhrgebiet und der sogenannten Rheinschiene hinweisen, an letztere fand das Siegerland mit dem Bau der 1976 eröffneten A4 Köln – Olpe Anschluß. Ein bedeutendes Ereignis für diesen südlichsten Teil Westfalens stellt ebenfalls die Gründung der Gesamthochschule Siegen 1972 dar, sie unterstreicht seinen Rang als eigenständiges Zentrum.

Die Metropole Siegen

Wer Siegen vor etwa dreißig Jahren das letzte Mal gesehen hat und heute aus dem von früher vertrauten Bahnhof tritt, wird seinen Augen kaum trauen. Ihm geht nun erst die volle Bedeutung des Wortes auf, daß die Stadt nach den Zerstörungen des letzten Krieges zum zweiten Mal gegründet wurde. Ob man freilich die Sieg derart unter den Betonteppich kehren, ob man – von anderen städtebaulichen Kraftakten ganz zu schweigen – ein Kaufhaus unmittelbar an den Dicken Turm des Unteren Schlosses bauen mußte, darf der Besucher sich zu Recht fragen – er steht mit seinen Zweifeln nicht allein.

Doch wie auch immer, selbst diese ersten Eindrücke verweisen auf die historische Bedeutung der Metropole für ihre Region, deren Entwicklung sie wie in einem Brennspiegel zusammenfaßt. Aus Siegen-Achenbach stammt der latènezeitliche Eisenschmelzofen, den das Siegerland-Museum im Oberen Schloß zeigt, und er ist nicht der einzige Fund aus dem Siegener Raum. Wie die Geschichte des ganzen Siegerlands bleibt auch die seines Zentrums zwischen 200 n. Chr. und dem Hochmittelalter unklar. Einiges spricht jedoch für die Annahme, daß am Zusammenfluß von Sieg und Weiß bereits im 9. Jahrhundert eine bedeutende Siedlung lag, kreuzten sich hier doch zwei wichtige Fernstraßen. Um 1085 wird der Ort erstmals urkundlich erwähnt, Münzfunde belegen den stadtähnlichen Charakter Siegens schon hundert Jahre später. Das älteste, wirklich gesicherte Ereignis seiner Historie fällt ins Jahr 1224, als die Nassauer Grafen dem Erzbischof von Köln die Hälfte der neuge-

Siegen, Kupferstich von Matthäus Merian

DAS SIEGERLAND

gründeten Stadt überlassen müssen. Doch erwählt sie Otto von Nassau 1255 trotz der Kölner Präsenz zum Wohnsitz, nachdem sich das Adelshaus in zwei Linien gespalten hat. Lange hält es ihn hier, wo er selbst in seiner Burg keineswegs nach Belieben schalten und walten kann, freilich nicht.

Die doppelte Regentschaft bringt den Bürgern Vorteile, zumal der neue geistliche Herr ihre Zuneigung mit beachtlichen Privilegien gewinnen will. Der Erwerb des Soester Stadtrechts festigt die Position der civitas ebenso wie die Zusicherung Kaiser Ludwigs 1346, daß sowohl Nassau als auch Köln ihr gemeinsames Eigentum nicht verpfänden dürften. Zu dieser Zeit ist Siegen schon ökonomisch erstarkt; zu seinem weiteren Aufstieg trägt neben dem Eisengewerbe, das sich gegen Ende des Mittelalters immer stärker auf die Stadt hin ausrichtet, vor allem die Lohgerberei bei. Mit dem endgültigen Rückzug der geistlichen Herren 1421 gerät es wieder mehr in Abhängigkeit von den Nassauer Grafen, Wilhelm der Reiche hebt sogar die Stadtrechte auf.

Diese Maßnahme beeinträchtigt die Wirtschaft Siegens nicht, das eine Nürnberger Meilentafel 1612 unter den vierundzwanzig wichtigsten »Haubt- und Handelstätt« der Zeit nennt. Zusätzliches Ansehen gewinnt es, als 1593 die namhafte Hohe Schule (s. S. 304) aus Herborn hierhin übersiedelt. Einige Jahre später ist Siegen erneut Residenz (wenn auch nur der kleinen Grafschaft Nassau-Siegen), seit 1623 sogar Doppelresidenz. In den Besitz der Metropole teilen sich jedoch diesmal nicht ein weltlicher und ein geistlicher Regent, sondern die katholische und die reformierte Linie des Hauses Nassau-Siegen. Aber im Gegensatz zur zweifachen Herrschaft damals signalisiert die jetzige den Niedergang der Stadt. Wie das ganze Territorium verliert sie nun immer stärker an Bedeutung, wozu der lange Krieg ein übriges beiträgt. Die Wunden, die er geschlagen hat, sind noch kaum vernarbt, als 1695 zwei Drittel Siegens eingeäschert werden.

Erst unter den Oraniern stabilisiert sich die Situation. In Siegen sitzt jetzt ein Unterdirektorium der Dillenburger Regierung, das seine Direktiven wiederum von der ›Deutschen Kanzlei‹ im Haag empfängt. Nach der Übernahme des Landes durch Preußen wird Siegen 1817 Kreisstadt, ein Rang, der ihm über alle politischen Veränderungen hinweg erhalten geblieben ist.

Von allen Bauwerken der Stadt führt die *Martinikirche* am weitesten in die Geschichte Siegens zurück. Sie liegt fast am äußersten Punkt jenes ins Flußtal abfallenden Bergrückens, der das historische Siegen trug und dessen Schieferformationen nur hier, wo sie in denkbar scharfem Kontrast zur modernen Kulisse des Einkaufszentrums stehen, noch sichtbar werden. Die erste Pfarrkirche der Stadt ist heute ein nüchternes Bauwerk, ihre unverputzten Bruchsteinmauern und manche Unregelmäßigkeiten der Architektur geben zunächst wenig Anlaß, sie genauer in Augenschein zu nehmen. Aber gerade diese Unregelmäßigkeiten sind eingehender Betrachtung wert, geben sie doch einen Hinweis auf das frühere Aussehen und hohe Alter des Gotteshauses. Das gilt besonders für seine Westansicht, deren dem Fluß zugewandte Seite ein Rundturm markiert. Die Fundamente seines südlichen Pendants hat man ergraben, desgleichen konnte nachgewiesen werden, daß beide einen massiven, vierek-

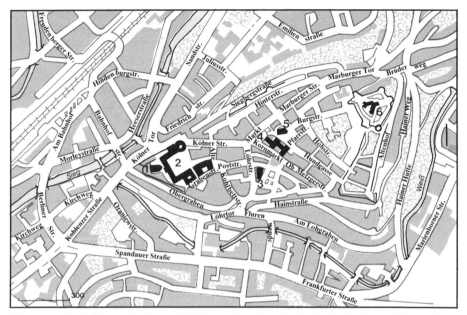

Siegen 1 Martinikirche 2 Unteres Schloß 3 Ehem. Jesuitenkirche Mariä Himmelfahrt 4 Rathaus mit dem historischen Teil 5 Nikolaikirche 6 Oberes Schloß (Museum des Siegerlandes)

kigen Turm flankierten. Ein Westwerk ähnlich dem – erhaltenen – Freckenhorster war also hier ursprünglich einer dreischiffigen Basilika vorgelegt, ihren östlichen Abschluß begrenzten noch einmal zwei Türme über quadratischem Grundriß.

Von einem Umbau während des 13. Jahrhunderts rühren das gestufte Westportal wie im Innern die zwei Reihen weit ausgestellter Spitzbögen her. Sie bilden die Wände des Mittelschiffs und ruhen massigen, völlig ungegliederten Vierkantpfeilern auf. Ebenso fügte der damalige Baumeister östlich eine – gleichfalls ergrabene und in den Fundamenten sichtbar belassene – Apsis an, ihre Kleeblattform ähnelt der in Feudingen oder Netphen (s. S. 346).

1511–1517 mußte sich auch diese Pfeilerbasilika starke Veränderungen gefallen lassen, so wurde der Chorbereich verkürzt und erhöht, desgleichen erhielt er nun einen geraden Abschluß. Er tritt nur wenig vor die zur gleichen Zeit verlängerten Seitenschiffe, deren nördliches man bei dieser Gelegenheit auch erweiterte. Im 19. Jahrhundert schließlich erneuerte man Teile der Gewölbe in Holz, doch erhielt die Kirche nach den Zerstörungen des Zweiten Weltkrieges wieder eine flache Decke.

Ein spektakulärer Fund der Ausgräber soll nicht unerwähnt bleiben, zumal er auch für die Stadtgeschichte von einiger Bedeutung ist. Im nördlichen Seitenschiff schützt eine Holzlade den leider nur fragmentarisch erhaltenen Ziegelfußboden, dessen qualitätvolle Ausführung und Schönheit selbst sein heutiger Zustand noch kundtut. Den Mittelpunkt des aufgefundenen Stücks bildet ein weißes Kreuz (das Symbol Christi) im dunklen Kreis. Ihn umgeben

DAS SIEGERLAND

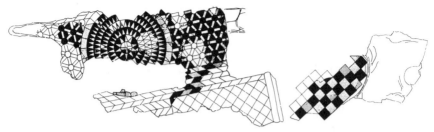

Siegen, Martinikirche, Fragment des Ziegelfußbodens im nördlichen Seitenschiff

wiederum fünf konzentrisch angeordnete Ringe, die Zwischenflächen werden durch dreieckige, im Farbwechsel gegeneinander verlegte Platten ausgefüllt. Die Sechseckmuster links und rechts dieses beherrschenden Motivs fügen sich sinnreich zu einem geschlossenen System zusammen.

Offenbar gehörte dieser Fußboden zu einem Gotteshaus, das in den späteren Bauten keine unmittelbare Nachfolge gefunden hat. Es stand im spitzen Winkel zu deren Grundriß und war viel zu klein, um die Gemeinde aufzunehmen. Alle Vermutungen gehen deshalb dahin, daß es sich hier um einen Teil der karolingischen Wehranlage zum Schutz des Siegübergangs handelt. Denn inzwischen haben Ausgrabungen im Bereich der Oranienstraße die Existenz einer tiefer gelegenen Siedlung erwiesen, die noch in der Flußaue zu Füßen des unteren Siegbergs lag. So ließe sich auch eindeutig klären, warum die Urkunde des Jahres 1224 von Siegen als »de novo constructi« spricht. Diese Stadt wäre dann tatsächlich als Neugründung über dem alten Siegen anzusehen. Zu solchen Hypothesen stimmt schließlich auch die Tatsache, daß die Martinikirche bis weit ins Mittelalter außerhalb der Stadtmauern stand.

Von der Martinikirche führt heute ein Weg durch das ›Corps de logis‹ des *Unteren Schlosses* auf den recht weitläufigen Platz, welchen die großzügig dimensionierte Dreiflügelanlage bildet. Sie ist keineswegs das erste repräsentative Gebäude an dieser Stelle, zuvor hatte hier der ›Nassauer Hof‹ gelegen, erster Wohnsitz jener Linie des Nassau-Siegener Grafenhauses, die dem reformierten Bekenntnis anhing. Die Initiative zur Gründung eines neuen Schlosses geht vom ›Brasilianer‹ Johann Moritz aus. Ihn hielt es jedoch nicht lange in dieser Stadt, größere Aufgaben rufen den Regenten an den Niederrhein nach Kleve, und dort verwirklicht er jetzt seine ehrgeizigen Bauvorhaben. So bleibt für Siegen nur die 1669 fertiggestellte Fürstengruft, die der niederländische Architekt Maurits Post im Auftrag des abwesenden Herrschers schuf. Erst unter dem Nachfolger Johanns entsteht dann zwischen ihr und dem ›Nassauer Hof‹ wirklich ein Schloß, doch hat diese Herrlichkeit nur ganze vier Jahre Bestand, es sinkt beim Stadtbrand 1695 samt der alten Residenz in Trümmer. Vernichtet wird auch seine wertvolle Gemäldegalerie mit Werken der großen niederländischen Meister.

Unversehrt blieb damals allein die Fürstengruft, und von ihr hat – jedenfalls nach allem, was wir wissen – der Bau des heutigen Schlosses seinen Ausgang genommen. Sie wurde als vorgegebener Mittelpunkt ins Corps de logis integriert, darüber führte man die 1715 geweihte Kapelle auf. Ansonsten ist die Entstehungsgeschichte der Anlage nicht völlig geklärt, sicher scheint indessen, daß sie 1721 mit der Umwandlung eines ursprünglich viereckigen Stadtmauerturms zu seiner heutigen, so charakteristischen Gestalt ihren Abschluß fand. Jener ›Dicke Turm‹ stand damals isoliert, und erst viel später hat man ihn mit dem nördlichen Trakt des Schlosses verbunden. Dieser Kurländer Flügel (so genannt nach der Witwe des vorletzten Landesherrn, einer Prinzessin von Kurland) war übrigens Stein des Anstoßes für die katholische Linie, eben weil er einen Teil des Stadtberings einschloß, was ihm auch jetzt noch vom Kölner Tor her ein äußerst wehrhaftes Aussehen verleiht.

Auch das neue Schloß verschonten die Flammen nicht, nach 1915 mußte sein Corps de logis saniert werden. Den Vorzug erhielt dabei die Version des Architekten Reinhard, der (an der Platzfront) fast die ganze Dachzone zugunsten eines dritten (Halb-)Geschosses stark verschmälerte und den – nicht ursprünglichen – Mittelrisalit mit einem schlichten Giebel überfing. So setzt immer noch ein nach dem Platz hin offener, recht schmaler Bogengang den stärksten architektonischen Akzent. Unter seinen Arkaden springt wandseitig die sandsteinerne Rahmung des Gruftportals nur wenig hervor; ihre flachen Wandpfeiler krönen ionische Kapitelle, denen der nur durch eine Inschrift geschmückte Tragbalken aufliegt. Sehr viel verschwenderischer ist die zweiflügelige Tür von 1669 gestaltet, zweifellos ein hervorragendes Beispiel des Siegerlandes Eisengusses. Es waren nicht wenige Zeitgenossen, welche allein die Herstellung eines Werks von solcher Größe für unmöglich erklärten. Daß gleich-

Siegen, Unteres Schloß mit Mühlenweiher, Zustand um 1850, Aquarell von Jakob Scheiner

DAS SIEGERLAND

falls die ornamentalen Motive, vor allem natürlich das zentrale Wappen des Hauses mit den nassauischen Löwen, einen derart hohen künstlerischen Reiz haben, bezeugt über die technische Leistung hinaus den hohen Standard des Gewerbes.

Hinter dieser Tür führen ein paar Stufen abwärts zur eigentlichen Begräbnisstätte, hier ruhen unter anderem dreißig Angehörige des Hauses Nassau-Siegen, wenn man den nachträglich hinzugefügten und wohl auch fehlerhaften Aufschriften über den Grabplatten glaubt. Von diesen Platten stammen nur noch eine gußeiserne (bezeichnet 1750) und eine hölzerne (1771) aus dem 18. Jahrhundert, alle übrigen sind später eingefügt. Die Nischen liegen in zwei Reihen übereinander, und an der Decke kann der Besucher heute noch die Flaschenzüge sehen, mit denen die Särge auf die Höhe der Wandöffnungen gezogen wurden. Die ganze Anlage (das nächstgelegene Beispiel für eine Nischengruft findet man übrigens im Franziskanerkloster zu Hadamar, gleichfalls einer nassauischen Residenz) hat die Form eines Kreuzes, an dessen Kopfende die Grabnische des Bauherrn eingelassen ist, darüber steht die marmorne Halbfigur des Fürsten von Bartholomäus Eggers. Die Mitte des Raumes aber nimmt das (hölzerne) Modell jener prunkvollen Tumba ein, die der Siegener Hermann Pithan für das Klever Grabmal gegossen hat. Dort, am Fuße des Papenbergs, blieb aber nur das Herz des Fürsten, seine Gebeine überführte man nach Siegen.

Johann Moritz von Nassau-Siegen (1604–1679) war sicher die bedeutendste Persönlichkeit aus dieser Linie und sicher auch die weitestgereiste. Der später zum Souverän über den Freudenberger Anteil der kleinen Grafschaft testamentarisch eingesetzte Johann hat sich insgesamt nur wenige Jahre hier aufgehalten, 1621 tritt er in die militärischen Dienste der Niederlande, seine 1632 mit Hilfe der Schweden durchgesetzte anteilige Landesherrschaft bleibt Episode, schon 1636 wird er ihrer wieder enthoben. Gleichfalls 1636 lernt er den späteren Großen Kurfürsten kennen und bricht im Namen der ›Westindischen Compagnie‹ nach Brasilien auf, wo er während seiner achtjährigen Statthalterschaft erste Anstrengungen zur Demokratisierung dieser Kolonie unternimmt. Als die Kompanie endgültig von ihm abrückt, kehrt er nach den Niederlanden zurück, dort beruft ihn die Armee der Generalstaaten in ihre Führungsspitze. 1645 rückt er in Siegen ein und kann jetzt seine Ansprüche durchsetzen, doch schon zwei Jahre später ernennt ihn Friedrich Wilhelm von Brandenburg zum Statthalter seiner westlichen Besitztümer Kleve, Mark und Minden. Von nun an reißt die Kette ehrenvoller Berufungen nicht mehr ab. 1668 erhält Johann Moritz den Titel ›Generalfeldmarschall der Niederlande‹, die ihn 1674 als Gouverneur von Stadt und Provinz Utrecht einsetzen. Die letzten Jahre seines Lebens entsagt der Fürst mehr und mehr »dieser vergänglichen, nichtigen Welt«, er wohnt jetzt und »solange meine Sanduhr noch läuft in einem Häuschen, von Planken gemacht, viel zufriedener als der mächtige König von Frankreich mit all seinen von Christenblut getränkten Eroberungen«.

Ganz in der Nähe des Unteren Schlosses liegt *Mariä Himmelfahrt*, die ehemalige Jesuitenkirche. Der zum Katholizismus übergetretene Johann der Jüngere hatte den Orden nach Siegen geholt, er sollte die gegenreformatorischen Absichten des Regenten unterstützen. Als aber die protestantische Partei im Dreißigjährigen Krieg die Oberhand gewann, mußten die Jesuiten zeitweilig die Stadt verlassen. Ihr Gotteshaus, in dessen Umgebung allein sich noch wenige Gassen der historischen Altstadt erhalten haben, wurde nach den Plänen des Laienbruders Anton Hülse erbaut. Die Vollendung und Weihe der Kirche erlebte Hülse nicht mehr, er starb bereits 1712 und fand im noch nicht fertiggestellten Gotteshaus seine letzte Ruhestätte. Der Orden verdankt ihm außer der Siegener noch seine Coesfelder und Paderborner Kirche, beides Schöpfungen von beachtlichem Rang. Wer allerdings deren ungleich aufwendigere Westfassade hier vermißt, sollte bedenken, daß die Erbauer strenge Auflagen hinsichtlich der Außengestaltung zu akzeptieren hatten, auch sind die Pläne Hülses nur vereinfacht ausgeführt worden. Doch zeigt immerhin die schöne Haube des Turms barocken Schwung, den allerdings nur die Bewegtheit der Dachzone noch aufnimmt. Die Hand des Architekten zeigt sich vor allem im Innern, dessen Abfolge von recht weit in den Saal gezogenen Wandpfeilern und Seitenkapellen deutlich an das Coesfelder Schema anknüpft.

Der großzügig gestaltete Treppenaufgang zur *Nikolaikirche* (Abb. 113) – rechter Hand liegt der 1783–1788 errichtete und oft veränderte Kern des *Rathauses* – führt zu einem Gebäude, dem das Schicksal aller älteren Siegener Baudenkmäler nicht erspart blieb: ständige, einschneidende Veränderungen des ursprünglichen Zustands, der sich deshalb kaum noch bestimmen läßt. Dabei ist die Anlage des Gotteshauses zweifellos die originellste des gesamten Raums. Eindrucksvoll beherrscht der sinnfällig gegliederte, in vier Geschosse unterteilte Westturm das Stadtbild, wozu besonders seine neue Farbfassung beiträgt. Solche Klarheit des Aufbaus fehlt den übrigen Teilen der Kirche; um sie als architektonisches Ganzes wahrzunehmen, bedarf es eingehender Inaugenscheinnahme. Tatsächlich hat ja manchen kundigen Betrachter das Bild des Gotteshauses so sehr irritiert, daß er einen Wechsel der Konzeption während seiner Entstehung annahm.

Im Innern (Abb. 114) erweist sich jedoch die Einheitlichkeit der Anlage, die neuere Forschungen zweifelsfrei bestätigt haben. Die sechsseitige zentrale Halle umgibt ein Kranz aus acht Jochen, von denen sich allerdings nur die drei im Norden und im Süden entspre-

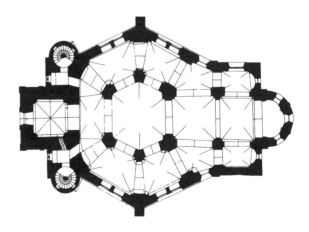

Siegen, Nikolaikirche, Grundriß

DAS SIEGERLAND

Siegen, Nikolaikirche, Turmkrone

chen. Das östliche Gewölbefeld ist dagegen doppelt so lang wie das westliche, es leitet zum einjochigen Chorbereich über, in dessen leicht ausgenischte Nebenschiffe auch die je drei seitlichen Joche einschwingen. Die Apsis besitzt nicht mehr ihre ursprüngliche Kleeblattform, doch bestätigen vorstehende Mauerreste am Kuppelansatz zwischen den Fenstern ihr früheres Vorhandensein. Dieser Chorschluß erweist die Zugehörigkeit des Gotteshauses zum Typus der südwestfälischen Hallenkirche, mit vielen seiner Vertreter hat es auch die kuppeligen Gratgewölbe und den trapezförmigen Grundriß der Seitenschiffjoche gemeinsam.

Solche Bauformen, aber auch Details wie die Rundbogenfriese an Turm und Apsis lassen auf eine Entstehungszeit in der ersten Hälfte des 13. Jahrhunderts schließen, wobei der Turm sicher später vollendet worden ist. Nach 1450 wurde die Nikolaikirche gotisiert, eine Umgestaltung, von der noch heute das Maßwerkfenster an der Nordseite des Chors zeugt. Stärker verändern die baulichen Maßnahmen ab 1652 das Erscheinungsbild der Kirche. Johann Moritz ließ im Innern nicht allein hölzerne Emporen einbauen, deren Anordnung dem eigentümlichen Charakter des Gotteshauses widersprach und den Pfeilern um die zentrale Halle ihre halbrunden Vorlagen kostete, auf ihn geht auch die gegenwärtige Ansicht der Turmspitze zurück. Über barocker Haube und Laterne erinnert das sogenannte ›Krönchen‹, noch heute Wahrzeichen der Stadt, an die Erhebung des Landesherrn in den Reichsfürstenstand.

Die erheblichen Eingriffe 1903/04 und die Ergebnisse der Restaurierung 1937–39 wurden beim Wiederaufbau nach dem Zweiten Weltkrieg teilweise rückgängig gemacht, die markanteste Veränderung betraf jetzt die Abschlußzone, wo nun die Folge von Zelt-, Walm- und

Kegeldach sowohl der Zentralbauweise wie der Ost-West-Erstreckung dieser Kirche Genüge tun will. 1975/76 schließlich erhielt sie ihre neue Farbfassung, die zur würdigen Präsentation des einzigen Hallenhexagons der deutschen Romanik entscheidend beiträgt.

Die Burgstraße hinauf führt der Weg bald durch das äußere Torhaus in den Innenhof des *Oberen Schlosses* (Abb. 112). Seinen Namen erhielt es erst zu Beginn des 18. Jahrhunderts, als Siegen zwei solcher Residenzen innerhalb seiner Mauern besaß, die man nun auseinanderhalten mußte. Von einer befestigten Anlage auf dem höchsten Punkt des Siegbergs berichten die Quellen erstmals 1259, doch ist die Burg an dieser Stelle sicher älteren Datums. Daß ihre Baugeschichte recht verwickelt gewesen sein muß, läßt noch das jetzige Schloß mit seinem Grundriß in der Form eines unregelmäßigen, nach Westen hin offenen Fünfecks erkennen. Und auch heute noch leuchtet dem Besucher, der vom Schloßturm aus einen weiten Blick ins Land tun kann, ohne weiteres ein, warum den Kölner Erzbischöfen am halben Besitz der Burg nicht weniger gelegen war als an dem der halben Stadt.

Ein Abkommen über die beiderseitige Nutzung aus dem Jahre 1343 gibt denn auch eine ungefähre Vorstellung vom damaligen Aussehen der Burg. Es legt fest: »Die Burg zu Siegen wird so geteilt, daß der Erzbischof die Hälfte nach der Sieg, die Grafen die Hälfte nach der Weiß zu erhalten; Turm, Tor, innerer Hof und Brunnen sollen gemeinschaftlich sein.« Die hier gemeinte Anlage wurde ab 1500 stark verändert, aus dieser Bauperiode stammt das ›Bischofshaus‹, wohl der älteste Teil des heutigen Schlosses. Sein Inneres, vor allem die Halle vor dem Oraniersaal, ist auch heute noch durch die spätgotische Architektur der Entstehungszeit geprägt. Was damals mit dem nach Südwesten anschließenden ›Grafenhaus‹ geschah, bleibt ebenso im dunkeln wie dessen weitere Geschichte, jedenfalls stammt es in seiner jetzigen Form erst aus der Zeit um 1700.

Während des Jahrhunderts nach dem Umbau müssen – jedenfalls nach Auskunft der nassauischen Chronik – die Gebäude immer mehr heruntergekommen sein, lobt doch ihr Verfasser Johann den Mittleren, den ersten Landesherrn der Grafschaft Nassau-Siegen, er habe »Schloß und Haus, welches ziemlich verfallen gewesen, ganz zierlich und hübsch wiederum repariert und gebaut (...) wie den Garten hinter dem Haus von neuem artig zurichten lassen«. Er gab auch der Anlage einen festungsähnlichen Charakter; erfahrener Kriegsmann, der er war, kannte Johann die Feuerkraft der modernen Waffen und traf seine Vorkehrungen, um das Wehrsystem der Anlage den neuen Gegebenheiten anzupassen. Die Stadt hatte sich zu dieser Zeit schon bis zur Residenz hin ausgedehnt, und ihre Mauern waren mit denen der Burg verbunden.

Die Brücke zwischen ›Bischofs-‹ und ›Grafenhaus‹ bildet das östlich angefügte ›Haintor‹ (eine heute mißverständliche Bezeichnung, das Haintor der Stadtbefestigung lag weiter südlich). Das Haintor und das Torhaus als nordwestlicher Abschluß geben der Anlage ihre eigentümliche Form, die der rückwärtig gegen den ältesten Teil der Burg vordringende Eckbau noch zusätzlich kompliziert, zumal seine welsche Haube die Dachlandschaft eindeutig beherrscht.

Seit 1905 dient das Schloß als *Museum des Siegerlands;* 1937 vergrößert, zeigt es heute repräsentative Sammlungen zu Kultur und Geschichte der Region, einige Abteilungen sind

DAS SIEGERLAND

den Nassauern und verdienten Söhnen des Landes gewidmet, allen voran Johann Heinrich Jung-Stilling (s. S. 339f.) und dem Pädagogen Friedrich Wilhelm Adolf Diesterweg. Glanzstück des Museums aber ist der Rubenssaal, der – neben anderen Gemälden von Zeitgenossen – acht Originale des flämischen Malers präsentiert. Nach Siegen hatte man Vater Rubens wegen einer amourösen Affäre mit Anna von Sachsen, der Gemahlin Wilhelms des Schweigers, verbannt, und hier wurde 1577 Peter Paul Rubens geboren. Und obwohl die Familie ihr Exil wieder verläßt, als der Sohn ganze zwei Jahre zählte, hat die Stadt ihm stets ein ehrendes Andenken bewahrt. Seine Werke hängen richtig im eindrucksvollsten Raum, auf dessen Kamin und kunstvoll gestalteten Erker der Besucher auch dann ein Auge haben sollte, wenn ihn die Gemälde zuerst gefangennehmen.

Wie schon angedeutet, lohnt sich bei klarem Wetter der Aufstieg in den Schloßturm. Der Blick erfaßt von hier oben auch das Siegen der Stadtwerbung, also eine Metropole im Grünen und auf den – oft apostrophierten – sieben Hügeln, eigentlich eine reizvolle Lage. Die Planer können sich demnach kaum damit entschuldigen, die Stadt hätte kein schöneres Gesicht verdient gehabt.

Zwei Sehenswürdigkeiten sollen wenigstens erwähnt werden, die Eremitage bei Wilnsdorf-Niederdielfen und die Schulkapelle Siegen-Trupbachs. In der sogenannten ›Eremitage‹ liegt die zwischen 1677 und 1685 errichtete *Wallfahrtskapelle Unserer Lieben Frau,* deren vier Konchen sich unter einem Kuppeldach mit hohem Dachreiter zu einem ausgewogen proportionierten Zentralbau zusammenfügen. Der Schlichtheit ihres Äußeren entspricht heute die ihrer Ausstattung, sieht man vom Barockaltar (1739) aus Henglarn ab, der an dieser Stelle erst nach 1945 aufgestellt wurde. Hier, wo anfangs des 18. Jahrhunderts tatsächlich ein Eremit lebte, setzte man 1707 den letzten katholischen Erbprinzen bei, doch fiel auch sein Grabmal den Kampfhandlungen des Zweiten Weltkrieges zum Opfer.

Ein Kirchlein ganz anderer Art ist die *Schulkapelle* in **Trupbach.** Mittelpunkt eines schönen Ensembles gleicher Bauart, gibt ihr Fachwerk einige Rätsel hinsichtlich der Datierung auf. Ein Vorgängerbau dieser so charakteristischen Siegerländer Verbindung von Andachts- und Unterrichtsraum stand hier wohl schon 1620, das heutige Gotteshaus entstand 1738–40.

Stadt Freudenberg

Zur Stadt Freudenberg zählen heute siebzehn Orte im nordwestlichen Siegerland. Die Gemeinde, deren Grenzverlauf sich weitgehend an dem des historischen Amtes Freudenberg orientiert, wirbt heute mit der landschaftlichen Schönheit ihrer Mittelgebirgslage. Der Fremdenverkehr hat besonders während der letzten Jahre einen beachtlichen Aufschwung genommen, seit 1979 darf Freudenberg den Titel ›staatlich anerkannter Luftkurort‹ führen. Seine größte Attraktion ist aber nicht eine der zahlreichen Freizeiteinrichtungen oder ein einzelnes herausragendes Gebäude, sondern gleich der ganze ›Alte Flecken‹ Freudenberg, dessen geschlossene Fachwerkbebauung ihresgleichen sucht (Farbt. 22).

332

Der Erwerb des Titels Luftkurort fällt in den jüngsten Abschnitt Freudenberger Geschichte, sie beginnt mit einer Burggründung im 14. Jahrhundert. Auf diese Gründung verweist übrigens auch der Name des späteren Fleckens. ›Freidenberg‹ meint die Freiheit jener Burgbewohner (= Bürger), die sich zur Verteidigung der Anlage bereithalten mußten, dafür aber vieler Dienste und drückender Abgaben enthoben waren. Die Grafen von Nassau legten Wert darauf, daß hier am Rand ihres Territoriums eine gutbemannte Wehranlage entstand, sahen sie ihre Grenzen doch sowohl durch die Herren von Wildenburg wie das Haus Sayn bedroht. 1540 gründete man nach einem Brand die erste Siedlung außerhalb des Burgberings, die mit den Rechten eines Fleckens ausgestattet wurde. Der Stadtkern Freudenbergs hat ihren Grundriß bis heute bewahrt.

Zu dieser Zeit waren die Hämmer und Hütten um Freudenberg schon eine wesentliche Stütze des Siegerländer Eisengewerbes, boten sich doch die gefällereichen Bäche des Amtes für eine intensive Nutzung der Wasserkraft an. Übrigens stand hier die einzige 1555 im landesherrlichen Besitz verbliebene Hütte der Region; ein Umstand, dem die Nachwelt wesentlich eine genauere Kenntnis der damaligen Eisen- und Stahlproduktion verdankt: Nur der nassauische Regent besaß eine Verwaltung, aus deren Büchern sich der Werdegang eines solchen Betriebs derart genau ablesen läßt.

Das wichtigste Datum in der Geschichte des Fleckens aber ist der 9. August 1666, jener Hochsommertag, dessen drückender Hitze zwar ein Gewitter folgte, dem Gewitter aber kein Regen. Als der Blitz eines ihrer Häuser traf, waren die Bewohner außerstande, eine rasche Ausbreitung des Feuers zu verhindern; kaum ein Gebäude blieb verschont, sogar die Burg brannte nieder. Die Katastrophe traf Freudenberg hart, zumal es die Folgen des Dreißigjährigen Krieges noch nicht überwunden hatte. Doch dank der Unterstützung durch den Landesherrn Johann Moritz konnten die meisten Betroffenen schon ein Jahr später neue Häuser beziehen, die zum Teil allerdings noch auf den massiven Untergeschossen ihrer Vorgänger ruhten. Überhaupt ging man mit dem Baumaterial äußerst sparsam um, was von den alten Wohnstätten irgend taugte, wurde wiederverwendet.

Nur fünf Häuserzeilen staffeln sich an einem Hang, der sanft nach Osten hin abfällt. Dieses Gebiet des Kernbereichs rahmen südlich die Oranierstraße, westlich die Krottdorfer, nördlich die Kölner und östlich die Marktstraße. Die drei Straßenzüge dazwischen wirken – ganz im Gegensatz zu manch anderen Städtebauprojekten des Barock – keineswegs wie auf dem Reißbrett entworfen, sondern sind dem Verlauf der Höhenlinien angepaßt. Dennoch hat auch hier ein Plan zugrunde gelegen, der die Maße für alle wichtigen Einheiten in rheinischen Fuß festlegt, wobei man allerdings die Vorgabe für die Gebäudegrundrisse (25 × 35 Fuß) stets variierte. Dem entspricht die sehr abwechslungsreiche Gestaltung der Häuser; sie wirkt dem gemessenen Farbakkord mit dem Schwarz der Gerüste, dem Weiß der Gefache und dem Grau der Schieferdächer entgegen. Füllhölzer bilden Rauten und Andreaskreuze, Zierstreben schwingen S-förmig aus, die Eckpfosten werden durch geschnitzte Kapitäle betont, farbig sind Knaggen und Balkenköpfe gehalten.

Der Besucher kann beim Gang durch den Alten Flecken feststellen, daß sich die Häuser über drei Jahrhunderte auch den geänderten Wohnbedürfnissen anpassen mußten, die origi-

333

DAS SIEGERLAND

nale Substanz etliche Veränderungen erfuhr. Bei genauerem Hinsehen wird er denn auch einige meist im Giebelbereich erweiterte Gebäude entdecken, doch stören solche Maßnahmen kaum je die ausgewogenen Proportionen der einzelnen Objekte. Besondere Aufmerksamkeit verdient das Haus *Krottdorfer Straße 23/25* (Altes Rathaus, Haus des Gastes), es stammt noch aus dem 16. Jahrhundert. Wie andere Wohnstätten in Randlage kehrt es seine Traufseite der Straße zu, während die des Kerngebiets mit dem Giebel nach dorthin ausgerichtet sind. Die Dachzone des ganzen Ortsbildes aber beherrschen die Zwerchhäuser, von denen zuweilen sogar zwei das Hauptgesims unterbrechen. Den prächtigsten Anblick bieten die Gebäude an der oberen Oranierstraße. Ihr stattliches Aussehen wird noch dadurch hervorgehoben, daß sie die anderen, fast ausnahmslos doppelgeschossigen Häuser um ein bis zwei Stockwerke überragen. Sie sind denn auch mit einer Ausnahme (Nr. 37) nicht zur armen Zeit des Wiederaufbaus, sondern etwa achtzig bis hundert Jahre später entstanden. Beim Haus Nr. 37 fällt vor allem die Eingangstür ins Auge, deren kunstvolle Ausgestaltung selbst unter den vielen schönen Exemplaren des Alten Fleckens herausragt.

Wer mehr über Freudenbergs Vergangenheit wissen möchte, dem sei ein Besuch des *Stadtmuseums*, Mittelstraße 4/6, empfohlen. Führungen durch den Ort bietet das Städtische Verkehrsamt an.

Wenngleich keine Burg das Stadtbild Freudenbergs mehr krönt, so fehlt ihm doch der abschließende bauliche Akzent nicht. Überdies verdankt die *evangelische Pfarrkirche* der alten Wehranlage ihren Turm, der auch als Bauteil eines Gotteshauses seinem ursprünglichen Zweck diente: Noch im späten 17. Jahrhundert war er zur Verteidigung eingerichtet. Daß hier gleichfalls Gesetzesbrecher einsitzen sollten, mag heute seltsam anmuten, wirft aber ein bezeichnendes Licht auf den praktischen Sinn reformierter Glaubensstrenge. Der runde, weißverputzte Turm wechselt weiter oben ins Achteck, welches eine Schieferverkleidung zusätzlich betont. Seine welsche Haube mit der Laterne hat er wohl erst 1675 erhalten – auch die Kirche blieb ja vom Stadtbrand nicht verschont und mußte erneuert werden. Schon 1601–06 erbaut, beherrscht ihren Saal die (teilweise jüngere) Empore auf den originalen, grünmarmorierten Holzstützen, deren wuchtiges Profil ebenso wie der solide gearbeitete Kanzelkorb imponiert. Dahinter tritt die inzwischen freigelegte Ausmalung (bezeichnet 1606) der Kirche zurück, obwohl sie das Interesse der Besucher zuerst beanspruchen dürfte. Chorbogen und Fenster rahmt eine – auf den Putz aufgetragene – Architektur aus Diamantquadern (Chorbogen) und kapitellgekrönten Säulen (Fenster). Zu ihren strengeren Renaissanceformen steht die Anmut der floralen Ornamente in reizvollem Gegensatz.

Wenigstens zwei Orte der Gemeinde Stadt Freudenberg seien dem Besucher noch empfohlen. **Oberholzklau** gehört zu den ersten urkundlich erwähnten Dörfern des Siegerlandes, und seine Pfarrkirche stammt noch aus dem frühen 13. Jahrhundert. Das dreischiffige, ursprünglich nur zwei Joche lange Gotteshaus verkörpert noch den Typus der Siegerländer Hallenkirche, erfuhr aber zur Zeit der Gotik durchgreifende Veränderungen. Es erhielt nicht nur einen neuen 3/8-Chor, auch das Mittelschiff wurde erhöht, um die Maßverhältnisse in Einklang zu bringen. Einer Verlängerung der Kirche um ein Joch (1908–10) fiel ihr

ursprünglicher Westturm zum Opfer, der Helm des neu angefügten setzt über einem vierek-
kigen Grundriß an und geht dann ins Achteck über. – Innen zeigt ein Fresko der nördlichen
Seitenapside nach neuesten Erkenntnissen die Grablegung Mariens; kurz nach der Vollendung des Baus entstanden, wurde es später recht willkürlich überarbeitet.

Dem Gotteshaus ist seine alte Umgebung samt der Kirchhofsmauer erhalten geblieben; zu
ihr gehört auch das evangelische *Pfarrhaus* von 1608, dessen Erscheinungsbild seit damals
keine wesentlichen Veränderungen erfahren hat und das heute der älteste so genutzte Fachwerkbau Westfalens sein dürfte.

Die *evangelische Kirche* im südlicher gelegenen **Oberfischbach** ist wesentlich jüngeren
Datums. 1793–95 erbaut, trägt der schlichte, aber gut proportionierte Saalbau mit seinen
hohen rundbogigen Fenstern einen kräftig ausgeprägten und eigenwillig gestalteten
Dachreiter. Er knüpft deutlich an barocke Vorbilder an und wirkt doch wie der Stellvertreter
eines Westturms. Die Zuschreibung ›klassizistisch‹ dürfen vor allem der Orgelprospekt
(1820) und die mit ihm verbundene, obgleich etwas ältere Kanzel (1795) in Anspruch nehmen, deren schön gearbeiteter Schalldeckel vor allem wegen der Intarsien Aufmerksamkeit
verdient.

Die modernen Anbauten sind zurückhaltend ausgeführt und stören das Gesamtbild des
Gotteshauses nur wenig. Seine Lage über dem ehemaligen Kirchspielort, aber auch Oberfischbach selbst beeindruckt den Reisenden besonders, wenn er vom Süden kommt: Das
Dorf folgt den Tälern zweier Bachläufe, und viele seiner Fachwerkhäuser ziert ein Hauptgesims mit dem klassizistischen Dekor des Zahnschnitts, welches im 19. Jahrhundert derart
zwingend zum guten Ton gehörte, daß auch früher entstandene Gebäude diesen Schmuck
nachträglich erhielten.

Kreuztal

Auch die Gemeinde Stadt Kreuztal ist ein noch junges Gebilde, dessen Fläche ungefähr mit
der des ehemaligen Amtes Ferndorf übereinstimmt. Doch liegen ihre Orte größtenteils im
Schatten des sagenumwobenen Kindelsbergs, mit 618 Metern eine markante Erhebung der
Region und als solche jüngst durch einen neuen Aussichtsturm zusätzlich akzentuiert.
Kreuztal selbst, am Zusammenfluß von Littfe, Hees und Ferndorfbach gelegen, entwickelte
sich im 19. Jahrhundert zu einem Schwerpunkt der Eisen- und Stahlindustrie, namhafte
Firmen der Branche sind auch heute noch hier ansässig. Trotz der vielen Fabrikenkomplexe
kann indessen der Wanderer immer noch landschaftliche Idyllen entdecken, wenn auch
nicht ganz so häufig, wie der werbewirksame Hinweis auf die großen Waldflächen, welche
drei Viertel des Gemeindeareals einnehmen, glauben machen will.

Spricht man über die Kulturgeschichte des heutigen Kreuztal, ist es nur recht und billig,
die Ortschaft **Ferndorf** an erster Stelle zu nennen, das ›Berentraph‹ einer annonischen
Urkunde aus dem Jahre 1067. Keine Ansiedlung im Siegerland findet sich früher schriftlich
bezeugt, und während der folgenden Jahrhunderte hat Ferndorf stets eine gewisse Rolle in
den Überlegungen seiner geistlichen und weltlichen Herren gespielt, so wurde es 1467

DAS SIEGERLAND

Gerichts- und Amtssitz. Von seiner Bedeutung kündet desgleichen noch die *evangelische Pfarrkirche* in jenem charakteristischen Stil des Übergangs zwischen Romanik und Gotik, der die Hallenkirchen dieser Gegend insgesamt kennzeichnet. An den mächtigen Westturm mit seinem Kleeblattportal und die folgenden drei Joche des Langhauses (die Strebepfeiler sind jüngeren Datums) schließt allerdings eine 1887 fertiggestellte Neuschöpfung an, deren fast schon pompös gestaltetes Querhaus diesem Hallentypus fremd ist. Doch sosehr der Verlust des alten Chors bedauert werden mag, im Innern schärft der direkte Vergleich zwischen dem alten Programm und seiner späten ›Wiederaufnahme‹ den Blick für wesentliche Merkmale der ursprünglichen Konzeption. Ihre Stimmigkeit erweist sich gerade in den Abweichungen, welche der ansonsten um stilistische Nähe bemühte Baumeister aus dem späten 19. Jahrhundert vorgenommen hat. Zunächst hat der Betrachter denn auch den Eindruck, daß die neue Architektur nur die Konsequenzen aus der alten zieht, und wer wollte schließlich denjenigen, der über den ganzen Formenschatz einer Epoche im nachhinein verfügen kann, auf die getreue Kopie etwa der derb profilierten Kapitelle festlegen. Doch schon die markanten, im ringförmigen Schlußstein zusammenlaufenden Rippen trumpfen gegenüber den nur angedeuteten Graten der alten Gewölbe zu stark auf, und die scheinbar folgerichtige Ergänzung der drei halbrunden Pfeilervorlagen durch eine vierte zu den Seitenschiffen hin nimmt keine Rücksicht auf deren ohnehin geringe Breite, die jetzt noch beeinträchtigt wird. – Aufmerksamkeit verdient die vorzüglich gearbeitete gußeiserne Grabplatte des Velten (Valentin) von Hees (gest. 1559), über deren heimischen Schöpfer nur wenig bekannt ist und den man hilfsweise den Meister P. im Schilde nennt.

Krombach war Grenzort vor dem ›Kölnischen Heck‹, jener eigentümlichen Befestigung, die seit Anfang des 15. Jahrhunderts das nassauische Hoheitsgebiet gegen Übergriffe aus dem Herzogtum Westfalen sichern sollte. Die Bezeichnung ›Heck‹ oder ›(Land-)Hecke‹ ist durchaus wörtlich zu nehmen: Neben Wall und Graben (dessen Reste sich hier und da noch erkennen lassen) mußten kurkölnische ›Provokateure‹ einen nahezu undurchdringlichen, gelegentlich über 300 Meter breiten Dickichtstreifen überwinden, wollten sie Ansprüche auf das gräfliche Territorium gewaltsam geltend machen. Zur Reformationszeit schieden sich hier nicht mehr allein Brauchtum und Sprache (einen mitteldeutschen Dialekt sprachen sie diesseits, einen niederdeutschen jenseits der Landhecke), sondern auch die Bekenntnisse. Dennoch ist der Austausch von Wirtschaftsgütern zwischen den ungleichen Nachbarn nie ganz zum Erliegen gekommen; vor allem war das Eisengewerbe um Olpe auf die Zulieferungen aus dem Siegerland angewiesen (s. S. 97), als die heimischen Erzvorräte immer mehr zur Neige gingen.

Einige Jahrhunderte vor den Glaubenzwistigkeiten wurde die *evangelische Pfarrkirche* erbaut. Ihre gedrungene Erscheinung, die heute unverputzten Bruchsteinmauern und die Grenzlage haben manchen auf ihren Wehrcharakter schließen lassen, doch bestätigen weder ihre Anlage noch schriftliche Zeugnisse eine solche Vermutung. Interesse verdient vor allem das Innere des zweieinhalbjochigen Gotteshauses, das in manchen Details eine feinere Durchbildung verrät als andere Kirchen seiner Art. Schon die Kapitelle über den halbrunden Pfeilervorlagen sind sorgfältig gearbeitet und tragen ein im oberen Teil volutenartig einge-

336

Schloß Junkernhees, Zustand um 1870, Aquarell von Jakob Scheiner

rolltes Muster, einen Schmuck, nach dem der Betrachter in anderen Siegerländer Hallenkirchen vergeblich suchen wird. Vor allem jedoch an das Halbrund der Hauptapsis hat der Baumeister sein Können gewandt. Ihr Gewölbe ruht auf schlanken, vor die Wand gestellten Säulchen, deren kräftige Plinthen weit hochgezogen sind. Dieses Motiv hat man bei der Fenstereinfassung in kleinerem Maßstab wiederholt, hier spannt sich über den nur noch dekorativen Stützgliedern ein gemalter Bogen. Überhaupt beeindruckt die Farbfassung des Gotteshauses, die den freigelegten Überbleibseln des ursprünglichen ornamentalen Systems folgt. Es dürfte etwa zur Entstehungszeit der Kirche, also in der zweiten Hälfte des 13. Jahrhunderts, aufgetragen worden sein, während der einzig noch erhaltene Helm eines Sakramentshäuschens (an der nördlichen Wand der Turmhalle) der späten Gotik zuzurechnen ist.

Keine drei Kilometer westlich der Straßenkreuzung, nach der die Stadt Kreuztal benannt ist, liegt in jenem Dreieck, das hier der Zusammenfluß von Osthelde und Hees ausschneidet, *Schloß Junkernhees* (Umschlagvorderseite). Eine Familie des Namens Hees wird hier erstmals 1294 erwähnt; ihre Vertreter haben während der folgenden Jahrhunderte die Geschicke dieser Region nicht unwesentlich mitbestimmt, wovon die schon erwähnte Grabplatte in der Ferndorfer Kirche (s. S. 336) mittelbar Zeugnis ablegt. 1491 verfügten sie über einen Burgmannensitz an der Schloßstraße zu Siegen, der 1944 den Bomben zum Opfer fiel.

Die heutigen Gebäude stehen nicht für die älteste Wehranlage der Hees in dieser Gegend, die erhob sich nur einige Schritte nordostwärts aus der Ostheldeaue. 1372 bezeugt, hat die

DAS SIEGERLAND

ältere Wasserburg einem Zweig der Familie noch längere Zeit als Wohnsitz gedient, und erst 1808 wurde sie endgültig abgerissen. Für die neue Burg wählte man einen wesentlich günstigeren, vor allem hochwassersicheren Standort. Ihr – gleichfalls von Gräften umgebener – Bau war 1532 vollendet und erfuhr erst im letzten Viertel des 17. Jahrhunderts eine nun aber grundlegende Umgestaltung. Erhalten blieben nur die Bruchsteinmauern des Erdgeschosses, die Stockwerke darüber ließ der damalige Burgherr in Fachwerk aufführen. Es lag übrigens lange unter Verputz und ist erst um 1905 wieder freigelegt worden, während eine Schieferverkleidung die Rückseite des Gebäudes noch heute vor Wind und Wetter schützt.

Insgesamt bietet die Anlage ein recht unruhiges Bild, das auf eine ebenso bewegte Baugeschichte schließen läßt. Von ihr hat die Forschung jedoch weiter keine Kenntnis, und mithin bleibt auch unklar, wann die beiden Rundtürme so weit abgetragen wurden, daß ihre Schleppdächer die Abschlußzone der Junkernhees um einen wunderlichen Zug bereichern. Solche Unwissenheit kann jedoch die Bewunderung für die zwei imposanten Fachwerkgiebel keineswegs schmälern, von denen der reicher geschmückte dreigeschossige das Jahr des Bauabschlusses (1698) und den Namen des nachher eingeheirateten Bauherrn kundtut. Der zweigeschossige, nach Nordosten gewandte krönt ein ungewöhnlich breites Zwerchhaus. Es ist nicht wie andernorts üblich auf Mitte gesetzt, sondern ganz ans Ende des Daches gerückt und schließt so mit der Gebäudekante ab. Das Interesse des Besuchers dürfte auch der Wappenstein der Burggründer Adam von Hees und seiner Gemahlin über der Eingangstür wecken, besonders wegen der Figur des Wilden Manns, dessen gestreckte Extremitäten das charakteristische Motiv hessischen Fachwerks (s. S. 362) in eine wirklich ungebärdige Pose umsetzen. – Im Innern des heute als Hotel und Restaurant genutzten Hauses vermitteln noch der alte Rittersaal und die Küche darunter (jetzt Gasträume) einen Eindruck vom Leben der ehemaligen Bewohner, vor allem der Küchenfußboden mit seinen im Fischgrätenmuster verlegten Flußsteinen darf als ein typisches Beispiel bodenständiger Wohnkultur gelten.

Hilchenbach

Eine Fahrt den Ferndorfbach aufwärts nach Hilchenbach läßt die Geschlossenheit dieser Tallandschaft immer deutlicher werden. Im Osten wirkt die Lützel als Barriere, ein Höhenzug mit schroff abfallender Wand bildet die südliche Flanke, während die wesentlich sanfter geneigten Hänge der Rothaar die nördliche Grenze weit von der (als Achse gedachten) Flußaue weg verlagern. Die Tälchen zwischen den Erhebungen haben von jeher Siedlern mehr Raum geboten, und auch die Planer der Breitenbach-Talsperre (Abb. 36) haben aus solcher Gunst der Topographie Nutzen ziehen können. Hilchenbach selbst liegt gut geschützt zu Füßen des Rothaargebirges und ist Ausgangspunkt vieler Wanderungen hier im historischen Grenzraum, wo Siegerland, Sauerland und Wittgenstein zusammentreffen. Mehrere Naturschutzgebiete lassen sich vom Luftkurort aus erreichen, die Krone gebührt wohl dem *Elberndorftal* und seinen ausgedehnten Wollgrasbeständen wie den Orchideen-

338

wiesen. Der verantwortungsvolle Umgang mit der Natur in einem weiteren Sinne bestimmte das Leben zweier gebürtiger Hilchenbacher: Carl Krämer initiierte das erste deutsche Tierschutzgesetz, und ohne Wilhelm Münkers tatkräftigen Einsatz käme dem Jugendherbergswerk heute wohl kaum eine derart große Bedeutung zu.

Aber auch die gegenwärtigen kulturellen Aktivitäten der Gemeinde verdienen Respekt. Der Gebrüder-Busch-Kreis in Dahlbruch – der namhafte Dirigent Ernst und der Geiger Adolf Busch stammten aus dem Siegerland – bietet im gleichnamigen Theater neben Schauspielaufführungen auch Konzertabende an; darüber hinaus ist die Stadt Hilchenbach Sitz der Südwestfälischen Musikakademie, besser bekannt unter dem Namen Siegerland-Orchester. Sechzig jungen Tonkünstlern bietet sich hier (oft zum ersten Mal nach ihrem Studium) Gelegenheit, sinfonische Werke aller musikgeschichtlichen Epochen unter professionellen Bedingungen zu erarbeiten und einem größeren Publikum vorzustellen.

Von seiner besten Seite zeigt sich Hilchenbach im Bereich des *Marktes*, an dessen Südfront einige stattliche, reich verzierte Fachwerkhäuser den verheerenden Brand von 1844 überstanden haben (Abb. 116). Nur wenige Schritte nordöstlich und ein wenig abseits der Durchgangsstraße liegt die *Wilhelmsburg*, »ein ehemaliges nassauisches Landschloß«, wie die Mappe des Stadtmuseums sie nennt. Genaugenommen ist der heutige Bau das alte Amtshaus von 1776, etliche Jahrzehnte später wurde es um eine (Fenster-)Achse nach Westen erweitert. Doch hat dieses Amtshaus vier Vorgänger gehabt und steht auf dem Fundament des letzten, dessen Steine beim Neubau wieder Verwendung fanden. Jene 1690 errichtete Anlage war allerdings die Nebenresidenz der Siegener Fürsten, scheint indessen nach 1737 arg heruntergekommen zu sein. Aber auch als bloßes Baumaterial verhalf sie dem Amtmann Pagenstecher 1776 zum steinernen Dienstgebäude, während sich die Kollegen in den übrigen drei Ämtern des Siegerlands mit einem aus Fachwerk begnügen mußten.

Seit 1982 ist neben der Bücherei das *Museum* der Stadt in der Wilhelmsburg untergebracht; auf seine Bestände zu den früher neben Erzgewinnung und -verarbeitung hier ansässigen Gewerben (Raum 5) sei vor allem hingewiesen. Das fugenlose Ineinandergreifen von Gerberei, Leimindustrie und Filzfabrikation ließ die Abfallbeseitigung nie zum unlösbaren Problem werden, weil es nur wenig stoffliche Abfälle gab. Mit der Lohe, die man aus der Rinde der Haubergeichen gewann, wurden Tierhäute zu Leder verarbeitet, Fett und Unterhaut der Felle dienten als Materialien für die Leim-, deren Haare für die Filzherstellung. Ein solches Zusammenwirken fand nicht allein im Hilchenbacher Raum und nicht allein zwischen den angesprochenen Sparten statt, es kennzeichnet vielmehr die traditionelle Wirtschaft des Siegerlandes allgemein. Doch wird es dem Interessierten nur hier derart verständlich vor Augen geführt.

Als **Grund** noch kein Motiv nostalgischer Photographen war, sondern schlicht »ein Dörfchen, von seiner Lage zwischen den Bergen so genannt, an deren Fuße die Häuser zu beiden Seiten des Wassers hängen«, wuchs hier ein Knabe heran, dessen späteres Wirken sich weitab jener Bahnen vollzog, die ihm seine Herkunft eigentlich vorgeschrieben hätte. »Ich bin ein Sohn der Vorsehung, ohne ihre sonderbare Leitung wär ich entweder ein Schneider oder ein Kohlenbrenner«, schreibt er in seiner ›Lebensgeschichte‹. Sie, keineswegs das

DAS SIEGERLAND

Johann Heinrich Jung (genannt Stilling)

einzige, wohl aber das bekannteste Werk Johann Heinrich Jungs, genannt Stilling (1740–1817) hält die Stationen seines Werdegangs fest: Der Schneidergeselle und glücklose Dorfschullehrer wird ein berühmter Augenarzt sowie Professor der Ökonomie-, Finanz- und Kameralwissenschaften. Zuletzt führt er den Titel eines Großherzoglichen und Geheimen Rats.

Doch sagen solche biographischen Stichworte wenig über einen Menschen aus, der seine Lebensführung ganz der »göttlichen Fürsicht« anheimstellte. Der Großvater – die eigentliche Autorität seiner Jugend – hatte Verbindungen zu Wittgensteiner Separatisten unterhalten (s. S. 360), und sein Vorbild führte den Enkel unter den Horizont pietistischer Frömmigkeit. Doch dem zurückgezogenen Dasein dieser ›Stillen im Lande‹ (auch der Siegerländer führte ja den Beinamen Stilling) fühlte sich Jung nicht verpflichtet. Hatten die Glaubensgenossen seiner Wuppertaler Zeit den zuweilen recht spektakulären Auftritten Stillings als Staroperateur äußerst mißtrauisch gegenübergestanden, so glaubten sie den gemeinsamen Auftrag, der Niedrigkeit des Herrn »mit unserem Kreuz nach(zu)gehen«, durch die Annahme einer staatswissenschaftlichen Professur verraten. Tatsächlich müssen die spätaufklärerischen Positionen des Kameralisten Jung (sie prägen übrigens auch seine scharfsichtigen Empfehlungen zur Neuorganisation des Siegerländer Eisengewerbes) der Mentalität des Erweckten Jung widersprechen, wie der Glaube an den geschichtlichen Fortschritt kaum mit der Erwartung des Tausendjährigen Reiches übereinkommt. Und so mündet die äußere Lebensgeschichte Jungs erst in die ›innere‹ ein, als es ihm der Landesherr ermöglicht, ganz seiner religiösen Sendung zu leben.

In Grund (verschlüsselt: Tiefenbach) spielt also der erste, vom Straßburger Kommilitonen Goethe gehörig überarbeitete Teil der Autobiographie, ›Heinrich Stillings Jugend‹, nebenbei das einzige literarische Zeugnis jener Zeit, welches den bäuerlichen Existenzbedingungen ganze Aufmerksamkeit zuwendet. In Grund steht auch heute noch das nach einem Brand 1928 wieder aufgebaute Geburtshaus des Autors. Von ihm hat er oft den Weg hinauf zur Ginsburg genommen, und besonders schön liest sich dieser Gang in der ›Lebensgeschichte‹ Jungs, wenn er der innigen Vertrautheit seiner Eltern akkordiert. »Indem sie so redeten, kamen sie zu den Ruinen des Schlosses auf die Seite des Berges, und empfanden die kühle Luft vom Rhein her, und sahen wie sie mit den langen dürren Grashalmen und Efeublättern an den zerfallenen Mauern spielte und darumpfiff.«

»Vom Rhein her« will hier nicht bloß eine Himmelsrichtung umschreiben. Denn jenen letzten Wellenschlag bewegten Grüns bilden am Horizont die Erhebungen des Siebengebirges – einen klaren Tag vorausgesetzt –, bei weniger günstiger Wetterlage muß sich der Blick mit den umliegenden Höhenzügen des Sieger- und Sauerlands begnügen. Die *Ginsburg* macht heute einen weniger romantisch-ruinösen Eindruck als zu Stillings Zeiten (einmal ganz abgesehen davon, daß das Buschgotthardtshüttener Hammergewerkenhaus von 1820 etwas unterhalb der Anlage erst 1973 hierhin überführt wurde), entschlossene Restauratoren haben ihren Verfall aufgehalten, also Mauerteile und Fundamente gesichert, Gräben geräumt und zugeschüttete Gewölbe freigelegt sowie – kühn genug – den Bergfried wiedererstehen lassen. Doch gelten solche Anstrengungen einem Siegerländer Geschichtsdenkmal ersten Ranges, dessen eigene Historie mindestens bis ins 12. Jahrhundert zurückgeht. 1345 wird die Ginsburg erstmals beschrieben, und ihr späteres Aussehen wie ihr Umfang lassen sich dank der recht zahlreich erhaltenen Baurechnungen aus der Zeit zwischen 1450 und 1500 erschließen. Ihre große Stunde aber hatte sie im Jahre 1568, als der Oranier Wilhelm I. (der Schweiger) von hier aus die Befreiung der Niederlande vorbereitete und auf der Ginsberger Heide Truppen der Stammlande zusammenführte. Der hier aufgenommene Kampf gegen die spanische Krone sollte sich über viele Jahrzehnte hinziehen und Nassau Unsummen Geldes kosten. Die Quellen geben detaillierte Auskunft über die finanziellen Kalamitäten des Herrscherhauses, wesentlich seltener ist von den vielen gefallenen Landeskindern die Rede. Mehr Aufmerksamkeit fand das Schicksal jener, deren Interessen mit dem Ausgang des Konflikts enger verknüpft waren: Drei Söhne Wilhelm des Reichen blieben auf dem Schlachtfeld, den Schweiger traf die Kugel eines gedungenen Mörders …

In der Folgezeit verfiel die Burg immer mehr, und anstelle der Geschichte traten Sage und Märchen. Hier hauste der Mordbube Johann Hübner samt seinen rohen Kumpanen, der ein ebenso verdientes Ende fand wie wohl auch die ›Erzzauberin‹, die vor das glückliche Zusammenleben Jorindes und Joringels einen Käfig gesetzt hatte. Die gleichfalls durch Jung-Stilling überlieferte ›Historie‹ weiß im Gegensatz zum Grimmschen Märchen nur von der endlichen Befreiung Jorindes aus ihrem Vogelbauer wie aus ihrer Nachtigallenexistenz und nichts vom weiteren Schicksal der Alten. Die (nach Stilling) blutrote Blume, ohne die Joringels Vorhaben niemals geglückt wäre, fand der Jüngling in den Bergen um »das alte Schloß«. Und wer immer Sorge trägt, auch seine/ihre Zuneigung bedrohe eine solche Gefangenschaft, ist angehalten, hier vorsorglich nach dieser Blume Ausschau zu halten.

Vor der Wand des Buchener Walds erhebt sich **Stift Keppel,** schon seit 1781 eine Internatsschule. Seiner reizvollen Lage erweisen die modernen Um- und Anbauten allein noch durch ihren Anstrich Reverenz, dessen Gelb eindrucksvoll zum Dunkel der Tannen kontrastiert. Mithin muß das Bild davon, wie sich die Anlage einst gegen die Natur im Rücken behauptete, weitgehend der Phantasie überlassen bleiben, die Natur zu ihren Füßen –

341

DAS SIEGERLAND

sprich: die hochwasserführende Ferndorf – konnte ihr jedenfalls nichts anhaben: Schon die kaum wahrnehmbare Erhöhung, auf die man das (Nonnen-)Kloster gebaut hat, schützte vor den Fluten.

Als der Siegerländer Adelige Friedrich von Hain 1239 auf seinem Allod (Eigenbesitz, also ein niemand zu Lehen getragenes Land) ein Prämonstratenserkloster gründete, hatte der Orden schon viel von seiner Anziehungskraft zugunsten der Zisterzienser eingebüßt – die Bedeutung früherer Prämonstratenser-Stiftungen sollte Keppel zu keiner Zeit erreichen. Kurz nach der Reformation allerdings machte es sich einen Namen als (nun protestantische) Stiftsschule, die sowohl weiblichen Angehörigen des Adels wie Bürgertöchtern offenstand.

Das weitaus älteste Gebäude der heutigen Anlage ist die *Kirche,* wenngleich ihre Geschichte nicht bis in die Gründungszeit des Klosters hinabreicht. 1275 geweiht, sind ihre Formen weitgehend von der frühen Gotik bestimmt. Die auffälligste Architektur zeigt zweifellos der 5/8-Chor; die tief herabgezogenen Grate seines Schlusses strahlen fächerförmig vom Scheitelpunkt aus. Daran schließt ein schlichter, seit 1908 wieder flachgedeckter Saal schwer bestimmbaren Alters an. Zwar trägt das Portal die Jahreszahl 1779, doch hat man es dem Bau offenbar erst später hinzugefügt, jedenfalls weisen andere Elemente (etwa die Wandpfeiler) auf ein wesentlich früheres Entstehungsdatum hin. Der leider ziemlich verbaute Westabschluß ist in zwei Geschosse gegliedert, deren oberes als Nonnenempore diente. Hier wohnten die Klosterinsassinnen dem Gottesdienst bei, streng abgeschieden von den übrigen Kirchenbesuchern, wie es die Regel vorschrieb.

Nicht allein wegen der ungewöhnlichen Form seines Gewölbes zieht der Chorschluß die Blicke auf sich, sondern auch wegen des 1701 dort aufgestellten Altars, eines für Siegerländer Verhältnisse recht imposanten Stücks. Hoch ragt das Kruzifix mit der älteren, noch gotischen Figur des Gekreuzigten ins Gewölbe, im übrigen besitzt der Aufsatz – dem Stil der Zeit entsprechend – einen starken architektonischen Akzent. Unter dem gekröpften Giebel rahmt je ein Paar gedrehter Säulen einen oberen, kleiner dimensionierten wie den beherrschenden unteren Teil des Retabels, die zusätzlich durch ein Gebälk voneinander abgesetzt sind. Zu beiden Seiten dieses Aufbaus finden sich zwei Darstellungen der hl. Elisabeth, oben die des Evangelisten Johannes und der Gottesmutter. Etwas derber als der Altar ist die knapp zwanzig Jahre ältere Kanzel ausgeführt, ihre vier Felder zeigen die Evangelisten mit ihren Symbolen. Nur wenig später (1685) entstand auch der Orgelprospekt, während das kaum verzierte Chorgestühl der späten Gotik zugerechnet werden muß. 1464 wurde das steinerne Epitaph unter der Kanzel geschaffen, 1748 die jüngste der übrigen achtzehn Eisengußplatten. Sie bedecken beinahe den ganzen Boden des Chorraums und künden von vielen längst erloschenen Adelsgeschlechtern des Siegerlands und seiner Umgebung.

Von den älteren Klostergebäuden steht nur noch der Flügel, in dessen Fassade eine Inschrifttafel mit der Jahreszahl 1733 eingelassen ist. Dieses wohl erst zwischen 1747 und 1752 errichtete ›Neue Haus‹ wurde an den südlichen Chorbereich der ehemals frei stehenden Kirche herangebaut und birgt heute noch den noblen ›Roten Saal‹ (Abb. 117) mit einer Rokoko-Stuckdecke wie einem gleichfalls stuckierten Kamin. Hier hat – gleich neben dem Eingang – auch die Stiftsverwaltung ihren Sitz, die den Schlüssel zur Kirche verwahrt.

Müsen, Zustand um 1849/50, nach einer Chromolithographie von Jakob Scheiner. Rechts hinter der einzelnen Fichte das Versammlungs- und Bethaus der Knappen (s. auch Abb. 115)

Ein wenig abseits der Straße durch Ferndorftal liegt der kleine Ort **Müsen** (Abb. 115). Eingefaßt von breitgelagerten Höhenzügen, nimmt er sich recht idyllisch aus, und kein Unbefangener möchte heute in ihm jenes Bergbauzentrum des nördlichen Siegerlands vermuten, als das Müsen bis an die Schwelle unseres Jahrhunderts weithin bekannt war. Ein Wanderer allerdings, der mit wachen Augen etwa die Martinshardt durchstreift, wird auf viele Spuren der 1931 eingestellten Erzförderung stoßen, ganz abgesehen davon, daß ihn im Unterdorf ein *Schaubergwerk* nebst dem einschlägigen *Museum* über die einstige Bedeutung dieses Reviers unterrichtet. Mancher bemooste Steinhaufen entpuppt sich hier oben als Halde, eingesunkenes Erdreich als Pinge und ein Stück Rinne als Teil jener Wasserkunst, ohne die vorzeiten kein Pochwerk und kein Blasebalg in den Hütten Dienst getan hätten. Ihr verdankt auch das Müsener Freibad – übrigens eines der größten Südwestfalens – sein Entstehen, hier staute man einst das Wasser zum Unteren Hüttenweiher.

Doch gründete der Ruhm des Ortes ja nicht zuallererst auf der Eisengewinnung, sondern auf der Erzförderung. Das ›Mekka der Bergleute‹ hieß Müsen wegen seiner Gruben, unter denen wiederum die Grube Stahlberg den glanzvollsten Namen besitzt. Ihretwegen, von der erstmals 1313 eine Urkunde berichtet, nennt Johann Philipp Becher in seiner ›Mineralogischen Beschreibung der Oranien-Nassauischen Lande von 1789‹ die *Martinshardt* »den merkwürdigsten, den reichsten Berg Nassaus«. Hier beutete man den sogenannten Stahlberger Stock aus, der nicht nur ein hochwertiges Spateisenerz lieferte, sondern sich auch – und das unterschied ihn von allen anderen Siegerländer Gängen – durch seine ungewöhnliche Mächtigkeit auszeichnete. Er ließ den eindrucksvollen Etagenbau (und damit eine besonders

DAS SIEGERLAND

Müsen, Grube Stahlberg, Zeichnung von Fr. Schenck, um 1836

rationelle Ausbeutung des Erzgangs) zu, und auch in solcher bergtechnischen Leistung lag der Ruf dieser Grube begründet. Desgleichen trugen die guten Befahrungsmöglichkeiten des Stocks zu recht günstigen Arbeitsbedingungen bei; daß die Gesundheit der Bergleute dennoch äußerst gefährdet war, betont schon Becher: »In Müsen sind bei 120 Haushaltungen jetzt 41 Witwen. Gewiß eine große Zahl. Ihre Männer sind aber nicht auf der Grube todt geblieben, sondern sie sind meist eines langsamen Todes gestorben, welche ihnen eine Art Auszehrung in den besten Jahren bereitete, die mit einer Engbrüstigkeit anhebt. Meist waren es Arbeiter des Stahlbergs.«

Der bedeutende Mangangehalt des Müsener Spateisensteins garantierte die große Zähhärte und damit die Güte des ›Müsener Grunds‹. Nicht zufällig durften die sechs Hüttenwerke des Bezirks, die allein in den Siegerländer Quellen als ›Stahlhütten‹ auftreten, nur Erz aus der genannten Grube verarbeiten, eine entsprechende landesherrliche Verordnung sollte offensichtlich für die gleichbleibend hohe Qualität des erzeugten Rohstoffs garantieren.

Über der Wichtigkeit des Eisenerzabbaus vernachlässigen die Chronisten zuweilen die keineswegs unwichtige Förderung anderer Metallerze, obwohl ihr Wert durch manche Jahre hindurch dem des Eisenerzes gleichkam. Neben Kupfer, Blei und Zink gewann man hier auch Silber, nach dem um Müsen schon sehr früh geschürft wurde. Die Sage erzählt vom Altenberg, auf dem in grauer Vorzeit eine blühende Stadt gestanden habe. Wo sich jetzt nur eine karge Heide erstreckt, hatten vorzeiten Menschen gelebt, die durch das edle Metall zu unermeßlichem Reichtum gekommen waren. Doch – den Kenner solcher Art Überlieferung wundert es nicht – verblendete der Glanz irdischer Güter ihren Sinn, während einer entsetzlichen Hungersnot ließen sie ihre Wagen auf Rädern aus Kuchen rollen, die Bedürftigen aber trieben sie mit Peitschenhieben von ihrer Schwelle. Als die Bewohner der Stadt aller Mahnungen zur Einkehr nur spotteten, kam solche Hoffart endlich vor den Fall, Feuer und Schwefel regneten vom Himmel herab auf die gottvergessene Stadt, und nicht einen ihrer Bewohner verschonten sie.

Wer heute von Müsen aus zum *Altenberg* hinauffährt, wird mit dem historischen Kern der Sage konfrontiert. Auf dem landschaftlich reizvollen Plateau sind die Fundamente einer Siedlung aus dem 13. Jahrhundert freigelegt, deren Bewohner sich hier für längere oder kürzere Zeit mehr schlecht als recht einrichteten. Offenbar ging es ihnen – diesen Eindruck gewannen jedenfalls die Ausgräber – nur um das begehrte Metall, nach dem sie hier auf eigene Rechnung und eigenes Risiko suchten. Zentrum der mittelalterlichen Anlage war ein solide ausgeführtes Turmhaus, in sein Mauerwerk wurde ein Aussichtsturm gesetzt. Von hier oben hat der Betrachter einen guten Blick über die gesamte Siedlung, durch die jetzt ein Rundweg führt. An sechzehn Stationen geben die ergrabenen Reste zusammen mit den Hinweisen und Erklärungen ein instruktives Bild des Bergbaus im 13. Jahrhundert, wobei die Tafeln auch nicht verschweigen, daß noch manches Rätsel zu lösen bleibt. Solche Vorsicht aber tut dem Wert des Unternehmens keinen Abbruch, und die hoffentlich zahlreichen Besucher werden den Verzicht auf die fragwürdige Anschaulichkeit waghalsiger Rekonstruktionen zu würdigen wissen.

Das Johannland und Wilnsdorf

Das Wort Johannland begegnet oft in der Gemeinde **Netphen,** was es mit ihm auf sich hat, bleibt dem Besucher oder Feriengast allerdings häufig unklar. Wenn er jedoch mit dem Siegerland auch nur flüchtig vertraut ist, werden ihm die Kruzifixe und Andachtsbilder am Straßen- bzw. Wegesrand ins Auge fallen, ferner die Vielzahl katholischer Kirchen: Beides nämlich unterscheidet gleich auf den ersten Blick diese Gemeinde von den übrigen der Region.

Die genannten Besonderheiten aber haben einen engen Bezug zum Namen Johannland. Als sich Johann VIII. der alten Kirche zuwandte und daraufhin ganz Nassau-Siegen ein Bekenntniswechsel drohte, konnte Johann Moritz einer solchen Entwicklung für den größten Teil der Grafschaft zwar Einhalt gebieten (s. S. 328), doch erkannte auch er die testamentarisch zugesicherte Herrschaft der katholischen Linie über das östliche Landesdrittel an. Dessen Kern, eben das ehemalige Amt Netphen, blieb – jedenfalls in seinem oberen Teil – bis heute überwiegend katholisch. Etliche der Gotteshäuser bergen gut gearbeitete barocke Statuen, die wertvollste findet man in der neuen *Kapelle* zu **Werthenbach.** An der 83 Zentimeter hohen Madonna besticht vor allem der wild bewegte Faltenwurf ihres blauen Mantels, der zur Entrücktheit ihres Gesichts nur insofern zu stimmen scheint, als er die

345

DAS SIEGERLAND

Gewalt des Sturmwinds sichtbar macht, welcher die Gottesmutter himmelan hebt. Solche Expressivität verweist sicher in die Spätzeit der Epoche und wohl auch auf einen Zusammenhang mit den Plastiken des Klosters Grafschaft (s. auch S. 142), sie haben offensichtlich bis ins Johannland hineingewirkt.

Bleibt noch anzumerken, daß sich auch die wirtschaftliche Struktur des ehemaligen Amtes Netphen von der des übrigen Siegerlands unterscheidet. Das Eisengewerbe war hier nie derart stark vertreten wie andernorts im Siegerland, so daß seit Mitte des 17. Jahrhunderts auf einige Jahrzehnte die Leinenweberei den größten wirtschaftlichen Rückhalt für die Bevölkerung darstellte.

Das kunsthistorisch bedeutendste Baudenkmal der jetzigen Gemeinde ist die *evangelische Pfarrkirche* in **Obernetphen** (Farbt. 13), die zwischen 1651 und 1896 Protestanten wie Katholiken als Gotteshaus diente. Schon ihr ehemaliges Patrozinium St. Martin deutet auf ihr hohes Alter und ihre wichtige Aufgabe bei der Christianisierung dieses Grenzraums hin. Tatsächlich ist Netphen eine der Urpfarreien des Siegerlands, und die Kirche selbst findet sich erstmals 1239 bezeugt. Sie liegt auch heute noch »auf einer Anhöhe inmitten des ummauerten, baumbestandenen Friedhofs«, der andernorts längst an die Peripherie des Ortes verlegt werden mußte. Über den großzügig gestalteten, freitreppenartigen Aufgang und das Kirchhofsportal mit seinem kunstvoll gearbeiteten schmiedeeisernen Gitter (frühes 18. Jh.) gelangt der Besucher zu einer Anlage, deren klare Architektur noch einmal alle charakteristischen Merkmale der Siegerländer Hallenkirche präsentiert.

Ohne Querschiff, nur von einem (recht steilen) Satteldach überspannt, zeigt das Gotteshaus keinerlei Verzierung, und im Innern sucht der Betrachter nach auffälligen Schmuckformen gleichfalls vergeblich (Abb. 119). Dafür wird er in den Seitenschiffen die Folge von einhüftigen, trapezförmigen Gewölben und den entsprechenden, also zur Wand hin verbreiterten Gurtbögen besonders gut durchgebildet finden. Und da es dem Netphener Baumeister (ähnlich dem Feudinger, s. S. 369) gelungen ist, die Raumwirkung durch einige Kunstgriffe noch zu steigern, wird hier besonders deutlich, daß diese Wölbungsart nicht einfach nur der statischen Notwendigkeit geschuldet war: Sie orientiert auf die Mitte hin, deren weiten, kuppeligen Gratgewölben allerdings keine andere Gestaltung der Seitenschiffe ein besseres Widerlager geboten hätte.

Das Gotteshaus steigt (wiederum gleich dem Feudinger) gegen Osten leicht an und trägt damit wohl dem Anstieg des Geländes Rechnung, obzwar seine Fundamente, wie die Setzrisse zeigen, keineswegs auf dem gewachsenen Fels ruhen. Bemerkenswert, wenngleich erneut nicht ohne Parallele, ist auch die Mittlerstellung, welche das vierte Joch des Mittelschiffs einnimmt; es gehört zur Hälfte dem (etwas erhöhten) Chorbereich zu. Die Kleeblattform seiner Hauptapsis erhält einen zusätzlichen Akzent durch die zwei kleinen Säulen mit ihren Knospenkapitellen, die die Achsennische einfassen. Die Kapelle hinter dem Chor wurde im 18. Jahrhundert angefügt und zeigt Stilelemente des Barock.

Im Tal beherrscht der imponierende neugotische Bau der *katholischen Pfarrkirche* seine Umgebung (Farbt. 13). Das 1896 geweihte Gotteshaus übernahm das traditionsreiche Patrozinium und aus der alten, zuvor gemeinsam genutzten Kirche einige barocke Plastiken. Ihr

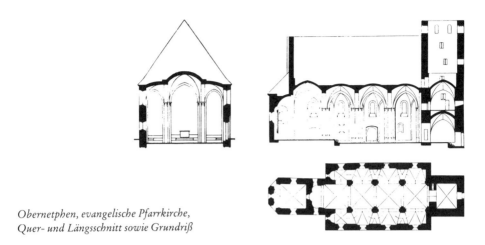

Obernetphen, evangelische Pfarrkirche,
Quer- und Längsschnitt sowie Grundriß

gegenüber liegt das *Vikariehaus,* ein Fachwerkgebäude von 1723, dessen Krüppelwalmdach den Eindruck gedrungener Würde noch verstärkt. Der schieferverkleidete Anbau stammt aus jüngerer Zeit.

Von Obernetphen gelangen Autofahrer über Deuz, Nenkersdorf und Walpersdorf zum Quellgebiet der Sieg wie der Lahn. Sicher, heute führen gut ausgebaute Verkehrswege bis auf wenige Schritte an die Ursprünge dieser Flüsse heran, und auf der historischen Eisenstraße ›nimmt‹ man leicht noch die etwas nördlicher gelegene Ederquelle ›mit‹. Wie immer der motorisierte Zeitgenosse seine Route wählt, er darf sich eines Stücks grüner Linie auf der Karte sicher sein, also einer ›landschaftlich besonders schönen Strecke‹. Doch ist es wirklich so von gestern, wenn ein mehr als hundert Jahre alter Reiseführer schreibt: »Führt auch von Siegen ein direkter Fahrweg (...) in das Quellgebiet der drei Flüsse, so würde ich dem Touristen aber anrathen, sich auf seiner Bergwanderung dem Zufall zu überlassen, der ihm auf den Höhen wie in den Gründen die überraschendsten, nie geahnten Wunder erschließt. Zu Führern wähle er die ihm von den Bergen entgegenhüpfenden Bächlein. Einsam wird er sich nie fühlen in der erhabenen Berg- und Waldeinsamkeit, so reich in ihrer Fülle an poetischen Schönheiten« (Ernst Weyden, ›Das Siegthal‹, Bonn 1866). Auch bei weniger emphatischer Wortwahl: Wer den Wagen in Walpersdorf oder Werthenbach abstellt und zu Fuß auf einem der vielen Wege die Höhe gewinnt, erweist dieser Landschaft sicher angemessener seine Reverenz. Es muß ja nicht gleich eine Rundwanderung sein, in deren Verlauf alle Sehenswürdigkeiten passiert werden, und dort, wo nach alter Überlieferung die Lahn im Keller des Forsthauses entspringt, lädt sogar eine Gaststätte zur Rast.

Nicht weit von hier erhebt sich die *Stiegelburg* (638 m), der Anstieg lohnt schon wegen der exzellenten Fernsicht. Schönes Wetter vorausgesetzt, erfaßt der Blick die Fuchskaute im Westerwald, fast das ganze Siegerland, von der markanten Rödgener Kirche (s. S. 350) bis zum Kindelsberg und der Martinshardt, liegt vor ihm hingebreitet, wendet sich der Gipfel-

DAS SIEGERLAND

stürmer aber nach Osten, schaut er tief ins Wittgensteinische hinein. Bei noch besseren Sichtverhältnissen kann er sogar – das beteuert jedenfalls der historische Cicerone – »die malerischen Höhen des Taunus, (...) Siebengebirge und einzelne Kuppen der Eifel« erkennen.

Zu Füßen der Haincher Höhe, über die heute die Landesgrenze zwischen Nordrhein-Westfalen und Hessen verläuft, liegt im äußersten Süden des Siegerlands das Dorf **Hainchen**. Seine Bewohner siedelten nicht immer so weitab aller wichtigen Straßenführungen, vielmehr trafen in unmittelbarer Nähe wichtige Verkehrswege zusammen, deren bedeutendste die Eisenstraße war. Daß ein solches Terrain durch eine befestigte Anlage geschützt wurde, verwundert kaum, zumal ihr Herr ja auf nicht unbeträchtliche Zolleinkünfte rechnen durfte. Ungewöhnlich aber ist das Erscheinungsbild der *Burg* (Abb. 118): Obwohl an einem Hang gelegen, umgibt sie eine Gräfte. Wie diese Höhenwasserburg – ein unter Wehrbauten wenig verbreiteter Typus – entstand, konnte bis heute nicht geklärt werden, die Geschichte der jetzigen Anlage reicht jedenfalls weit ins 13. Jahrhundert zurück. Die erhaltenen Gebäude sind allerdings nur ein Torso jenes Baus, dessen Grundriß nach den Restaurierungsarbeiten der sechziger Jahre wieder jedem offen vor Augen liegt. Von ihrer imponierenden Wucht aber läßt sich nur noch durch die Baubestandszeichnung F. M. Terlindens aus dem Jahre 1777 ein Eindruck gewinnen, ebenso von der Ausgewogenheit ihrer Größenverhältnisse: »Über die einstige Schönheit des Schlosses ist nicht schwer zu reden. Die Proportionen des Bauwerks, so wie es noch in der ersten Hälfte des vorigen Jahrhunderts aussah, sind vollendet. Länge, Breite und Höhe verhalten sich wie 1 : 2 : 1,5« (Hans Ulbrich). Solches Lob gilt einer Anlage, die als Kastell über einem rechteckigen Grundriß errichtet wurde. Von ihren vier Ecktürmen ist sicher der 5/8-Kapellenturm im Nordosten (sein Mauerwerk hat man bis knapp unter Brüstungshöhe wieder aufgeführt) der eindrucksvollste gewesen, wie überhaupt den mittelalterlichen Bauherren an der Repräsentativität ihres Domizils offensichtlich sehr gelegen war. Das gilt für die von Hain und für ihre Nachfolger im Besitz der Burg, die ihnen nahe verwandten Bicken, deren hervorragende Rolle in der Siegerländer Politik ja schon Erwähnung fand.

Nun stehen von dem wehrhaften Kastell nur noch das Haupthaus und ein Teil des Palas, wobei ersteres sicher nicht zum ursprünglichen Baubestand gehört, sondern auf eine Umgestaltung des ehemaligen Tors zurückgeht. Daß der Palas im rechten Winkel an dieses Gebäude anschloß, darüber täuscht jetzt der gleichgerichtete Firstverlauf hinweg, doch hätte man ohne diesen gestalterischen Kompromiß die Burg kaum noch sinnvoll nutzen können. Dennoch wiesen die Restauratoren auf die Unvollständigkeit des Wohnhaus deutlich hin: Sie verglasten den nun gleich einer Arkade geöffneten Rest des Rittersaals; seine schön gearbeitete tragende Säule, vormals Zentrum des Raums, markiert nun dessen Abschluß. Unter ihr befindet sich die sehr viel massivere, aus Bruchsteinen gemauerte des Kellergewölbes, das aber zur Gänze vor dem Verfall gerettet werden konnte. Weitgehend erhalten blieb auch der originale Zustand der Burgküche, wohingegen man die Räume in den oberen Geschossen des Komplexes veränderte. Dies und die nur fragmentarische Erhaltung mögen den Wert des Baudenkmals schmälern, nicht aber seine Bedeutung gerade für das südöstliche Siegerland. Es dient heute als Tagungsstätte, vor allem jedoch als Ferienhaus der Arbeiterwohlfahrt. Zur Freude über den Wiedergewinn eines wichtigen historischen Objekts tritt also die Genugtuung über dessen gegenwärtige Aufgabe.

Auch die *katholische Pfarrkirche* des benachbarten Ortes **Irmgarteichen** bewahrt das Andenken an die ehemaligen Haincher Schloßherren. Die Halle des alten Turms (ansonsten ist das Gotteshaus ein Neubau von 1932) birgt das Wandgrabmal für Johann und den ein Jahr später (1555) verschiedenen Eberhart von Bicken. Das Epitaph beeindruckt nicht nur durch seine Höhe (fast vier Meter), sondern auch durch seine künstlerische Qualität. Die Figuren der Ädikula, der gekreuzigte Christus und die beiden zu seinen Füßen knienden Ritter sind nahezu vollplastisch gearbeitet, dasselbe gilt für den architektonischen Rahmen. Seine antikisierenden Formen weisen das Grabmal als Werk der (Hoch-)Renaissance aus, einer Stilepoche also, die im Siegerland mit nur sehr wenigen Zeugnissen vertreten ist.

Von **Wilnsdorf** war schon in der Einleitung die Rede, denn welcher Reiseführer ergriffe nicht dankbar die Gelegenheit, die dunkle Siegerländer Vorgeschichte wenigstens durch den Hinweis auf die sagenhafte Überlieferung ein wenig aufzuhellen. Nun sei vorweg eingestanden, daß die Ableitung des Ortsnamens von Wieland dem Schmied vor den Augen des Etymologen nicht ohne weiteres Gnade findet, doch wie immer auch, die Eisengewinnung hat hier eine besonders ausgeprägte Tradition. Die frühgeschichtlichen Funde um Wilnsdorf, sie gehören zu den ältesten der Region, einmal beiseite gelassen: Nirgendwo sonst fand man so viele Spuren eisenzeitlicher Verhüttung, und auch im Mittelalter lag hier ein Schwerpunkt des Berg- und Hüttenwesens.

Doch auch unter der Kalteiche (Farbt. 4) mußte nach dem Zweiten Weltkrieg der Erzabbau eingestellt werden. Immerhin ist er selbst jetzt noch im Landschaftsbild ab und an gegenwärtig, während die lange Herrschaft der Ritter von Kolbe über dieses Gebiet nurmehr eine schwache Spur hinterlassen hat. Allein der Kundige kann den oberen Wallgraben der 1796 geschleiften Wilnsdorfer Burg ausmachen, die dem Geschlecht seit 1257 fast vierhundert Jahre lang als Wohnsitz gedient hatte. – In der *Pfarrkirche St. Martin* kann der prunkvolle barocke Hochaltar, ein Werk der vielbeschäftigten Giershagener Papen-Werkstatt (s. S. 228), auf eine recht bewegte Geschichte zurückblicken, ursprünglich stammt er aus dem Zisterzienserkloster Hardehausen im Ostwestfälischen. Die Giershagener schufen einen zweigeschossigen Aufbau aus Marmor, dem leichter bearbeitbaren Alabaster und dem noch fügsameren Speckstein. Aus Alabaster sind auch die beiden Figuren des ausgehenden 17. Jahrhunderts, in die Zeit der späten Gotik hat man die Madonna datiert.

Ein Landschaftserlebnis eigener Art genießen die zahlreichen Spaziergänger am *Landskroner Weiher*, der wohl meistgerühmten Idylle auf Wilnsdorfer Gemeindegebiet. Über ihn führt eine Brücke der A 45, nicht ganz so spektakulär wie die über Eiserfeld, aber doch kühn genug, um einen im doppelten Wortsinn spannungsreichen Anblick zu bieten. Ohne solche zusätzlichen Reize kommt oberhalb von Wilgersdorf die Quelle der Weiß aus, hier läuft kein Sickerwasser aus sumpfigem Grund zusammen, sondern das Flüßchen entspringt – sozusagen kurz und bündig – dem Felsen. Auch der Luftkurort **Rödgen** erfreut sich einer bevorzugten (Höhen-)Lage, vor allem seine *Simultankirche* hat schon vielen irregegangenen Wan-

349

DAS SIEGERLAND

derern die Orientierung wieder ermöglicht. An den im Kern älteren Turm schließen nach
Westen der zwischen 1779 und 1782 erbaute evangelische, nach Osten der 1788 geweihte
katholische Teil an. Beide schlichte Saalbauten, erkennt man das protestantische Gotteshaus
am steileren Dach, das katholische besitzt eine – erst 1938 angefügte – Fensterachse mehr.

Der Freie und der Hickengrund

Der *Freie Grund,* südlichster Teil des Siegerlands, hat Anteil am Westerwald, auf dessen
Basaltkegel, dem Hohenseelbachskopf, die Herren über dieses Gebiet ihre Burg errichteten.
Allerdings währte die Herrlichkeit ihrer befestigten Anlage nur ganze zwei Jahre, schon
1352 ließ sie der Trierer Erzbischof niederreißen. Mit dem Abbau des vulkanischen Gesteins
verschwanden auch die Reste der einst so stolzen Seelbachschen Feste, das Geschlecht selbst
hatte den Freien Grund schon im 14. Jahrhundert Nassau und Sayn überlassen müssen.

An solcher Entwicklung ist nichts Ungewöhnliches, die Erinnerung an eine ungewöhnliche Geschichte aber hält der historische Name dieses Landstrichs auch heute noch fest.
Schon 1048 nennt eine Urkunde, die die Grenzen des Kirchspiels Haiger (zu ihm gehörte der
Freie Grund) beschreibt, die Gegend das »praedium virorum liberorum« (Gebiet der freien
Männer), weil seine Freibauern nur dem Kaiser selbst untertan und besonderer Rechte
teilhaftig waren. Auf Dauer aber hätten sie ihre privilegierte Stellung wohl ebensowenig
halten können wie die Freibauern andernorts, wären sich nicht Nassau und Sayn hinsichtlich
ihrer Ansprüche auf das Gebiet der späteren Ämter Burbach und Neunkirchen uneins
gewesen. Zwar regeln Verträge 1478 und endgültig 1584 die Besitzverhältnisse, jedoch in
einer derart exzentrischen Weise, daß von einer effektiven Ausübung der Landesherrschaft
keine Rede sein kann. Der Grund glich einem Flickenteppich aus kleinsten nassauischen und
saynschen Partikeln. Unter diesen Bedingungen konnten die Bewohner ihre Freiheiten
behaupten, und alle Anstrengungen, mit denen die beiden Grafenhäuser das Wohlverhalten
ihrer Untertanen erzwingen wollten, blieben letztlich wirkungslos. Noch 1787 entschied
das Wetzlarer Kammergericht gegen Sayn, es sei »nicht befugt, unangemessene und ungewöhnliche Dienste (...) von den Eingesessenen zu fordern«.

Die politische Situation im Grund ändert sich erst, als Nassau die saynschen Besitzungen
1799 auf dem Erbwege zufallen. Wirtschaftlich bleibt auch hier die Eisengewinnung weiterhin bestimmend; erst 1962 schließt die bedeutendste Grube hierzulande, die ›Pfannenberger
Einigkeit‹. Von der besseren verkehrsmäßigen Erschließung des Siegerlands hat vor allem
der obere Freie Grund profitiert, wobei die Einrichtung des Siegerland-Flughafens in Burbach gewiß einen Signalwert besitzt.

Burbach ist denn auch das Zentrum des Freien Grunds und sein Mittelpunkt wiederum
die *evangelische Pfarrkirche.* Hoch über dem Ortskern umgibt sie eine mächtige, wehrhafte
Mauer, und tatsächlich stand ja hier auch die gleichfalls von den Seelbachern erbaute *Snorrenburg,* auf deren Reste der Besucher noch im westlichen Teil des Kirchplatzes stößt. Der
Untergang des Geschlechts bedeutete 1367 auch das Ende der befestigten Anlage. Daß im

350

Burgbereich oder seiner unmittelbaren Umgebung schon 1219 eine Kirche stand, ist nach der Quellenlage wahrscheinlich, doch lassen sich über ihre Architektur keine Angaben machen. Vom Vorgänger des heutigen Gotteshauses stammt jedenfalls noch der Turm, ansonsten war die »hiesige Kirche die allerbaufälligste, und Schnee, Regen, Wind und Wetter so bloßgestellt, daß man auch dergleichen in allen nassauischen, ja wohl in allen benachbarten Landen keine solche fanden dörffte«. Bei ihrem Abbruch lag der Riß für eine neue Andachtsstätte vor, der – so bescheiden er sich gibt – doch mit der Tradition einer längsgerichteten Anlage brach und statt dessen einen quergestellten Predigtsaal zeigte. Der äußerlich nüchtern gehaltene Bau wird lediglich an der Nordwand durch einen Giebel über der gleich einem Mittelrisaliten vorspringenden Sakristei akzentuiert. Die Gemeinde versammelte sich hier um Altar, Kanzel und Orgel. Auf der Längsseite übereinander angeordnet, bilden sie als gestalterische Einheit das Zentrum des Raums. Dabei bewahrt das Gehäuse der 1779/80 gefertigten Orgel mit dem schön geschwungenen Geländer der beiden seitlichen Balkone und dem bewegten Spiel der Pfeifenfelderornamentik eine rokokohafte Anmut inmitten klassizistischer Strenge (Abb. 120). Beinahe urtümlich wirkt hingegen der im Fischgrätenmuster verlegte Riemchenfußboden.

Aus der Zeit des Kirchenbaus existieren übrigens zahlreiche Belege dafür, daß auch die Bewohner dieses Landstrichs nicht nur gegenüber der weltlichen Obrigkeit auf ihre Rechte bedacht blieben. Vielfach variiert der Pfarrer Otterbein das Motto ›Ein Freier Gründer ist ein freier Sünder‹. »Hartnäckiges und hochmütiges, erschreckliches eingebildetes Kirchspiel«, wo die Wahrer »anmaasliche(r) Grundesfreiheiten« der Autorität des geistlichen Hirten trotzen! Der landesherrlichen Präsenz verdankt Burbach heute immerhin eines seiner schönsten Fachwerkgebäude: Das ehemalige nassauische *Amtshaus* (Ginnerbach 2) besitzt eine zweigeschossige Diele, wie man sie früher im Siegerland des öfteren fand.

Zur Gemeinde Burbach gehört auch der *Hickengrund*, der als naturräumliche Einheit nicht mehr dem Siegerland, sondern dem Dilltal zugerechnet wird. Vom Siegerland scheidet ihn die Holzhäuser Höhe, vom Freien Grund seine politische Geschichte bis 1607. In diesem Jahr schloß man das rein nassauische Gebiet der Vogtei Burbach an, doch bleiben seine Entlegenheit und die eigene Art seiner Bewohner, »eine durch Lebensweise, Sitte und Brauch streng geschiedene Kaste«, noch lange sprichwörtlich. Die Grenzen des Hickengrundes deckten sich mit dem des gleichnamigen Kirchspiels; sein Zentrum war **Niederdresselndorf.** Dessen sonst so bescheidenes Gotteshaus überrascht durch sein kühnes Mansarddach, das die 1754/55 erbaute *Saalkirche* überspannt. Von der Ausstattung des Jahres 1761 spricht vor allem der Orgelprospekt an. Obwohl jüngeren Datums (19. Jh.) als der Andachtsraum, besitzt der Westturm eine ältere Portalfassung; ihr runder Bogen zierte schon den Vorgängerbau der heutigen Kirche.

Holzhausen schließlich besitzt noch einen ›Backes‹, also ein gemeinschaftlich genutztes Backhaus aus dem 18. Jh., das neben anderen erhaltenswerten Fachwerkhäusern den Ortskern bereichert. Der wuchtige Turm einer sonst modernen evangelischen Kirche wurde um 1790 errichtet und verleugnet das hessische Vorbild nicht. Dreifach unterteilt, besitzt sein barocker Helm über je achteckigem Grundriß die gleiche Höhe wie der Unterbau.

351

Das Wittgensteiner Land

Wer die Astenhochfläche auf der Fahrt nach Berleburg hinter sich läßt, passiert im Verlauf der Bundesstraße 480 Neuastenberg, Langewiese und Hoheleye; sie gehören heute ebenso wie das südlicher gelegene Mollseifen zur Stadt Winterberg und damit zum Hochsauerlandkreis. Bis 1975 waren diese Ortschaften die ›Höhendörfer‹ des Kreises Wittgenstein, der damals nicht nur sie, sondern auch gleich seine politische Eigenständigkeit verlor: Er ging im Kreis Siegen auf. Der heißt seit 1984 immerhin Siegen-Wittgenstein, nachdem amtlicherseits über einige Jahre nicht einmal der Name mehr an jenen historischen Raum erinnerte, der als ›Wittgensteiner Land‹ noch lange unter seinen Bewohnern ein Gefühl der Zugehörigkeit wecken wird.

Eine Grenze aber bleibt hier oben auf dem Kamm des Rothaargebirges immer noch erfahrbar – eine Grenze allerdings, die nicht das Auge, sondern nur das Ohr wahrnimmt. Die große Sprachscheide zwischen dem Nieder- und dem Mitteldeutschen verläuft – keineswegs zufällig, wie wir sehen werden – durch die Höhendörfer hindurch. Sie zeigt an, daß das Wittgensteiner im Unterschied zum sächsischen Hochsauerland von den Franken besiedelt wurde. Sie drangen von Südosten, die Täler der Lahn und Eder hinauf, gegen das vorzeiten so unwegsame Gebirge vor, dessen Höhenzüge Wittgenstein nach jeder anderen Richtung abriegelten. Schon die Siedler der Eisenzeit kamen ja aus dem hessischen Raum, ihre Anwesenheit ist durch zahlreiche Ausgrabungen und Funde namentlich in den letzten Jahren eindrucksvoll belegt worden. Fünf Wallburgen (Hesselbach, Laasphe, Wemlighausen, Dotzlar, Aue) hat man auf wittgensteinischem Gebiet auffinden können, um die bei Aue zeichnet sich immer deutlicher eine Siedlungskammer ab. Nahe Birkefehl wurde sogar ein Gräberfeld entdeckt, das bislang einzige Südwestfalens.

Weniges haben die Archäologen hingegen aus der Zeit zwischen Christi Geburt und dem späten 8. Jahrhundert zutage fördern können, kaum später erwähnen aber bereits die ersten Urkunden Wittgensteiner Gebiet. Für diese Zeit ist also seine abermalige, gründliche Erschließung durch die fränkischen Siedler anzusetzen, die kirchliche Verwaltung geschieht vom Mainzer Archidiakonat St. Stephan aus, das dem erzbischöflichen Stuhl in Mainz untersteht.

1174 sprechen dann die Quellen erstmals von einem ›comes Wenerus de Widechinstein‹, meist noch Werner von Battenberg genannt. Werner verkauft 1190 die Burg Wittgenstein über Laasphe dem Erzbischof von Mainz für 100 Mark Silber und empfängt sie als Lehen zurück. Vorerst verbleibt der Besitz beim mächtigen Haus Battenberg, und erst mit der

Aufteilung dieser Grafschaft unter die Söhne Wittekinds I. (1227–38) wird er ein eigenständiges Territorium. Sigfrid I. erhält das Gebiet um die Burg Wittgenstein, die damit endgültig
einer neuen Linie den Namen gibt. Zum Herrschaftsbereich Sigfrids zählt auch die älteste
Stadt Wittgensteins, die civitas Laasphe. Doch verbürgt eine Stadt noch nicht die Lebensfä-
higkeit eines Landes: Soll die neue, sehr kleine Grafschaft Bestand haben, ist die Erweiterung ihres Territoriums geboten. In Anbetracht der sonst festgelegten Besitzverhältnisse
bleibt dem Grafen einzig die Expansion nach Norden, in seine Regierungszeit fällt die erste
Erwähnung Berleburgs (als Berneborgh, 1258), doch geht die Stadt erst unter Sigfrid II. 1322
ganz in den Besitz der Wittgensteiner über, die sie bis dahin mit dem Kloster Grafschaft
haben teilen müssen.

Als das Geschlecht 1358 – wie es so schön heißt – im Mannesstamm ausstirbt, tritt Salentin
von Sayn (-Homburg), Schwiegersohn des letzten Wittgensteiner Grafen, das Erbe an und
wird so zum Begründer des Hauses Sayn-Wittgenstein. Dieser Dynastie gibt 1384 der
Landgraf Hermann von Hessen das Amt Richstein zu Lehen, der Wittgensteiner Herrschaftsbereich erfährt damit eine nicht unbedeutende Vergrößerung. Erstmals aber wird hier
auch die Verbindung mit Hessen manifest, Erbvereinigungen von 1436 und 1472 zeigen
deutlich, wie stark man sich inzwischen auf den südlichen Nachbarn hin orientiert hat. Am
Ende dieser Entwicklung steht folgerichtig die Lehnsherrschaft des Landgrafen über Sayn-
Wittgenstein, sie bleibt bis ins 19. Jahrhundert bestehen.

1509 wird die Grafschaft zum ersten Male geteilt, als sich die Söhne Eberhards hinsichtlich
der Erbfolge nicht einigen können. Wilhelm herrscht nun über die Südgrafschaft mit der
Stammburg Wittgenstein, Johann VII. über die Herrlichkeit Berleburg, deren Zentrum seit
1506 gräfliche Residenz ist. Johann (1505–1551) tritt 1535 gegen den entschiedenen Widerstand seines Bruders Georg, immerhin Dompropst in Köln, zum Protestantismus über, als
treibende Kraft nennen die Quellen seine zweite Frau Maria von Henneberg, eine ehemalige
Nonne. Ihr Vater hatte demnach den Gatten zu finden gewußt, »der keine Scheuen darob
habe, daß sie eine Nonne gewesen. Es sei ihm in den jetzigen Zeitläuften ganz beschwerlich,
sie also sitzen zu lassen, (…) da solches kein Lagerobst sei«. – Der Hinwendung der
Südgrafschaft zur Reformation arbeitete gleichfalls eine Frau vor, Johannette von Isenburg-
Grenzau, auch sie die Gemahlin des Regenten.

Mit dem Tod Johanns ist die Grafschaft wieder vereinigt, sein Bruder Wilhelm Herr über
das ganze Territorium. 1555, also noch im Jahr des Augsburger Religionsfriedens, erläßt er
eine Kirchenordnung, die dem lutherischen Bekenntnis endgültig den obrigkeitlichen Segen
erteilt. Ihm folgt in der Regierung über die geeinte Grafschaft Ludwig der Ältere
(1558–1603), eine der hervorragenden adligen Persönlichkeiten seiner Zeit. Von universeller
Bildung, führt ihn sein melanchthonisch geprägter Humanismus an die Seite der calvini-
stisch-reformierten Theologen, in deren Sinne er massiven Einfluß auf das kirchliche Leben
seines Landes nimmt. Zwei Jahre vor seinem Tod 1605 resigniert er und teilt die Grafschaft
unter seine Söhne Georg und Ludwig den Jüngeren. Diese Teilung in ein nördliches Territorium mit Berleburg als Residenz und in ein – größeres – südliches ist endgültig und führt
schnell zur Ausprägung zweier Landesherrschaften.

DAS WITTGENSTEINER LAND

Von nun an muß das kleine, mit natürlichen Reichtümern ohnehin nicht gesegnete Land zwei Höfe unterhalten, eine schwere Mühe für die Untertanen, die wenig später zudem die Lasten des Dreißigjährigen Krieges zu tragen haben. Zwar wird Johann VIII. vom Großen Kurfürsten 1655 mit einer Belehnung im fernen Hohenstein ausgezeichnet, weil er die Interessen Brandenburgs bei den Friedensverhandlungen 1648 so entschieden vertreten hat, doch außer der Umwandlung des gräflichen Namens in Sayn-Wittgenstein-Hohenstein hat dieser Gebietszuwachs für die südliche Grafschaft kaum Folgen; schon der Enkel Johanns gibt den entlegenen Besitz wieder an Brandenburg zurück. Unter den Regenten Heinrich Albrecht (1698–1723) und Casimir (1712–1741) gewähren beide Territorien verschiedenen Persönlichkeiten und Gruppen radikalpietistischer Anschauung Zuflucht, vor allem der bedeutende Graf Casimir auf Schloß Berleburg wird zum Patron der Glaubensflüchtlinge (s. S. 359 f.).

1792 und 1801 können die Regenten zuerst der nördlichen und dann der südlichen Grafschaft ihre Erhebung in den Reichsfürstenstand feiern; der verlöschende Glanz des Heiligen Römischen Reiches Deutscher Nation fällt so noch einmal auch in diesen Winkel des Imperiums, bevor beide Länder 1806 ihre Selbständigkeit an das Großherzogtum Hessen-Darmstadt verlieren, dem Napoleon derart seinen Beitritt zum Rheinbund lohnt. Dort verbleibt Wittgenstein indessen nur ein Jahrzehnt. Der Wiener Kongreß schlägt es dem preußischen Staat zu, der es nach einigem Zögern nicht der Rheinprovinz, sondern der Provinz Westfalen als Landkreis Wittgenstein eingliedert. Obwohl Preußen während der folgenden Zeit etliche Initiativen zur Stärkung seiner Wirtschaftskraft ergreift, bleibt der Landkreis zusammen mit der Eifel bis weit ins 19. Jahrhundert hinein das Armenhaus des Staates. Der Bau der Eisenbahnstrecken Kreuztal – Erndtebrück – Cölbe (1882 begonnen, 1889 abgeschlossen) und Erndtebrück – Berleburg (1890) schließt Wittgenstein an die benachbarten Wirtschaftsräume an, eine wirkliche Besserung der Verhältnisse setzt jedoch erst in unserem Jahrhundert ein. Heute ist es vor allem der Fremdenverkehr, der die natürlichen Gegebenheiten des Ländchens zu seinem Vorteil nutzen kann.

Der ›hohe‹ Norden

Dem Fremdenverkehr verdanken auch die eingangs schon erwähnten Höhendörfer ihren Aufschwung. Im Winter ziehen namentlich die vielen Langlaufloipen durch tief verschneite Wälder die Besucher aus den umliegenden Ballungsgebieten an.

Seit die Ortschaften zur Stadt Winterberg gehören, können sich übrigens jene nachträglich bestätigt fühlen, die das fragliche Gebiet im langjährigen Winterberger Streit für das Herzogtum Westfalen in Anspruch nahmen. Durch die Gründung von Neuastenberg, Langewiese und Mollseifen (1713) und zehn Jahre später von Hoheleye hatte Graf Casimir seine landesherrlichen Rechte unmißverständlich geltend gemacht. Von politischer Klugheit zeugt seine Entscheidung, im Falle des grenznächsten **Neuastenberg** Kolonisten aus dem Winterberger Raum einzusetzen. So hat denn hier stets das katholische Bekenntnis domi-

354

niert, das die Siedler aus dem kölnischen Sauerland auch in der neuen Heimat beibehielten. Zu der reizvoll am Berghang gelegenen *Pfarrkirche St. Laurentius* lieferte Karl Friedrich Schinkel zwei Pläne, einer wurde 1837/38 ausgeführt. Die jüngst durchgeführte Nord-Süd-Erweiterung hat allerdings von diesem Gotteshaus nur noch wenig übriggelassen.

Die Fahrt von der Höhe des Rothaarkamms hinab in Richtung Berleburg hält ein Landschaftserlebnis bereit, wie es Mittelgebirge nicht allzu häufig aufbieten. Tief haben sich Odeborn und Dödesbach in das Gestein eingeschnitten, die steilen, dicht bewaldeten Hänge treten nahe zueinander und lassen einer Bach-, geschweige denn einer Flußaue nur wenig Raum. So mußte die Trasse der Bundesstraße 480 zwischen Albrechtsplatz und Forsthaus Dödesberg teilweise auf halber Höhe eines solchen Hangs geführt werden.

Das Tal der Odeborn weitet sich erst kurz vor **Girkhausen** und erlaubt überhaupt eine größere Ansiedlung. Der Ort mit seinen schönen Fachwerkhäusern aus dem 18. Jahrhundert hat eine beachtliche Holzschnitzer- und vor allem Holzdrehertradition, an die eine Drehkoite (Drehkammer) die Erinnerung wachhält (sie ist nach Absprache zu besichtigen). Besonderes handwerkliches Geschick bewiesen die Girkhäuser bei der Herstellung von Holzschüsseln, deren mehrere sie aus einem Stück Ahorn- oder Buchenholz drehen konnten. Ihren Vertrieb – jedenfalls in der näheren Umgebung – besorgten die Männer und Frauen des Dorfes auf ihrem eigenen Rücken. So weit den Rothaarkamm hinunter zog sich demnach der Hausierhandel mit seinem Zentrum Winterberg (s. S. 156), ohne den man hier wie dort die kargen Erträge des Bodens kaum hätte ausgleichen können.

Die Blicke des Besuchers zieht indessen zuerst die *evangelische Pfarrkirche* auf sich, von der Anlage her sicherlich die merkwürdigste des Wittgensteiner Landes (Abb. 104). Der wuchtige Turm mit seinen Maßwerkfenstern im oberen Teil hat nicht immer allein gestanden; vor 1680 schloß er das Gotteshaus nach Westen ab, dann aber fiel der Bau zusammen, und nur sein östlicher Teil wurde wieder hergerichtet. Die fehlenden sechzehn Meter des Langhauses sind heute mit Schieferplatten ausgelegt, ihren Umriß deutet eine niedrige Mauer an. Denkt man den abgängigen Teil hinzu, so müssen die Ausmaße der Kirche an diesem Ort erstaunen. Ersten Aufschluß hinsichtlich ihrer respektablen Größe geben ihre Zweischiffigkeit, vor allem aber die beiden Chöre. Deren Schlußsteine mit dem Lamm Gottes einerseits und dem Mariensymbol der Rose andererseits weisen auf die doppelte Nutzung als Pfarr- und Wallfahrtskirche hin. Die Einnahmen aus der Wallfahrt waren so beträchtlich, daß um 1300 mit der Erweiterung des romanischen Baus begonnen werden konnte. Von ihm ist heute noch ein Joch erhalten, dessen Gedrungenheit den gotischen Formen des folgenden Bauabschnitts nicht einmal grundsätzlich widerspricht, nur die beiden Chöre, vor allem ihre 5/8-Schlüsse, bezeugen die andere Raumauffassung des neuen Stils. Dagegen wirken die älteren quadratischen Pfeiler mit ihren halbrunden Vorlagen kaum weniger massiv als die Rundpfeiler des jüngeren Teils, wie auch das ebenfalls um 1300 aufgesetzte, obere Geschoß des Turms trotz seines bescheidenen Fensterschmucks zu dem romanischen, völlig ungegliederten Unterbau stimmt.

Von der Erweiterung des Gotteshauses unter einem Pfarrer Wypertus kündet desgleichen die Inschrift an der Südwand, während die beiden im 14. Jahrhundert entstandenen Grab-

DAS WITTGENSTEINER LAND

platten derer von Gerhartinkhusen darauf hinweisen, daß es sich bei St. Marien (so ihr früherer Name) ursprünglich um eine Eigenkirche dieses Geschlechts gehandelt hat.

Längst ist das Gnadenbild aus dem Südchor der Kirche verschwunden, und wohl noch früher sind die Scharen frommer Pilger ausgeblieben (die übrigens keineswegs nur fromm, sondern auch des öfteren zu recht blutigen Händeln mit den einheimischen Burschen geneigt waren, besonders wenn sie aus dem benachbarten kölnischen Sauerland kamen und sich beim Austausch lokaler Animositäten immer mehr herausgefordert sahen). Jedwede Unruhe legte sich allerdings mit dem Erlaß der Kirchenordnung von 1555, die Gottesdienste nach katholischem Ritus endgültig verbot. Der Ort, seiner wirtschaftlichen Basis beraubt, verarmte, die Kirche verfiel. Ob sich die Einwohner unter diesen Umständen dem neuen Bekenntnis willig geöffnet haben, muß dahingestellt bleiben.

In und um Bad Berleburg

Folgen wir der Straße durchs Odeborntal, gelangen wir nach **Bad Berleburg,** einst Kreisstadt, heute immerhin noch Zentrum einer der flächengrößten Gemeinden Nordrhein-Westfalens. Schon seit 1963 Kneipp-Heilbad, darf es seit 1971 den Titel Bad führen, und längst sind zur Kneippschen viele andere Heilbehandlungen hinzugetreten. Der Entwicklung in manchen Kurorten voraus, hat man sich hier während der letzten Jahre ganz auf den Klinikbetrieb umgestellt. Mehrere Häuser, darunter zwei für psychosomatische Medizin und ein Herz-Kreislauf-Zentrum, stehen bereit, sich ihrer Patienten anzunehmen. Überdies installierte die Universität Marburg hier eine Forschungsstelle für Physiktherapie und Rehabilitation, der seit 1983 eine Abteilung für klinische Soziologie angeschlossen ist. Die verschiedenen, sehr gut ausgestatteten Einrichtungen lassen sich namentlich in der Bebauung der nördlichen Hänge kaum übersehen, vor allem die Rothaarklinik zieht als einzelne Gebäudegruppe schon im Waldhorizont des Höhenzugs den Blick auf sich.

Das Stadtbild selbst jedoch wird vom *Schloß* beherrscht, das mit Berleburgs Geschichte eng verbunden ist (Abb. 109, 110). Von der Gründung der »civitas berneborgh« spricht 1258 eine Urkunde des Klosters Grafschaft, dem in dieser Gegend ausgedehnte Ländereien gehörten. Im gleichen Jahr erwerben Sigfrid I. und Adolf von Grafschaft je zur Hälfte die Siedlung. Noch heute kann der Besucher nachvollziehen, warum die Grafen während der folgenden Jahrzehnte ein derart großes Interesse am völligen Besitz der winzigen Stadt zeigten. Ihre beherrschende Lage hoch über dem Odeborntal ermöglichte die Kontrolle eines weiten Gebiets; solche Gelegenheit mußte nutzen, wer immer die Ausbildung einer Landeshoheit im Norden Wittgensteins anstrebte. So war es ein großer territorialpolitischer Erfolg, als Sigfrid II. 1322 auch die andere Hälfte Berleburgs seinem Herrschaftsbereich einverleiben konnte. Dagegen spricht nicht, daß die Stadt 1522 erst ganze 48 Häuser innerhalb ihrer Mauern zählte, wichtig war allein der Besitz städtischer Rechte. Berleburgs bescheidene Ausmaße – es reichte auf dem schmalen Bergrücken vom Schloß hinunter bis etwa in die Höhe der heutigen Pfarrkirche – stimmen zur Bescheidenheit des burgähnlichen

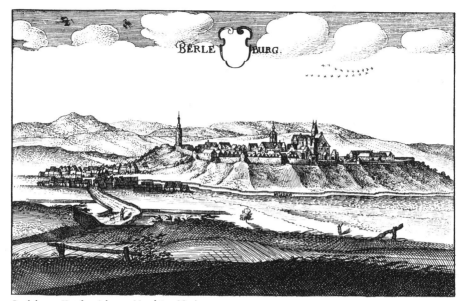

Berleburg, Kupferstich von Matthäus Merian

Gebäudes, welches 1506 als Residenz ausgebaut wurde. »Dies Haus ist vorhin ein Jagehaus gewesen«, weiß die Chronik zu berichten, »und ist nichts denn eitel Wildnis, Dornenhecken und Gestrüpp um das Schloß samt dem Städtlein gewesen.«

Doch sorgte Graf Johann VIII. nicht nur für die Ansehnlichkeit seines Wohnsitzes, er legte 1547 auch entlang der Odeborn die Unterstadt an, nachdem einmal mehr die Flammen einen planmäßigen Neuaufbau möglich gemacht hatten. Seitdem ist Berleburg Doppelstadt, deren jüngerer Teil den älteren zumindest an wirtschaftlicher Bedeutung überholt hat.

Von der Zeit, da die Residenz noch einen burgartigen Charakter besaß, zeugt heute als auffälligster Bauteil der gedrungene Rote Turm auf der Rückseite des Schlosses. Er markiert auch den am weitesten nach Nordwesten vorgeschobenen Punkt der damaligen Anlage, in seiner jetzigen Gestalt mit der torartigen Durchfahrt und welschen Haube zeigt er sich allerdings erst seit 1736. Ihm schließt sich nach Osten ein zweigeschossiger Flügel an, der während derselben Bauphase entstand (etwa ab 1554), sicher aber noch älteres Mauerwerk birgt. Sein wappengezierter Eingang auf der heutigen Innenhofseite ist in den Formen der Renaissance aufgeführt. Vor seiner hinteren Front läßt sich auch jetzt noch die Vertiefung des ehemaligen Wassergrabens erkennen; hier schützten ja keine Stadtmauern oder steil abfallende Hänge wie auf der Westseite vor eventuellen Angreifern. – Nur wenige Jahre danach errichtete man 1587 unter Ludwig dem Älteren das Torhaus, dann sind größere Bautätigkeiten bis ins 18. Jahrhundert nicht mehr verzeichnet, eine Ausnahme bildet ledig-

DAS WITTGENSTEINER LAND

lich die ›Alte Münze‹ von 1622. Das Gebäude hat wohl ursprünglich einem Münzmeister zur Wohnung gedient; im Zweiten Weltkrieg arg mitgenommen, wurde es 1951/52 von Grund auf instand gesetzt.

Das Schloß in seiner heutigen Gestalt ist jedoch eine Anlage der Barockzeit. Zwischen 1731 und 1733 ließ Graf Casimir den Mittelteil des Schlosses errichten, dessen Stirnseite mit dem zentralen Risalit des Bauherrn Bemühen um zeitgemäße Demonstration seiner landesherrlichen Macht zeigt. Mag sich das ›Corps de logis‹ in Berleburg gegenüber den Prunkstücken des Genres auch noch so bescheiden ausnehmen, mögen die Baukosten erheblich niedriger gewesen sein als die vergleichbaren Projekte gewaltiger Fürsten – die den Untertanen dieserhalb auferlegten Lasten waren kaum weniger drückend, und mancher Wittgensteiner geringeren Standes wird beim Anblick der schönen Fassade vor allem an die vermehrte Zahl der Abgaben und die ungemessenen Dienste gedacht haben, die diesen Bau erst ermöglichten.

Jener Graf Casimir, dessen kunstvolle Erfindung immer neuer Tribute die Einwohner des Ländchens aufbrachte – mehrmals wurden sie beim Reichskammergericht zu Wetzlar vorstellig –, legt am 20. Juni 1732 den Grundstein. Die Verse auf dem eingelassenen Pergament sollen dem Leser nicht vorenthalten werden, denn sie geben ein schönes, ein bezeichnendes Beispiel auch der anderen, prachtabgewandten Seite barocken Lebensgefühls: »Nach sieben Saeculis und Zehnmal hundert Jahren, / Als ein und dreißig auch verstrichen waren, / Der Theure Casimir in diesem Land regiert, / des Großen Wurmbrands Zweig die Zweyte Eh geziert, / Da wurde dieses Haus sehr daurhaft aufgebaut, / Doch für die Nachwelt ich dem Grundstein anvertraut, / Daß wer mich wiederfindt einst lerne dies dabei, / Wie alles Menschenwerk so gar vergänglich sei.«

1912 veränderte der zu seiner Zeit sehr gesuchte Architekt Friedrich von Thiersch – er lieferte unter anderem die Pläne zum Münchener Justizpalast und Wiesbadener Kurhaus – den Mittelteil des Schlosses nicht unerheblich. Er fügte die flankierenden Westtürme hinzu, deren Ausmaße und Wucht ein barocker Baumeister mit seinem feinen Empfinden für Proportionen kaum hingenommen hätte, doch was er hier eher zuviel tat, machte er durch eine klarere Gliederung der Fassade wieder gut. Wem ihr ursprünglicher, noch erhaltener Entwurf zu verdanken ist, konnten die Kunsthistoriker bis heute nicht völlig klären. Die Ausführung des Mansarddaches, vor allem aber der Giebelaufbau des Mittelrisalits lassen indessen wenig Zweifel an der Urheberschaft Julius Ludwig Rothweils, des hochgerühmten Schöpfers etwa des Hachenburger und des Weilburger Schlosses. – Den sehr schlichten Westflügel der Residenz fügte man erst Ende des 18. Jahrhunderts an, er hat hauptsächlich als Marstall gedient.

Den Änderungen von Thierschs fiel im Innern auch die schöne zweiläufige Treppe aus der Erbauungszeit zum Opfer, doch entschädigt dafür der original erhaltene Weiße Saal (Abb. 111). Dieser zweigeschossige Repräsentationsraum besticht vor allem durch die großartigen Rokokostukkaturen (von Johann Baptist Wicko 1737–1739 nach den Plänen Carlo Maria Poccis ausgeführt), aber kaum weniger durch das Raffinement, mit dem seine Ecken gestaltet sind. Eine Besichtigung lohnen auch andere Räumlichkeiten, so die Schloßkapelle, das

Porzellan- und das Biedermeierzimmer in seiner ausgewogenen, verhaltenen Farbigkeit. Über einige wertvolle Handschriften, darunter der ›Jüngere Titurel‹ Albrechts von Scharfenberg sowie mehrere Inkunabeln, verfügt die Schloßbibliothek.

Aufmerksamkeit verdienen weiterhin im rückwärtigen Teil des Schloß- (und Kur-)parks die vier überlebensgroßen weiblichen Plastiken aus Sandstein – allegorische Figuren, die der Marburger Hofbildhauer Johann Friedrich Sommer ebenso wie die beiden Löwen zu Seiten der Haupteinfahrt geschaffen hat. Auch die arg mitgenommenen Putten der Parkmauer stammen von seiner Hand. An die ursprüngliche Parkanlage erinnert nur mehr die Orangerie (1750 erbaut) mit den erwähnten Sandsteinskulpturen, doch etwa das ›chinesische Lusthaus‹ aus dem ehemaligen Tiergarten unterhalb des Schlosses ist längst verschwunden.

Als die Stadt 1825 zum wiederholten Male völlig abbrannte, sah man beim Neuaufbau auf das einheitliche Erscheinungsbild der *Schloßstraße* und des *Goetheplatzes*. Auch heute noch läßt sich der Reiz dieser Straßenflucht aus – größtenteils geschiefertem – Fachwerk im klassizistischen Stil nachvollziehen, obwohl manche Bausünden unserer Tage dem Ensemble seine Geschlossenheit genommen haben. Viele Treppenanlagen – darunter auch Freitreppen, wie sie das ehemalige Rathaus (Nr. 11) heute noch besitzt – sind verschwunden, und nur wenige Türen zeugen noch für das handwerkliche Können früherer Schreinermeister.

Auch die *Ludwigsburg* in der Unterstadt, der Stammsitz einer gräflichen Nebenlinie, hat einige Veränderungen über sich ergehen lassen müssen. Doch tut das der Anmut des zweiflügeligen Baus mit dem beherrschenden Rot seines Fachwerks ebensowenig Abbruch wie der Hauch von Zuckerbäckerstil, der ihm anhaftet. Der ältere Teil des Gebäudes entstand zwischen 1707 und 1709 (der Anbau mit überdachter Außentreppe ist wesentlich jüngeren Datums), einige Jahre später wurde der zweite Flügel hinzugefügt. »Erbaut hat mich Graf Casimir – Eintausend Siebenhundert Zwanzig Vier« steht auf der unteren Schwelle seines Zwerchhauses, welches hier das barocke Zentralmotiv, nämlich die Akzentuierung des Portalbereichs, in die bodenständige Bauweise übersetzt. Der nahezu verschwenderisch geschmückte Eingang darunter bekräftigt, daß Mannus (Hermann) Riedesel damit bewußt ein wesentliches Moment der zeitgenössischen ›großen‹ Architektur aufnimmt. Überhaupt verdankt Wittgenstein diesem einheimischen ›Zimmermeister‹ – wie er sich bescheiden genug nannte – seine vielleicht schönsten Fachwerkbauten; an anderer Stelle soll deshalb von ihm noch die Rede sein.

Den Bauherrn Graf Casimir, der bei der Wahrnehmung herrschaftlicher Interessen hinter anderen Regenten in nichts zurückstand, zeigen seine Tagebücher als demütigen Christen, der »den Weg unser(es) Heiland(s) in Verläugnung der Welt, Schmach, Hohn, Verspottung, Verspeisung und Creutzigung (...) williglich einzuschlagen« bemüht war. Schon seine Mutter – sie führte nach dem frühen Tod des Vaters bis 1712 für ihn die Regierung – hatte in diesem Verständnis gehandelt und religiös Verfolgten aus allen Ländern des Reichs Zuflucht gewährt. Die Verwandtschaft mit einer hugenottischen Familie mag ein übriges zu ihrer willigen Öffnung der Grenzen beigetragen haben, die jedoch eine militärische Intervention ihres als Mitvormund eingesetzten Bruders Graf Rudolf zur Lippe-Brake herausforderte.

DAS WITTGENSTEINER LAND

Währenddessen hatte auch die südliche Grafschaft sogenannte Separatisten aufgenommen, die – jedenfalls im Verständnis der herrschenden Adelshäuser – sehr viel gravierenderen Vorfälle dort blieben aber (noch) ungeahndet, da niemand ein Recht auf Einmischung geltend machen konnte. Nichtsdestoweniger war für den jungen Regenten Vorsicht angezeigt, wenn er nicht die Sicherheit derer gefährden wollte, die unter seinem Schutz lebten. Denn daß er die Politik der religiösen Toleranz fortzuführen gedachte, stand bald außer Zweifel.

Wer aber waren diese Separatisten, und warum erregte ihre Duldung im Wittgensteinischen ein solches Aufsehen? Die erste Frage läßt sich im Hinblick auf die einzelnen religiösen Überzeugungen nicht leicht beantworten, doch einte sie alle die Abkehr von den Amtskirchen, deren Dogmatismus sie abstieß. Katholisches, lutherisches und seit 1649 auch das calvinistische Bekenntnis verstanden damals ihre unterschiedlichen Auffassungen vor allem als Machtansprüche. Sie galt es gegenüber den anderen Konfessionen durchzusetzen.

Solcher Querelen müde, bekannten sich immer mehr Angehörige der lutherischen, aber auch der reformierten Kirche zu einer Glaubensvorstellung, nach der die Gegenwart des Herrn nur ›in der eigenen Brust‹ erfahren werden konnte. Ihren faßbaren Ausdruck fand diese neue Frömmigkeit in der pietistischen Bewegung, die allerdings den Bruch mit der kirchlichen Autorität vermied. Nicht so jene Gruppen und Persönlichkeiten, denen jedes Zugeständnis an die Orthodoxie ein Verrat an der ›Nachfolge Christi‹ scheinen mußte. Hier erfuhr das mystische Element des Pietismus eine Radikalisierung, die – oft ekstatisch kundgetane – Vereinigung mit Gott stand im Mittelpunkt der Zusammenkünfte Gleichgesinnter. Viele von ihnen sahen in den neugegründeten, aller konfessionellen Beschränktheit ledigen Gemeinschaften den Auftrag der Apokalypse erfüllt, vor der Heraufkunft des Tausendjährigen Reiches die verstreuten Gläubigen zu sammeln.

Da die Kirchen als Machtträger eng mit dem Staat verbunden waren, bedeutete schon allein die Aufnahme separatistischer Kräfte wegen deren Abkehr von der Institution ein Politikum. Ein weiteres war die Einrichtung einer Druckerei und Verlagsbuchhandlung für die einschlägigen Schriften, die solche überall unterdrückten Auffassungen auch noch verbreiten halfen. Denn was einmal die Zensur eines Landesherren passiert hatte, durfte auch andernorts nicht verboten werden. So entstand in Berleburg ein Zentrum literarischer Produktion. Ihre Bedeutung für die deutsche Geistesgeschichte im Vorfeld der Aufklärung ist bis heute kaum angemessen erfaßt, Bücher, Traktate und Broschüren aus Berleburg verkündeten das Programm des radikalen Pietismus, zu dem wesentlich die Toleranzidee gehörte.

Gewaltigstes Unternehmen der 1722 »zum Besten hiesigen Weysenhauses« neu eingerichteten Druckerei aber ist die Berleburger Bibel, die acht dickleibige Folio-Bände umfaßt und seit 1726 erschien. Während die Autoren bei ihrer Übersetzung des Alten und Neuen Testaments (die sich im übrigen deutlich an der Luthers orientiert) um größtmögliche Nähe zum Urtext bemüht sind, verfährt ihr Kommentar mit dem Wort um so freier, die Gegner sagen: willkürlicher. Diese ›Erklärung des buchstäblichen Sinnes wie auch der fürnehmsten Fürbilder und Weissagungen von Christo und seinem Reich (...)‹ nimmt ungleich mehr Raum ein als die Bibelverse selbst, hier haben die Beteiligten unter dem Patronat des Grafen

Casimir Wesentliches wo nicht für die Theologie, so doch für die deutsche Literatur und Geistesgeschichte geleistet. In der Auseinandersetzung mit nahezu der gesamten mystischen Tradition Europas seit der frühen Neuzeit entwickelt der Kommentar ein sprachliches Instrumentarium, das eine differenzierte Beschreibung wie Analyse seelischer Zustände und seelischen Erlebens möglich macht. Die neue Dimension der Sprache haben andere erschlossen, ihre Möglichkeiten aufgezeigt aber hat vor allem die weitverbreitete Berleburger Bibel, sie »würkt hernach in der Stile und unbemerkt allenthalben wie ein Ferment« (Johann Heinrich Jung-Stilling, ›Schlüssel zum Heimweh‹, s. auch S. 339f.).

Die Gemeinde Bad Berleburg hat mehr Sehenswürdigkeiten zu bieten als die bisher genannten. Sie alle lassen sich freilich nicht am Rokokozauber des Weißen Saals im Schloß Berleburg oder auch nur an der ungewöhnlichen Choranlage der Girkhausener Kirche messen, und erst recht erheben sie keinen Anspruch auf jene Sternchen, mit denen die Kulturführer spektakuläre Denkmäler auszuzeichnen pflegen. Vielleicht weiß der erste flüchtige Blick wenig mit ihnen anzufangen, weil sie sich so ohne weiteres in die Wittgensteiner Landschaft fügen, doch werden sie gerade darum bei vertrauterem Umgang desto beredter.

Zu den Bauwerken dieser Art zählt die *evangelische Pfarrkirche* von **Raumland**, einem nur zwei Kilometer südlich des städtischen Zentrums gelegenen Ortsteils von Bad Berleburg. Raumland ist nicht allein wesentlich älter als Berleburg selbst (schon um 800 hält eine Urkunde des Klosters Fulda den Namen ›Rumelinge‹ fest), es war auch die Urpfarre des oberen Edertals. Ihre Gründung verdankt sie dem Wirken des Bonifatius in Hessen, daß er selbst hier das erste Gotteshaus geweiht habe, gehört indessen ins Reich der Legende. Der heutige Bau aus dem frühen 13. Jahrhundert beeindruckt keinesfalls nur wegen seiner Lage über dem Edertal. Bis zur Einführung der Reformation stand er – ein Hinweis auf sein hohes Alter – unter dem Patrozinium des heiligen Martin und dient seitdem als Pfarrkirche der evangelisch(-reformiert)en Gemeinde. Es ist ein nüchterner, trotz seiner geringen Größe wuchtiger Bau; die auf der Südseite angemauerte Stützböschung, welche diesen Eindruck noch verstärkt, kam allerdings erst 1732 hinzu, als die Wand vom Einsturz bedroht war. Einzig die Formen des Chors fallen auf, seiner halbrunden Apsis korrespondieren zwei Nebenapsiden – offenbar hat die Kölner Dreikonchenlösung (s. auch S. 47), wenngleich vielfach vermittelt über näher gelegene Beispiele, bis hierhin vorbildhaft gewirkt.

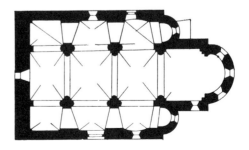

Raumland, evangelische Pfarrkirche, Grundriß

DAS WITTGENSTEINER LAND

Das Gotteshaus erweist sich im Innern als (dreischiffige) Hallenkirche des Siegerländer Typs, also mit der charakteristischen trapezförmigen Bildung der Seitenschiffe, auf die hinzuweisen wir schon öfter Gelegenheit hatten. Die gekrümmten Decken der einzelnen Joche halten eine ungefähre Mitte zwischen Kuppel- und Gratgewölbe, den Raum beherrschen jedoch die grau gequaderten Gurtbögen des Mittelschiffs. Sie ruhen auf massiven Wandpfeilern mit halbrunden Vorlagen, deren Würfelkapitelle derart sparsam ausgeführt sind, daß man ihre derben Schlußwülste schon für ein überflüssiges dekoratives Element halten mag. Den einzigen wirklichen Schmuck des Innern stellen die Emporenbrüstungen und die Schranken des Kirchengestühls dar, deren farb- und zierfreudigeren Teile von der Hand Mannus Riedesels stammen. (Nach dem Schlüssel frage man in dem verschieferten Fachwerkhaus, das links des Fahrwegs unmittelbar vor der Kirche liegt.)

An der Straße nach Dotzlar liegt rechter Hand die ehemalige *Grube Heßlar*. Hier befindet sich das einzige Schaubergwerk der Schiefergewinnung in Westfalen. Der – nun eingestellte – Abbau des Gesteins war vor allem im späten 19. Jahrhundert eine wichtige Erwerbsquelle für diesen an Bodenschätzen armen Landstrich. So lieferten die Gruben um Raumland 1892 fast drei Viertel des westfälischen Dachschiefers, und noch heute zeugen die recht ausgedehnten Halden auch links der Eder von der einst erheblichen Förderung. Das *Schiefer-Schaubergwerk* bietet einen instruktiven Einblick in die Arbeit und Arbeitsbedingungen der Bergleute, die den Schiefer sowohl unter wie über Tage gewannen.

Wer den Weg von Raumland nach Sassenhausen zunächst über die B 480 nehmen will, dem sei ein Abstecher zur *Kirche* in **Weidenhausen** empfohlen. Ihr achteckiger Zentralbau – der einzige des Wittgensteiner Landes – wird von einem weiten Mansarddach überspannt, innen fällt das ganz aus Holz aufgeführte, kuppelähnliche Gewölbe ins Auge. Das 1765 erbaute Gotteshaus schließt an einen gedrungenen romanischen Turm an, der ebenfalls 1765 eine schön gegliederte barocke Haube erhielt.

Im Ort zweigt die Straße nach **Sassenhausen** ab. Hier schlug Mannus Riedesel 1703 eine *Fachwerkkapelle* auf, die sich beispielhaft in die gleichartige Bebauung dieses Dorfes fügt (Abb. 107, 108). Das Kirchlein besticht durch die Ausgewogenheit der Proportionen, vor allem aber durch seine – leider nicht mehr farbig ausgelegten – Verzierungen, die sich über den Charakter des Baus zuweilen recht unbekümmert hinwegsetzen. Denn was soll der fromme Betrachter wohl von der Bacchusmaske halten; ausgerechnet vom Gotteshaus einer Gemeinde, die sich zum bilderfeindlichen, asketisch-strengen Calvinismus bekannte, lockt der Gott des rauschhaften Genusses. Und den Reiz solcher Darstellungen mindert der Hinweis des Kunsthistorikers keineswegs, daß Riedesel sein Motiv sicher rein ornamental auffaßte; die Vorlage wie die manches anderen, etwa des gleichfalls fremdartig anmutenden Quastengebindes, mag er aus den damals gängigen Musterbüchern bezogen haben.

Die genannten Motive sind übrigens sämtlich in die Fußstrebe der sogenannten Wilde-Mann-Figur geschnitzt, einer Form, die für das hessische Fachwerkgefüge typisch ist. Der Zimmermeister hat dies Detail beinahe gegenständlich aufgefaßt, oben ein Knie, unten sogar die Zehen des Fußes angedeutet. Im Gegensatz zu dem Balken, auf dem sie aufsitzt, hat die

Strebe eher dekorative Funktion, wie sich überhaupt der reichste Schmuck an den Gerüstteilen mit nur geringen oder ganz ohne statische Aufgaben (insbesondere den Füllhölzern) findet. Die Balkenköpfe tragen Perlstabmuster.

Im engen Schulraum unter der westlichen Empore brachte man den Kindern erste Kenntnisse in den Grundfächern bei. Sie buchstabierten mühsam den Katechismus und plagten sich etwa seit 1740 mit Lampes ›Milch der Wahrheit für Säuglinge an Alter und Verstand‹, das immerhin auf ihre Aufnahmefähigkeit mehr Rücksicht nahm. Die innige und hier sinnfällige Verbindung von Kirche und Schule – die Aufsicht über jene oblag einem geistlichen Konsistorium – prägte natürlich auch weiterhin die Lehrinhalte, das pädagogische Interesse galt also vorrangig nicht der Schreib- und Rechen-, sondern der Glaubensfestigkeit.

Über Dotzlar führt die kleine Straße wieder ins Edertal. Die *Kirche* von Arfeld – der Name wird in einer Urkunde um 800 erstmals erwähnt, bezeichnet dort aber nur ein Gebiet, nicht den Ort selbst – gleicht der Raumlands, doch konnte man hier die frühgotische ornamentale Ausschmückung retten.

Die Eder zieht eine starke Schleife um Arfeld herum, ihr Tal weitet sich, und sanfter schwingen die Höhenzüge zu seinen beiden Seiten aus. Nach wieder einigen großzügigen Mäandern erreicht der Fluß **Schwarzenau**. Hier liegt der ehemalige, 1788 umgestaltete *Gutshof* der Familie von Wittgenstein-Hohenstein, welcher das schlichte Gebäude der Barockzeit heute als Wohnung dient.

Dieses Dorf war nach den Verfolgungen in Berleburg vorübergehend Zentrum radikalpietistischen Lebens, und hier, genauer im Oberen Hüttental, fand eine separatistische Gemeinschaft Asyl, die im Gegensatz zu den anderen Gruppen auf Dauer zusammenhielt und später, schon jenseits des Atlantik, sogar eine Kirche begründen half. Bewegte Jahre waren der Ansiedlung hier vorausgegangen, und auch auf wittgensteinischem Boden gönnte man den Gläubigen um den Müllermeister Alexander Mack und Conrad Beißel – er sollte der bedeutendste deutschamerikanische Verfasser von Kirchenliedern werden – nur eine kleine Weile der Ruhe. Vielen Landesherren galt die Gemeinde als besonders suspekt, weil sie die Erwachsenentaufe als einzig biblisch bezeugte verfocht, und die große Mühe, welche die Obrigkeit vorzeiten bei der Bekämpfung wiedertäuferischer Umtriebe gehabt hatte, wurde den Schwarzenauern ohne weiteres angelastet. So konnte Graf Heinrich-Albrecht 1719 seine Schutzbefohlenen nicht mehr halten, da ihm ihretwegen die Reichsexekution angedroht war. Die friesische Stadt Surhuisterveen gewährte den Verfolgten Unterschlupf, bevor die Gruppe endgültig nach Amerika auswanderte. Heute trägt Schwarzenaus Schule den Namen Alexander Macks, eines der Väter jener Church of Brethren, die den Bau des Hauses durch eine große Spende ermöglichte.

Neben den Täufern haben übrigens noch viele andere Bewohner Wittgensteins die gefahrvolle Reise nach Amerika gewagt. Seine Armut trieb zwischen 1719 und 1819 etwa 12 500 Menschen außer Landes, eine sehr hohe Zahl, auch gemessen an der Auswanderungsrate vergleichbarer Regionen. Zur Not der Landbevölkerung im 18. Jahrhundert trugen die vermehrten oder heraufgesetzten Dienste und Abgaben nicht unwesentlich bei. Das mußten

DAS WITTGENSTEINER LAND

auch die Einwohner von **Elsoff** erfahren, einem Dorf, dessen Ansicht noch kaum durch die andernorts so regellos wuchernde Randbebauung entstellt ist (Farbt. 7). Der Ort findet sich erstmals erwähnt, als 1059 St. Andreas von der Eigenkirche des Buobo zur *Pfarrkirche* wird. Das heutige, hoch über der Ansiedlung gelegene Gotteshaus mit dem kleiner abgesetzten rechteckigen Chor datiert aus der Zeit um 1150, seine Einwölbung erfolgte allerdings erst mehr als hundert Jahre später. Anstelle der zunächst flach durchgezogenen Decke schließen nun Stichkappen den Raum ab; sie ruhen auf gewaltigen Wandpfeilern, gliedernde Gurtbögen fehlen. Leider sind die figürlichen und ornamentalen Gewölbemalereien weitestgehend Nachschöpfungen unseres Jahrhunderts, obgleich sie sich wahrscheinlich an zuvor aufgedeckten romanischen Urbildern orientieren. Der Turm von 1869 ist – im Gegensatz zu dem vieler anderer Kirchen – hier der jüngste Bauteil.

Elsoff ist einst Zentrum der gleichnamigen Vogtei gewesen, und die ›Vogtischen‹ haben später immer wieder die Freiheiten gegen ihren Landesherrn zu behaupten versucht, die ihnen ihrer Meinung nach aus dem früheren Sonderstatus des Gebiets zukamen. Sie konnten dabei die Uneinigkeit zweier Regenten nutzen, denn sowohl der Wittgensteiner wie der Hesse beanspruchten hier hoheitliche Rechte. 1665 jedoch einigten sich die beiden Grafen, und die Elsoffer sollte nun die ganze Härte der Fronordnung treffen. Nichtsdestoweniger blieb die ehemalige Vogtei ein Hort des Widerstands, deren Bewohner durch ihre häufigen Dienstverweigerungen unliebsames Aufsehen erregten. So trotzten sie auch der Verpflichtung zu den berüchtigten ungemessenen Diensten, und selbst als 1724 das Reichskammergericht ihren Einspruch abgelehnt hatte, gaben sie sich nicht geschlagen. Ein Jahr später kam es zu gewalttätigen Zusammenstößen mit einem wittgensteinischen Exekutionskommando, fünf Bauern ließen dabei ihr Leben. August von Wittgenstein, seit 1723 alleiniger Herrscher über die südliche Grafschaft und bis zu dessen Sturz 1710 Mitglied des übel beleumdeten preußischen Dreigrafenministeriums, wollte derart auch ein abschreckendes Beispiel für alle Untertanen geben, die sich etwa seiner Einführung der Methoden ostelbischer Gutsherrschaft widersetzen mochten. Er vertraute dabei auf zwei einschlägig belastete Beamte aus der Zeit seines hochrangigen Dienstes bei den Hohenzollern, die gleich ihm damals entlassen worden waren. Ihr Regiment ließ selbst einen Regierungspräsidenten der südlichen Grafschaft nach nur wenigen Monaten Amtszeit resignieren. Er habe, schrieb er seinem Landesherrn, »nunmehr allen muth und hoffnung, die Gerechtigkeit allhier wieder emporzubringen, die Tyranney böser leute zu steuern und daß ein jeder ehrliebende Mann eine Nacht ohne sorg ohnerhörter Dingen nicht captivirt oder wenigst gepfändet zu werden, zurbringen könnte, (...) gänzlich verloren«. Man sieht, Wittgenstein mochte weitab der großen Machtzentren liegen, aus der Welt war es keineswegs.

Dem Reisenden sei empfohlen, nun der Elsoff, die sich hier tief ins Gestein eingegraben hat, eine Weile bachaufwärts zu folgen. Zuweilen führen schmale Fahrwege die östlichen Hänge steil hinauf; oben bietet sich ein beeindruckendes Panorama. Der Blick kann hier nicht nur ungehindert gegen Westen über die Höhen des Wittgensteiner Landes schweifen, er umfaßt zur anderen Seite hin ebenso frei die Berge des Hochsauerlands wie des angrenzenden Hessen, dessen schöner Ort Bromskirchen zu seinen Füßen liegt.

Wieder im Tal, führt die Straße nach Diedenshausen, dem Geburtsort von Johannes Althusius (1557, nach anderen Forschern 1563–1638). Und wenn Wittgenstein ihm auch kein angemessenes Betätigungsfeld bieten konnte, so hat ihn doch seine Heimat mit jenen Kräften zusammengeführt, die später seine Arbeit prägen sollten. Als sein Landesherr und Förderer, Graf Ludwig der Ältere (s. S. 353), den Calvinismus in seinem Land einführte, hatte er sich der Unterstützung Caspar Olevians versichert, eines der profiliertesten reformierten Gottesgelehrten. Olevian leitete zugleich die Berleburger Lateinschule; nicht unmöglich, daß er auch Johannes Althaus unterrichtet hat. Seine weitere Ausbildung führte den Diedenshausener an die Universitäten von Genf (nach dort unterhielt auch Graf Ludwig lebhafte Kontakte) und Basel, beides Städte mit einem humanistisch geprägten Bürgertum. Nicht allein, weil er zu Basel den Doktor beider Rechte erhielt, sind diese Aufenthalte für seinen weiteren Lebensweg entscheidend gewesen.

1586 kehrte er in die Nähe seiner engeren Heimat zurück. Herborn im Nassau-Dillenburgischen ist Sitz einer Hohen Schule reformierter Ausrichtung und der 1584 von Berleburg hierhin übergesiedelte Olevian ihr Rektor. An dieser Akademie blieb Althusius – von einer zweijährigen Lehrtätigkeit in Burgsteinfurt abgesehen – bis 1604, dem Jahr seiner Berufung zum Emdener Stadtsyndikus. Kurz zuvor (1603) war sein wichtigstes Werk, die ›Politica methodice digesta‹, erschienen, dessen zentrale Aussagen jeden Herrscher von Gottes Gnaden gegen ihren Verfasser aufbringen mußten. Der behauptete nämlich, das Volk sei der unmittelbare Souverän und habe die Obrigkeit nur mit der Wahrnehmung seiner Interessen beauftragt, ihm stehe deshalb ein – nach heutigen Begriffen allerdings eingeschränktes – Recht auf Widerstand zu, wenn der Fürst dem Herrschaftsvertrag entgegen handele.

Emden war der Ort, wo Althusius seine Ideen in die Praxis umsetzen konnte. Die reformierte Stadt beharrte gegenüber ihrem Landesherrn auf weitgehender Unabhängigkeit und beschwor damit erbitterte Auseinandersetzungen herauf. Wie wirkungsvoll sich der neue Syndikus für die Positionen der Emdener eingesetzt hat, zeigt die Huldigungsformel an den ostfriesischen Grafen Rudolf Christian, die alle wesentlichen Punkte des Herrschaftsvertrages enthielt, den Regenten mithin als bloßen Beauftragten der Stadt ansprach. Bis zu seinem Tode 1638 behielt Althusius eine Schlüsselstellung in der Emdener Politik inne; sein Amt aufzugeben konnten ihn auch mehrere Rufe an niederländische Universitäten nicht bewegen.

Von Diedenhausen führt die kleinere Straße über **Wunderthausen** und entlang der Schwarzenau nach Bad Berleburg zurück. Auch hier münden zu beiden Seiten des Weges einige verschwiegene Tälchen ein, wo noch in mancher Wiese – übrigens streng geschützte – Arnika (Farbt. 39) und Orchideen blühen. Hinter Wemlighausen geht es dann wieder auf die B 480, rechter Hand liegt am Rande eines vorgeschobenen, niedrigen Höhenrückens die kleine *Kirche* des Ortes. Schon vom Jugendstil geprägt, trägt sie ihre historisierende Architektur wie ein Kostüm, eine verspielte Erinnerung an nunmehr zitierte Epochen. Bis die modernen Zweckbauten der Anmut des Gotteshauses immer näher rückten, konnte man sich der unaufdringlichen Schönheit dieses Fleckchens Erde nur schwer entziehen, und noch

365

DAS WITTGENSTEINER LAND

heute, wenn das Laub der stattlichen Bäume um die Kirche die jüngeren, gegen ihren Platz so gleichgültigen Teilhaber an der Berglehne wenigstens teilweise verdeckt, kann der Betrachter den Reiz der vormaligen Idylle nachempfinden.

In und um Bad Laasphe

Keineswegs selten liegen heute die historischen Zentren einer Region abseits der großen Straßen. Die B 62 berührt es nicht, und auch die kürzeste Verbindung von Berleburg nach Laasphe macht einen Abstecher nötig zu jenem *Schloß*, das dieser Landschaft den Namen gab. Auf einem Bergsporn, noch etwa sechzig Meter unter einer eisenzeitlichen Wallburg gelegen, hat der Besucher von hier eine prächtige Sicht hinunter ins Lahntal, vor allem auf die älteste Stadt der Grafschaft, Bad Laasphe. So sicher jedoch der Blick die weitere Umgebung fassen kann, so sehr wird ihn das nahe Schloß irritieren, denn seine Anlage – von der Baugeschichte ganz zu schweigen – ist einigermaßen verwirrend. Erst ein Rundgang um den seit 1950 als Internat genutzten Komplex bringt Klarheit über den Grundriß, der sich seit Dilichs Kupferstich in der ›Hessischen Chronica‹ nicht mehr wesentlich geändert hat. Im leicht ansteigenden Hof liegt rechter Hand auf etwas tieferem Niveau der 1736 entstandene Marstall mit der Reitbahn, zur Linken staffelt sich eine Vielzahl unterschiedlicher Gebäude hintereinander. Einem modernen Anhängsel folgt der eingeschossige, langgestreckte Bau, unter dessen Dach ehemals Verwaltung, Wache, die Räume der Handwerker und die Remise Platz fanden. Neben seiner Geducktheit ragt das vier Stockwerke hohe repräsentativste Glied dieser Kette empor; seine historisierende Fassadengestaltung ist allerdings ein Werk dieses Jahrhunderts. Daran schließt ein dreigeschossiger Zwischenbau an, der in den Osttrakt des eigentlichen Schlosses überleitet. Das präsentiert sich als Dreiflügelanlage, doch haben ihre einzelnen Teile erst im Laufe der Zeit zusammengefunden. Am ›Corps de logis‹ akzentuieren lediglich ein schmaler Risalit sowie dessen Lukarne die der Auffahrt zugewandte Front, und auch die zurückhaltenden Formen des barocken Portals stören den Eindruck äußerster Schlichtheit nicht.

Dieser zentrale Gebäudeteil verdankt sein heutiges Aussehen zwar erst den architektonischen Maßnahmen des Jahres 1738, doch birgt er auch die – jetzt allerdings jeder Einrichtung bare – Kapelle (1632 vollendet) und darunter den gewiß älteren, tonnengewölbten Weinkeller des Schlosses, der als Speisesaal des Internats seiner ursprünglichen Bestimmung wenigstens in etwa treu blieb. – Um den westlichen Flügel führt der Weg, seine gewaltigen Mauern, sicher die ältesten der gesamten Anlage, fassen im unteren Stockwerk teilweise den gewachsenen Fels ein. Nur wenig später dürfte der nördliche Abschnitt des Osttrakts aufgeführt worden sein, während der südliche, also der Stadt zugewandte, nach 1738 entstanden ist. Seine insgesamt 125 Meter lange, nicht unterbrochene Außenfront zeigt eindrucksvoll, warum die Burg auch in früheren Zeiten keine Mauer brauchte: Die massiven Wände boten Schutz genug. Nur im Norden mußte man die Anlage noch durch einen Wassergraben sichern.

366

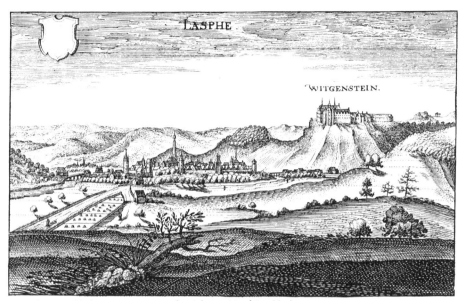

Laasphe mit Schloß Wittgenstein, Kupferstich von Matthäus Merian

Auch **Bad Laasphe** führt seit 1984 diesen begehrten Titel, alle vier großen Häuser behandeln Herz- und Kreislaufstörungen, außerdem widmet man den Krankheiten des rheumatischen Formenkreises besondere Aufmerksamkeit. Im Schloßberg-Sanatorium werden multiple Sklerose und die Parkinsonsche Krankheit behandelt. Mit Recht loben die Prospekte die ausgedehnten, für das Klima so wichtigen Wälder um die Stadt und die – noch weitgehend – intakte Landschaft des oberen Lahntals. Die Zeiten freilich, als hier noch die Lachse sprangen, sind endgültig vorüber. Dieser Raubfisch hat aber sowohl dem Lahnzufluß wie dem an seiner Mündung gelegenen Ort den Namen gegeben, den die Quellen zuerst um 800 als ›Lasaffa‹ (Lachswasser) erwähnen. Er wird zwischen 1240 und 1250 – das genaue Datum ist unbekannt – zur Stadt erhoben; jedenfalls spricht Graf Sigfrid 1277 von »unserer Stadt, genannt Laasphe«, als er sie Wilhelm von Jülich zu Lehen aufgibt und wieder zurückempfängt. Überhaupt spielt die spätere Residenz in der Schaukelpolitik Wittgensteins zwischen den Mächtigen der jeweiligen Epoche eine wichtige Rolle, so verkaufen die Grafen Werner und Wittekind sie keine zwanzig Jahre später samt der Burg an den Kölner Erzbischof, der sie wiederum im Gegenzug damit belehnt. 1424 versetzt man sie gar für den Preis von 100 Gulden an Dietrich von Moers, die Schlösser des Landes erhält der wegen solcher Transaktionen geschichtsnotorische Dietrich als Dreingabe.

Vom historischen Laasphe kann sich der Besucher heute noch ein Bild machen, wenn er den deutlich abgesetzten Stadtkern zwischen Mauer- und Wallstraße genauer in Augen-

DAS WITTGENSTEINER LAND

schein nimmt. Den Ursprung dieser Siedlung bildete der etwas erhöhte Platz um die Kirche herum, die Häuser hier besitzen noch vereinzelt die gewölbten Keller ihrer Vorgänger. Ältestes Gebäude ist jedoch die *evangelische Pfarrkirche;* ihr nördliches Seitenschiff datiert sogar in die Zeit um 1200. Es stellt den älteren, einschiffigen Bau dar, der somit weitgehend erhalten blieb. Anstelle seines Chors wurde später das – heute freilich längst anders genutzte – Fachwerk der Kirchenschule aufgeschlagen, darunter lag früher die Fürstengruft. Dieses dem heiligen Andreas geweihte Gotteshaus erweiterte man in der zweiten Hälfte des 13. Jahrhunderts zu einem dreischiffigen Bau. Außen fallen das tief herunter gezogene Dach und die markanten Strebepfeiler an der südlichen Wand, desgleichen der eigentümliche Turmhelm von 1782 auf. Innen spricht die zurückhaltende farbige Fassung an, so sind die Gurtbögen rotbraun und rosa gehalten, die Halbsäulen vor den mächtigen Pfeilern rotbraun gequadert. Die Nordseite des Hauptschiffs schmückt die sandsteinerne Grabplatte des 1412 gestorbenen Johann von Wittgenstein, im älteren Teil erinnert eine solche aus Eisenguß an einen Namensvetter (gest. 1659), aber auch an die wenig erfolgreichen Versuche der Landesherren, auf ihrem Territorium ein Gewerbe auf der Basis des eingeführten Eisenerzes zu begründen.

Die Laaspher Innenstadt nimmt durch die Geschlossenheit ihrer Fachwerkbebauung ein, die traufen- und giebelständige Häuser vereint. Während erstere meist dem 19. Jahrhundert zuzurechnen und durchweg von größerer Uniformität sind, gefallen die älteren, mit ihrem Dachabschluß zur Straße hingewandten Bauten auch dann, wenn sich ihr Gerüst – wie meist der Fall – nur auf die konstruktiv notwendigen Teile beschränkt. Um so mehr überrascht das *Haus Steinweg 17,* dessen aufwendige Verstrebung nach dem Wilden-Mann-Schema von einem weniger sparsamen Umgang mit dem raren Eichenholz zeugt. Besondere Erwähnung verdient ferner das *Haus Königstraße 19* wegen der reichen Verzierung vor allem seiner Eckpfosten, die auch die hervorstechenden Bauteile der ansonsten schiefer- respektive bretterverkleideten *Gebäude Königstraße 62 und 64* (am Ortsausgang) sind. Die Strahlkraft des Motivs an der Nr. 64 wird durch sein tristes Umfeld eher noch gehoben, es weist einige Ähnlichkeit mit dem der Fußstreben in Sassenhausen (s. S. 362 f.) auf, nur sind hier Weinlaub und Trauben von stärkerer sinnlicher Präsenz, Früchte und Blattwerk im Zentrum der Schnitzerei von geradezu wuchernder Exotik. Sie lassen nun ohne weiteres die Hand Riedesels erkennen, der auch das schönste Haus der Altstadt, *Königstraße 49,* aufgeschlagen hat. Bauherr war 1705 der Brauer Johann Adam Stolz, später hat es als Amtshaus gedient. Seine Ornamentik zu beschreiben mag sich an dieser Stelle erübrigen (der Zimmermeister hat seit seinen frühen Schöpfungen kaum mehr neue Elemente eingeführt), doch besticht dieses Gebäude wie auf ihre Art die Sassenhausener Kapelle durch sein ganzes Erscheinungsbild, es vermittelt den Eindruck breiter Behaglichkeit und bürgerlicher Gesetztheit.

Zwei Ausflugsziele sind es vor allem, die einen Besuch von Laasphe aus lohnen. Nordöstlich der Stadt liegt das Dorf **Puderbach** mit einer der ältesten *Kirchen* Wittgensteins. Nur kurze Zeit nach dem nördlichen Laaspher Seitenschiff entstanden, kann ihr Saal sicher nicht als bauliche Großtat gelten – und dennoch besitzt er einen eigenen Reiz. So machen die

Kapitelle eher den Eindruck von Wucherungen der gedrungenen Wandpfeiler, verlaufen die flachen Gurtbögen beängstigend unregelmäßig, und die Gewölbe sind wenig durchgebildet. Doch was der Baumeister versäumte, hat ein paar Jahrzehnte später der Ausmaler in etwa wiedergutzumachen versucht. Er betonte die ohnehin nur durch eine Verputzung simulierten Gewölbegrate, brachte Schlußringe an und faßte sogar die Fenster mittels zierlicher Säulchen ein. Das Äußere des Baus erinnert stark an eine Wehrkirche, vor allem die sehr kleinen romanischen Fenster, besonders aber der Westturm – er weist nur wenige, schmale Öffnungen (Sehschlitze?) auf – legen den Gedanken nahe, das Gotteshaus sei auch für Verteidigungszwecke genutzt worden.

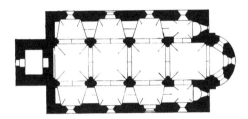

Feudingen, evangelische Pfarrkirche, Grundriß

Von ganz anderer Art ist die *evangelische Pfarrkirche* in **Feudingen** (Farbt. 21), die wieder den südwestfälischen Hallentyp vertritt. Auf einer Anhöhe und bis vor kurzem inmitten eines Friedhofs gelegen, nimmt sie sich gegenüber den bisher vorgestellten Gotteshäusern Wittgensteins geradezu stattlich aus. Mit der Kirche Raumlands (s. S. 361) hatte sie nicht nur das Patrozinium des hl. Martin gemeinsam, sondern war gleich jener auch das geistliche Zentrum einer Urpfarre. Ähnlichkeit weisen darüber hinaus die Chorbereiche beider Kirchen auf, allerdings deuten hier in Feudingen außen nur mehr zwei Fenster die Nebenapsiden an. Das Innere des dreischiffigen Baus beeindruckt durch seine großzügige Raumauffassung, dazu tragen die hoch hinaufgeführten Pfeiler, die Flucht der vier Joche (mithin eines mehr als landesüblich) und der abschließende, etwas erhöht gelegene Chor entscheidend bei. Das neu aufgedeckte, ornamentale System der Längsschiffe wird zur Zeit restauriert; seine Qualität kann der Besucher in Zukunft besser beurteilen als die der figürlichen Chormalerei aus der Mitte des 16. Jahrhunderts, deren Farben stark ausgeblaßt sind.

Zu den schönsten Wanderungen im Wittgensteiner Land zählt die von Feudingen durchs *Ilsetal*. Buchen- und Fichtenbestände wechseln an den Hängen miteinander ab, doch die – zahlreicheren – »Wittgensteener Fichten«, unter denen »kae Mänsch net noß wärd« gehören eigentlich nicht hierhin, der Baum dieser Landschaft wie des ganzen Rothaargebirges ist die Buche. Sie aber fiel seit dem 14. Jahrhundert immer mehr der Köhlerei zum Opfer, dem einzigen bedeutenden Wirtschaftszweig der ehemaligen Grafschaft. Heute noch trifft der kundige Wanderer in den Wäldern auf jene kreisrunden Plateaus, die vormals den Meiler aus dem kunstvoll geschichteten Holz getragen haben. Die Kohle wurde als wichtiger Grundstoff der Eisenerzeugung ins benachbarte Siegerland und ins Dillenburgische, aber auch

DAS WITTGENSTEINER LAND

nach Waldeck ausgeführt. Sie war zeitweise derart begehrt, daß etwa der Dillenburger Landesherr sich zu Gegengeschäften bereitfand, die den Aufbau einer wittgensteinischen Konkurrenz fördern mußten. Die starke Nachfrage führte nun vor allem während des 18. Jahrhunderts zum Raubbau an der Buche, und der preußische Oberforstmeister Reuß fand um 1850 im südlichen Teil des Landes nur noch eine »ekelhafte Waldkaricatur« vor, der er durch die Anpflanzung von schnellwüchsigen Fichten ein Ende machen wollte. Die erlangten freilich bald danach die gleiche wirtschaftliche Bedeutung wie vorher die Buchen, nur war jetzt das Holz selbst gefragt. Ausgerechnet im Steinkohlebergbau, der die Köhlerei immer mehr verdrängt hatte, wurden nun große Mengen des Nadelbaums als Grubenholz benötigt. – Wer heute an der Ilsequelle steht und in Gedanken die Unberührtheit oder gar Ursprünglichkeit des Landschaftsbildes preist, sollte deshalb nicht vergessen, wie jung dieses Bild ist: Manchem Reisenden des 19. Jahrhunderts hat es sich noch ganz anders dargeboten.

Glossar

Achse In der Architektur wird darunter jene – vorgestellte – gerade Linie verstanden, die den Bau bzw. einen Teil desselben der Länge (Längsachse) oder der Breite (Querachse) nach durchschneidet und bei der Gliederung des Baukörpers eine wichtige Rolle spielt. Das gilt besonders für die Mittelachse barocker Schloßbauten, insofern sie auch Symmetrieachse ist. Bei der gleichen Ausrichtung einer Fensterfolge über mehrere Geschosse hinweg spricht man von Fensterachsen.

Ädikula Rahmender Aufbau um Türen, Fenster oder Mauernischen, der in der Regel aus Pfeilern (bzw. Pilastern), Gebälk und/oder Giebel besteht.

Allod Grund und Boden, die ausschließlich Eigentum des adligen Besitzers sind, also keinem anderen Herrn zu Lehen getragen werden.

Altaraufbau Noch auf das Urchristentum geht der Tischaltar zurück, der meist aus einer steinernen Platte, der *Mensa,* und ihren Trägern, den *Stipes,* besteht. Seit dem Mittelalter wurde die Mensa durch das *Antependium,* eine Verkleidung ihrer Vorderseite, geschmückt, später (wohl während des 11. Jh.) trat das *Retabel* (von lat. retabulum = Rückwand), der Altaraufsatz, hinzu. Im 15. Jahrhundert kommt der eigene Unterbau für dieses Retabel auf, die sogenannte Predella. Sie ermöglichte beim gotischen Flügelaltar das Öffnen und Schließen der Flügel ohne Abnahme des ganzen Aufsatzes, der auch eine Rahmenarchitektur aus Pfeilern, *Wimpergen* und spitz auslaufenden Türmchen erhielt. Diese Tendenz zu einer eigenen Architektur verstärkte sich in der Renaissance, im Barock bekam das Retabel dann endgültig den Charakter eines Bauwerks im Bauwerk. Das Zentrum seines ein- oder zweigeschossigen Aufbaus bildete entweder ein Relief oder ein Gemälde, das *Altarblatt,* den Abschluß oft ein maßstäblich verkleinerter, deutlich abgesetzter Teil, der sogenannte *Auszug.*

Altarblatt → Altaraufbau

Antependium → Altaraufbau

Auslucht Vorbau, der sich mit dem aufgehenden Mauerwerk und mindestens bis zur Höhe des ersten Geschosses erhebt.

Auszug → Altaraufbau

Basilika Sakrale Bauform, bei der die Seitenschiffe niedriger als das Hauptschiff sind, welches durch eigene Fenster im Mauerwerk oberhalb der Seitenschiffdachzone Licht empfängt.

Bergschäden Durch Bergbau entstandene, meist obertägig sichtbare Schäden.

blind Ohne Fenster oder freie Flächen dort, wo die Architekturformen sie eigentlich anzeigen.

Diamantquader Werkstein, dessen Frontseite so behandelt wurde, daß sie den Facettenschliff eines Edelsteins (daher der Name Diamant) imitiert.

Disposition Lage, Anordnung bzw. Aufteilung der Räume eines Baukörpers.

Dienst(e) Plastisches Architekturglied, meist halb- oder dreiviertelrundes Säulchen der gotischen Baukunst, das – einem Pfeiler oder einer Wand vorgelegt – die Gurte bzw. Rippen des Gewölbes aufnimmt.

Fassung Bemalung eines plastischen Gegenstands

Feme, Femegerichte Die Herkunft des Begriffs konnte abschließend noch nicht geklärt werden, er leitet sich aber wahrscheinlich von einem Wort

GLOSSAR

ab, das mit dem heutigen niederl. ›veem‹ (= Genossenschaft, Zunft) eng verwandt ist. Diese Gerichte bildeten sich bereits im 13., hatten jedoch den größten Einfluß im 14. und 15. Jahrhundert; dabei spielten die westfälischen Femegerichte die bedeutendste Rolle. Weil sie sich für schwere Verbrechen im ganzen Reich zuständig erklärten, wurden sie von der zentralen Reichsgewalt gefördert, die im Wirken der Feme eine Stärkung ihrer Gerichtsbarkeit sah. Der für das Femegericht auch verwandte Name ›Freistuhl‹ geht darauf zurück, daß es nur die persönlich Freien unter den Einwohnern lud.

Freiheit Bezeichnung für eine → Minderstadt

Freistuhl → Feme

Galmei Wichtiges Zinkerz (Zinkspat, ZnO_3), Lagerstätten im Kalk und Dolomit

Gebundenes System Grundrißschema der romanischen → Basilika. Ihr liegt als Maßeinheit das Vierungsquadrat zugrunde, also die Fläche, in welcher sich Langhaus und Querhaus durchdringen. Einem quadratischen Joch des Mittelschiffs entsprechen zwei halb so große quadratische Joche der Seitenschiffe.

Gefache → Fachwerk

Gewände Die schräg nach innen laufenden Flanken meist eines Portals, aber auch der Fenster. Die Flächen können plastisch behandelt sein, sie können sogar durch eingestellte Säulen und Figurenfolgen ein eigenständiges baukünstlerisches Element bilden.

Doline Durch Einsturz entstandene Hohlformen, im Sauerland nur über Kalken und Dolomiten

Dorsale Rückwand des Chorgestühls

Drolerie Darstellung phantastisch-grotesker Wesen, häufiger Schmuck an Chorgestühlen.

Drost (Drostenamt) Verwalter des Landesherrn, stand an der Spitze eines Amtes (Amtmann)

Eigenkirche Gotteshaus, das auf dem nur ihm gehörenden Boden (→ Allod) eines Adligen stand und über das er als Grundherr weitgehende Rechte beanspruchen konnte.

Epitaph Grabdenkmal, das in die Wand eingelassen oder an der Wand aufgehängt sein kann.

Fachwerk Hölzernes Skelett, gebildet aus vertikalen (Ständern), waagerechten (Schwellen, Rahmen) und schrägen Stäben (Streben), die alle wie Gelenke aneinanderschließen. Die Zwischenräume (Gefache) sind mit Flecht- und → Wellerwerk ausgefüllt, → Knagge

giebelständig Mit dem Giebel zur Straße hin ausgerichtet, → traufenständig

Gogericht (Go = Gau) Wohl entstanden aus den altsächsischen Volksgerichten wie den Niedergerichten karolingischen Ursprungs, bezeichnet im Text das allgemeine Landgericht

Gräfte Wassergraben, der ein Wasserschloß umgibt.

Hallenhaus Hausform, bei der die Halle durch zwei Ständerreihen zu seiten der Deele in drei Schiffe geteilt ist. Sie und die beiden Ständerreihen außen tragen den Ernteboden.

Hallenkirche Kirche, bei der alle Schiffe auf die gleiche Höhe oder doch auf die annähernd gleiche Höhe (münsterländische Stufenhalle) geführt sind und die so nur durch die Fenster der Seitenschiffe Licht erhält. Im südlichen Westfalen lassen sich der märkische Typus durch das noch ansatzweise vorhandene Querschiff, der siegerländisch-wittgensteinische und der sauerländische Typus durch die Formen der Seitenschiffgewölbe und die der Pfeiler unterscheiden.

Haubergwirtschaft Wechselnutzung der Berghänge durch Niederwald (16–20 Jahre Anpflanzung von Eichen und Buchen) und Ackerbau (bis vier Jahre Bestellung mit Kornfrucht).

Hellweg Er gehörte zu den wichtigsten Fernverkehrswegen des Mittelalters (heute teilweise identisch mit der Bundesstraße 1) und führte von

(Duisburg-)Ruhrort über Essen, Dortmund, Soest nach Paderborn. Der Name, früher auch für andere bedeutende Fernverbindungen gebräuchlich, meint mit seinem Wortteil ›hell‹ übrigens ›licht‹ im Sinne des heutigen ›Lichtung‹, leitet sich also nicht von ›hall‹ (= Salz) her.

Herme Im Barock zuweilen frei aufgestellte männliche, oft bärtige Figur, eigentlich aber als Gebälkträger verwandte Gestalt, → Karyatide.

Joch Die Raumeinheit, aus der sich ein Gewölbebau aufbaut. Bezeichnet oft auch nur das einzelne Gewölbefeld oder das entsprechende Grundrißelement.

Kalotte Mantel einer Kuppel.

Kämpfer Steinlage, über der ein Gewölbe bzw. Bogen aufgeht.

Kannelierung (von lat. canna = Rohr) Längsriefelung einer Säule oder eines Pfeilers.

Karren Rinnen und Furchen im Karst, entstanden durch abfließendes Wasser, meist durch scharfe Grate getrennt.

Kartusche Schmuckelement im Barock, das mit band- und knorpelartigen Ornamentfolgen eine glatte Fläche umschließt.

Karyatide Aufrecht stehende, weibliche Gestalt als Gebälkträgerin, spielt schon in der antiken griechischen Architektur eine nicht unbedeutende Rolle, → Herme.

Knagge Stützholz in Winkelform, das beim Fachwerkhaus ein vorkragendes Obergeschoß tragen hilft.

Laterne Bekrönung eines Turms oder einer Kuppel in Laternenform.

Lettner Steinerne, durchbrochene Trennwand zwischen Chor und Mittelschiff, die die Laien von der Geistlichkeit sichtbar schied.

Lisene Zur Gliederung (und Stabilisierung) einer Mauerfläche verwandter, lotrechter Streifen ohne Basis und Kapitell.

Lyra Altgriechisches Saiteninstrument, beliebtes Schmuckmotiv des Biedermeier.

Mandorla Mandelförmiger Heiligenschein, der die Figur Christi ganz umgibt.

Mansarddach Form eines Knickdachs, bei dem der untere Teil einen steileren Neigungswinkel hat als der obere.

Mensa → Altaraufbau.

Minderstadt In der Regel Siedlung mit städtischen Rechten, aber ohne Befestigung.

Oculus Ochsenauge, rundes oder elliptisches Fenster.

Palas Wohn- und/oder Saalbau einer mittelalterlichen Burg.

Pilaster Der Wand vorgelegter Pfeiler, kann zur Gliederung wie zur Stabilisierung der Mauerfläche dienen.

Pinge Bergmännischer Ausdruck für eine Bodeneintiefung, die durch Abbau entstanden ist.

Plinthe Platte, die der Säulenbasis unterlegt ist.

Portikus Ein der Fassade vorgelagerter, meist durch einen Giebel bekrönter Bauteil, dessen Inneres nicht durch massive Wände umschlossen, sondern durch frei stehende Säulen abgegrenzt wird.

Predella → Altaraufbau.

Prospekt Die kunstvoll gestaltete Front des Orgelgehäuses.

Rennfeuer Das früheste bekannte Verfahren der Stahlherstellung. Der Ofen wurde mit Holzkohle und Eisenerz beschickt und der Schmelzvorgang unter Zuführung von Luft eingeleitet. Man erreichte Temperaturen bis 1300 °C und gewann ein schmiedbares Eisen, die sog. Luppe. Sie ›rann‹ allerdings nicht, wie der Name ›Rennfeuer‹ nahelegt, sondern hatte eine teigige Konsistenz.

Retabel → Altaraufbau.

373

GLOSSAR/BENUTZTE LITERATUR

Risalit Bauteil, der über die ganze Höhe vor die Flucht eines Gebäudes tritt.

Spieker (= Speicher) Ein Lagerbau, der, oft als Turm errichtet, auch zu Wehrzwecken angelegt wurde.

Sprengel Meist kirchlicher, zuweilen aber auch weltlicher Amtsbezirk.

Stapel Platz oder Gebäude für die Lagerung von Waren.

Steinwerk Ein massiv gemauerter Anbau an städtischen (ackerbürgerlichen) Häusern, faßte im Sauerland auch den Saal.

Stichkappe Einschnitt in ein Gewölbe, der im rechten Winkel zu dessen Achse liegt.

Stipes → Altar.

Tabernakel Gehäuse, in dem die Hostien aufbewahrt werden.

traufenständig Mit der Traufe zur Straße hin ausgerichtet, → giebelständig.

Volute Spiralförmig eingerolltes Zierelement.

Vorlage → Pilaster, → Lisene.

Vorwerk Hier: Teil einer Burg, und zwar des Verteidigungssystems vor dem Torgraben.

Wange Seitlich hervortretende Fassung eines Einbauteils, etwa des Chorgestühls.

Weller Mischung aus Lehm und Stroh, die zum Ausfüllen der Gefache (→ Fachwerk) dient.

Welsche Haube Form des Turmabschlusses, die sich zunächst leicht nach innen, dann aber markant nach außen wölbt, um mit einer Spitze zu enden.

Westwerk Gewaltiger Westabschluß karolingischer, ottonischer und auch noch romanischer Gotteshäuser. Besitzt oft einen eigenen Altar.

Wilder Mann Besondere Form der Verstrebung beim → Fachwerk(bau).

Zwerchhaus Quer (= zwerch) zum First gestellter Ausbau des Daches mit eigenem Giebel.

Benutzte Literatur (Auswahl)

Kunst-, Kulturgeschichte, Naturkunde

Ulrich Barth, Elmar Hartmann, August Kracht: Kunst- und Geschichtsdenkmäler im Märkischen Kreis, Balve [2]1984 (= Veröffentlichungen des Heimatbundes Märkischer Kreis, Band 3)

Peter Berghaus u. a. (Bearb.): Köln–Westfalen 1180–1980 – Landesgeschichte zwischen Rhein und Weser, Band 1.2., Lengerich [2]1981

Wilhelm Bleicher: Die Große Burghöhle im Hönnetal, Menden 1981 (= Beiträge zur Landschaftskunde des Hönnetals, Nr. 14)

Wilhelm Bleicher: Museum Hohenlimburg – Museumsführer und Auswahlkatalog aus Anlaß des 750jährigen Bestehens der Siedlung Hohenlimburg, Hagen 1980

Willi Brasse, Arnold Herzig, Ulrich Schenk: Iserlohn, Frankfurt 1971

Werner Braun: Astenturm – 1884 bis 1984, Brilon o. J. (1984)

Alfred Brenne: Sagen und Geschichten aus dem märkischen Sauerland, Lüdenscheid 1984

Stadt Brilon (Hrsg.): 750 Jahre Stadt Brilon, Brilon 1970

Clemens Brüggemann und Helmut Richtering: Abtei Wedinghausen, Propsteikirche St. Laurentius Arnsberg, Arnsberg 1971 (= Städtekundliche Schriftenreihe über die Stadt Arnsberg, Heft 6)

Alfred Bruns: Amt Thülen – Geschichte und Überlieferung, Brilon 1974

Bürger- und Heimatverein Hemer (Hrsg.): Hemer – Beiträge zur Heimatkunde, Balve ²1980

K. Burkhardt, H. Nienhaus: Geschichte der Reformierten Gemeinde Hohenlimburg, Hohenlimburg 1951

Torsten Capelle: Bilder zur Ur- und Frühgeschichte des Sauerlands, Brilon 1982

Georg Dehio: Handbuch der Deutschen Kunstdenkmäler – Westfalen (bearbeitet von Dorothea Kluge und Wilfried Hansmann), Berlin 1968

Hans Heinrich Diedrich: Führer durch die Burg Altena, Fredeburg o. J.

Ernst Dossmann: Auf den Spuren der Grafen von der Mark, Iserlohn ²1984 (= Veröffentlichungen des Heimatbundes Märkischer Kreis, Band 5)

Theodor Ernst: Geschichte der vormaligen Stadt und späteren Landgemeinde Kallenhardt (Kreis Soest), Lippstadt ²1976

Friedrich Albert Groeteken: Sagen des Sauerlandes, Fredeburg 1982

Handbuch der Historischen Stätten Deutschlands, 3. Band (Nordrhein-Westfalen), Stuttgart 1970 (= Kröners Taschenausgabe Band 273)

Elmar Hartmann: Die Affelner Kirchen, Münster 1979 (= Westfälische Kunststätten, Heft 7)

Elmar Hartmann: Die Deilinghofener Kirche, Münster 1984 (= Westfälische Kunststätten, Heft 29)

Heimatblätter – Zeitschrift des Arnsberger Heimatbundes, 1980 ff.

Franz-Lothar Hinz: Die Luisenhütte in Wocklum, Münster 1978 (= Technische Kulturdenkmale in Westfalen, Heft 1)

Albert K. Hömberg: Heimatchronik des Kreises Olpe (mit Beiträgen von Theo Hundt und Horst Ruegenberg), Köln 1967

Albert K. Hömberg: Siedlungsgeschichte des oberen Sauerlandes, Münster 1938

Philipp R. Hömberg: Die Hünenburg bei Meschede (Hochsauerlandkreis), Münster 1983 (= Frühe Burgen in Westfalen 1)

Géza Jászai (Hrsg.): Monastisches Westfalen – Klöster und Stifte 800–1800, Greven ²1982

Karl Heinrich Kaufhold: Das Metallgewerbe der Grafschaft Mark im 18. und frühen 19. Jahrhundert, Dortmund 1976 (= Vortragsreihe der Gesellschaft für Westfälische Wirtschaftsgeschichte, Heft 20)

Hermann Kellenbenz, Jürgen Heinz Schawacht: Schicksal eines Eisenlandes, Siegen 1974

Herbert Kienzler: Freudenberg, Münster 1979 (= Westfälische Kunststätten, Heft 2)

Margret Kirchhoff: Die Marientafeln der Obersten Stadtkirche in Iserlohn, Iserlohn 1976

Helmut Knirim u. a.: Himmlische Vettern. Barockskulptur im südlichen Westfalen, Ausstellungskatalog, Unna 1979

Lutz Koch: Aus Devon, Karbon und Kreide – Die fossile Welt des nordwestlichen Sauerlandes, Hagen 1984

Wilhelm Koch (Hrsg.): Westfälische Geschichte, Band 2: Das 19. und 20. Jahrhundert – Politik und Kultur, Düsseldorf 1983

Bernard Korzus (Hrsg.): Iserlohner Tabaksdosen – Bilder einer Kriegszeit, Warendorf 1982

Bernard Korzus (Hrsg.): Museen in Westfalen, Münster 1981

August Kracht: Burgen und Schlösser im Sauerland, Siegerland, Hellweg, Industriegebiet, Frankfurt 1976

Fritz Krämer (Hrsg.): Wittgenstein 1.2., Balve 1965

Kreisheimatmuseum Attendorn (Hrsg.): Alte Kunst im kurkölnischen Sauerland, Balve 1972

375

BENUTZTE LITERATUR

Hans Kruse (Hrsg.): Siegen und das Siegerland 1224–1924, Festschrift aus Anlaß der Siebenhundertjahrfeier von Burg und Stadt Siegen, Siegen 1924

Anton Legner (Hrsg.): Monumenta Annonis. Ausstellungskatalog, Köln 1975

Uwe Lobbedey: Burg Bilstein, Münster 1982 (= Westfälische Kunststätten, Heft 19)

Albert Ludorff: Die Bau- und Kunstdenkmäler von Westfalen, Münster 1901 ff.

Der Märker, Heimatblatt für den Bereich der ehemaligen Grafschaft Mark, Altena 1955 ff.

Märkischer Kreis – Ein liebenswerter Lebensraum, Iserlohn 1977

Udo Mainzer: Die Nikolaikirche in Siegen, Münster 1978 (= Westfälische Kunststätten, Heft 3)

Stadt Menden (Hrsg.): 700 Jahre Stadt Menden, Dortmund 1976

Emil Meynen u. a. (Hrsg.): Handbuch der naturräumlichen Gliederung Deutschlands, Band 1, Bad Godesberg 1962

Franz Mühlen: Olsberg, Münster 1979 (= Westfälische Kunststätten, Heft 8)

Wilhelm Müller-Müsen (Bearb.): Ich gab dir mein Eisen wohl tausend Jahr… Beiträge zur Geschichte, speziell zur Wirtschaftsgeschichte des Bergbaubezirks Müsen und des nördlichen Siegerlandes, Hilchenbach-Müsen 1979

Karl E. Mummenhoff: Burg Schnellenberg, München 1973 (= Große Baudenkmäler, 269)

C. F. Padberg: Küstelberg – Geschichte eines hochsauerländischen Dorfes, Küstelberg 1975

Paul Pieper: Die Muttergottes von Warstein, in: Pantheon 23 (1965), S. 211 ff.

Stephanie Reckers: Beiträge zur statistischen Darstellung der gewerblichen Wirtschaft Westfalens, Teil 4: Herzogtum Westfalen, in: Westfälische Forschungen 20 (1967), S. 58 ff.; Teil 5: Grafschaft Mark, in: Westfälische Forschungen 21 (1968), S. 98 ff.; Teil 7: Wittgenstein und Siegen, in: Westfälische Forschungen 25 (1973), S. 59 ff.

Rudolf Reuter: Historische Orgeln im Hochsauerlandkreis, Münster 1979 (= Westfälische Kunststätten, Heft 9)

Josef Rubarth (Hrsg.): Praesidium Baduliki-Belecke. Monographie einer Stadt, Belecke 1970

Fritz Runge: Die Naturschutzgebiete Westfalens und des früheren Regierungsbezirks Osnabrück, Münster 1982

Josef Rüther: Heimatgeschichte des Landkreises Brilon, Münster 1957

Norbert Scheele: Geschichtliche Wanderung durch das Biggetalsperrgebiet, Olpe o. J.

Josef Schepers: Haus und Hof westfälischer Bauern, Münster ⁴1977

Stadt Schmallenberg (Hrsg.): Beiträge zur Geschichte der Stadt Schmallenberg 1244–1969, Schmallenberg 1969

Schieferbergbau-Heimatmuseum Schmallenberg-Holthausen (Hrsg.): Hexengerichtsbarkeit im kurkölnischen Sauerland, Fredeburg 1984

Ursula und Hans Schmidt: Felsenmeer – Heinrichshöhle, Hemer o. J.

Levin Schücking, Ferdinand Freiligrath: Das malerische und romantische Westphalen, Leipzig 1841

Kreis Siegen (Hrsg.): Siegerland Chronik. Kultur, Wirtschaft und Gemeinwesen, München 1972

Rainer Slotta: Erzbergwerk Ramsbeck, Bestwig-Ramsbeck 1984

Gerhard Stalling AG (Hrsg.): Der Kreis Olpe, Oldenburg 1977

Dieter Stievermann: Städtewesen in Südwestfalen – Die Städte des Märkischen Sauerlandes, Stuttgart 1978

Heinz Stoob: Westfälischer Städteatlas, Dortmund 1975 ff.

Theodor Tochtrup: Brilon im Hochsauerland – Wie es war und wurde. Eine moderne Kurstadt in heutiger Zeit, Brilon 1975

Theodor Tochtrup, Hans Günther Schmidt: Blei und Zink im Hoch und Tief, Meschede ²1978

Stadt Warstein (Hrsg.): 700 Jahre Stadt Warstein, Warstein 1976

Westfalen. Hefte für Geschichte, Kunst- und Volkskunde; vor allem die Bände 53 (1975), 56 (1978) und 62 (1984)

Praktische Reisehinweise

Das ›Tor zum Sauerland‹: Hagen

Hagens landläufiger Beiname ›Tor zum Sauerland‹ ist auch ein Vorschlag zur Güte im alten Streit, ob das Gemeinwesen nun dieser Mittelgebirgslandschaft zugehört oder nicht. Jedenfalls kann Hagen seit der Kommunalreform 1975 mit mehr Recht eine Teilhaberschaft behaupten, damals stieg auch die Einwohnerzahl der einzigen Großstadt der Region auf 225 000. Schon vorher war sie ein – vorsichtig formuliert – städtegeographisch recht komplexes Gebilde, das von einem Zentrum her in fünf Tallandschaften ausgriff. Als sein historischer Kern muß wohl eine Kölner Urpfarrei gelten, obwohl die Quellen erst gegen Ende des 11. Jahrhunderts hier eine Kirche nennen. Der Kölner Erzbischof besaß auch Oberhof und Freigrafschaft, doch kam letztere 1324, der Hof 1392 an die Grafen von der Mark.

Seinen wirtschaftlichen Aufschwung nahm der Ort an Volme und Ennepe unter den brandenburgisch-preußischen Landesherren. 1661 zog der Große Kurfürst bergische Klingenschmiede nach Eilpe, während des 18. Jahrhunderts entwickelte sich ein starkes Tuchgewerbe, daneben spielte die Papierherstellung keine ganz unbeachtliche Rolle. 1746 verlieh Friedrich der Große denn auch dem blühenden Gemeinwesen städtische Rechte und unterstrich mit diesem Akt die ökonomische Schlüsselstellung Hagens, eine Position, die es über die Jahr-

zehnte der Industrialisierung hinweg bis in die unmittelbare Gegenwart gehalten und die übrigens schon vor 1975 in etlichen Eingemeindungen ihren Ausdruck gefunden hat. Heute ist Hagen Sitz der einzigen bundesdeutschen Fernuniversität und nennt eine Oper sein eigen, deren ungewöhnliche Inszenierungen auch überregional immer wieder Beachtung finden.

Nur schwer läßt sich vorstellen, daß die evangelische *Johanniskirche* vielleicht die Nachfolgerin einer Urpfarrkirche ist. Die Spatenforscher haben an dieser Stelle eine romanische Basilika über kreuzförmigem Grundriß nachgewiesen, die jedoch nicht vor 1150 entstanden sein kann. Auf ältere Bauten fehlen alle Hinweise. Das heutige Gotteshaus, eine Halle von drei Jochen, errichtete Georg Eckert zwischen 1748 und 1750, es wurde allerdings 1903 nach Westen erweitert. Damals bekam die Kirche auch den Turm mit einem achtseitigen neubarokken Glockengeschoß, das nach der Zerstörung im Zweiten Weltkrieg nicht wiederhergestellt, sondern 1979 viereckig ummantelt wurde; der neue Turmhelm ist dieser kühnen Umgestaltung angepaßt.

Das *Karl-Ernst-Osthaus-Museum* (Hochstraße 73) trägt den Namen des berühmtesten Sohns (1874–1921) dieser Stadt, welcher als Gönner und Förderer der Kunst nach der Jahrhundertwende wesentliche Impulse zu geben verstand. Erbe eines ansehnlichen Vermögens, konnte er viele

PRAKTISCHE REISEHINWEISE: HAGEN

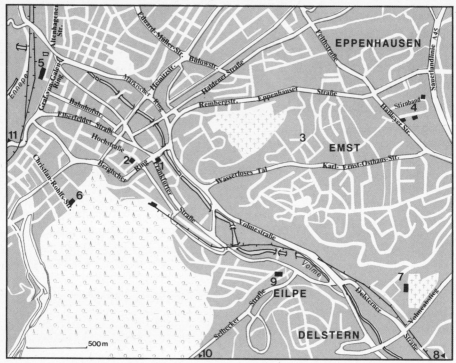

Hagen 1 Johanniskirche 2 Karl-Ernst-Osthaus-Museum 3 Arbeitersiedlung ›Walddorf‹ 4 Kolonie Hohenhagen: Hohenhof, Villa Cuno, Thorn-Prikker-Haus 5 Hauptbahnhof (Glasfenster von Thorn Prikker) 6 Haus Springmann 7 Eduard-Müller-Krematorium 8 Ev. Pfarrkirche (Dahl) 9 Lange Riege (Eilpe) 10 Westfälisches Freilichtmuseum Technischer Kulturdenkmale (Selbecke) 11 Haus Harkorten (Haspe)

Künstler jener Zeit an seine Heimatstadt binden, indem er ihnen für etliche Jahre ein Leben frei von materiellen Sorgen bot. 1902 gründete Osthaus hier sein Museum Folkwang, das vor allem wegen seiner vorzüglichen Sammlung impressionistischer Malerei auch heute noch großes Ansehen genießt. Schon 1922, also nur ein Jahr nach dem Ableben des Mäzens, erwarb die Stadt Essen die gesamten Bestände dieses Instituts. Das 1909 ins Leben gerufene ›Deutsche Museum für Kunst in Handel und Gewerbe‹ blieb lediglich bis 1923 in Hagen und ging dann ans Krefelder Kaiser-Wilhelm-Museum. Seine Stücke waren als Vorbilder industrieller Formgebung gedacht, die Osthaus auf ein höheres Niveau heben wollte.

Damit ist bereits die gesellschaftspolitische Dimension der Vorstellungen angesprochen, welche Osthaus bei allen seinen Initiativen leiteten. Er sah das Industriezeitalter unter der Diktatur der Massenproduktion und damit die Gefahr kulturellen Verfalls, die allgemeine gestalterische Gleichgültigkeit war nur ein unübersehbares Indiz für eine solche bedrohliche Situation. Ihr mußte die Wiedergeburt des Stils, genauer gesagt, die Wiedergewinnung des Stilempfindens entgegengesetzt werden, das galt sowohl für die industrielle Produktion wie für die handwerklich-kunstgewerbliche und künstlerische Arbeit. Die Bezüge zum Jugendstil sind hier evident, und einer seiner prominentesten Vertreter, der Belgier Henry van de Velde (1863–1957), war es denn auch, der auf Osthaus den entscheidenden Einfluß nahm.

Die Wende des Osthausschen Kunstverständnisses illustriert der Museumsbau an der Hochstraße. Äußerlich noch ein Bau der Neorenaissance, also einer der gängigen Neo-(= Nicht-)Stile, zeigte er im Innern die ambitionierte Architektur Henry van de Veldes. Leider ist sie auf uns nicht unverändert überkommen, doch dürften wenigstens die Eingangs- wie die Haupthalle des Souterrains noch den Zustand von 1902 in etwa wiedergeben. Erstere gewinnt vor allem durch die Kopie des Brunnens von George Minne, die wie das Original unter dem Oberlicht Aufstellung gefunden hat (Abb. 125). Beeindruckend auch die Gestaltung der Säulen und der Decken: Obwohl van de Velde hier die mit Abscheu verurteilten Eisen-Backstein-Konstruktionen des schon fertiggestellten Rohbaus übernehmen muß, weiß er sie seinen Ideen ganz anzuverwandeln. So läßt er die Säulen zwar stuckieren, doch bleibt die ursprüngliche Form der Eisenträger darunter sichtbar, die eigentlich erforderten Kapitelle umgeht er durch ornamentale Figurationen, welche aufsteigende Wasserfontänen stilisieren mögen. Doch tut

diese Ornamentik der übergeordneten Linienführung nie Gewalt an.

Die Haupthalle des Souterrains birgt heute unter anderem einige Ausstattungsstücke des Hohenhofs (s. S. 380), besondere Aufmerksamkeit verdient das Gemälde ›Die Auserwählten‹ von Ferdinand Hodler. In weiteren Räumen werden die Werke vieler durch Osthaus geförderten Künstler ausgestellt, und auch Schöpfungen des sicherlich kreativsten Folkwangianers Christian Rohlfs (1848–1938) fehlen nicht.

Daß Osthaus die sozialste aller Künste, die Architektur, besonders förderte, überrascht nach dem bislang Ausgeführten nicht mehr. Sein Ehrgeiz ging jedoch noch weiter, er sann auf Alternativen zum damals üblichen Städtebau. Die Kunst- wie die Menschenfeindlichkeit der Epoche, genauer: ihre Kunst- als Menschenfeindlichkeit, »wo konnte (sie) sich hüllenloser offenbaren als in den Städten, die der modernen Industrie ausschließlich ihr Dasein verdankten?« (Karl Ernst Osthaus: Van de Velde, Hagen 1920). Konkrete Gestalt sollten seine Ideen mit der *Arbeitersiedlung ›Walddorf‹* in Hagen-**Emst** nicht weit vom Stadtzentrum annehmen. Doch blieben von der geplanten Anlage schließlich ganze sechs Objekte übrig, und natürlich läßt sich anhand dieser kurzen Gebäudezeile kein Urteil über das gesamte Konzept fällen. Der zunächst als Maler ausgebildete Architekt Richard Riemerschmid (1868–1957), Mitbegründer der Münchener Vereinigten Werkstätten für Kunst und Handwerk, lieferte die Pläne für die Häuserreihe (Walddorfstr. 3–21), welche durch ihr bodenständiges Mauerwerk aus Kalkbruchstein und die eigenwillig gegliederte Abschlußzone bestimmt ist; die durch giebelständige Bauten gegliederte

379

PRAKTISCHE REISEHINWEISE: HAGEN

Folge der Mansarddächer hat einen eigentümlichen Rhythmus.

Ein deutlicheres Bild der Absichten Karl Ernst Osthaus' vermittelt die *Kolonie Hohenhagen* im Stadtteil **Eppenhausen.** Hier kaufte er ein ausgedehntes, lebendig reliefiertes Areal an, auf dem Häuser, nun aber für die bessergestellten Schichten, entstehen sollten. Als Bauherren traten neben Osthaus auch andere in Erscheinung, allerdings mußten sie ihre Wünsche der übergreifenden Planung unterordnen. Sie stammte etwa zu gleichen Teilen von Peter Behrens und Henry van de Velde, später zeichnete noch der Holländer J. L. M. Lauweriks für die Häuser am *Stirnband* verantwortlich (Abb. 123).

Zentrum des gleichfalls unvollendet gebliebenen städtebaulichen Projekts ist der *Hohenhof* (Stirnband 10, Abb. 124), hier wohnte, vielleicht sollte man sagen: residierte der Initiator des Unternehmens. Zur Anlage des Hohenhofs schrieb Osthaus: »Unter den Bauplätzen war einer, der die Höhenlinie nach der Donnerkuhle krönte. (...) Der Künstler billigte ihn und faßte zugleich diesen Blick als Träger der Hauptachse ins Auge. Er entwarf die Fassade als eine breitgelagerte, von ausdrucksvoller Dachlinie abgeschlossene Wand. So liegt das Haus heute zwischen bewaldeten Erhebungen, hoch über der Wiese und einem Tal. Aber die Rücksicht auf eine Straße machte die Streckung des Hauses auch in entgegengesetzter Richtung nötig. Hieraus ergab sich (...) eine Hakenform des Grundrisses, die sich durch die Anfügung eines Nebenhauses für Wirtschaftszwecke zu einem Doppelhaken erweitert. (...) Im übrigen richtet sich die Anordnung der Räume weitgehend nach praktischen Erfordernissen. Alle Wohn-

und Schlafräume wurden nach Osten und Süden, die beiden Treppen in die Nordost- und Nordwestecke gelegt.« Bei der Materialauswahl und hinsichtlich der Farbwerte achtete van de Velde die Vorgaben des bergischen Stils, ließ also landschaftsgebunden bauen. Überhaupt muß er den Hohenhof zu Häupten der Donnerkuhle auch als Element der Landschaftsgestaltung verstanden haben, denn der Baukörper, vor allem aber seine Dachzone, war ganz auf Fernwirkung berechnet.

Auch die Innenausstattung lag vollständig in der Hand van de Veldes, »bis herunter auf das Petschaft auf dem Schreibtisch einheitlich durchgebildet« ist nach Osthaus' Worten das Haus gewesen. Ein schwacher Abglanz dieser ›einheitlichen Durchbildung‹, eines zentralen Anliegens der hier durch William Morris entscheidend geprägten Stilrichtung, liegt noch über dem ehemaligen Arbeitszimmer des Bauherrn, das van de Velde zusammen mit Jan Thorn Prikker gestaltete. Ansonsten geht das Bemühen des heutigen Eigentümers, der Stadt Hagen, dahin, wieder eine zeitgenössische Einrichtung der Räume zu ermöglichen, so wurde 1980 ein wollener Knüpfteppich nach dem Entwurf des Belgiers für das Speisezimmer des Hohenhofs angekauft.

Henry van de Velde hat keinen weiteren Bau mehr auf dem ihm vorbehaltenen Gelände errichten können, im ganzen Hagener Stadtbereich zeugt heute nur noch ein weiteres Wohnhaus (*Springmann*, Christian-Rohlfs-Str. 49) auch äußerlich von seiner Tätigkeit. Etwas besser läßt sich das Wirken des Architekten Peter Behrens (1868–1940) dokumentieren, wenngleich viele seiner Pläne nicht ausgeführt wurden und sein Haus Schröder den Bomben zum Opfer fiel. Neben dem Haus Amselgasse 1 entsteht 1909/10 die *Villa Cuno* (Haßleyer Str. 38) auf dreieckigem, spitz zulaufendem Grundstück. Ihr beherrschendes Motiv ist die Treppenhausrotunde, die als Mittelachse schwach halbkreisförmig vor die Front des Gebäudes tritt und noch das Walmdach des kubischen Baukörpers durchdringt. Die Ornamentik des Eingangstors entwarf gleichfalls Peter Behrens.

So haben heute die Bauten Johannes L. Matheus Lauweriks' den weitaus größten Anteil an Hohenhagen. 1909 als Direktor des Seminars für Handfertigkeitskunst (auch dieses Institut geht auf eine Initiative Osthaus' zurück, für die er das preußische Kultusministerium gewann) nach Hagen berufen, ließ er an der einen Straßenseite des ›Stirnbands‹ sechs Häuser errichten, in seinem Verständnis ein genau rhythmisiertes Ensemble. Den Abschluß zur Donnerkuhle hin bildet das – heute allerdings durch An- und Umbauten etwas beeinträchtigte – *Haus Nr. 36;* es trägt heute noch den Namen *Jan Thorn Prikkers,* der hier zwischen 1910 und 1918 wohnte und während dieser Zeit auch das große Glasfenster ›Huldigung der Gewerbe vor dem Künstler‹ in der Eingangshalle des Hagener Hauptbahnhofs schuf. Prikkers Wohnhaus und Atelier über hakenförmigem Grundriß entstand als erstes der Gruppe, und sein markantes Giebelfeld gibt mit dem geometrisch strengen, doch einfallsreich variierten Liniennetz auf dem Grundmuster des Quadrats das Leitmotiv Lauwerikschen Bauens vor (Abb. 122). Die weiteren Gebäude, Doppel- wie Einzelhäuser, sind so tief gestaffelt, daß sie immer wieder neue Ecklösungen ermöglichen, erstes und letztes Haus treten am dichtesten an die Straße heran, weiter zurück, jedoch ebenfalls auf gleicher Höhe liegen das zweite und fünfte, drittes und viertes springen noch mehr zurück, bilden mit

Hagen-Delstern, Gesamtansicht des Eduard-Müller-Krematoriums von Peter Behrens, um 1908, nur teilweise erbaut

PRAKTISCHE REISEHINWEISE: HAGEN

ihrer Front jedoch auch eine Linie. Leider verhinderte der Erste Weltkrieg Lauweriks' Vorhaben, auf der anderen Straßenseite ein Pendant zum schon ausgeführten Komplex zu schaffen.

Noch ein weiteres hervorragendes Hagener Zeugnis des Jugendstils darf nicht unerwähnt bleiben, das *Eduard-Müller-Krematorium* auf dem Friedhof des Stadtteils **Delstern**. Seine Hanglage betont der Bau durch die zwei hintereinandergesetzten Kuben mit eher flachen Satteldächern, von denen der rückwärtige den vorderen etwas überragt. Die Grundform erfüllt Behrens' selbstgestellte Forderung »strengste(r) Monumentalität und vornehme(r) Einfachheit«, der deutlich von ihr abgesetzte Schornstein bringt »die Zweckbestimmung des Gebäudes nach außen hin klar zum Ausdruck«. Leider fehlt ihm heute die Ornamentik, welche früher seinen Aufbau so sinnfällig nachvollzog. Doch auch der Schmuck bzw. die Verkleidung des vorderen Würfels (der hintere wurde in massiven Bossenquadern aufgeführt) ist heute durch einen hellgrauen Putz ersetzt, nachdem die Marmorintarsien unter den örtlichen Witterungsverhältnissen zu sehr gelitten hatten.

Doch innen hat zumindest der Hauptraum sein ursprüngliches Aussehen beinahe vollkommen bewahrt. Ihn bestimmt ein schwarzweißes, geometrisches Dekor, dessen wenige Grundformen mit stupender Virtuosität abgewandelt werden, ohne daß die Raumgliederung ihre Dynamik verlöre. Von großartiger Feierlichkeit ist der halbrunde Wandabschluß hinter dem Katafalk, auf schwarzen Marmorsäulen ruht die gekuppelte Apsis mit dem Mosaik von Emil Rudolf Weiß. Es zeigt vor einer Ornamentik aus Goldschuppen die lichte Gestalt

eines segnenden Jünglings, ihn flankieren links vom Betrachter ein schlafender, rechts ein erwachender junger Mann. Über der mittleren Figur finden sich die Goethe-Worte: »Alles Vergängliche ist nur ein Gleichnis.«

Wer von Hagen-Delstern das Volmetal weiter hinauffährt, trifft im Stadtteil **Dahl** auf ein Bauwerk ganz anderer Art. Die *evangelische Pfarrkirche* ist ein bescheidener einschiffiger Bau mit integriertem Westturm und fünfseitigem Chor, die 1730 nach einer Feuersbrunst neu aufgemauert werden mußte. Aus der Gotik stammen noch Chor und Sakristei, desgleichen der heute südliche Querarm. Seine reiche, leider nur bruchstückhaft erhaltene Ausmalung datiert ins Ende des 15. Jahrhunderts, sie stellt an der östlichen Wand Szenen aus der Katharinenlegende, an der südlichen das Martyrium der Zehntausend, die hll. Margarethe und Barbara sowie eine Schutzmantelmadonna dar. Das Gotteshaus besitzt darüber hinaus einen Altaraufsatz des 18. Jahrhunderts (er zeigt ein geschnitztes Abendmahlsrelief) und einen Taufstein von 1696.

Wohl die älteste Arbeitersiedlung Westfalens und untrennbar mit der Wirtschaftsgeschichte dieser Stadt verbunden ist die ›Lange Riege‹ in Hagen-**Eilpe** (Riegestraße). Die Fachwerkreihenhäuser (Abb. 121) entstanden etwa 1660, um jene Klingenschmiede aus dem Großherzogtum Berg aufzunehmen, für deren Niederlassung im Märkischen kein Geringerer als der Große Kurfürst Sorge getragen hatte. Sie sollten hier ihrem Gewerbe Auftrieb geben und erhielten deshalb zahlreiche Privilegien zugesichert, gleichzeitig wurde die Einfuhr bergischer Klingen durch einen hohen Zoll nahezu unterbunden. Ihre Nachfahren mußten freilich erleben, wie wenig ein absolutistischer König die Verdienste ihrer Zunft um die Mark achten sollte. Friedrich Wilhelm I. (1688–1740) verhökerte unbedenklich ihrer acht gegen hundert ›Lange Kerls‹ aus dem russischen Herrschaftsbereich, als die Zarin in Tula eine Klingenfabrik gründen wollte. Er wies seinen »lieben Obrist-Lieutenant von Herzberg« an, »1 Meister Klingen-Schmidt mit einem Vorschläger, 1 Meister Härter mit einem Gesellen, einen Schleifer nebst einem Gesellen, 1 Sensenschmidt und 1 Gesellen wo möglich mit Güte zu persuadieren (überreden, D.A.). Sollten diese Leute aber nicht sich hierzu engagiren wollen, so sollet Ihr sie aufheben, und mit Escorte von Guarnison zu guarnison anhero schicken«. Da die Eilper sich nicht aus freien Stücken nach Tula verfügen wollten, wurden sie eben ›aufgehoben‹, und erst zwölf (statt der in Aussicht gestellten sechs) Jahre später sahen sie Preußen, freilich nicht die Mark wieder. Kaum auf preußischem Territorium, setzte man sie ohne weiteres gefangen und ›verbrachte‹ sie nach der berüchtigten Festung Spandau, und erst als sie hier wie in Eberswalde Klingenfabriken eingerichtet hatten, durften sie heimwärts reisen.

Die Eilper ›Lange Riege‹ stimmt gut auf einen Besuch des *Westfälischen Freilichtmuseums Technischer Kulturdenkmäler* im Stadtteil **Selbecke** ein (Farbt. 10). Im Gegensatz zu den anderen bundesdeutschen Freilichtmuseen, die – im weitesten Sinn – den Zeugnissen der bäuerlichen Kultur gewidmet sind, bietet es einen Überblick »über die technikgeschichtliche Entwicklung des selbständigen Handwerks und der Frühformen des vorindustriellen Zeitalters« (Museumsführer). Ein mit der Region vertrauter Besucher wird hier manche noch von

ihrem ursprünglichen Standort her bekannten Anlagen (etwa das Hammerwerk Ante, ehemals bei Züschen) oder Gebäude (etwa das Neunkirchener Rathaus) wiederfinden. Bei aller Freude über die Rettung vor ihrem – vielerorts wohl unausweichlichen – Verfall bleibt jedoch ein bitterer Nachgeschmack, denn sie alle wurden ja aus ihrem örtlichen Zusammenhang gerissen und damit auch ihrer historischen Identität beraubt. Bei etlichen Objekten ging sogar ihrer Aufnahme unter die Kulturgüter ein Akt der Roheit voraus, waren doch die örtlichen Verwaltungen froh, sie ins Freilichtmuseum abschieben zu können. Dort allerdings legen die Verantwortlichen besonderes Gewicht auf eine lebendige und realistische Präsentation. So können alle Anlagen auch in Betrieb gesetzt werden, darüber hinaus stellen zu bestimmten Tagen Handwerker mit den alten Produktionsmitteln viele Erzeugnisse her, die immer einen guten Absatz finden.

Es läßt sich kaum ein schönerer Schlußpunkt hinter einem Streifzug durch das engere Stadtgebiet Hagens setzen als das *Haus Harkorten* in **Haspe**. Ohne Zweifel trägt das 1756/57 errichtete Bürgerhaus bereits einen herrschaftlichen Charakter und bezeichnet schon im Äußeren jene Stellung, die eine so bedeutende Industriellenfamilie wie die Harkorts einnahm. Eine Allee führt auf das Hauptgebäude zu, die sich zunächst zu einem Vorplatz weitet, seine Schmalseiten markieren ehemalige Wirtschaftsgebäude. In der Hauptachse und etwas zurückversetzt liegt dann Haus Harkorten, sicher eines der schönsten Beispiele bergischen Rokokos. Der Schwelmer Eberhard Haarmann schuf hier einen Fachwerkbau, bei dem das Grau seiner Verschieferung, das

PRAKTISCHE REISEHINWEISE: HAGEN

Weiß der sichtbaren Holzteile und das Grün der Läden – eben der bekannte bergische Farbdreiklang – in eine sehr harmonische Architektur eingebunden sind. So sprengt das hohe und formal kühne Mansarddach mit dem originellen Giebel die Maßverhältnisse des zweigeschossigen Hauses nicht, wie auch die stark durchfensterte Fassade nie den Eindruck der Unruhe aufkommen läßt. Wohl aber verleihen die recht großen Fenster mit dem kleinquadratischen Sprossenwerk Harkorten eine Lebendigkeit, die sich in den Schmuckformen zur Anmut steigert. Besonders der portalartig gestaltete Haupteingang tut hier ein übriges: Eine üppige Zierschnitzerei überzieht die Fläche seines Oberlichts, inmitten die Initialen der Erbauer, desgleichen zeigt das Türblatt reiche Ornamentik.

Errichten ließen dieses Haus Johann Caspar Harkort III. und seine Gemahlin Louisa Catharina, geb. Märcker. Dieser Harkort gebot über ein beachtliches Imperium aus Eisen-, Reckstahl- und Sensenhämmern, das nach dem Tode Johann Caspars seine Gattin äußerst erfolgreich leitete. 1793 wurde auf Harkorten Friedrich Wilhelm Harkort geboren, eine der profiliertesten Persönlichkeiten im Westfalen des 19. Jahrhunderts. Als Unternehmer hatte er nicht immer eine glückliche Hand, doch als unermüdlicher Förderer technischen Fortschritts läßt sich sein Name aus der Industriegeschichte des Raums nicht wegdenken. So führte Harkort in seiner Fabrik auf Burg Wetter 1827 das englische Puddelverfahren ein, es erlaubte den Einsatz von Steinkohle beim Herstellen von Schmiedeeisen. Schon 1830 baute er eine Pferdeschleppbahn, die vom Himmelfürster Erbstollen bei Kupferdreh bis Nierenhof führte. Als Liberaler nahm er 1848 an der Frankfurter Nationalversammlung teil und gründete später das linke Zentrum des preußischen Abgeordnetenhauses. Einige Bedeutung kam seinen sozialpolitischen Initiativen zu, die auf eine Eingliederung der Arbeiter in das Gefüge einer bürgerlichen Industriegesellschaft hinausliefen.

Wie sehr Wehranlagen das Landschaftsbild prägen können, erweist aufs schönste die *Hohenlimburg* über dem gleichnamigen Stadtteil Hagens. Sie setzt den Akzent auf die bewaldeten Hügelketten des Unteren Sauerlands, die hier zum Ruhrtal hin auslaufen. Romantischer Überschwang erkannte Burg und Freiheit den Titel ›Westfälisches Heidelberg‹ zu, und etliche Ansichten aus jener Zeit haben Hohenlimburg im Sinne dieses Prädikats stilisiert. Es verfehlte übrigens schon damals die Wirklichkeit weit, zeigt aber immerhin an, wie geläufig Levin Schücking den Epochenjargon beherrschte.

Hoch über der Lenne erhebt sich das Herrschaftszentrum der ehemaligen Grafschaft Limburg, deren geringe und mühsam genug behauptete Größe (120 qkm) sich der nun schon mehrfach erwähnten Bluttat (s. S. 9) Friedrichs von Isenburg verdankte. In den nachfolgenden Auseinandersetzungen konnte der Sohn Friedrichs mit Hilfe seines mächtigen Onkels Heinrich von Berg (des späteren Herzogs von Limburg) wenigstens die sieben Kirchspiele behaupten, welche am 1.5.1243 endgültig als territorialer Bestand der Grafschaft Limburg fixiert werden. Mit dem Bau der Wehranlage wurde vielleicht ein wenig früher begonnen, er vollzog sich unter dem Schutz der Wallburg ›Sieben Gräben‹ nur 800 Meter südlich der heutigen Feste. Dieses »novum castrum

384

Hohenlimburg, Mitte 19. Jh., Stahlstich

Lymborgh« auf dem Sporn des Schleipenbergs trug damals schon jenen Namen, den Dietrich I. (etwa 1215–1299) sich anstelle des anrüchigen ›Isenberg‹ zulegte und den man erst lange nach dem Tod seines letzten Trägers (amtlich seit 1879) in Hohenlimburg abwandelte, um Verwechslungen mit Limburg an der Lahn auszuschließen.

Steinerne Zeugen der ersten Bauphase sind der heute allerdings erniedrigte Bergfried mit einer Außenwandstärke bis zu drei Metern, die Mauer um den oberen Burghof, namentlich der nordöstlich vorspringende Mauerturm, Bausubstanz aus dem 13. Jahrhundert birgt auch der Mittelteil der südlichen Gebäudezeile als ältester Palas. Er sah noch die Eroberung der Hohenlimburg durch Graf Eberhard von der Mark 1288, und lange blieb die Burg darauf in Feindeshand, ehe 1304 der rechtmäßige Herr Dietrich II. hier wieder einziehen konnte. Er ließ die untere Wehrmauer errichten, die zur weiteren Sicherung der Burg mit einem wuchtigen vierseitigen Halbturm und einem Torhaus ausgestattet wurde; es war durch einen Gang mit dem höher gelegenen verbunden. Diese Befestigung hat sich bis heute – wenn auch verändert – erhalten.

Die nächsten größeren Baumaßnahmen fanden erst unter den Grafen von Neuenahr statt. An dieses nach hier eingeheiratete Geschlecht fiel nach dem Aussterben der männlichen (Hohen-)Limburger (1511) deren Besitz, doch konnten sie sich des ungeteilten Erbes erst etliche Jahre später erfreuen. Gumprecht IV. von Neuenahr veranlaßte die Erhöhung des Hauptburg-Torhauses, die Fassung seiner Tür zum Innenhof (bez. 1549) schmückt spätgotisches Stabwerk. Wenig später muß auch der neue Palas ent-

PRAKTISCHE REISEHINWEISE: HAGEN

standen sein, der sich östlich an die damals noch existenten Burgmannenhäuser anschloß. Die so ausgebaute Anlage haben die Neuenahrer indessen nicht lange bewohnt. Gumprechts Nachfolger hält auch dann noch zu Gebhard II. Truchseß von Waldburg, als dessen Sache längst verloren ist (s. S. 13). Einmal mehr werden auf der Hohenlimburg fremde Truppen, diesmal des Kölner Erzbischofs Ernst von Bayern, einquartiert, der verjagte Adolf von Neuenahr und Limburg stirbt 1589 im Exil. Seine mit dem Grafen Arnold von Bentheim verheiratete Schwester erhält – nach Intervention der Generalstaaten – das Territorium erst 1610 wieder zurück.

Mit den Bentheimern tritt jene Familie die Herrschaft an, der die Burg auch heute noch gehört. Von seiner Mutter übernimmt der früh verstorbene Konrad Gumprecht von Bentheim Graf zu Limburg die Regierung und sorgt tatkräftig für eine Instandsetzung der arg mitgenommenen Wehranlage. Bedeutende Veränderungen erfuhr das tiefer gelegene Torhaus; zum ›Nassauer Schlößchen‹ ausgebaut, barg es die Wohnräume von Konrad Gumprechts Gemahlin Johanna Elisabeth von Nassau-Katzenelnbogen. Außerdem mußte die Ringmauer wiederhergestellt werden, die Burgmannengebäude verfielen dem Abbruch. Aber trotz der auch fortifikatorischen Maßnahmen eroberte 1633 der kaiserliche Obrist Bönninghausen die Burg, ein Feuer ließ drei Jahre später ihren gesamten unteren Bereich in Schutt und Asche sinken, und auch etliche Gebäude des oberen Hofs fielen den Flammen zum Opfer. Dreier Regentschaften bedurfte es, um die Hohenlimburg wieder aufzubauen, diese Zeit war überschattet vom Anspruch Brandenburg-Preußens auf das Territo-

rium. Den gab es erst 1729 auf, als Graf Moritz Casimir I. von Tecklenburg-Rheda dem übermächtigen Potentaten wohl die Grafschaft Tecklenburg überließ, Rheda und Limburg aber gegen Zahlung von 175000 Talern für sein Geschlecht sichern konnte.

Im 18. Jahrhundert erlebt der limburgische Kleinstaat einen wirtschaftlichen wie kulturellen Aufschwung, zu letzterem trägt die Hofhaltung auf der Hohenlimburg nicht unwesentlich bei. Die Burg wurde in ein Schloß umgewandelt, die Lücke zwischen dem Torhaus und dem Palas aus dem 16. Jahrhundert durch einen großzügigen neuen Wohn- wie Saalbau geschlossen. Den Winkel, den Bergfried und Torhaus bilden (Farbt. 23), ziert nun eine erkerartige Fachwerkkonstruktion, dem alten Palas fügt man 1738 südöstlich ein Küchen- und Kastellangebäude hinzu, außerdem erhält der Ziehbrunnen einen schmiedeeisernen Aufsatz. 1741 entsteht als neue westliche Begrenzung des tiefer gelegenen Schloßhofs der nur ein Geschoß hohe Wirtschaftstrakt aus Fachwerk, 1745 die gleichfalls noch erhaltene Remise hinter dem unteren Zwingerzugang.

Da sich zu Beginn des Siebenjährigen Krieges die besondere Gefährdung des limburgischen Territoriums abzeichnet, verlegt die gräfliche Familie ihre Residenz nach Rheda, Staat und Burg werden der Obhut eines Drosts anvertraut. Daß der Hohenlimburg nun nicht mehr das vorrangige Interesse des Souveräns gilt, wird unter anderem deutlich, als 1811 ein Blitzschlag den Bergfried trifft. Das ragende Symbol mittelalterlichen Rittertums erhält seine alte Gestalt nicht mehr wieder, um zwei Geschosse verkürzt, erhebt ihn nur noch der Turmhelm über die übrigen Gebäude. – Erst 1903 bezieht erneut ein Zweig der Familie das Schloß, dessen Räume Margarethe von Bentheim bis 1952 bewohnt.

Heute beherbergt die Hohenlimburg ein *Museum*, und als seine besondere Attraktion dürfen der Fürstensaal mit den zahlreichen Porträts und das Empirezimmer gelten. Daneben werden Sammlungen zur regionalen Vor- und Frühgeschichte, zur Industriegeschichte des Raums wie zur Geschichte der Grafschaft Limburg gezeigt. Außerdem ist die Einrichtung eines Kaltwalzmuseums vorgesehen, es soll einen Zweig der Eisenverarbeitung präsentieren, der hier immer noch große Bedeutung hat: Limburger Werke stellen 75 % des bundesdeutschen kaltgewalzten Stahls her.

Daß die gleichnamige Siedlung unterhalb der Burg erst 1709 zur Stadt erhoben wurde, liegt im Vertrag von 1243 begründet: Er verpflichtete den Grafen, seinen Ort nie zu befestigen. Dennoch erhielt er 1252 wenigstens den Titel Freiheit und das Marktrecht, außerdem ließ hier der Landesherr bis ins 15. Jahrhundert hinein Münzen prägen. Ab 1709 profitierte auch Limburg von der Erstarkung des regionalen Metallgewerbes, es konnte sogar, was die Drahtzieherei anging, erfolgreich mit Iserlohn konkurrieren.

Kaum jemand wird der *evangelischen Pfarrkirche* ansehen, daß sie einmal zur Hof- und Schloßkirche bestimmt war. Der wenig spektakuläre, 1749–51 (also mitten im Siebenjährigen Krieg) errichtete Saal hat einen gleichfalls sehr schlichten Westturm, dessen Abschluß allerdings 1898 neu gestaltet wurde. Trotzdem sollte der Kunstinteressierte nicht versäumen, im Pfarrhaus Weinhof 16 um den Schlüssel nachzusuchen, denn die Ausstattung verdient sein Interesse. Freilich, dies ist ein Innenraum ganz

im Geiste des Calvinismus, der sich an den Hugenottenkirchen in Frankreich orientiert. Es fehlt der Chorraum, also der dem Priester vorbehaltene Teil herkömmlicher Andachtsstätten, und nicht der Altar, sondern die Kanzel bezeichnet das Zentrum des Gottesdienstgeschehens. Sie steht hier an der glatten Ostwand, vor ihr der Abendmahlstisch. Diese um 1750 geschaffene Hohenlimburger Kanzel mit ihren beiden seitlichen Aufgängen schmückt eine außerordentlich qualitätvolle Flachschnitzerei. Ihren Mittelpunkt bildet eine stilisierte Palme, ein verbreitetes Hugenottensymbol, dem das Bibelwort »Der Gerechte wird blühen wie eine Palme« zugrunde liegt. Als gute Arbeit darf auch der barocke Orgelprospekt (bezeichnet 1682) gelten, dessen klarem Dreitürmeaufbau die verspielte Ornamentik reizvoll entgegengesetzt ist.

Im westdeutschen Raum ohne Vergleich aber ist das (Holz-)Deckenfresko J. J. Kleiners. Über der Kanzel zeigt es das landesherrliche Wappen und umlaufend eine perspektivisch gemalte Galerie, eine typisch barocke Illusionsarchitektur. Der Himmel darüber bleibt allerdings leer, die Apotheosen der Gegenreformation sind an diesem Platz selbstverständlich tabu. Und so spannt sich hier ein heiteres Blau, das nur einige weiße Lämmerwölkchen beleben. Doch schaut der Betrachter genau hin, dann blikken doch aus dem calvinistischen Himmel einige Putten auf ihn herab, ein verschämtes Zugeständnis an den Zeitgeist, hauchzart ans Firmament gebannt.

Der Stadtteil **Elsey** liegt über dem anderen Ufer der Lenne, auch seine Geschichte ist eng an die Hohenlimburgs gebunden. Hier gründete an einer schon existenten, aus Kölner Besitz angekauften Kirche die damals

387

PRAKTISCHE REISEHINWEISE

bereits verwitwete Gräfin Mathilde von Altena-Isenburg 1222/23 ein Prämonstratenserkloster, das sowohl sie wie ihr Sohn Friedrich mit Gütern reich versahen. Obwohl als Doppelkloster gedacht, haben dort wohl fast ausschließlich Nonnen gelebt, und schon gegen Ende des 15. Jahrhunderts wurde Elsey in ein freiweltliches Damenstift umgewandelt. 1610 feierte man zu Elsey den ersten evangelischen Gottesdienst, doch schon wesentlich früher hatten viele Stiftsdamen mit der neuen Lehre sympathisiert. Als der Landesherr aber versuchte, sie für das calvinistische Bekenntnis zu gewinnen, setzten die Damen ihm hartnäckigen Widerstand entgegen. Übrigens blieben sie nicht nur hinsichtlich des Bekenntnisses auf ihre Eigenständigkeit bedacht, 1793 verschafften sie sich durch Kauf des Hauses Berchum einen Sitz im limburgischen Landtag. Die Säkularisierung des Stifts 1811 freilich konnten auch sie nicht verhindern, noch während des gleichen Jahres wurden ihre Unterkünfte abgebrochen.

Erhalten blieb das Gotteshaus, die heutige *evangelische Pfarrkirche*. Die nur zweijochige Halle mit Querschiff stammt noch aus der ersten Hälfte des 13. Jahrhunderts, erhielt aber 1751 einen neuen Westturm, 1881/82 fiel überdies der Chor einer Erweiterung der Andachtsstätte zum Opfer. Damals bekamen die Gewölbepfeiler auch ihren quadratischen Grundriß und deren Kapitelle jene völlig stilwidrige Ornamentik, die man beinahe schon protzig nennen muß. Bei aller dekorativen Üppigkeit von überzeugender Qualität ist dagegen das steinerne Epitaph für Konrad Gumprecht von Bentheim († 1618). Dieses Werk der Spätrenaissance schuf Johann von Bocholt, der Erbauer des Münsteraner Stadtweinhauses am Prinzipalmarkt. Ein weiteres gutes, allerdings gemaltes Epitaph hängt in der Turmhalle, es ist dem 1636 an der Pest gestorbenen Johann von Dincklage, Drost zu Hohenlimburg, gewidmet. An den Wänden hängen mehrere Totenschilde aus dem 17. und 18. Jahrhundert, sie erinnern an die verblichenen Stiftsdamen. Gedenksteine dieser Zeit finden sich auch um die Kirche herum. (Den Schlüssel verwahrt das etwas südlich der Kirche gelegene Pfarrhaus.)

Adressen

Das Sauerland hat eine lange touristische Tradition und eine entsprechende Infrastruktur, das gilt vor allem für die Zentren des Fremdenverkehrs im Hochsauerland.
Touristikzentrale Sauerland
5790 Brilon
Postfach 1460, ✆ 02961/91229.

Hier sind die Informationen über das ganze Sauerland gespeichert, also über Orte aller drei Kreise.

Über den Tourismus im Kreis Siegen-Wittgenstein informiert der
Touristikverband Siegerland-Wittgenstein e. V.
5900 Siegen
Koblenzer Straße 73
✆ 0271/3377478.

Anfahrt

Erschlossen ist das südliche Westfalen heute vor allem durch die Sauerlandlinie (A 45) Hagen – Siegen – Frankfurt, an seinem nördlichen Rand vorbei führt die Bundesautobahn Ruhrgebiet – Kassel (A 44). Zubringerdienste leistet die Autobahn Köln – Olpe (A 4), die vorläufig noch am westlichen Rand des Gebiets endet. Daneben führt eine Schnellstraße vom Autobahnkreuz Werl (A 44/A 2) vorläufig bis vor Neheim-Hüsten und die A 46 von Hagen bis zum Anschluß Iserlohn-Ost. Ihr umstrittener Ausbau durchs Sauerland über Meschede – Brilon ist vorgesehen und fällt nahe der Kreishauptstadt durch die schon fertiggestellte Trasse und Talbrücken auf.

Von den Bahnstrecken weist die Verbindung Köln – Siegen (– Kreuztal) die höchste Zugdichte auf. Sie trifft bei Kreuztal auf die Nord-Süd-Strecke Hagen – Kreuztal – Gießen, und auch ihr Zugverkehr läßt dem Reisenden noch einen gewissen Spielraum bei seiner Planung. Gleiches gilt für die Route Hagen – Bestwig – Brilon/Wald – Warburg mit ihrem Abzweig nach Winterberg. Alle anderen südwestfälischen Schienenwege sind nur noch spärlich frequentiert, etliche wurden im vergangenen Jahrzehnt stillgelegt. Die noch existenten Verbindungen seien hier wenigstens aufgeführt:

Im Nord-Westen: Gummersbach – Marienheide – Meinerzhagen – Brügge (Westfalen) – Lüdenscheid;
Unna – Menden – Neuenrade bzw. Iserlohn – Letmathe
Im Süd-Westen: Finnentrop – Olpe (Abzweig von der Strecke Hagen – Siegen)

Im Süden: Siegen – Kreuztal – Erndtebrück – Bad Berleburg;
Erndtebrück – Bad Laasphe – Marburg

Feste

In ganz Südwestfalen gelten wohl die Schützenfeste als die Höhepunkte weltlichen Feierns, und etliche Schützenbruderschaften können hier auf eine jahrhundertalte Tradition verweisen. Dahinter tritt die Kirmes zurück, doch stellen einige dieser bunten Märkte, die aus den Kirchweihfesten hervorgegangen sind, auch für die weitere Umgebung eine große Attraktion dar. Die landauf, landab bekannteste ist zweifellos die *Hüstener Kirmes* in Arnsberg-Neheim-Hüsten am ersten Wochenende im September, aber etwa auch die *Briloner Michaelskirmes* (Ende September/Anfang Oktober), das *Neuenrader Volksfest ›Gertrudchen‹* (17. März, gefeiert wird am darauffolgenden Samstag) und der *Wendener Kram- und Viehmarkt* (zweite Hälfte August) ziehen viele Besucher an. Einige Orte feiern sogar einen recht stürmischen Karneval, Umzüge finden statt u. a. in *Arnsberg* (Karnevalssonntag), *Attendorn* (Veilchendienstag), *Drolshagen* (Weiberfastnacht), *Lennestadt-Saalhausen* (Rosenmontag).

Freilichtbühnen

Arnsberg-Herdringen
Freilichtbühne Herdringen
Spielzeit von Juni bis September
✆ 0 29 32 / 3 53 74 und 3 54 38

PRAKTISCHE REISEHINWEISE

Freudenberg
Südwestfälische Freilichtbühne Freudenberg
Spielzeit von Juni bis September
☏ 02734/8385

Hallenberg
Freilichtbühne Hallenberg e. V.
Spielzeit von Juni bis August
☏ 02984/203 und 377

Lennestadt-Elspe
Karl-May-Festspiele
Spielzeit vom 1. 6. bis 31. 8.
☏ 02721/1451

Wandern

Daß es wenig Sinn hat, das südliche Westfalen (trotz des Adjektivs) als Sonnenland anzudienen und in der Werbung seine Verschiedenheit von dieserhalb attraktiveren Reisezielen so weit als möglich zu bagatellisieren, ist unterdessen allen Fremdenverkehrsmanagern aufgegangen. Und mit der Änderung ihrer Werbestrategien nimmt auf den Hochglanzprospekten auch das Wandern wieder den Platz ein, der ihm in diesem Mittelgebirgsraum gebührt.

Ganz wesentlichen Anteil am gut ausgebauten Wegenetz des Sauer-, Sieger- und Wittgensteiner Landes hat der *Sauerländische Gebirgsverein (SGV)*. Draußen kennzeichnet ein vor die jeweilige Zahl gestelltes X seine Hauptwanderstrecken, Rundwege sind mit einem A gekennzeichnet. Der Verein – er offeriert auch kulturhistorische Wanderungen (Interessenten wenden sich an seine Hauptgeschäftsstelle, Emster Str.

104, 5800 Hagen, ☏ 02331/55255) – ist in Ortsgruppen untergliedert, die an den meisten Urlaubsorten kundig geführte Wanderungen veranstalten (die Termine können der Tagespresse entnommen werden). Oft lernt der Gast hier nicht nur die Naturschönheiten der Umgegend kennen, sondern erfährt auch viel Aufschlußreiches über Land und Leute.

An Wanderer, die gerne mehrere Tage unterwegs sind, sich aber nicht mit einem Rucksack beschweren wollen, richten sich die Angebote ›Wandern ohne Gepäck im Land der tausend Berge‹ bzw. ›Wandern ohne Gepäck von Hotel zu Hotel – Siegerland/ Wittgenstein‹. Zwischen drei und vierzehn Tagen winkt hier allabendlich die sichere Gewißheit, wenn schon nicht den schmerzenden Rücken, so doch die müden Beine in einem Hotelbett ausstrecken zu können. Entsprechende Anerbieten vermitteln die beiden unter ›Adressen‹ genannten Fremdenverkehrsorganisationen.

Wer sich aber die Planung seiner Touren nicht aus der Hand nehmen lassen möchte, braucht gutes Kartenmaterial, am besten für seine Zwecke geeignet sind die Wanderkarten im Maßstab 1 : 50000. Und wer ein übriges tun will, besorge sich eines der inzwischen recht zahlreich erschienenen Wanderbücher, wobei man auf ein möglichst aktuelles Erscheinungsdatum achten sollte – schnell können sich Wegeverläufe ändern.

Wintersport

Nicht nur um Winterberg herrscht winters reger Sportbetrieb, wenn auch keines der anderen südwestfälischen Gebiete hinsicht-

390

lich der Anlagen und Veranstaltungen mithalten kann. Kann der Abfahrtsläufer in dieser Metropole des weißen Sports über 55 Lifte verfügen, so im Schmallenberger Gebiet doch immerhin über 14, und weitere sieben Gemeinwesen (Finnentrop, Herscheid, Lennestadt, Medebach, Meinerzhagen, Olsberg wie Sundern) bieten drei und mehr solcher Steighilfen an. Besondere Anerkennung verdient dabei wohl die Anlage ›Wildewiese‹ bei Sundern.

Aber das Sauerland ist keine Region des alpinen Skisports, daran ändern auch die diversen Panoramakarten im Dienste des winterlichen Fremdenverkehrs nichts, die diesen Eindruck erwecken sollen. Der Langläufer kommt hier eher auf seine Kosten, und jede Saison tragen mehr Loipen dem wachsenden Bedürfnis nach dem sanften und landschaftsverbundenen Gleiten über den knirschenden Schnee Rechnung. Allerdings fällt auch hier ein Wermutstropfen in den Becher dieser scheinbar so umweltfreundlichen Art der Fortbewegung. Schon mancher Skiwanderer hat ungewollt den Tod eines Wildtiers verursacht, weil er es in seiner Dickung aufscheuchte und zur kräftezehrenden Flucht im tiefen und womöglich eisverkrusteten Schnee zwang.

Deshalb der Appell: Bleiben Sie auf den gespurten Loipen, selbst wenn Sie die unbezwingliche Lust ankommen sollte, die Einsamkeit abseits der vielbefahrenen Routen zu suchen. Abschließend noch ein Hinweis: Die Touristikzentrale Sauerland unterhält einen besonderen Service für Wintersportler: ›Schneelagenbericht rund um die Uhr‹. Er kann unter ☎ 01 15 30 bzw. 02 91 / 1 15 30 abgerufen werden.

Naturparke

Naturpark Arnsberger Wald
Größe ungefähr 448 qkm, wird südlich von der mittleren Ruhr, nördlich etwa von der Möhne gesäumt, er schließt hier allerdings noch einen Teil des Haarstrangs ein. Der Zusammenfluß dieser beiden Wasserläufe bezeichnet seine westliche, der Briloner Höhenzug seine östliche Grenze. Schwerpunkt des Tourismus ist der Möhnesee.

Naturpark Diemelsee
Größe ungefähr 334 qkm, der Park liegt zum größten Teil in Hessen, auf das nördlichere Bundesland entfallen nur 124 qkm. Touristische Schwerpunkte sind Willingen (Waldecker Upland) und die namengebende Talsperre, die nur bei Helminghausen am Bundesland Nordrhein-Westfalen mit einem Ausläufer Anteil hat.

Naturpark Ebbegebirge
Größe ungefähr 777 qkm, seine Westgrenze stimmt im wesentlichen mit der des Großraums Südwestfalen überein, die östliche wird von der Lenne gebildet. Nördlich erstreckt sich der Naturpark bis zur Linie Kierspe – Lüdenscheid – Werdohl, südlich bis ans Siegerland. Touristischer Schwerpunkt ist die Biggetalsperre.

Naturpark Homert
Größe ungefähr 550 qkm, umfaßt im Nordwesten des Sauerlands ein Gebiet zwischen Ruhr- und Lennetal, grenzt nördlich an Hemer, südlich an Lennestadt, reicht östlich bis Meschede. Im Naturpark liegen Sorpe- und Hennetalsperre sowie das Wintersportgelände bei Sundern-Wildewiese.

PRAKTISCHE REISEHINWEISE

Naturpark Rothaargebirge

Mit seiner Fläche von 980 qkm (die noch einmal um 400 qkm erweitert werden soll) der größte Naturpark des Raums. Seine östliche wie seine südliche Grenze stimmen mit der Ost- bzw. Südgrenze Nordrhein-Westfalens zwischen Medebach – Deifeld und Netphen – Hainchen überein, der Naturpark umschließt also das ganze Wittgensteiner Land. Nördlich reicht er bis an die Linie Lennestadt – Schmallenberg – Bödefeld – Küstelberg. Die touristischen Schwerpunkte gruppieren sich um den Kahlen Asten.

Nicht weniger denn vier Naturparke zählt also das südliche Westfalen, rechnet man den nordrhein-westfälischen Teil des Naturparks Diemelsee hinzu, sogar fünf. Außerhalb der Naturparke Arnsberger Wald, Ebbegebirge, Homert, Rothaargebirge und Diemelsee liegen nur wenige Gebiete, und allein diese Tatsache zeigt, welche Bedeutung man auch amtlicherseits dem gesamten Raum als Erholungslandschaft zudachte.

Nun signalisiert schon der Wortteil -park, daß es bei diesen Einrichtungen nicht vorrangig darum geht, die gleichfalls mitgemeinte Natur zu schützen. Vielmehr wurde hier der Akzent eindeutig auf ihre Erschließung gelegt, und die erkleckliche Anzahl der Wanderpark-, Rast-, Grill- und Zeltplätze, der Trimmpfade, Schutzhütten und Wassertretbecken belegt nachdrücklich die Ausrichtung des Naturparkkonzepts auf den Fremdenverkehrs- bzw. Naherholungsaspekt. Inzwischen haben die Verantwortlichen allerdings Zweifel, ob solche Ausstattung der Landschaft mit dem Gedanken des Naturschutzes stets übereinkommt. Es ist die Rede vom Zielkonflikt zwischen Tourismus und Natur, tatsächlich

gefährden immer größere Besucherströme die ökologisch intakten Bereiche. Darum soll die Landschaft nicht weiter möbliert, sollen die Erholungssuchenden gelenkt werden, ohne ihnen die Erlebniswerte etwa eines Waldspaziergangs vorzuenthalten. So bleiben auf der einen Seite etliche Gebiete der Allgemeinheit versperrt oder auch nur verborgen, doch wird dieser dringend gebotene Entzug durch die Einrichtung von Lehrpfaden wieder ausgeglichen, die zu einer intensiveren Begegnung mit der Natur verhelfen können.

Museen

Anmerkung: Namentlich in den kleinen Museen wechseln die Öffnungszeiten sehr häufig; vor einem geplanten Besuch empfehlen sich deshalb Anfragen bei den örtlichen Verkehrsämtern.

Altena
Deutsches Drahtmuseum
Märkisches Schmiedemuseum
Museum der Grafschaft Mark
Auf Burg Altena
Täglich außer montags 9.30–17 Uhr.

Arnsberg
Sauerland-Museum (Landsberger Hof)
Am Alten Markt
Dienstags bis freitags 9.30–12.30 Uhr und 14–17 Uhr, sonntags 9.30–12.30 Uhr.

Arnsberg-Neheim-Hüsten
Deutsches Vogelbauer-Museum
Cäcilienstr. 11–15, Fa. Voss
Montags bis freitags 8.30–16 Uhr.

Arnsberg-Neheim-Hüsten

Leuchtenmuseum
Möhnestraße 55, Fa. Kaiser & Co.
Besichtigung nur nach vorheriger Vereinbarung. ℘ 02932/22125

Attendorn

Kreisheimatmuseum (Rathaus)
Dienstags bis freitags 9–13 Uhr und 15–17 Uhr, samstags 9–13 Uhr, sonn- und feiertags 11–13 Uhr.

Museum Burg Schnellenberg
Täglich außer montags 10–17 Uhr.

Bad Berleburg

Museum der Stadt Berleburg
Goetheplatz 4
Dienstags–freitags 15–17 Uhr

Schloß
Täglich 10.30 und 14.30 Uhr (in der Saison).

Bad Berleburg-Raumland

Schiefer-Schaubergwerk – Raumland-Grube Heßlar
In der Delle
April bis Oktober mittwochs 15–17 Uhr, samstags 10–12 Uhr; Gruppen nach Vereinbarung: ℘ 02751/7077, Verkehrsverein Bad Berleburg, oder nach 18 Uhr ℘ 02751/51051, Walter Böhl (Besitzer).

Bad Laasphe-Banfe

Heimatmuseum Banfetal
℘ 02752/6826

Balve

Museum für Vor- und Frühgeschichte
Dienstags, mittwochs und freitags 15–18 Uhr.

Luisenhütte Wocklum
Vom 1.5. bis 31.10. an allen Wochentagen außer montags 10–18 Uhr, an Sonn- und Feiertagen 11.30–18 Uhr; während der übrigen Monate finden Führungen nach Vereinbarung statt, ℘ 02375/3134.

Bestwig-Ramsbeck

Bergbaumuseum
Besucherbergwerk Dörnberg
9–17 Uhr, letzte Einfahrt 16 Uhr.

Brilon

Stadtmuseum (im Haus des Gastes)
Gartenstraße
Mittwochs 10–12 Uhr und 15–17 Uhr, samstags 10–12 Uhr.

Eslohe

Maschinen- und Heimatmuseum
Mittwochs und samstags 15–17 Uhr, sonntags 10–12 Uhr.

Freudenberg

Stadtmuseum
Mittelstraße 4/6
Dienstags bis freitags 14–17 Uhr, sonntags 11–13 und 14–17 Uhr.

Hagen

Karl-Ernst-Osthaus-Museum
Hochstraße 73
Dienstags, mittwochs, freitags und samstags 11–18 Uhr, donnerstags 11–22 Uhr, sonntags 11–16 Uhr.

Museum Burg Hohenlimburg
April bis September dienstags bis sonntags 10–18 Uhr; Oktober bis März dienstags bis freitags 13–16 Uhr, samstags und sonntags 10–16 Uhr; Dezember bis Februar jedoch nur dienstags bis sonntags 13–16 Uhr.

PRAKTISCHE REISEHINWEISE

Westfälisches Freilichtmuseum
Technischer Kulturdenkmale
Stadtteil Selbecke
1. 4. bis 31. 10. werktags außer montags
9–18 Uhr; Kasse schließt um 17 Uhr.

Halver
Heimatmuseum
Von-Vincke-Str. 22
Mittwochs und donnerstags 15–17 Uhr,
sonntags 10.30–12.30 Uhr,
℡ 02353/73232

Herscheid
Schwarze-Ahe-Hammer
Inneneinrichtung des Hammers kann nach
Rücksprache mit dem Eigentümer, der
Firma Krupp Brüninghaus, Werdohl,
℡ 02392/565512, besichtigt werden.

Hilchenbach
Museum (Wilhelmsburg)
Dienstags bis freitags 14.30–17 Uhr, sams-
tags nach Vereinbarung, sonntags 11.30–17
Uhr.

Hilchenbach-Müsen
Schaubergwerk und Museum
Im Unterdorf
Jeden zweiten Sonntag im Monat, während
der Sommerferien jeden Sonntag 14.30
bis 16.30 Uhr.

Iserlohn
Heimatmuseum (im Haus der Heimat,
z. Zt. geschlossen)
Städtisches Museum
Fritz-Kühn-Platz
Montags bis freitags 8–12 Uhr und 14–16
Uhr.

Iserlohn-Letmathe
Heimatmuseum Haus Letmathe
Hagener Str. 62
Sonntags 10.30–12.30 Uhr.

Kreuztal-Ferndorf
Heimatmuseum
Ferndorfer Str. 43
℡ 02732/2336

Lüdenscheid
Stadtmuseum
Liebigstraße 11
Dienstags bis samstags 9–12.30 Uhr und
15.30–18 Uhr, sonntags 10.30–13 Uhr.

Schmiedemuseum Lüdenscheid-Brüning-
hausen
Vom 1. 5.–15. 10. an allen Samstagen, Sonn-
und Feiertagen 10–17.30 Uhr, dienstags bis
freitags 10–17 Uhr. Schmiedetage – mit Vor-
führung der gesamten technischen Anlage –
werden gesondert bekanntgegeben, sie sind
zu erfragen unter ℡ 02351/42400.

Marsberg
Heimatmuseum
Ecke Bahnhofstraße/Immenhof
Mittwochs 16–19 Uhr, erster Sonntag im
Monat 11–13 Uhr.

Besucherbergwerk Kiliansstollen
Sonntags 10–13 Uhr und 14.30–17 Uhr.

Menden
Museum für Erdgeschichte und Naturkunde
(Alte Marktapotheke) (gleiche Öffnungszeit
wie Städtisches Museum)

Städtisches Museum für Stadt- und Kultur-
geschichte (ehem. Haus Biggeleben)
Dienstags bis freitags 9–12 Uhr und 15–17

Uhr, samstags 9–12 Uhr, sonntags 11–12 Uhr, montags und an Feiertagen geschlossen.

Menden-Oberrödinghausen
Oberrödinghauser Hammer (Abb. 31)
Hönnetalstr. 151
Öffnungszeiten nach Vereinbarung,
✆ 023 79 / 71.

Meschede-Eversberg
Heimatmuseum
Mittelstraße 12
Dienstags, donnerstags und samstags 15–18 Uhr, sonntags 11–12 Uhr.

Netphen
Heimatmuseum Netpherland
Lahnstr. 47
✆ 027 38 / 4 23

Neunkirchen
Museum des Freien Grundes
Am Leyhof 2
✆ 027 35 / 39 53

Plettenberg
Heimathaus
Kirchplatz 8
Keine offiziellen Öffnungszeiten, Besuch nach Vereinbarung: Heimatverein (Werner Vorderstemann), Kirchstr. 8, ✆ 023 91 / 38 61

Siegen
Museum des Siegerlandes
Oberes Schloß
Dienstags bis sonntags 10–12.30 Uhr und 14–17 Uhr, montags geschlossen.

Schmallenberg-Holthausen
Schieferbergbau-Heimatmuseum
Mittwochs und samstags 15–17 Uhr, sonntags 10–12 Uhr, in den Sommerferien zusätzlich 15–17 Uhr.

Warstein
Museum (Haus Kupferhammer)
Dienstags 9–11, donnerstags 15–17 Uhr.

Warstein-Hirschberg
Jagdmuseum (im Alten Rathaus)
Mittwochs 14.30–15.30 Uhr
✆ 029 02 / 39 04

Höhlen

Attahöhle
Attendorn
Sommerhalbjahr 9–17 Uhr, Winterhalbjahr 10–16 Uhr.

Balver Höhle
Balve
1. 4.–31. 10. dienstags bis donnerstags und samstags und sonntags 10–12 Uhr und 15–17 Uhr.

Bilsteinhöhle
Warstein
An der Straße nach Hirschberg
1. 4.–30. 11. 9–17 Uhr, 1. 12.–31.3. 10–12 Uhr und 14–16 Uhr, sonntags 9–16 Uhr.
✆ 029 02 / 27 31

Dechenhöhle
An der B 7 zwischen Iserlohn und Letmathe
11. 1.–31. 3. von 10–16 Uhr, 1. 4.–31. 10. von 9–17 Uhr.

Heinrichshöhle
Hemer-Sundwig
1. 3. bis 15. 11. täglich außer freitags von 10–18 Uhr.

Abbildungsnachweis

Farbtafeln und Schwarzweiß-Abbildungen

Klaus Dieter Holenz/Fritz Kissels, Leverkusen
Abb. 11, 25, 32, 39, 65, 66, 75, 89, 93, 94, 107, 116
Michael Jeiter, Aachen   Farbt. 17, 18; Abb. 38, 48,
51–53, 67, 109, 110
Joachim Kinkelin, Worms (P. Klaes)   Farbt. 7, 19,
20, 23
Peter Klaes, Radevormwald   Umschlagvorderseite,
Umschlagrückseite, Umschlagklappe vorn, Farbt.
1, 2, 8, 9, 13–16, 21, 24–26, 28–30, 34
Fritz Mader, Hamburg   Farbt. 10, 32; Abb. 68, 69, 80
Thomas Mantel, Kall   Farbt. 36–44; Abb. 2, 6,
13–15, 22–24, 27, 30, 41, 49, 50, 54, 55, 60, 62–64,
106
Wolfgang F. Meier, Köln   Farbt. 6, 11, 33; Abb. 37,
82, 86
Werner Otto, Oberhausen   Farbt. 3–5, 12, 22, 27,
31; Abb. 12, 36, 90, 92, 101, 105, 108, 118
Klaus Thiele, Warburg   Abb. 81
Verwaltung der Tropfsteinhöhle Attendorn
Farbt. 35
Verkehrsverein Winterberg, Kurverwaltung
(Foto Kräling)   Abb. 78, 79
Verkehrs- und Werbeverein der Stadt Hagen
(U. E. Block/Moll/R. Siegel-Kuhle)   Abb.
121–125
Westfälisches Amt für Denkmalpflege, Münster
Abb. 1, 3–5, 8–10, 16–20, 26, 28, 29, 31, 33–35, 40,
42–47, 56–59, 61, 70–74, 76, 77, 83, 87, 88, 96, 97,
102, 103, 111, 117, 119, 120
– H. Bönninghausen   Abb. 21; A. Brockmann
Abb. 85; A. Brückner   Abb. 91, 95, 104,
112–114; E. Lubahn   Abb. 7, 115; H. Nieland
Abb. 84, 98–100

Abbildungen im Text

Bildarchiv Preußischer Kulturbesitz, Berlin
Abb. S. 340
Fritz Emde: Altena, Burg-, Berg- und Drahtstadt,
Altena 1984   Abb. S. 18
Hexen – Gerichtsbarkeit im kurkölnischen Sauer-
land, hrsg. vom Schieferbergbau-Heimatmuseum,
Schmallenberg-Holthausen, o. J.   Abb. S. 278
Jugendstil. Der ›Hagener Impuls‹, hrsg. von der
Stadt Hagen, o. J.   Abb. S. 381
Michael Jeiter, Aachen   Abb. S. 99
Kreisarchiv Olpe   Abb. S. 111
Kunst- und Geschichtsdenkmäler im Märkischen
Kreis, Beschreibungen und Bilder, bearbeitet von

Ulrich Barth, Elmar Hartmann und August
Kracht, Heimatbund Märkischer Kreis, Altena
Abb. S. 28, 32, 38, 47, 66, 68, 85
Albert Ludorff: Die Bau- und Kunstdenkmäler von
Westfalen, Münster 1901 ff. (Rheinisches Bild-
archiv, Köln)   Abb. S. 32, 47, 66, 69, 77, 96, 105,
142, 194, 204, 208, 210, 211, 217, 219, 221, 224,
231, 261, 281, 284, 347, 361, 369
Udo Mainzer: Die Nikolaikirche zu Siegen, West-
fälischer Heimatbund, Münster 1978
Abb. S. 329
Märkischer Kreis, Kulturamt Altena   Karte in der
hinteren Umschlagklappe
Matthäus Merian: Topographia Germaniae, Johan-
nes Stauda Verlag/Bärenreiter Verlag, Kassel 1961
und 1966
–, Hessen 1655   Abb. S. 323, 357, 367
–, Westfalen 1647   Abb. S. 274/75
Museum der Grafschaft Mark, Burg Altena
Frontispiz S. 2, 20/21, 35
Museum der Stadt Lüdenscheid   Abb. S. 12
Das Werk des Malers Renier Roidkin, Ansichten
westdeutscher Kirchen, Burgen, Schlösser und
Städte aus der ersten Hälfte des 18. Jahrhunderts.
Von Walter Zimmermann und Heinrich Neu,
L. Schwann, Düsseldorf 1939 (Rheinisches Bild-
archiv, Köln/Rheinisches Amt für Denkmal-
pflege, Pulheim-Brauweiler)   Abb. S. 90, 94,
100, 102, 137, 197, 201, 207, 227, 232, 237, 264,
269, 276
Josef Schepers: Haus und Hof westfälischer Bauern,
Aschendorff, Münster 1985   Abb. S. 130, 202,
203, 298
Levin Schücking und Ferdinand Freiligrath: Das
malerische und romantische Westfalen, Ferdinand
Schöningh, Paderborn 1872, Reprint 1977
Abb. S. 14, 74, 76, 385
Stadtarchiv und Wissenschaftliche Stadtbibliothek,
Soest   Abb. S. 9
Walter Thiemann: Zur Geschichte der Siegener Mar-
tinikirche, Siegen 1976, Westfälischer Heimat-
bund   Abb. S. 327
Westfälisches Amt für Denkmalpflege, Münster
Abb. S. 11, 24, 33, 43, 65, 69, 72, 78, 91, 103, 134,
145, 151, 153, 330
– Referat für Technische Kulturdenkmale
Abb. S. 81 (S. Koerner, M. Marcours, S. Meissner,
D. Mücher),   107 (E. Lubahn)

Karte in der vorderen Umschlagklappe: Gerda
Rebensburg, Köln
Stadtpläne: DuMont Buchverlag, Köln

Register

Personen

Alba, Herzog 303
Almena, Herren von 215
Altena, Grafen von 10, 33, 37
Altena, Eberhard von 33
Altena (von der Mark), Adolf
 von 10, 19
Altena-Isenburg, Mathilde Grä-
 fin von 388
Altena-Mark, Engelbert III.
 von 11, 24
Altenberg, Gertrud von 285
Althusius, Johannes 365
Ambrosius von Oelde 94, 112,
 282, 287
Anno, Erzbischof von
 Köln 92, 95, 266, 267, 269,
 283
Anno II., Erzbischof von
 Köln 90, 142
Antfeld, Ministerialen 202
Arnsberg, Grafen von 37, 68,
 82, 156, 202, 258, 268, 293
Arnsberg, Ermengardis
 von 281 f.
Arnsberg, Friedrich der Streit-
 bare von 8, *273*
Arnsberg, Gottfried II.
 von 149, 285
Arnsberg, Gottfried III.
 von 260, 273
Arnsberg, Gottfried IV.
 von 11, 147, 156, 288
Arnsberg, Friedrich von 280
Arnsberg, Heinrich von 280,
 283
Arnsberg, Heinrich II.
 von 281 f.
Arnsberg, Ludwig von 293
Arnsberg, Max Heinrich
 von 268

Arnsberg, Wilhelm von 268
Anzefahr, Edelherren von 108
Augustinerinnen 198
Axer, Johann Theodor 92,
 154, 157, 200, 259, 265

Bader, Orgelbauerfamilie 195
Basthusen, Hathewigis
 von 284
Basthusen, Sigenand von 284
Battenberg, Haus 352 f.
Battenberg, Werner von 352
Becher, Johann Philipp 343 f.
Begeyn, Abraham 34
Behrens, Peter 380, 382
Beißel, Conrad 363
Benediktiner 218, 219
Benno 41 f.
Bentheim, Arnold von 386
Bentheim, Margarethe
 von 387
Bentheim Graf zu Limburg,
 Konrad Gumprecht
 von 386, 388
Berg, Grafen von 10, 33, 83
Berg, Engelbert von, Erzbi-
 schof 9 f., 19, 156, 196, 208,
 221, 286
Berg, Gisela von 286
Berg, Heinrich von 384
Berg, Karl 38
Berninghausen, Herren
 von 202
Berninghausen, Henneke
 von 240
Berninghausen, Margarethe
 von 240
Bernini, Gianlorenzo 79
Bernuth, von, Bauinspek-
 tor 279
Bicken, Herren von 302, 348
Bicken, Eberhard von 349

Bicken, Johann von 349
Biggeleben, Johann Caspar
 85
Bilstein, Dietrich III. von 147
Bleueler, Johann Hein-
 rich 76 f.
Böckenförde gen. Schüngel,
 Albert von 81
Boese, Bauinspektor 279
Bonifatius 361
Bonitius, Kapuzinerbru-
 der 294 f.
Bönninghausen, Obrist 386
Boos, Bartholomäus 105
Born, Michael 108
Bottlenberg, Fam. 39
Brabeck, Jobst Edmund von,
 Fürstbischof 31, 71, 72
Brabeck, Johann von 31
Brachum, Laurenz von 275
Brandenburg, Graf 26
Brandenburg, Friedrich Wil-
 helm von 328
Brandenburg, Johann Sigis-
 mund Kurfürst von
 13
Brilon, Herren von 208
Bruch, Fam. von 216
Bruno I., Erzbischof 206
Buchkremer, Josef 30, 77 f.,
 109, 141
Busch, Adolf 339
Busch, Ernst 339

Calixtus II., Papst 19
Canstein, Mordian von 230
Cappenberg, Gottfried von 8,
 280
Carolus, Pater 291
Clausing, Johann Hein-
 rich 285
Clemens August, Kurfürst 15,

REGISTER: PERSONEN

137, 258, 268, 269, 275, 280, 291

Cordes, Johannes 141

Cuyck, Gottfried von 273

Cuyk, Grafen von 280

Dechen, Heinrich von 30

Dehio, Georg 101, 110, 149, 225, 229, 259, 287

Dentel, Nikolaus 295

Destadt, Johann Adam 141, 259

Diesterweg, Friedrich Wilhelm Adolf 332

Dietrich I. 385

Dietrich II. 385

Dietrich, Erzbischof von Köln 39

Dilich 366

Dincklage, Johann von 388

Dreger, Ernst 277

Droste-Hülshoff, Annette von 204

Druthmar, Abt 223

Düringer, Johann Nikolaus 99, 100, 101, 108, 155

Düringer, Johann Theodor 99, 101, *104f.*, 106

Eckert, Georg 377

Eggers, Bartholomäus 328

Elverfeldt, Freiherren von 229

Eberhard 221

Engelbert II., Erzbischof von Köln 200

Ermert, Johannes 107

Ernst von Bayern, Herzog 13, 277f., 385

Esleven, Fam. von 295

Essl, Rudolf von 237

Eversmann, Friedrich August Alexander 17, 107, 156, 321

Falcken, Maria 141

Falter, Johann Leonhard 141, 150, 154, 200

Ferdinand von Bayern, Herzog 13

Franziskaner 258

Franz Xaver 87, 154, 159, 215, 259

Freiligrath, Ferdinand 48, 273

Frentzen, Georg 34

Friedrich I., Erzbischof von Köln 8

Friedrich II., Erzbischof von Köln 48

Friedrich II. von Preußen 29

Friedrich der Große 26, 377

Friedrich Wilhelm I. 383

Friedrich Wilhelm, der Große Kurfürst 14, 47, 328, 354, 377, 382

Friedrich Wilhelm IV., Kaiser 158

Fromme, Johann Georg 207, 259, 291

Fürstenberg, Fam. vom 88f., 144, 287

Fürstenberg, Caspar von 94

Fürstenberg, Dietrich von, Fürstbischof 134, 287

Fürstenberg, Ferdinand von, Fürstbischof 95, 267

Fürstenberg, Franz Egon von 287

Fürstenberg, Friedrich von 144f., 282

Fürstenberg, Hermann von 287

Fürstenberg, Johann Adolf von 112

Fürstenberg, Kaspar von 133f., 282

Fürstenberg, Ottilie von 286

Fürstenberg-Herdringen, Freiherren von 86, 291

Fürstenberg zur Waterlappe, Friedrich 133

Gaugreben, Fam. von 206

Gehly, Ignatius 129, 296

Geoffrey von Monmouth 301

Gerberga von Werl 131, 133

Gerhartinkhusen, Fam. von 355f.

Germanen 154, 300

Geusen 13

Gevore, Herren von 133

Giese, Johann Heinrich 28, 29

Gigas, Johannes 206

Goethe, Johann Wolfgang von 340

Gottfried von Cappenberg s. Cappenberg, Gottfried von

Grafschaft, Edelherren von 146

Grafschaft, Adolf von 356

Grasser, Erasmus 27

Grimme, Friedrich Wilhelm 202, 234

Gröninger, Johann Mauritz 282

Gröninger, Heinrich 282

Grünewald, Hubertus 213

Güldenpfennig, Arnold 131

Haarmann, Eberhard 383

Hahold, Edle von 200

Hain, Herren von 348

Hain, Friedrich von 342

Hanxleden, Gottfried von 258

Hanxleden, Hunold von 149

Hanxleden, Johann von 158

Harkort, Friedrich Wilhelm 384

Harkort, Louisa Catharina 384

Harkort III., Johann Caspar 384

Hatzfeld, Hermann von 79, 81f.

Hees, Fam. 337f.

Hees, Adam von 338

Hees, Velten von 336

Heinrich von Bayern, Herzog 40

Heinrich der Löwe 8, 9, 196

Heinrich IV., Kaiser 273

Heinrich V., Kaiser 37

Heinrich II. von Virneburg, Erzbischof 98

Heinsberg, Philipp von 8f., 208

Henneberg, Maria von 353

Heribert, Erzbischof von Köln 41f., 193

Hermann von Wied, Erzbischof von Köln 13

Hesse, Conrad 193

Hessen, Adolf von 322

Hessen, Hermann, Landgraf von 353

Hessen-Darmstadt, Ludwig, Landgraf von 280
Hessen-Kassel, Landgraf von 15 f.
Hochstaden, Arnold von 156, 193
Hochstaden, Konrad von 10, 43, 156, 193
Hodler, Ferdinand 379
Holtzbrinck, Fam. von 36
Hoppecke, Fam. von 219
Hübner, Johann 341
Hülse, Anton 329
Hundem, Widukind von 108
Huno 19

Intze 37
Isenburg, Friedrich von 9, 10, 384
Isenburg-Grenzau, Johanette von 353
Istwäonen 205

Jesuiten 87, 258, 328
Jodefeld, Augustin 95
Johann von Bocholt 388
Johannes von Nepomuk 87, 154, 159, 215
John, Johann Jakob 71
Joseph Clemens, Kurfürst 263
Jülich, Wilhelm von 367
Jülich-Kleve-Berg, Johann Wilhelm von 13
Jung-Stilling, Johann Heinrich 332, 339 ff., 360 f.

Kaminski, Heinz 153
Karl V., Kaiser 13
Karl der Große 8, 200, 220, 224, 226, 227
Kelten 300
Kettler, Goddert 30
Kitz, Johann Matthias 210, 212
Klausing, Heinrich 284
Kleine, Johann Heinrich 110, 145
Kleiner, J. J. 387
Kleinhanz, Engelbert 38 f.
Klug, Melchior 143

Koechlin, Andreas 234
Kolb, Robert 44
Kolbe, Ritter von 349
Kolshusen, Petrus von 293 f., 299
Kolshusen-Werkstatt 257, 259, 294
Königsegg-Rothenfels, Kurfürst Max Friedrich von 276
Konrad I., König 236 f.
Koppers, Gerhard 291
Körbecke, Johannes 24 f.
Kracht, August 129
Kreis, Wilhelm 135
Krämer, Carl 339
Kreuzherren 198
Krünitz, D. Johann 37
Kuniza, Gräfin 146

Landsberg, Franz Kaspar Ferdinand von 80
Lare, Bernolf von 240
Laurenburg, Haus 301
Lauweriks, Johannes L. Matheus 380, 381
Lefahrt, Rudolf 198
Legner, Anton 132
Leo III. 227
Limburg, Eberhard von 46
Lippe-Brake, Graf Rudolf zur 359
Loewenguth, Jacobus 104, 105
Lohmeyer, Wilhelm 236
Lübke, Wilhelm 225
Ludwig, Kaiser 324
Ludwig, Sohn Karls d. Gr. 221
Ludwig der Baier, König 31
Ludwig das Kind, König 45, 224
Ludwig XIV., König 263
Lüninck, Freiherr von 206

Mack, Alexander 363
Mannskirch, Johann Christoph 280
Mansfeld, Gräfin 216
Maria Theresia 15
Mark, Grafen von der 10, 11, 19, 37, 42, 83, 94, 133, 377

Mark (Altena), Adolf von der 10, 19
Mark, Adolf II. von der 11
Mark, Eberhard von der 19 ff., 385
Mark, Engelbert III. von der 11, 147
Maximilian Franz von Österreich 15
Maximilian Heinrich, Kurfürst 263
May, Karl 132
Meinrad, Frater 240
Meister P. im Schilde 336
Merian, Matthäus 274, 323, 357, 367
Meschede, Ritter von 215
Metz, Johann Bernhard 93
Minne, George 379
Minoriten 213
Moers, Dietrich von 12, 77, 90 f., 367
Moers, Walram von 83
Montanus, Pfarrer 150
Morris, William 380
Mummert, Gerhard 48
Münker, Wilhelm 339

Nagel, Sophia 30
Napoleon 16, 280, 321, 354
Nassau, Haus 323, 333
Nassau, Engelbert I. von 302
Nassau, Heinrich III. von 303
Nassau, Heinrich der Reiche von 301
Nassau, Otto von 301, 324
Nassau-Dillenburg, Johann I. von 301, 302
Nassau-Dillenburg, Johann V. von 302
Nassau-Dillenburg, Johann VI. von 303 f.
Nassau-Dillenburg, Wilhelm IV. von 321
Nassau-Dillenburg, Wilhelm der Reiche von 303, 324, 341
Nassau-Dillenburg (-Siegen), Johann VII. von 304

399

REGISTER: PERSONEN

Nassau-Dillenburg (-Siegen),
Johann VIII. von
304, 345
Nassau-Dillenburg (-Siegen),
Wilhelm Hyazinth von 321
Nassau-Dillenburg-Oranien,
Wilhelm Fried-
rich IV. von 321 f.
Nassau-Katzenelnbogen,
Johanna Elisabeth von 386
Nassau-Siegen, Haus 324,
326, 328
Nassau-Siegen, Johann Moritz
von 304, 321, 326, 328, 330,
333, 345
Nassau-Siegen, Johann der Jün-
gere von 328
Nassau-Siegen, Johann der
Mittlere von 331
Nepomuk, hl. 257 f.
Neuenahr, Grafen von 385
Neuenahr, Gumprecht IV.
von 385
Neuenahr und Limburg, Adolf
von 386
Neuhoff, Anna Margaretha
von 44
Neuhoff, Engelbert von 44
Neuhoff, Hermann von 67
Neuhoff, Theodor von 67
Neuhoff zu Neuenhof, Fam.
von 39, 67
Neuhoff zu Neuenhof, Leopold
von 45
Nohl, Gerhard 296
Norbert von Xanten 285
Northeim, Siegfried von 215
Northoff, Levold von 48, 76

Oestreich, Johann Markus
200
Ohle, Fam. von 66
Olaf II., König 70
Olevian, Caspar 304, 365
Oranien, René von 303
Oranien (der Schweiger),
Wilhelm von 303, 332, 341
Oranier 324
Ostendorp, Heinrich von 258
Osthaus, Karl Ernst 377 ff.

Otterbein, Pfarrer 351
Otto I. 221, 224
Otto III., Kaiser 131
Otto der Große 266
Ovelacker, Dietrich 72

Padberg, Grafen von 231
Pagenstecher, Amtmann 339
Pankratius, hl. 24
Papen, Heinrich 218, 226,
228, 231 f.
Papen, Johann Christoph(el)
222 f., 226
Papen-Werkstatt 159, 198,
218, 222, 223, 228, 230, 231,
349
Papen-Lohe, Herren von 202
Peitz, Fam. 297
Pepersack, Edelherren von 108
Phillip II. 302
Pictorius, Gottfried Laurenz
287
Pieper, Paul 265
Pithan, Hermann 328
Pius II., Papst 48
Plettenberg, Herren von
46, 136
Plettenberg, Adolf von 137
Plettenberg, Christian Friedrich
von 137
Plettenberg, Christoph von 65
Plettenberg, Gert von 46, 67,
76
Plettenberg, Gertrud von
277 f.
Pocci, Carlo Maria 358
Polanen und Leck, Johanna von
302
Post, Maurits 326
Prämonstratenser 8, 69, 280,
283, 284 ff., 342

Raben von Papenheim (Can-
stein) 228, 229
Ravensburg, Grafen von 93
Reichmann 196
Reinald von Dassel 196
Reinhard 327
Reuter, Rudolf 195, 200, 227,
285

Reuß, Oberforstmeister 370
Riederer, Johann Friedrich 28
Riedesel, Manus (Her-
mann) 359, 362, 368
Riemerschmid, Richard 379
Ritter, Friedrich August 34,
277, 279 f.
Roden, Johann Rembert 28
Rodenberg, Fam. von 82
Roger von Helmarshausen
212
Rohlfs, Christian 379
Roidkin, Renier 90, 94, 100,
102, 134, 136, 137, 197, 201,
207, 227, 232, 237, 264, 269,
276
Römer 205
Röper, Hermann Dietrich 267
Rothweil, Julius Ludwig 358
Rudolf Christian, Graf 365
Rudolphi, Johann Georg 95,
267
Rubens, Peter Paul 332
Rüdenberg, Edelherren
von 131, 271
Ruegenberg, Friedrich
Adolf 100
Rump, Rötger 258
Rupert, Graf 301
Ruprecht von der Pfalz, Kur-
fürst 102

Saarwerden, Friedrich von, Erz-
bischof von Köln 293
Sacerius, Erasmus 303
Sachsen, Anna von 332
Sachsen, Lothar Herzog von 273
Sachsen, Moritz Kurfürst von
303
Sasse, Johann 71, 92, 93, 95,
109, 267
Sasse, Peter 92, 104, 110,
131 f., 149 f.
Sasse-Werkstatt 92, 96, 101,
104, 109, 110 f., 154, 155, 289
Sassenay, Henry Marquis de
(Heinrich Stephan Bernard)
234
Sayn-Wittgenstein, Haus 333,
353

Sayn-Wittgenstein, Casimir von 354, 358, *359 ff.*

Sayn-Wittgenstein, Eberhard von 353

Sayn-Wittgenstein, Georg von 353

Sayn-Wittgenstein, Heinrich-Albrecht von 354, 363

Sayn-Wittgenstein, Johann VII. von 353

Sayn-Wittgenstein, Johann VIII. von 354, 357

Sayn-Wittgenstein, Ludwig der Ältere von 353, 357, 365

Sayn-Wittgenstein, Ludwig der Jüngere von 353

Sayn-Wittgenstein, Salentin von 353

Sayn-Wittgenstein, Wilhelm von 353

Schade, Peter 258

Scharfenberg, Albrecht von 359

Scharfenberg, Herren von 213

Scheiner, Jakob 327, 337

Schepers, Josef 297 f.

Schilling, Johann Jost 137

Schinkel, Karl Friedrich 72 f., 278, 279, 355

Schirrmann, Richard 34

Schlaun, Johann Conrad 229, 275, 280, 291

Schmitz, K.-J. 228

Schnütgen, Alexander 97

Schücking, Levin 48, 73, 159, 204, 236, 273, 384

Schultheiß, Heinrich von 277, 278

Schüngel, Henneke von 79

Schweim(b), Andreas 71

Schweickhard, Johann Eberhard 129

Seelbach, Herren von 350

Seuffert, Orgelbauerfamilie 196

Seuffert, Johann Philipp 142 f.

Siegfried von Westerburg 10, 266

Sommer, Johann Friedrich 359

Spanner, Michael 142, 143, 217

Speck, Johann Heinrich 215

Spee, Graf 215

Spiegel zu Desenburg 229

Splithoven, Wilhelm 285, 286

Stahl, Ernst 42

Stanislaus I. Leszczinski, König 258

Steinhoff, Heinrich 48

Steinmetzger, J. J. H. 39

Stibler, Wolfgang 295

Stolz, Johann Adam 368

Stratman, Joseph 154, *259,* 270

Stratmann, Joseph Anton 213, 270

Stratmann, Peter 259

Strodtmann, Alexander 79

Sturmi, Abt 220

Tacitus 205

Tappe, Wilhelm 72

Tecklenburg-Rheda, Moritz Casimir I. Graf von 386

Terlinden, F. M. 348

Thankmar 221, 227, 266

Theysen, S. 112

Thiersch, Friedrich von 358

Thomée, Fritz 34

Thorn Prikker, Johan (Jan) 380, 381

Törring, Ritter von 40

Ulbrich, Hans 348

Varenholt, Peter Heinrich 109, 154, 227

Velde, Henry van de 379, 380

Vincentius, hl. 70

Vincke, Freiherrn von 16

Vincke, Freiherr Ludwig von 273

Voigt von Elspe, Caspar Christian 156

Volck, Martin 104

Vollmer, Christoph 267

Von der Becke, Heinrich 73

Von der Becke, Johann 90

Von der Reck, Anna Maria Theresia Freiin 80

Waldburg, Gebhard Truchseß von, Erzbischof 13, 82, 136, 193, 216

Waldburg, Gebhard II. Truchseß von 386

Waldeck, Grafen von 146, 193, 219, 231

Walpole, Hugh 67

Weddingen, P. F. 40

Wehmer, Justus 271

Weichs, Freiherren von 299

Weichs, Gaudenz von 271

Weichs von Körtlingen 214 f.

Weiß, Emil Rudolf 382

Weke, Heinrich 90

Welfen 273

Wenzel IV., König 257

Werl, Grafen von 8, 237, 239, 273

Werner 367

Westfalen, Herzog von 22, 46, 82 f.

Westhove, Heinrich von 29 f.

Westphalen, Friedrich Wilhelm von 257

Westphalen, Heinrich von 240

Westphalen, Maria Theresia von 95

Wetzel, Justin von 227

Weyden, Ernst 347

Wicko, Johann Baptist 358

Widukind 8

Wildenburg, Herren von 333

Wilhelm, Herzog 13

Wilhelm I., Kaiser 287

Wilke, Goar 266

Wittekind I. 352 f., 367

Wittelsbach, Ernst von 222

Wittgenstein, Grafen von 196, 353

Wittgenstein, August von 364

Wittgenstein, Johann von 368

Wittgenstein, Sigfrid I. von 353, 356, 367

Wittgenstein, Sigfrid II. von 353, 356

Wittgenstein-Hohenstein, Fam. 363

Wolfgang Wilhelm von Pfalz-Neuburg 13

REGISTER: ORTE

Wolff 274f.
Wolff Metternich zur Gracht,
    Hermann-Werner von 228
Wrede, Ferdinand von 294

Wrede-Melschede, Fam. von 86
Wulfert, Friedrich Wilhelm 73
Wurmstich, Nikolaus 202
Wypertus, Pfarrer 355

Zinn, Johann Wilhelm 154
Zisterzienser 230, 233, 342
Zwirner, Ernst Friedrich 287

Orte

Affeln (Neuenrade) *69f.*
    (Umschlagklappe vorn; Abb.
    19, 20)
Ahausen, Wasserburg 139
Ahauser Stausee 138f.
Albaumer Klippen *112*
Allendorf 293
Alme *215ff.*
– Haus Almerfeld 217
– Haus Tinne 217
– St. Ludgerus *217*
– Schloß Niederalme *216*, 217
Altastenberg 158
Altena 10, *32ff.*
– Burg *32ff.*, 39, 45
    (Farbt. 25)
– – Deutsches Drahtmuseum
    34, 392
– – Märkisches Schmiede-
    museum 34, 392
– – Museum der Grafschaft
    Mark 34f., 48, 294, 392
– Feindrahtzug und Schleifkot-
    ten (Evingsen) *36*
– Haus Holtzbrinck *36*
– Lutherkirche *36*
Altenaffeln *70f.*
Altenberg 345
Altenbrilon 208
Altenbüren 214
Altenhundem 130
Altenroggenrahmede 36
›Altes Testament‹ 290
Amecke *294*
– Haus Amecke *294*
Antfeld *201f.* (Farbt. 1)
Arfeld 363
Arnsberg 8, 11, 16, 37, 77,
    139, 237, *272ff.*, 389, 392
– Alter Markt 276

– Altes Rathaus 277
– Ev. Kirche *278f.*
– Grüner Turm 276
– Hallenstraße 13–17 277
– Hirschberger Tor *279f.*
– Königstraße 279
– ›Krim‹ *276*
– Landgericht *279*
– Landsberger Hof (Sauerland-
    Museum) *277f.*, 294, 392
– Limpsturm 274, 276
– Maximiliansbrunnen *276*
    (Abb. 101)
– Neumarkt *278*
– St.-Georgs-Kapelle 273,
    276 (Abb. 101)
– Schloßberg 273, *275*
– Kloster Wedinghausen
    273f., 279, *280*
– – St. Laurentius *280ff.*
    Neheim-Hüsten s. dort
Arnsberger Wald (Natur-
    park) 262, 289, *391*
Assinghausen *202ff.*
    (Farbt. 8)
– Fachwerkhäuser *203*
– ›Reisen-Spieker‹ *203f.*
– St. Katharina *202*
Attendorn *89f.*, 101, 149, 389
– Attahöhle *89*, 395
    (Farbt. 35)
– Rathaus (Heimatmuseum)
    92f., 393
– St. Barbara *93*
– St. Johannes Baptist *91f.*
    (Abb. 28, 29)
– Schnellenberg, Burg *93ff.*,
    392 (Farbt. 24; Abb. 32–34)
Attendorn-Elsper-Doppel-
    mulde 89, 138
›Auf dem Pütte‹ (Naturschutz-
    gebiet) 65

Bad Berleburg (Berleburg)
    353f., *356ff.*, 363, 393
– Ludwigsburg *359*
– Schloß Berleburg *356ff.*,
    393 (Abb. 109, 110)
– – Roter Turm 357
– – Weißer Saal *358*, 361
    (Abb. 111)
– Schloßstraße 359
Badinghagen s. Meinerzhagen
Bad Laasphe (Laasphe) 352,
    366ff., 393
– Ev. Pfarrkirche *368*
– Haus Steinweg 17, 368
– Häuser Königstraße *368*
– Schloß Laasphe *366f.*
Balve *77ff.* (Farbt. 20;
    Abb. 25)
– Balver Höhle *79f.*, 395
– Drostenhaus *77*
– Heimatmuseum 79, 393
– St. Blasius *77ff.*, 82 (Abb.
    23, 26)
– Vikarie, ehemalige *79*
– Wocklumer Mausoleum *79*
Barendorf *27ff.* (Abb. 7)
Belecke *266ff.*, 269
– Pfarrhaus 268
– St. Pankratius *267f.*
Berge 199
Berghausen *150ff.* (Abb. 70,
    71)
Bestwig *233ff.*, 393
Betzdorf 16
Bigge (Olsberg) *200f.*
– Fachwerkhäuser *201*
– St. Martin *200* (Abb. 84)
– Schloß Schellenstein *201*
Bigge (Fluß) 89, 97, 108, 136,
    138
Biggetalsperre 43, 93, *96f.*, 98,
    138, 391 (Abb. 38)

Bilstein 12, 19, 109, *133 ff.*,
147, 223, 295 (Abb. 67)
Bilsteinhöhle *268*, 395
Birkefehl 352
Bödefeld 148, *149 f.*
– Kreuzbergkapelle *150*
– St. Cosmas und Damian *149*
Bontkirchen *219 f.* (Abb. 88)
Brabecke 149
Breckerfeld 67
Bredelar *230 f.*, 233
Breitenbach-Talsperre 338
(Abb. 36)
Brenscheider Mühlen 32
Brilon 139, *207 ff.*, 389, 393
– Derkertor *212*
– Haus Sauvigny *210, 212*
– Haus Schulte *213*
– Nikolaikirche *212 f.*
– Rathaus *209 f.*
– St. Petrus und Andreas
210 ff. (Abb. 86, 87)
Bruchhausen 289
Bruchhausen 206 (Umschlag-
rückseite)
Bruchhauser Steine *204 ff.*
(Abb. 82)
Brüninghausen s. Lüdenscheid
Brunnen, Kloster 291
Brunskappel *206 f.* (Abb. 81)
Burbach *350 f.*
– Amtshaus *351*
– Ev. Kirche *350 f.* (Abb. 120)
– Snorrenburg 350
Buschgotthardthüttener Ham-
mergewerkenhaus 341

Calle *257 f.*
Canstein *228 f.*
– Cansteiner Schloß *228 f.*
– St.-Laurentius-Kirche 229
Cobbenrode *297 f.*
– Längsdeelenhaus *297 f.*
(Abb. 106)
– St. Nikolaus *297*
Cobbenroder Höhen 89
Corvey 218, 219, 221, 226

Deifeld *199*
Deilinghofen *75* (Abb. 22)

Desenberg (Warburger
Börde) 220
Diedenshausen 365
Diemelsee (Naturpark) 391
Diemeltalsperre 219
Dorlar *148* (Abb. 58)
Dormecke *297*
Dornheim *149*
Dörnschlade 105
Drolshagen *102 ff.*, 152, 389
(Farbt. 19)
– St. Clemens *103 f.* (Abb. 40)
Dünschede 96

Ebbegebirge 44, 89, *135 f.*, 391
Edertal 363
Elberndorftal 338 f.
Elsoff *364 f.* (Farbt. 7)
Elspe *131 f.*, 390 (Abb. 54, 57)
Emden 365
Ennepetalsperre 40
Eresburg 220
Eslohe *295 ff.*
– Maschinen- und Heimat-
museum *296*, 393
– Rochuskapelle *296*
– St. Peter und Paul *295 f.*
Essentho 233
Eveking 38
Eversberg *260 f.*, 262
– Altes Rathaus *261*
– Burg Eversberg 260
– Heimatmuseum *261*, 394
– St. Johannes Evangelist *261*
(Abb. 103)
Ewig, Kloster (Attendorn) 88,
90, 93

Ferndorf *335 f.*, 394
Feudingen *369* (Farbt. 21)
Finnentrop *136 ff.*
Fredeburg 12, 134, *147 f.*
– ›Im Ohle‹ *147*
– Kapelle Zum Heiligen
Kreuz *148*
– St. Georg *148*
Freienstein, Burgruine 196
Freier Grund 302, 321, *350 ff.*
Fretter 136, 137 (Abb. 55)
Freudenberg *332 ff.*, 390, 393

– Alter Flecken *333 f.*
(Farbt. 22)
– Ev. Pfarrkirche 334
– Haus Krottendorfer Straße
23/25 334
– Stadtmuseum 334
Fuelbecketalsperre *36 f.*

Gevelsberg 9
Giershagen 226, *228*
Ginsburg *340 f.*
Girkhausen *355 f.* (Abb. 104)
Glinde 220, 222
Glindfeld, Kloster 196, *198*,
199
Glörtalsperre 40
Grafschaft, Kloster 45, 90,
92, 140, *142 f.*, 144, 154, 158,
266, 267, 269, 283, 299, 346,
353, 356 (Abb. 69)
– Abteikirche St. Alexander
142 f.
Grevenstein *258 f.*
Grund *339 f.*

Hadamar 104, 321, 328
Hagen 16, 22, 40, 67, *293 f.*,
377 ff.
– Am Stirnband *380 f.*
(Abb. 123)
– Arbeitersiedlung ›Walddorf‹
(Emst) *379*
– Eduard-Müller-Krema-
torium (Delstern) *381 f.*
– Haus Harkorten
(Haspe) *383 f.*
– Haus Springmann 380
– Hohenhof *380* (Abb. 124)
– Johanniskirche 377
– Karl-Ernst-Osthaus-
Museum *377 ff.*, 393
(Abb. 125)
– Kolonie Hohenhagen
(Eppenhausen) *380*
– Lange Riege (Eilpe) *382 f.*
(Abb. 121)
– Pfarrkirche (Dahl) 382
– Pfarrkirche (Elsey) *387 f.*
– Thorn-Prikker-Haus *381*
(Abb. 122)

REGISTER: ORTE

- Villa Cuno *381*
- Westfälisches Freilicht-
  museum Technischer Kultur-
  denkmale (Selbecke) 159,
  383, 394 (Farbt. 10)
  Hohenlimburg 10, 19, 77,
  384ff., 393
  – Pfarrkirche 387
  – Schloß *384ff.*
  (Farbt. 23)
Hainchen *348f.* (Abb. 118)
Haldinghausen 215
Hallenberg 10, *193ff.*
  (Farbt. 31)
  – Hallenberger Freilicht-
  bühne 195, 390
  – St. Heribert *193ff.*
  (Farbt. 15; Abb. 83)
  – Wallfahrtskirche Mariä
  Himmelfahrt *195*
Halver *40f.*, 394
Hamorsbruch (Naturschutz-
  gebiet) 263
Hanxleden 149
Heddinghausen *229f.*
Heedfeld 40
Heggen 138
›Heidenstraße‹ 9, 67, 89, 93,
  131, 146, 156, 158, 236
Heilenbecker Talsperre 36
Heinsberg *110f.*
Helden *95f.*
Hellefeld *290f.*
Hellweg 8
Hemer *71ff.*
  – Ebberg-Kirche *72f.*
  – Fabrikantenhaus Stephanope-
  ler Str. 40 (Sundwig) *75*
  (Abb. 21)
  – Felsenmeer (Sundwig) *73ff.*
  (Farbt. 34)
  – Haus Hemer *72*
  – Heinrichshöhle (Sundwig)
  73, 395
  – St. Peter und Paul *71*
  (Abb. 18)
  – St. Vitus *72*
Hennen *29f.*
Hennetalsperre 259, *260*, 391
  (Abb. 39)

Herborn 365
Herdringen, Schloß (Neheim-
  Hüsten) *286ff.* (Farbt. 26)
Herrntrop (Farbt. 17)
Herscheid *45f.*
  – Ev. Apostelkirche *45*
  (Abb. 17)
  – Herscheider Mühle *46*
  – Schwarze-Ahe-Hammer
  46, 394 (Abb. 15)
Hesborn *196*
Hickengrund *351*
Hilchenbach *338ff.*
  – Markt *339* (Abb. 116)
  – Wilhelmsburg
  (Museum) *339*, 394
Hilmeke 144
Hirschberg *268f.*, 395
  – Jagdschloß 268, 279 f., *294f.*
  – St. Christoph *268f.*
Hochsauerlandkreis 16,
  139 ff., 233
Hohe Bracht *135f.*, 391
  (Farbt. 29; Abb. 67)
Hohe Ley 138
Hohenlimburg s. Hagen-H.
Hohenseelbachskopf 350
›Hohler Stein‹ *271f.*
Höllinghofen, Schloß 272
Holthausen (Schmallenberg)
  147, 395
  – Schieferbergbau-Heimat-
  museum *147*
Holzhausen *351*
Homert 89, 136, 143, 295, 391
Hönnetal 82
Hoppecke 160, *219*
Horhusen 220, 221
Hülscheid 40
Hunau 140, 143
Hünsborn *105f.* (Abb. 42)
Hüsten s. Neheim-Hüsten

Ilsetal *369f.*
›In der Bommert‹ (Naturschutz-
  gebiet) *41*
Irmgarteichen *349*
Iserlohn *19ff.*, 35, 71, 84, 394
  – Altes Rathaus (Stadtbiblio-
  thek) *27*

  – Bauernkirche (ehem. St. Pan-
  kratius) *25* (Abb. 1)
  – Haus der Heimat (Heimat-
  museum) *25f.*, 394
  – Haus Rampelmann (Stadt-
  archiv) *26*
  – Oberste Stadtkirche *22ff.*
  (Abb. 2–5)
  – Reformierte Kirche *27*
  – St. Aloysius *26f.*
  Letmathe s. dort

Jagdhaus *143f.*
Junkernhees, Schloß *337f.*
  (Umschlagvorderseite)

Kahler Asten 136, 140, 143,
  155, *157f.*, 160, *196*, 294, 295,
  391 (Farbt. 6; Abb. 79)
Kallenhardt *269ff.* (Farbt. 3)
  – Altes Rathaus *270*
  – St. Clemens *270*
Kalteiche 349 (Farbt. 4)
Kerspetalsperre 40
Kierspe *41f.*
  – Haus Rhade *41f.*
  – St. Margareta *41*
Kirchhundem *108f.*, 141, 148
  (Farbt. 18; Abb. 46, 51)
Kirchlinde 292
Kirchrarbach *148*
Kirchveischede *136* (Abb. 65,
  66)
Klusenstein, Burg *76*
  (Abb. 24)
  – Große Burghöhle *77*
Kohlhagen *109f.* (Abb. 44,
  45)
›Kölsches Heck‹ 89, *336*
Körtlinghausen, Schloß *270f.*
  (Abb. 105)
Krahenpfuhl (Naturschutz-
  gebiet) *109*
Kreuztal *335ff.*, 394
Krombach 103, *336f.*
Kurköln 76, 82, 90, 147, 156,
  193, 196 f., 219, 229, 231,
  260, 273
Küstelberg 199

Laer *240* (Abb. 92)
Lahn 322, 347
Landhausen 71
Landskroner Weiher 349
Langenberg 157, 200
Langscheid 294
Latrop *143f.*
Lengenbecktal (Farbt. 28)
Lenhausen *136f.* (Abb. 53)
Lenne *155* (Abb. 77)
Lenne (Fluß) 65, 67, 130, 136,
  138, 140, 144, 146
Lennestadt *130f.*, 389
Letmathe (Iserlohn) 22, *30f.*,
  71
– Dechenhöhle 30, 395
– Haus Letmathe (Heimat-
  museum) 31, 394
– ›Pater und Nonne‹ 30
– St. Kilian *30f.* (Farbt. 9)
Liesen 196
Listernohl 97
Listertalsperre 97
Lüdenscheid 35, *37ff.*, 67
  (Farbt. 11)
– Bremecker Walze und Ham-
  mer / Schmiedemuseum
  (Brüninghausen) *39, 394*
  (Abb. 8)
– Erlöserkirche *38f.* (Abb. 9)
– Schloß Neuenhof *39* (Abb.
  11)
– Stadtmuseum 38, 394
Lützel 338

Madfeld *217f.*
Marburg 158
Mark, Burg 10, 33 f.
Mark, Grafschaft 13, 14, 40,
  67, 76
Märkischer Kreis 17 ff., 77,
  138
Marsberg 199, 218, *220ff.*,
  233
– Bilsteinturm 223
– Buttenturm 227 f.
– Josefphskapelle (Niedermars-
  berg) *222f.*
– Heimatmuseum 223, 394
– Kiliansstollen *223*, 394

– Nikolaikapelle (Obermars-
  berg) *223ff.* (Abb. 89–91)
– Pranger (Obermars-
  berg) 225 (Abb. 94)
– St. Magnus (Niedermars-
  berg) *223*
– St. Peter und Paul (Ober-
  marsberg) *226f.*
– Westfälisches Landeskran-
  kenhaus Marsberg (Nieder-
  marsberg) *223*
Maumke 130
Medebach *196ff.*
– Andreaskapelle *198*, 199
– St. Peter und Paul *197f.*
  (Abb. 76)
Meerhof 233
Meggen, Grube Sachtleben
  (Lennestadt) *130*
Meinerzhagen *43f.*
– Badinghagen *44* (Abb. 12)
– Jesus-Christus-Kirche *43f.*
– Listringhausen *44*
Melschede, Haus
  (Amecke) *294*
Menden *82ff.*
– Alte Marktapotheke
  (Museum für Erdgeschichte
  u. Naturkunde) *85*, 394
– Altes Rathaus *84*
– Antoniuskapelle *86*
– Haus Biggeleben (Städt.
  Museum für Stadt- u. Kultur-
  geschichte) *85*, 394
– Heilig-Geist-Hospital (Stadt-
  bücherei/Musikschule) *85*
– Poenigeturm 85 f.
– Rentschreiberturm *86*
– Rodenberg, Kapelle *86*
– St. Vinzenz *84f.* (Abb. 27)
– Teufelsturm *85* (Farbt. 12)
Merklinghausen 193, 195
Meschede 139, *236ff.*, 260,
  262, 391, 394
– Hünenburg 236, *239*
– St. Michael (Klausen-
  berg) *240*
– St. Walburga *236ff.*
  (Abb. 95)
Möhnetalsperre *289f.*, 391

Müsen *343ff.* (Abb. 115)
– Martinshardt *343f.*, 347
– Schaubergwerk /
  Museum *343*, 394
Müsener Grund 344
Müsener Stahlberg 302

Nachrodt-Wiblingwerde
  31ff. (Abb. 6)
Nassau-Siegen 304, 345
Neheim-Hüsten (Arns-
  berg) *288f.*
– Drostenhof 288
– Leuchten-Museum 288, 392
– dt. Vogelbauer-Museum
  289, 392
Netphen 103, *345f.*, 395
– Ev. Pfarrkirche (Obernet-
  phen) *346*
  (Farbt. 13; Abb. 119)
– Kath. Pfarrkirche *346f.* (Ft. 13)
– Vikariehaus *347*
Neuenhof s. Lüdenscheid
Neu-Listernohl 97
Neuastenberg *354f.*
Neuenkleusheim *101f.*
Neuenrade *67ff.*, 76, 389
– Gut Berentrop 69
– Pfarrkirche *68f.*
Neuer Hagen (Naturschutz-
  gebiet) *159f.*
Neunkirchen 395
Niederberndorf *150*
Niederdielfen (Wilnsdorf) *332*
Niederdresselndorf *351*
Niedermarsberg s. Marsberg
Niedersalwey *296f.*
Niedersfeld 159
Nordenau *146*
Nordhelle *44*
Nordkirchen, Schloß 137

Oberfischbach *335*
Oberhagen *266*
Oberholzklau *334f.*
– Pfarrhaus *334*
– Pfarrkirche *335*
Oberhundem *112ff.*
– Adolfsburg *112ff.* (Abb.
  52)

REGISTER: ORTE

– St. Lambertus *129* (Abb.
47, 48, 56)
Oberkirchen *144ff.* (Farbt.
27; Abb. 61)
Oberlandenbeck 298
Obermarsberg s. Marsberg
Obernetphen s. Netphen
Oberrödinghausen (Men-
den) 394 (Abb. 31)
Odeborn 355
Oedingen *132f.*
– Kapelle Oedingerberg *133*
Oedingerberg *133* (Abb. 63)
Oelinghausen, Kloster 272,
284ff.
– St. Peter *285f.*
Oesdorf 233
Ohle s. Plettenberg-O.
Olpe 18, *98ff.*
– ›Heilig-Kreuz-Kapelle‹ *99f.*
(Abb.35)
– Rochus-Kapelle (Fried-
hof) *100*
– St. Martin *98f.*
Olpe (Kreis) 16, *87ff.*, 136
Olsberg *199ff.*

Padberg *231f.*
– Alte Kirche *232*
– St. Maria Magdalena *231f.*
(Abb. 93)
Paderborn (Bistum) 9, 13, 15,
26, 208
Peperburg (Förde) 108, 133
›Piwitt‹ (Naturschutz-
gebiet) 45
Plästerlegge, Wasserfall *236*
(Farbt. 33)
Plettenberg *46ff., 65ff.*, 395
– Böhler Kapelle 48
– Ev. Christuskirche *47f.*
(Abb. 13, 14, 16)
– Haus Grimminghausen
(Ohle) *66f.*
– Pfarrkirche (Ohle) *65f.*
– Schloß Brüninghausen 66
– Schwarzenberg, Burg 46,
48ff.
– Wallburg ›Auf dem Sundern‹
(Ohle) 66

Puderbach *368f.*

Ramsbeck (Bestwig) *233ff.*
Raumland *361f.*, 395
– Grube Heßlar *362*, 395
Ravensburg 12
Reiste *299* (Abb. 102)
Remblinghausen 259
– Nothelfer-Kapelle 259
– St. Jakobus d. Ä. *259* (Abb.
97–100)
Rhein-Weser-Turm *129*
Rhode *101*
Rhonard *101*
– Grube Rhonard *101*
– St. Joseph *101* (Abb. 49)
Rietberg 11
Rödgen *349f.*
Römershagen 108
Rönkhausen 138
Rönsahl 42
– Fabrikantenhaus 42
– Industriellenhäuser 42
– Pfarrkirche 42 (Abb. 10)
Rothaargebirge 89, 129, 140,
143, 193, 300, 338, 369, 392
Rübekamp (Naturschutzgebiet
bei Elspe) 132
Rüblinghausen 101
Ruhr 36, 97, 139, 159, 262,
272, 391
Ruhrgebiet 17, 19, 322
Rumbeck *283f.* (Abb. 96)

Saalhausen *130f.* (Abb. 64)
– Reidemeisterhaus *130f.*
(Abb. 50)
– St. Jodokus *131*
Sassenhausen *362f.* (Abb. 107,
108)
Schalksmühle *39f.*
Schanze *143f.*
Scharfenberg *214f.*
– Pfarramt *215*
– St. Laurentius *214f.*
Schliprüthen *139* (Abb. 62)
Schmallenberg 10, *140ff.*,
143, 390, 395 (Abb.68)
– Kapelle Auf dem Werth *141*
– St. Alexander *141* (Abb. 59)

Schnellenberg s. Attendorn
Schönholthausen *137f.*
(Abb. 60)
Schwarzenau 363
Selkentrop *154f.* (Abb. 75)
Siebengebirge 158, 341
Sieg 300, 323, 347
Siegen 89, 321f., *323ff.*
– Mariä Himmelfahrt (ehem.
Jesuitenkirche) *328f.*
– Martinikirche *324ff.*
– Nikolaikirche *329ff.*
(Abb. 113, 114)
– Oberes Schloß (Siegerland-
museum) 323, *331f.*, 395
(Abb. 112)
– Rathaus 329
– Unteres Schloß *326ff.*
Achenbach 323
Trupbach 332
Siegerland 17, 18, 105, 107,
300ff., 347
Silberg 46
Soest 89, 151, 152, 209, 266
Sonnenberg 95
Sorpetalsperre *294* (Abb. 37)
Stift Keppel *341f.* (Abb. 117)
Stockum *291ff.*
Sundern *290f.*
Sundwig s. Hemer
Suttrop 266

Teutoburger Wald 158
Thülen *218f.* (Abb. 85)

Waldeck 193, 196, 219f.,
228f.
Waldecker Upland 200, 219,
228, 391
Wallen 258
Warstein 262, *263ff.*
– Haus Kupferhammer
(Museum) *265*, 395
– Kapelle ›Alter War-
stein‹ 263
– St. Pankratius 265
Weidenhausen 362
Wenden *104f.*, 389 (Abb. 41,
43)
Wendenerhütte *106f.*

Wenne, Haus *299*
Werdohl *67*
– Ruine Pungelscheid *67*
Werthenbach *345f.*
Weser 159f.
Westerwald 300, 347, 350
Westfeld 146
Westheim 233
Wetter, Burg 384
Wiblingwerde s. Nachrodt-W.
›Wilde Wiese‹ (Nordhelle) 45
Wildewiese (Sundern) *294,*
  390, 391

Wilnsdorf 332, *349*
– St. Martin *349*
– Wilnsdorfer Burg 349
Wilzenberg 143
Winterberg 10, 146, *155ff.,*
  193, 352, 354, 390 (Farbt. 2;
  Abb. 78)
– St. Jakobus der Ältere *156f.*
– St.-Georg-Sprung-
  schanze 157
Wittgenstein, Burg *352f.*
Wittgensteiner Land 144,
  352ff. (Farbt. 32)

Wocklum *80f.*
– Luisenhütte *80f.,* 393
  (Abb. 30)
– Schloß *81f.*
Wormbach *152ff.* (Farbt. 14;
  Abb. 72–74)
Worringen 10, 83, 94, 193
Wunderthausen *365f.*
Würdinghausen 108, 112

Züschen *158f.,* 383 (Abb. 80)

DuMont Kunst-Reiseführer

- Ägypten und Sinai
- Algerien
- Belgien
- Bulgarien
- Bundesrepublik Deutschland
- Das Allgäu
- Das Bergische Land
- Bodensee und Oberschwaben
- Die Eifel
- Franken
- Hessen
- Köln
- Kölns romanische Kirchen
- Die Mosel
- München
- Münster und das Münsterland
- Zwischen Neckar und Donau
- Der Niederrhein
- Oberbayern
- Oberpfalz, Bayerischer Wald, Niederbayern
- Ostfriesland
- Die Pfalz
- Der Rhein von Mainz bis Köln
- Das Ruhrgebiet
- Sauerland
- Schleswig-Holstein
- Der Schwarzwald und das Oberrheinland
- Sylt, Helgoland, Amrum, Föhr
- Der Westerwald
- Östliches Westfalen

- Württemberg-Hohenzollern
- DDR
- Dänemark
- Frankreich
- Auvergne und Zentralmassiv
- Die Bretagne
- Burgund
- Côte d'Azur
- Das Elsaß
- Frankreich für Pferdefreunde
- Frankreichs gotische Kathedralen
- Korsika
- Languedoc-Roussillon
- Das Tal der Loire
- Lothringen (Oktober '85)
- Die Normandie
- Paris und die Ile de France
- Périgord und Atlantikküste
- Das Poitou
- Drei Jahrtausende Provence
- Savoyen
- Südwest-Frankreich
- Griechenland
- Athen
- Die griechischen Inseln
- Alte Kirchen und Klöster Griechenlands
- Tempel und Stätten der Götter Griechenlands
- Kreta
- Rhodos

- Großbritannien
- Englische Kathedralen
- Die Kanalinseln und die Insel Wight
- Schottland
- Süd-England
- Wales
- Guatemala
- Das Heilige Land
- Holland
- Indien
- Ladakh und Zanskar
- Indonesien
- Bali
- Iran
- Irland
- Italien
- Elba
- Das etruskische Italien
- Florenz
- Ober-Italien
- Die italienische Riviera
- Von Pavia nach Rom
- Das antike Rom
- Rom
- Sardinien
- Sizilien
- Südtirol
- Toscana
- Venedig
- Japan
- Der Jemen
- Jordanien
- Jugoslawien
- Karibische Inseln
- Kenya
- Luxemburg
- Malta und Gozo

- Marokko
- Mexiko
- Unbekanntes Mexiko
- Nepal
- Österreich
- Kärnten und Steiermark
- Salzburg, Salzkammergut, Oberösterreich
- Tirol
- Wien und Umgebung
- Pakistan
- Papua-Neuguinea
- Portugal
- Rumänien
- Die Sahara
- Sahel: Senegal, Mauretanien, Mali, Niger
- Die Schweiz
- Skandinavien
- Sowjetunion
- Rußland
- Sowjetischer Orient
- Spanien
- Die Kanarischen Inseln
- Katalonien
- Mallorca – Menorca
- Südspanien für Pferdefreunde
- Zentral-Spanien
- Sudan
- Südamerika
- Syrien
- Thailand und Burma
- Tunesien
- USA – Der Südwesten

»Richtig reisen«

- Algerische Sahara
- Amsterdam
- Arabische Halbinsel
- Australien
- Bahamas
- Von Bangkok nach Bali
- Berlin
- Budapest
- Cuba
- Florida
- Friaul-Triest-Venetien
- Griechenland
- Griechische Inseln
- Großbritannien
- Hawaii

- Holland
- Hongkong
- Ibiza/Formentera
- Irland
- Istanbul
- Jamaica
- Kairo
- Kalifornien
- Kanada/Alaska
- West-Kanada und Alaska
- Kopenhagen
- Kreta
- London
- Los Angeles
- Madagaskar

- Malediven
- Marokko
- Mauritius
- Mexiko und Zentralamerika
- Moskau
- München
- Nepal
- Neu-England
- New Mexico
- New Orleans
- New York
- Nord-Indien
- Norwegen
- Paris
- Paris für Feinschmecker

- Peking/ Shanghai
- Rom
- San Francisco
- Die Schweiz und ihre Städte
- Seychellen
- Sri Lanka
- Südamerika 1, 2, 3
- Süd-Indien
- Texas
- Tunesien
- Venedig
- Wallis
- Wien